한국의 10대 리스크

내일이 있는 나라를 위한 제언

한국의 10대 리스크

내일이 있는 나라를 위한 제언

초판 1쇄 발행 | 2019년 7월 10일
초판 2쇄 발행 | 2019년 10월 22일

지은이 | 김충남
발행인 | 부성옥
발행처 | 도서출판 오름
등록번호 | 제2-1548호 (1993. 5. 11)

주 소 | 서울특별시 중구 퇴계로 180-8 서일빌딩 4층
전 화 | (02) 585-9122, 9123 / 팩 스 | (02) 584-7952
E-mail | oruem9123@naver.com
ISBN   978-89-7778-504-5   03300

이 도서의 국립중앙도서관 출판예정도서목록(CIP)은 서지정보유통
지원시스템 홈페이지(http://seoji.nl.go.kr)와 국가자료종합목록 구축
시스템(http://kolis-net.nl.go.kr)에서 이용하실 수 있습니다.
(CIP제어번호: CIP2019025898)

한국의 10대 리스크

내일이 있는 나라를 위한 제언

김충남 지음

National Risks of Korea

Choongnam KIM

ORUEM Publishing House
Seoul, Korea
2019

내가 먼저인가 나라가 먼저인가?

한국은 어디로 가고 있는가? 나라를 사랑하는 많은 사람들의 공통된 의문이다. 심각한 내우외환의 위기에 처하여 나라의 운명이 중대한 기로에 놓여 있기 때문이다. 어떤 보수 시민단체는 '건국 이후 최대 위기'라 하고, 어떤 경제학자는 우리 경제가 '국가비상사태'에 처해 있다 하며, 예비역 장성들은 국가가 '중대한 생존 위기'에 직면해 있다 하고, 어떤 철학자는 '국가공동체의 총체적 위기'라 한다. 180년 전 다산 정약용은 "이 나라는 털끝 하나인들 병들지 않은 게 없다. 지금 당장 개혁하지 않으면 나라는 반드시 망하고 말 것이다."라고 경고한 적이 있었다. 이것은 몰락해 가는 조선을 되살리려는 그의 처절한 외침이었다. 그의 경고는 지금도 큰 울림이 되고 있다.

그럼에도 우리는 보수와 진보, 세대 간, 남녀 간 등으로 갈라져 싸우고 있다. 침몰하는 대한민국호(號)를 구하려 하기보다는 선장과 선원들부터 엉뚱한 일에 정신을 빼앗기고 있다. 국가공동체란 국가의 역사와 가치와 목표를 모든 국민이 공유해야 한다. 하지만 우리는 서로 어긋나는 역사인식과 가치관과 목표를 고집하며 상반된 방향으로 달려가고 있다.

많은 사람들은 국가라 하면 나와 상관없다며 고개를 돌린다. 2,300여 년 전 그리스의 철학자 아리스토텔레스는 "국가 없이 살 수 있는 자는 인간 이상의 존재이거나 아니면 인간 이하의 존재"라고 했다. 개인과 공동체의 존립과 발전을 위해 국가는 필수불가결하다. 우리 모두가 나라의 주인이라 하고 있지 않는가? 나라의 주인이라면 주인다워야 한다. 권리만 주장할 것이 아니라 의무와 책임도 다해야 한다. 그래서 존 F. 케네디 대통령은 "국가가 당신을 위해 무엇을 할 수 있는지 묻기 전에, 당신이 국가를 위해 무엇을 할 수 있는지 물어보라"고 했다.

인간은 사회적 동물이다. 나는 가족의 일원인 동시에 마을같은 지역공동체, 직장같은 조직체, 그리고 국가공동체의 일원이다. 가정이 깨지면 나는 불행해지고, 지역공동체가 가난하고 범죄가 날뛰면 나 역시 행복할 수 없고, 회사가 파산하면 직장을 잃게 되고, 국가가 외침을 당하거나 경제가 파탄나면 많은 사람들이 희생되거나 불행해진다. 국가 속에서 사람들은 생존과 행복을 보호받는다. 이처럼 국가는 무척이나 소중한 존재다. 그런데 우리사회에서는 국가에 대해 부정적 인식이 지나치게 높다. 일제강점기의 강압통치로 권력에 대한 피해의식과 저항심리가 쌓였고, 그 후 권위주의 통치에 저항하면서 반정부 심리가 누적됐기 때문이다.

그럼에도 국가를 요술방망이로 여기는지 정부에 대한 요구는 끝이 없다. 개인주의, 집단이기주의, 지역이기주의, 정파이기주의 등이 경쟁적으로 국가를 몰아세운다. 국가가 병들었는지 재정이 파탄상태인지 나라의 미래가 어떻게 될지 상관하지 않는다. 집권세력조차 누적된 난제들에 대해 미봉책만 남발하며 '폭탄 돌리기'를 한다. 폭탄 돌리기는 지금이냐 나중이냐, 내 앞이냐 내 옆이냐의 문제일 뿐 결국 터지기 마련이다.

국가란 영생불멸하는 것이 아니다. 다른 모든 사회 조직체처럼 태어나 성장하고 노쇠하게 된다. 어떤 나라는 계속 번성하지만, 어떤 나라는 쇠퇴한다. 더구나 오늘의 세계는 첨단기술 경쟁으로 국가의 운명이 단기간에 뒤바뀔 수 있다. 따라서 나라를 사랑하고 가꾸고 지켜야 하며, 함부로 다루어서는 안 된다. 선진국 국민일수록 나라를 원망하거나 공분의 대상으로 삼지 않는다. 사랑하고 봉사하고 헌금을 내며, 유사시엔 자원입대한다. 그런데 우리사회에는 국가를 위해 헌신하려는 사람보다 혜택만 누리려는 사람이, 국가의 기반을 약화시키고 해치려는 사람이 더 많아 보인다. 국가를 유지·발전시키는 구심력보다는 약화시키는 원심력이 더 크다는 것이다. 그렇게 되면 필연코 국가는 쇠약해지고 병들게 된다. 그런데 나라가 병들면 약도 치료제도 없다는 것이 문제다.

물론 나라가 만족스럽지 못하면 불신하고 불평할 수 있다. 그런데 여론조사에 의하면, 20대 10명 중 9명은 '헬조선'이라는 말에 공감한다고 한다. 최악의 여건에 처해 있는 나라에서도 있을 수 없는 일이다. 한국은 부존자원이 빈약하고 인구도 5천만 명에 불과하지만 세계 11위권의 경제력과 세계 6위의 무역대국임을 자랑하고 있고, 제조업에서는 미국, 일본, 독일, 중국 등과 경쟁하고 있는 나라다. 우리나라보다 더 발전된 나라는 전 세계적으로 10여 국에 불과하고 뒤떨어진 나라가 2백수십 개나 된다. 그래서 세계는 한국을 선진국으로 인정하고 있고 개발도상국들은 한국을 국가발전의 모델로 여기고 있다. 그런데 우리 국민 상당수는 나라에 대해 자부심을 느끼지 못하고 있다.

6.25전쟁이 끝난 후 맥아더 장군은 "한국이 전쟁 피해를 극복하는 데 100년은 걸릴 것"이라 했고, 중립국감독위원회도 "이 나라는 죽었다"고 했다. 그럼에도 앞선 세대들은 잿더미 위에서 불사조처럼 일어나 뛰고 또 뛰어 오늘의 한국을 일궈냈다. 60~70년 전 세계의 밑바닥에 있었던 나라, 아프리카 국가들보다 못 살았던 나라였다는 것을 생각하면 우리 현대사는 분명 기적이다. '헬조선'이란 말은 우리나라가 아니라 대표적 실패 국가인 북한에 적합한 말이라 생각된다.

오늘날 세계 여러 나라들이 심각한 대내외 도전에 직면하면서 평등과 복지 등 국가를 약화시켜온 진보노선을 떠나 국가공동체 이익을 앞세우는 보수주의 노선으로 급선회하고 있다. 특히 2차 세계대전 이후 국제주의(internationalism) 노선을 주도해온 미국부터 자국 우선주의를 내세운다. 영국도 '영국의 통제권을 되찾자'는 구호를 앞세우고 유럽연합에서 탈퇴하려고 한다. 프랑스에서도 국가부흥을 외치는 에마뉘엘 마크롱(Emmanuel Macron) 정부가 강력한 보수개혁에 나섰다. 시진핑(習近平, Xi Jinping)도 '중화민족의 위대한 부흥'을 목표로 국가발전에 적극적이고, 푸틴도 '위대하고 강력한 러시아 재건'을 표방하고 있다. 중국의 급부상에 긴장한 일본의 아베(安倍晉三) 정권은 '정상국가화'의 기치 아래 부국강병을 도모하고 있다. 그런데 우리나라는 반대방향으로 치닫고 있다는 생각을 금할 수 없다.

역사는 계승되고 발전되어야 하는 것이며, 결코 청산과 타도의 대상이 아니다. 그러나 우리나라는 정권이 바뀌는 5년마다 역사청산과 개혁의 소용돌이에 휩싸였으며, 여기에는 개혁은 무조건 좋다는 인식이 깔려 있다. 그러나 개혁(改革)이 개악(改惡)이 되는 경우가 허다했다. 하버드대 철학교수였던 산타야나(G. Santayana)는 "수천 번 되풀이된 개혁은 세상을 더욱 부패하게 만들었다. 왜냐하면 개혁할 때마다 새로운 제도를 만들었고, 그 제도가 새로운 폐단을 초래했기 때문이다."라고 했다. 그런데 지난 30여 년간 무분별한 역사청산과 개혁이 거듭되면서 우리나라는 만신창이처럼 되었다. 그 결과 지금은 어디서부터 어떻게 뜯어고쳐야 할지 판단하기 어렵게 되었다.

오늘날 우리사회에서 벌어지고 있는 역사청산과 개혁은 나라의 근간을 흔들어 놓고 있다. '사람이 먼저다'는 문재인 정권의 대표적 구호다. 그 말만 들었을 때는 좋은 말인 것 같지만, 사람이 무엇보다 먼저인지 분명하지 않다는 데 문제가 있다. 북한의 주체사상도 "사람이 모든 것의 주인이며 모든 것을 결정한다"고 하지만 결국 '사람'

이 노예 취급받는 수령중심체제가 되고 말았다. 국가는 사회 내부의 무질서와 범죄, 외부 침략의 위협에서 사람들의 생명과 안전을 지키기 위한 목적에서 설립된, '합법적인 폭력'을 행사하는 존재다. 따라서 치안과 안보는 자유, 평등, 복지 등 개인이 중시하는 가치보다 우선되어야 하는 것이다.

그런데 문재인 정권의 정책노선을 보면, 사람이 기업보다 먼저이기 때문에 노조가 기업보다 먼저이고, 사람이 법과 제도와 공권력보다 먼저이기 때문에 시위대가 경찰을 무시하는 상황이 벌어지고 있다. 결국 사람을 앞세우면서 국가의 기본인 법질서, 공권력, 기업 등이 약화되어 더 살기 좋은 세상이 되는 것이 아니라 민주노총 같은 단체와 조직에 의해 기업은 위축되어 일자리는 줄어들고 공권력이 무력화되어 불법이 만연하는 등, 사람들의 삶이 더 어려워지게 된다. 그동안의 주류세력은 '경제와 안보가 먼저'라는 논리를 중시해 왔지만 '사람이 먼저'라는 정치이념이 경제와 안보를 경시하면서 나라는 갖가지 어려움에 직면하고 있다. 18세기 영국 시인 바이런(Byron)은 "한 나라를 세우기 위해서는 일천 년도 부족하지만, 그것을 무너뜨리기 위해서는 단 한 시간으로도 족하다"고 했다. 국가를 대상으로 성급한 수술을 해서는 안 된다는 엄중한 경고로 들린다.

세계는 '4차 산업혁명'으로 새로운 세계, 새로운 역사가 열리고 있는 등 중대한 역사적 변곡점을 맞고 있다. '4차 산업혁명'의 승자가 앞으로의 세계를 이끌어가게 되며, 이 경쟁에 낙오한 국가는 미래가 없다. 그래서 각국은 긴장하며 이에 적극 대응하고 있다. 우리 모두가 한 마음이 되고 지혜와 국력을 총동원하여 대응해도 부족할 정도이다.

미국의 저명한 경제학자 토드 부크홀츠(Todd G. Buchholz)는 2016년에 출판된 저서 『다시, 국가를 생각하다(*The Price of Prosperity*)』에서 발전된 나라가 쇠락하게 되는 요인으로 ①출산율 저하, ②부채 증가, ③근로윤리 약화, ④애국심 소멸 등을 들었다. 우리나라는 이 네 가지에 모두 해당된다고 볼 수 있으며, 그래서 우리나라는 이미 쇠락의 길로 접어들고 있는지도 모른다. 또한 영국 역사학자 아놀드 토인비(A. J. Toynbee)는 국가 패망의 원인으로 ①권력층이 독재하거나, ②국민 다수가 애국심이 없거나, ③사회가 심각한 분열과 갈등에 빠진 경우 등 세 가지를 꼽았다. 불행하게도 한국의 현실은 토인비가 말한 세 가지 요인을 모두 가지고 있다고 볼 수 있다.

지금 우리의 자유민주체제가 최대 위협에 직면해 있다는 우려가 높다. 이 상태가 계속되면 우리사회가 해체되고, 국가는 내리막길로 치닫게 될지도 모른다.

* * * * *

이 책의 목적은 우리나라가 당면하고 있는 주요 리스크들(risks)을 조명하는 데 있다. 국가적 리스크란 현재 심각한 문제가 되고 있거나 될 가능성이 큰 문제를 말한다. 국가 리스크는 오랫동안 누적된 문제이기도 하지만 대통령 탄핵과 문재인 정부 출범 이후 급속히 악화되고 있어 시급히 대처하지 않으면 안 될 것으로 본다. 필자는 오랜 '대통령 연구'를 통해 국가에 대한 총체적 평가를 해왔고, 이 때문에 이 책을 쓸 용기를 갖게 되었다. 우리나라는 내우외환(內憂外患)이 겹쳐 총체적 위기로 인식되고 있는데 저자는 이를 10대 리스크로 나누어 분석하고자 한다. 우리나라가 당면한 문제들을 더 넓고 더 깊게 조망해보아야 수술이 필요한 부문이 어디이고 고쳐야 할 부문이 어디이며 어떻게 고쳐야 할지 판단할 수 있게 된다.

제1부는 우리나라 내부의 리스크들을 다루었다. 제1장은 대통령 리더십의 정착 여부에 초점을 맞추었다. 영국 속담에 "왕이 길을 잃고 방황하면 백성들이 대가를 치른다"고 했지만, 우리 현실에 와 닿는 말이다. 헌정사상 최초의 대통령 탄핵 전후의 혼란과 뒤이어 등장한 문재인 대통령의 급좌회전 방식의 국정운영으로 정치사회적 갈등이 첨예해지고 있다. 제1장에서는 이 같은 상황에서 앞으로 대통령 리더십이 정착될 수 있을 것인지 고민해보고자 한다. 국가의 기반은 핵심 인프라이며, 그것의 건전도는 국가 성패를 좌우한다. 그래서 제2장에서는 국가의 핵심 인프라인 공직사회, 법치(法治)체제, 공(公)교육의 실태를 살펴보고자 한다.

경제란 국가의 심장 같은 존재이다. 튼튼한 경제력 없이는 민주주의도 국가안보도 어렵다 그래서 제3장은 '국가비상사태'라고 할 정도로 심각한 우리 경제의 현실에 초점을 맞추고자 한다. 또한 경제력이 뒷받침하기 어려운 무분별한 분배·복지정책은 나라의 미래를 파탄에 빠뜨릴 수 있다. 그래서 제4장에서는 베네수엘라, 아르헨티나, 그리스 등 포퓰리즘으로 파탄에 빠진 나라들의 실상을 통해 한국도 그 같은 위험에 빠질 우려가 있다는 경고를 담았다. 국가의 원초적인 인프라는 인구라 할 수 있다. 그런데 뉴욕타임스가 한국의 인구 절벽은 북한의 핵무기보다 더 위험한 것이라고 경고하고 있을 정도로 심각한 문제가 되고 있기에 제5장에서는 이를 다루고자 한다.

제2부에서는 대외적 리스크를 다루고자 한다. 북한의 핵무장, 중국의 급부상과 이에 따른 동북아 신냉전, 남북관계 급변 등이 동시에 일어나고 있는 바, 이는 나라의 존립과 번영에 직결된 문제다. 더구나 남북관계, 국가안보, 그리고 통일은 밀접히 연관되어 있다. 남북관계와 미·북 비핵화 협상이라는 측면에서 한반도는 중대한 전환기를 맞고 있기 때문에 제6장에서는 남북관계가 기회인지 모험인지 살펴보고자 한다. 제7장에서는 북한의 핵무장, 남북관계 급변, 미국의 동맹정책 변화 가능성 등 한국안보가 당면한 문제들을 살펴본다.

그리고 제8장에서는 남북관계 급변이 통일로 이어질 가능성이 없지 않기 때문에 이에 관련된 문제들을 점검한다. 미국과 중국은 현재는 물론 앞으로도 한국에 매우 중요한 나라들이다. 그래서 제9장에서는 미국과 중국 간 경쟁과 대립의 실상과 그것이 한국에 미칠 파장을 검토한다. 우리는 그동안 미국은 안보, 중국은 경제라는 정책을 펴왔지만, 미국과 중국 모두 경제를 안보적 관점에서 접근하고 있기 때문에 한국은 안보와 경제 양면에서 심각한 도전에 직면하고 있음을 분석한다.

제1장에서부터 제9장까지 다룬 국가적 리스크들은 특정시대, 특

정정권에서 비롯된 것이 아니라 오랫동안 복합적 요인에 의해 형성된 문제들이며, 그 같은 외형적 리스크들의 근원은 국민정신 문제에 있다고 본다. 그래서 제3부에서는 '정신적 리스크'를 다루고자 한다. 국민정신은 국력의 원천이라 할 만큼 본질적이고 중요한 문제이기 때문에 두 개의 장으로 나누었다. 역사에서 교훈을 얻지 못하면 역사적 비극이 되풀이될 가능성이 높기 때문에 제10장에서는 우리 조상들이 겪었던 조선시대의 3대 역사적 비극을 되돌아보고 그 원인이 무엇이었는지 살펴보고자 한다. 마지막 장인 제11장에서는 국민정신의 핵심인 애국심 문제를 다루고자 한다. 토인비는 애국심 결여가 국가 패망 3대 조건의 하나라고 했을 정도로 애국심은 국가라는 운명공동체 구성원들의 필수 요건이다. 그러나 우리 현실은 흔들리는 국가정체성으로 인해 애국심이 희미해져 가고 국론분열이 심각해져 간다는 점에서 이 문제의 원인과 처방을 다루고자 한다.

끝으로 이 책의 출판을 위해 애써주신 도서출판 오름의 부성옥 대표와 최선숙 편집장의 노고에 감사드린다. 인간의 인간다움은 지식 탐구에 있다. 그런 점에서 작가와 출판사는 하늘이 내린 파트너란 생각이 든다.

2019년 6월
남한산성이 바라보이는 연구실에서
김충남

[차례]

15

제**1**부

대내적 리스크

제1장

대통령 리더십,
위기인가 기회인가?

대통령 리더십이 정착되지 않으면 한국 민주주의가 안정될
수 없고 국가발전도 기대할 수 없다. 대통령의 성공이 국민
의 성공이고 또한 대한민국의 성공이 되도록 해야 한다.

대통령제 국가에서 대통령은 심장 같은 존재다.
심장이 건강의 바로미터이듯이 대통령제가 안정되
어야 민주주의도 정착되는 것이다. 그러나 우리나
라에서는 5년마다 대통령이 교체되고 또한 새 대통
령은 전임자들과 차별화하거나 심지어 청산하려 하
면서 대통령제는 여전히 불안정한 실정이다.

박근혜 대통령의 탄핵과 문재인 대통령의 등장
은 우리 역사의 큰 분수령이 되고 있다. 하지만 정
치적 갈등이 첨예해지고 있어서 앞으로 우리 역사
가 어떤 방향으로 전개될지 불확실하다. 박근혜 대

통령의 등장은 두 가지 큰 의미를 지니고 있었다.

한국 최초의 여성 대통령이고 박정희 대통령의 딸로서 부녀 대통령이라는 기록을 세웠기 때문이다. 또한 박근혜 대통령은 선진 민주국가에서 직선에 의해 선출된 첫 번째 여성 지도자였기 때문에 세계의 주목을 받은 바 있다. 그의 파멸로 이 같은 신화들이 한꺼번에 깨졌다. 박정희의 신화는 큰 상처를 입게 되었고, 한국에서 당분간 여성 대통령이 나오기 어려울지도 모른다.

뒤이은 문재인 정권은 적폐청산의 명분하에 박근혜 정부의 모든 것을 잘못된 것으로 몰았을 뿐 아니라 상당수의 전직 관리들이 처벌을 받았고 보수세력은 적폐세력으로 몰려 청산 대상이 되고 있다. 그야말로 대한민국의 주류세력은 밀려나고 있고, 대한민국 현대사는 새롭게 해석되고 있으며, 남북관계는 불투명한 새벽을 맞고 있는 가운데 한미동맹의 미래까지 불확실해지고 있다.

그래서 문재인 대통령은 역사에 남는 대통령이 될지 아니면 또다시 실패한 대통령이 될지 예단하기 어렵다. 문 대통령의 리더십을 이해하기 위해 박근혜 대통령의 실패부터 되돌아보는 것이 필요하다.

Ⅰ. 리더십에 치명적인 위기관리 실패

위기관리는 리더십의 바로미터다. 위기관리에 실패하면 성공한 지도자가 되기 어렵다. 사람들은 평시에는 지도자에 대해 별로 관심이 없지만, 전쟁이나 대형 재난 등 국가가 중대한 위기에 처하게 되면 모두가 지도자의 대응을 주시하게 되고, 이때 리더십의 성패가 갈린다. 위기를 효과적으로 극복하면 강력한 리더로 부상할 수 있지만, 실패하면 신뢰를 잃게 되어 리더십은 급격한 하향곡선을 타서 레임덕에 빠지게 된다.

박근혜 대통령이 취임 후 1년 만인 2014년 4월 16일에 일어난 세월호 침몰은 예기치 못한 불행한 사고였다. 승객 476명 중 304명이 희생되는 대형 해난 사고였을 뿐 아니라 희생자 대다수가 고등학생이었기 때문에 국민들의 감성을 자극하는, 폭발성을 지닌 사건이었다. 세월호는 큰 배였기 때문에 뒤집어지는 데 100분 정도 걸렸고, 그래서 많은 국민들이 텔레비전을 통해 사고현장을 목격하고 있었기 때문이다.

해난 사고로 인한 위기는 다른 위기와 근본적으로 다르다. 다른 위기는 상당한 시간에 걸쳐 사태가 전개되기 때문에 사태 수습에서 리더십 역할이 중요하다. 그러나 여객선 전복 사고는 선장과 선원들의 초기 조치가 결정적으로 중요하고, 추가적으로 인접 해역의 해경(海警)이나 해군의 긴급 구조를 기대할 수밖에 없다. 따라서 대통령이나 중앙정부가 인명구조를 위해 할 수 있는 수단은 별로 없다. 세계 역사상 일어난 모든 해난 사고는 구조가 어렵기 때문에 많은 희생자를 냈다. 그럼에도 세월호 침몰로 박근혜 정부는 물론 정치·경제·사회적으로 엄청난 후폭풍에 시달렸고, 결국 박 대통령이 탄핵되기에 이르렀다.

박근혜 대통령은 4월 17일 오후 5시, 실종자 가족들이 머물고 있는 진도체육관을 방문하고 연단에서 마이크를 들고 사고 관련자들에 대한 "책임" "엄벌" 등의 단어를 쏟아냈다. 대통령의 말이 이어지는 가운데 40대 여성이 연단 앞까지 뛰어나와 무릎을 꿇고 두 손을 앞으로 모은 뒤 "아이를 살려주세요"라며 울먹였다. 그러나 박 대통령은 연단 아래로 내려가지 않았다. 현장에 있던 공무원들에게 구조에 최선을 다하라고 지시하고는 곧바로 떠났다. 실종자 가족들과 몇차례 손을 잡기는 했으나 안아주지는 않았다. 체육관에 머문 시간은 30분 정도였다. 닷새 뒤인 22일 독일 언론 프랑크푸르터 룬트샤우는 '얼음처럼 차가운 독재자의 딸'이라는 제목의 기사로 박 대통령의 진도체육관 방문 광경을 소개했다. 체육관 방문으로부터 약 3주가 지난 5월 9일에는 세월호 유족 100여 명이 청와대에서 100m 떨어진 곳에서 "대통령을 만나고 싶다"고 외치며 연좌농성을 벌였다. 대통령은 모습을 드러내지 않았고, 정무수석이 그들을 찾았다. 열흘 뒤 박 대통령은 대국민 담화를 발표하고 처음으로 눈물을 보였다. 세월호 침몰 뒤 한 달 6일이 지난 때였다.

이상언 중앙일보 논설위원은 국민 정서를 헤아리지 못하는 차가운 리더십으로 박근혜 대통령은 육영수 여사가 남겨 준, 따뜻하고 자상한 국모(國母) 이미지 유산을 몽땅 날려버렸다는 칼럼을 썼다. 그는 박 대통령이 진도체육관을 방문했을 당시 "연단 아래로 내려가 그 여인을 부둥켜안고 함께 펑펑 울었다면…. 아예 체육관 한편에 책상을 놓게 하고 "지금부터 다른 주요 현안은 총리가 맡고 나는 이곳에서 보고를 받겠다"고 선언했다면, … 한동안 현장에서 수습 상황을 챙긴 뒤 청와대로 돌아와서는 유가족들을 수시로 만났다면, … 그리고 다음 해의 메르스 사태 때도 발 벗고 뛰는 모습을 보였다면, … 만약 그랬다면 박근혜 대통령은 지지도가 사상 최고치에 이르고 부친보다 국민의 사랑을 받는 지도자가 됐을 것"이고, 그 후 최순실 국정농단 같은 사태가 일어났더라도 탄핵당하고 구속되지 않았을지도 모른다고 했다.

물론 그 같은 감성적 접근이 어느 정도 효과가 있었을지 모르지만 대결적인 정치문화가 결코 그 같은 결과가 나타나게 하지 않았을 것이다. 그리고 대통령이 진두지휘했다 하더라도 이미 희생된 사람들을 살려낼 수 있는 방법이 없었다. 또한 야당과 좌파 시민단체들은 대통령이 책임져야 한다고 총공세를 펴고 있었고 대다수 언론도 이에 동조하고 있었기 때문에 박 대통령으로서는 자칫 하면 모든 책임을 떠안게 될 위험이 있었다. 물론 많은 사람들이 박근혜 대통령으로부터 육영수 여사의 따뜻함과 인자함을 기대했던 것은 사실이지만, 박근혜는 더 이상 퍼스트레이디가 아니고 대통령이었기에 대통령으로서의 역할이 더 중요했던 것이다.

야당과 반정부 시민단체들은 세월호 사건을 약점으로 삼아 대대적인 공세를 계속 폈다. 박근혜 대통령에 대한 탄핵여론 형성의 시발점이 세월호 참사였고, 그것은 탄핵 사유 중의 하나이기도 했다. 문재인 대통령이 대통령 당선 후 세월호 사고 현장을 찾아 방명록에 "애들아. 너희들이 촛불 광장의 별빛이었다. 너희들의 혼이 1,000만 촛불이 되었다. 미안하다. 고맙다"고 적었다는 것은 세월호 사건이 결국 촛불시위와 박근혜 대통령 탄핵으로 연결되었음을 시사한 것이다.

그럼에도 박근혜 대통령과 그 정부가 그토록 지탄받아야 했는지 살펴볼 필요가 있다. 근본적으로 박근혜 정부는 여객선 침몰과 같은 사고에 대한 위기의식이 없었다. 위기란 언제 어디서 일어날지 모르는 돌발적인 것이고 따라서 신속하면서도 효과적으로 대응할 수 있는 체제가 갖추어져 있어야 한다. 그런데 세월호 침몰 당시 방송들은 현장 상황을 생중계하고 있어 많은 국민들이 지켜보고 있었지만, 오히려 대통령은 무관심했고 청와대 참모진도 비상한 조치를 취하지 않았다. 위기관리가 무엇보다 중요한 대통령과 정부의 책임이라는 인식이 없었고, 위기관리 실패가 정부 실패로 직결된다는 인식이 없었다. 그 사태에 대해 대통령이 리더십을 발휘하지 못했다 하더라도 청와대 비서실장 중심으로 신속히 대응했어야 마땅했지만 그러한 움직임조차 없었다. 현대국가의 대통령실로서 자격미달이었다.

특히 김장수 국가안보실장의 책임이 작지 않았다고 본다. 그는 국가안보실은 재난대응 컨트롤타워가 아니라고 말함으로써 청와대가 책임을 회피한다는 인상을 주어 여론을 악화시켰다. 물론 이명박 정부 당시 국가안보실 업무는 외교안보 문제로 한정되었고 '국민 안전' 업무는 소관사항이 아니었기 때문에 형식논리로는 컨트롤타워가 아니다. 그러나 대통령은 국정에 대해 무한 책임을 져야 하는 자리라는 것을 고려할 때 안보실장은 자신의 업무를 지나치게 소극적으로 인식했던 것이다. 그의 예하에 있는 위기관리비서관이 사고 정보를 가장 먼저 입수한 상황에서 안보실장은 대통령에게 보고하는 것만으로 끝날 일이 아니라 청와대와 정부로 하여금 신속히 대응하도록 했어야 마땅하다. 김장수 실장은 30년 이상의 군부대 지휘 경험과 국방장관까지 지낸 인물이기 때문에 청와대에서 누구보다 위기관리의 적임자였다. 한마디로 말해, 김기춘 비서실장과 김장수 안보실장의 무능으로 대통령을 파멸에 빠뜨렸다 해도 과언이 아니다.

박근혜 정부가 비극적인 종말을 맞게 된 원인을 다양한 관점에서 설명할 수 있지만, 저자는 세월호 사태가 결정적이었고, 1년 뒤에 있었던 메르스 사태도 제2의 타격이 되었다고 본다. 해난사고는 구조가 어려운 것이 특징이다. 따라서 대통령이 세월호 침몰에 대해 직접 책임이 있는 것은 아니지만, 그 사태에 관련된 공직자들의 무능이 대통령과 행정부의 무능으로 인식되어 대통령의 권위가 무너진 후 다시 회복하지 못했던 것이다.

세월호 참사 수습 과정에서 박근혜 정부의 취약점이 노출되자 반대세력은 박근혜 정부를 공격하기 시작했다. 박근혜 정부에 대한 조직적인 공격은 2015년 11월부터 민주노총 주도하에 53개 진보 시민단체들이 세월호 진상규명, 노동개혁 반대, 역사교과서 국정화 중단, 국가보안법 폐지, 국정원 해체, 사드 배치 반대 등의 구호를 내걸고 소위 '민중총궐기' 투쟁에 나섰다. 민중총궐기 1차 집회(2015.11.14), 2차 집회(2015.12.5), 3차 집회(2015.12.19), 4차 집회(2016.2.27), 5차 집회인 총선 투쟁 범국민대회(2016.3.26)가 개최되었다. 최순실 사건이 터진 후인 2016년 11월 12일에 개최된 6차 집회는 '박근혜 퇴진 민중총궐기대회'로 명칭이 바뀌었다. 그때부터 박근혜 대통령이 탄핵될 때까지 매주 토요일마다 경찰 추산 30만 내외, 주최 측 추산 100만 내외의 대규모 조직화된 군중에 의한 시위와 촛불집회가 계속되어 결국 박근혜 대통령 탄핵을 이끌어냈던 것이다.

　대통령 중심제 국가에서 대통령 탄핵은 너무도 중대한 문제이다. 미국에선 대통령이 탄핵당하면 부통령이 잔여 임기를 맡기 때문에 정부 교체는 일어나지 않는다. 우리나라에선 대통령이 파면되면 60일 이내에 후임 대통령을 뽑는 선거를 하게 돼 있어, 탄핵이 격렬한 정치투쟁으로 직결된다. 박근혜 대통령에 대한 탄핵 심판에서 헌법재판소가 그 같은 정치투쟁의 영향을 받았을 가능성을 배제할 수 없다. 한국 대통령제의 취약점이 여실히 드러난 것이다.

II. 부시와 간 나오토(菅 直人)의 실패한 위기관리

박근혜 정부의 위기관리 실패에 대한 객관적 평가를 위해 미국과 일본의 위기관리 실패 사례를 살펴보고자 한다.

▌허리케인 카트리나와 부시 대통령

2005년 8월 말 조지 W. 부시 대통령은 고향인 텍사스에서 여름 휴가를 보내고 있었을 당시 그곳에서 가까운 남부지역을 강력한 허리케인이 강타하면서 수많은 사상자와 엄청난 피해가 발생했지만 그가 소극적으로 대처하여 비난받게 되면서 정치적으로 큰 타격을 입었다.

8월 29일 시속 280km의 강풍을 동반한 허리케인 카트리나가 루이지애나, 미시시피, 앨라배마 등 3개 주에 걸친 광범한 지역을 강타했다. 파도가 9m나 치솟아 도시를 둘러싼 제방이 무너지고 수로(水路)가 범람하여 인구 50만에 육박하는 뉴올리언스 시는 80%가 물에 잠기는 등 도시가 초토화됐다. 이로 인한 사망자는 최대 1,836명에 이르렀고, 재산 피해는 1,250억 달러에 달했으며, 수십만의 이재민이 발생했는데, 그 피해의 대부분은 뉴올리언스에 집중되었다. 뉴올리언스의 평균 고도가 해수면보다 낮았기 때문에 제방을 넘는 거친 파도에 속수무책이었다. 이재민이 수용된 대피소에는 물, 식량, 의약품 등 생필품도 없었다. 텔레비전 화면에 비친 재난 현장은 전쟁터보다 더 처참했다. 큰 피해를 입은 뉴올리언스의 인구는 그 뒤 3분의 1로 줄어들었다. 특히 바다보다 지면이 낮은 뉴올리언스를 보호하는 제방이 무너져 가난한 흑인이 많이 사는 지역의 피해가 컸고, 그래서 부시 행정부는 흑인 거주 지역이라 허리케인 대책에 등한했다는 비판까지 받았다.

당시 부시 대통령은 인접지역인 텍사스 주의 크로포드(Crawford) 목장에서 한 달간의 장기 휴가를 보내고 있었다. 그는 허리케인이 강타한지 나흘 뒤에야 휴가를 중단하고 전용기를 타고 뉴올리언스 상공을 경유하여 워싱턴으로 귀환했다. 그가 재난 현지에 내려 이재민들을 위로하고 격려했더라면 좋았을 것이지만, 2,500미터 상공의 전용기에서 재난 지역을 내려다보며 지나갔고, 그 사진이 언론에 보도되었다. 그러자 대통령이 재난 현장을 찾은 것이 아니라 비행기에서 남의 일 보듯 했다는 비난이 쏟아졌다.

그 후 부시 대통령은 재난 극복을 위해 여러 차례 현장을 방문하는 등 갖가지 노력을 했지만 9.11테러 이후 보여주었던 결단력 있는 지도자라는 이미지는 사라지고 말았다. 카트리나가 강타하기 직전의 부시의 지지율이 50% 이상이었지만 카트리나 직후 42%로 떨어졌고, 한 달 후에는 38%로 주저앉았으며, 다음 해에는 30% 이하로 추락했다. 그래서 부시 대통령은 퇴임 당시 어느 대통령보다 낮은 지지율에 머물렀다. 그의 이미지도 '강한 리더십'에서 '무능력'으로 급변했다. 여론조사 전문가인 존 조그비는 "부시는 이후 단 한 차례도 상황을 반전시키지 못했다"며 "카트리나 사태는 2008년 대선에서 민주당 후보가 승리하는 데 결정적 역할을 했다"고 판단했다. 부시 대통령의 참모로 일했던 사람들은 한번 무너진 신뢰를 회복하는 것은 사실상 불가능하다는 것을 말해주고 있다.

댄 바틀렛 전 백악관 공보고문은 "카트리나 사태로 부시 행정부는 정치적으로 사망했다"고 했다. 2004년 대선 당시 부시 진영의 수석 전략가였던 매슈 다우드는 "카트리나로 국민과 부시 대통령 간의 유대감이 끊어졌다. 부시는 더 이상 국민들에게 뭔가를 이야기할 수 없었다. 각종 대국민 연설, 각종 입법 노력, 정부 정책 홍보 등도 더 이상 아무런 의미가 없었다. 그것으로 우리는 끝났다"고 했다.

부시는 카트리나 대책에 소홀했던 점을 인정하고 깊이 후회했다. 2010년에 발간된 회고록 『결정의 순간들(*Decision Points*)』에서 그는 "국가적 재난이 일어나면 가장 쉽게 찾을 수 있는 책임자가 대통령"이라면서 국민의 안전과 안보 문제가 제기되면 당연히 제1차적 책임을 지는 것은 대통령이라는 것을 인정했다. 그는 카트리나 재난에 대한 부적절했던 자신의 과오를 시인하고 그것이 자신의 정치 생명에 결코 회복할 수 없는 타격을 주었다면서 "카트리나로 인해 비판자들에게 다년간 이용할 수 있는 정치적 기회를 제공했다"고 실토했다. 이처럼 카트리나 사건은 부시 통치의 내리막길의 시작이었다.

▌동일본 지진·해일 수습에 무능했던 간 나오토 총리

2011년 3월 11일 동일본 대지진과 해일, 그 여파로 일어난 후쿠시마 원전 사고는 일본을 최악의 위기에 빠뜨렸다. 대지진과 해일로 인한 참사와 후쿠시마 원전 사고 수습 과정에서 일본 국민이 보여준 침착함과 성숙된 시민의식은 세계를 감탄시켰지만, 간 나오토 총리의 무능한 대처로 그의 위기관리 리더십이 도마에 올랐다. 특히 후쿠시마 원전 사고 수습이 장기화되자 좌절한 일본인들은 2차 대전 패전에 비유해 '제2의 패전'이라고도 하였다.

간 나오토 총리는 후쿠시마 원전 사고가 확대일로로 치닫고 있던 3월 14일, 자위대 헬기를 타고 원전 상공을 날며 원자로에 냉각수를 뿌리는 작전을 자위대에 '요청'했지만, 기타자와 도시미(北沢 俊美) 방위상과 오리키 료이치(折木良一) 통합막료장(합참의장)은 "너무 위험한 작전"이라며 반대했다. 결국 몇 시간의 설득 끝에 방위상과 합의하고, 통합막료장의 동의를 받아 냉각수 살포작업이 이뤄졌다.

국가지도자는 어떤 어려움이 있더라도 위기 때 단호하고 효과적인 리더십을 발휘해야 한다. 그러나 간 나오토는 전혀 그렇지 못했다. 국가적 위기상황에서 최고지도자는 대국적인 판단을 하고, 세세한 부분은 실무진과 전문가에게 맡겨야 하지만 그는 정반대로 행동했다. 종합적인 대책을 마련하거나 중대한 결단은 소홀히 하면서 지엽적인 문제에 지나치게 관심을 기울였던 것이다. 실패한 리더십의 전형적인 모습이었다.

난립했던 각종 대책본부도 '리더십 실종'의 실체를 잘 보여주었다. 지진·해일 발생 후 정부 안에 '긴급재해대책본부' '부흥대책회의' 등 비슷한 이름과 성격의 기구가 20여 개 난립했고, 후쿠시마 원전 사고와 관련해서도 원자력재해대책본부, 정부·도쿄전력통합대책본부, 원자력재해현지대책본부, 원자력경제피해대응본부, 원자력피해자생환지원팀 등, 대책본부가 넘쳐났다는 것은 일본 정부의 대응이 한심했다는 것을 말해주고 있다. 이들 본부의 본부장이나 부본부장은 대부분 경제산업상이 맡고 있었고, 현지대책 본부장은 한 달 사이에 6명이나 바뀌기도 했다. 총리실의 위기관리 시스템이 전혀 작동하지 않았던 것이다.

현장 공무원들도 매뉴얼 기준을 넘어선 규모 9.0의 초강진(超强震)과 수십 미터 높이의 해일을 맞아 우왕좌왕했다. 예컨대 100명의 이재민이 있는 피난소에 95개의 빵이 구호품으로 오면 현장에선 배급을 하지 않고, 5개가 더 올 때까지 기다렸다. 구호품은 모든 사람에게 공평하게 나눠 주라고 매뉴얼에 적혀 있기 때문이다. 그 결과 지진 발생 후 한 달이 지나도록 제대로 먹지 못하는 이재민들이 많았다. 일본과 같은 선진국에서 상상도 못할 일이 벌어지고 있었던 것이다.

지진과 해일, 원전사고로 인한 사망자와 행방불명자가 약 2만 7,000명에 달하여 2차 대전 이후 최악의 재난으로 기록되었으며, 이재민의 규모도 50만여 명에 달했고 경제적 손실도 3,000억 달러에 이르렀다. 그래서 총리는 아무것도 결정하지 않는 리더, 책임을 지려 하지 않는 리더, 즉흥적 판단과 돌발적 지시로 혼란을 가중시키는 리더라고 비판받았다. 또한 정부는 시급한 원전사고 문제에 제대로 대응하지 못해 위기관리 능력에 한계를 드러낸 것은 물론, 피난민 대책 등에 대해서도 우왕좌왕했다. 결국 간 나오토 총리는 6개월 후 물러났다.

그런데 동일본 대지진에서 보듯이 일본인들은 정부를 공분의 대상으로 삼지 않았다. 정부를 비난하고 원망하거나 관청으로 몰려가 고함치고 멱살 잡는 모습은 찾아볼 수 없다. 오랜 사무라이 전통을 가진 나라에서 관청에 반기를 들었다가는 본인은 물론 가족까지 목이 잘렸던 전통의 영향이다.

박근혜 대통령은 바로 몇 년 전 지진·해일과 원전 사고를 제대로 수습하지 못하여 실각한 간 나토오 총리와 허리케인 카트리나에 대한 소극적 대처로 레임덕 상태에 빠졌던 조지 W. 부시 대통령의 실패로부터 교훈을 얻었어야 했다. 지도자는 성공에 집착하기 전에 실패를 방지하는 것부터 해야 한다.

III. 박근혜 리더십에 대한 성찰

박근혜 대통령 탄핵은 엄청난 국가적·역사적 후폭풍을 몰고 왔다. 대통령에서 물러나자마자 곧바로 구속되어 구치소에 수감된 후 매주 4일 동안 하루 8시간 재판을 받아야 하는 등 최소한의 인권마저 보장받지 못했고, 결국 24년의 징역형과 벌금 180억 원에 처해졌다. 동시에 박근혜 정부에서 일했던 수많은 고위 공직자들이 단죄 대상이 되었다. 그 연장선상에서 이명박 대통령까지 사법처리되었다. 이것은 대내적으로 국가적 비극일 뿐 아니라 대외적으로 국가이미지에 심각한 타격이 됐다. 국제사회에서 한국이 부패 공화국 또는 스캔들 공화국이라는 이미지가 고착되지 않을까 우려된다.

이에 대해 해외에서는 한국에서 살인범도 12년 정도의 징역형에 처해지는데 전직 대통령에게 너무도 엄격한 법률적 잣대를 적용한 너무도 가혹한 판결이라 했다. 박근혜 청와대에 들이댄 지나치게 엄격한 법률적·도덕적 잣대를 역대와 현재의 청와대에 적용한다면 모든 대통령들이 감옥에 가야 할지 모른다고 했다. 이것을 한국 정치 문화의 문제로 보는 시각도 있었다. 한국 국민은 대통령은 무엇이든지 할 수 있다고 판단하기 때문에 일단 권력에서 물러나면 모든 책임을 지우려 한다는 것이다. 또한 대통령은 퇴임 후 아무런 보호를 받고 있지 못한다고 했다. 새로운 집권세력이 대중적 분노를 이용하여 보복정치를 하고 있다는 것이다. 박근혜의 추락은 개인 문제일 뿐 아니라 국민들이 존경해마지않던 박정희 대통령의 명성에도 돌이킬 수 없는 흠집을 내었고, 나아가 나라가 통째로 반대세력에 넘어가게 되어 대한민국의 정통성이 흔들리게 되었을 뿐 아니라 나라의 운명에도 중대한 영향을 미치고 있다.

전두환, 노태우 두 대통령이 동시에 사법처리 대상이 된 데 이어 또다시 박근혜, 이명박 두 전직 대통령이 사법처리됨으로써 대한민국 헌정사에 커다란 오점을 남겼다. 우리 대통령 중에 누가 존경의 대상이 되고 있는가? 김대중과 노무현이라고 말할 수 있는가? 그렇게 생각하는 사람도 적지 않겠지만 그렇지 않다고 생각하는 사람도 많다. 최고지도자가 줄줄이 지탄받는 나라라면 어떻게 자랑스러운 나라가 되겠는가? 이렇게 하는 것이 과연 '나라다운 나라'를 만드는 길인가? 한국 대통령은 '최악의 직업'이 되고 있다고 외국 언론은 말한다. 임기를 제대로 채우지 못하거나 퇴임 후 단죄의 대상이 되는 오욕의 역사가 거듭되고 있기 때문이다.

한국은 기적을 이룩한 나라이지만 대통령들은 단죄와 비판의 대상이 되면서 대통령직에 대한 신뢰가 추락했다. 이것은 한국 민주주의에서 매우 심각한 문제다. 영국이나 일본 등 군주제를 유지하고 있는 나라는 국왕이 국가의 상징이다. 그러나 주기적으로 대통령이 교체되는 나라에서 대통령직의 권위를 보호하지 않으면 정부가 불신받게 되어 정치가 혼란에 빠진다. 미국의 민주주의가 안정된 것은 역대 대통령의 권위를 보존하기 위한 노력을 계속하고 있기 때문이다.

우리 정치인들은 대통령 탄핵을 가볍게 생각하는 것 같다. 2004년 노무현 대통령을 탄핵하려 했고, 13년 만에 박근혜 대통령을 탄핵했던 것이다. 그런데 트럼프 대통령 탄핵 문제가 논의되고 있던 2018년 5월 하버드대 헌법학 교수인 로렌스 트라이브(Laurence Tribe)와 헌법 전문변호사 조슈아 매츠(Joshua Matz)의 공동 저서 『대통령 탄핵(To End A Presidency)』에서 대통령 탄핵은 역사적·국가적으로 너무도 중대한 문제이기 때문에 깊은 성찰이 요구된다고 했다. 이

책에 대한 한 서평은 탄핵이라는 정치 열병을 식혀줄 아스피린 같은 책이라 했다. 그래서 트럼프 대통령에 대한 탄핵은 논의조차 되지 않고 있다. 우리나라 같으면 닉슨도 탄핵되어야 했고, 인턴과 부적절한 관계를 맺었던 클린턴은 물론 이라크전쟁을 시작했던 부시도 탄핵되어야 했을지 모른다.

포드 대통령의 닉슨 사면은 귀중한 교훈을 주고 있다. 포드는 닉슨 사면이 자신에게 정치적 자살행위나 다름없었지만 미국을 워터게이트 사건의 소용돌이에서 신속히 벗어나도록 하는 것이 국가적 위신과 대통령직의 명예를 보존하기 위해 긴요한 일이라 판단하고 주변의 강력한 반대에도 불구하고 결단을 내렸고, 이로 인해 그는 대통령선거에서 낙선하는 등 후유증에 시달려야 했다. 그로부터 25년이 지난 2001년 포드의 닉슨 사면은 용기 있는 결단이었다는 평가를 받았다. 케네디 대통령 기념재단은 닉슨 사면을 높이 평가하여 포드에게 '용기 있는 지도자상(Profile in Courage Award)'을 수여했다. 한 미국 학자는 닉슨 사면의 용단을 내린 포드를 미국 역사상 용기 있는 결단을 내린 12명의 대통령 중 한 사람으로 평가하고 있다.

▍안보위기와 체제도전에 단호했던 박근혜 대통령

박근혜 대통령이 탄핵되어 물러났고 뒤이은 문재인 정권의 대대적인 적폐청산 드라이브로 박근혜 정부의 정책들은 무조건 부정적으로 인식되고 있지만, 대통령의 주된 책무인 국가안보와 자유민주체제 수호라는 측면에서 박근혜 대통령의 정책은 긍정적인 것이 적지 않다.

문재인 정권은 박근혜 정부의 대북 강경정책으로 남북관계가 후

퇴했다고 주장하지만, 남북관계 경색의 원인은 북한에 있다는 사실이 분명하다. 박근혜 대통령의 취임 2주 전인 2013년 2월 12일 북한은 3차 핵실험을 실시하여 한반도를 초긴장 상태에 빠뜨렸다. 원래 박 대통령은 '한반도 신뢰프로세스' 정책을 통해 신뢰를 쌓아가며 남북관계를 단계적으로 개선해나갈 구상이었지만 처음부터 빗나갈 수밖에 없었다. 유엔안보리는 3월 7일 북한 핵실험에 대해 제재결의안을 채택했고 이에 반발한 북한은 3월 9일 남북불가침합의를 파기하겠다고 선언했고, 뒤이어 김정은이 '1호 작전명령'을 하달함에 따라 북한군이 핵탄두를 장착한 각종 미사일을 대기상태에 있다고 하는 등 대남 위협을 높였다. 4월 3일 북한이 우리 근로자들의 개성공단 진입을 금지하면서 개성공단에서 일하던 우리 근로자들이 인질이 될 위험에 처했고, 결국 정부는 4월 26일 개성공단에서 철수를 결정하면서 개성공단이 잠정 폐쇄됐다. 그러나 9월에 이르러 남북은 개성공단을 재가동하기로 합의했던 것이다.

2014년부터 2년간 북한의 군사적 도발은 폭주하는 열차 같았다. 영변 중수로 재가동을 선언했고, 연이은 단거리 로켓과 단거리 미사일 발사, 단거리 탄도미사일 발사, 잠수함 발사 탄도미사일(SLBM) 발사, 중거리 탄도미사일 발사 등 점차 그 위협을 높였다. 대내적으로도 김정은은 잔인한 폭군정치를 하고 있었다. 2013년 12월에는 고모부인 장성택을 고사총으로 공개 처형했고, 2015년 9월에는 군 간부들이 모인 자리에서 인민무력부장(국방장관) 현영철을 역시 고사총으로 잔인하게 처형했다. 그는 집권한 지 4년 동안 무려 130여 명의 고위간부들을 처형하거나 숙청했다.

2016년 1월 6일 북한은 4차 핵실험을 감행하고 뒤이어 2월 7일에는 장거리 탄도미사일을 시험발사했다. 이 같은 핵실험과 미사일

도발에 대해 박근혜 정부는 개성공단을 폐쇄하고 남측 근로자들을 모두 철수시켰으며, 개성공단 입주기업도 철수했다. 북한의 핵실험과 미사일 발사에 분노한 박근혜 대통령은 2월 10일 국회에서 북한 체제를 근본적으로 변화시키지 않는 한 북한 핵 문제가 해결될 수 없다고 선언했다. 북한도 다음 날인 2월 11일, 개성공단 폐쇄 및 개성공단 내 자산 동결과 남측 인원 추방 등을 남측에 통보했다. 북한은 3월에도 다섯 차례에 걸쳐 미사일이나 300미리 방사포를 발사했고, 그 후 매월 몇 차례에 걸쳐 각종 미사일을 발사하며 긴장을 최대로 고조시켰다. 이 같은 긴장 국면에서 정부는 개성공단에 있는 우리측 인력의 안전을 고려하여 전원 철수를 명령할 수밖에 없었고, 그해 말에는 북한의 핵 위협에 한·미·일 군사협력이 긴요하다는 판단에서 한일정보보호협정도 체결했다.

그해 3월 3일, 유엔안보리는 광물 수출 금지 및 유류 수입 금지 등 북한에 대한 강력한 경제제재를 담은 유엔 제재 2270호를 채택했고, 미국도 2016년 1년 동안 항모전단, 핵잠수함, 전략폭격기 등 전략자산을 6차례나 투입하며 북한을 압박했다. 이 같은 상황에서 박 대통령은 7월 8일, 북한의 핵미사일 요격체제인 사드(THAAD)를 주한미군에 배치하기로 결정했다. 사드 배치를 발표하자 북한은 그다음 날 잠수함 발사 탄도미사일(SLBM) 시험발사를 했으나 실패했고, 약 한 달 후에는 잠수함 발사 탄도미사일의 시험발사에 성공했으며, 9월 9일에는 5차 핵실험을 감행했다.

한편 박근혜 정부는 2014년 12월 19일 통합진보당(통진당)을 해산했다. 통진당은 대한민국 체제를 부정했을 뿐 아니라 국가전복까지 시도했던 이적(利敵) 정당이기 때문에 정당해산심판을 청구하여 헌법재판소로부터 위헌 정당으로 판결되어 해산되고, 이석기 의원은 구속되었고 다른 4명의 의원들은 의원직을 박탈당했다. 헌법재판소 재판관 9명 중 8명은 통합진보당의 목적과 활동이 모두 헌법에 위배된다고 판단했다. 그들은 '진보적 민주주의'라는 당 강령을 도입한 세력들이 이른바 '자주파, NL계열'로, 북한 주장에 동조하거나 북한과 연계해 활동하고 주체사상을 추종해온 인물들이며, 통진당은 북한식 사회주의 실현을 최종 목표로 추구했다는 결론을 내렸다. 헌법재판소의 통진당 해산 결정은 박근혜 정부의 최대 업적 중 하나로 평가받고 있다.

'남조선 괴뢰도당의 원내에 진출한 우리의 친구'라고 했던 통진당이 해산되자 김정은은 2015년 1월 초 노동당 간부회의에서 "남한의 선거에 직접 개입하라"면서 다음과 같이 지시했다. "현재 남조선에서 공화국의 통일로선을 신념으로 간직하고 투쟁하는 진보세력들은 친북좌파로 인식되어 활동을 원활하게 할 수가 없다. 선거에서 지지를 얻어 야당이나 여당의 핵심 위치까지 진입할 수 있도록 여기 있는 일군들이 모색하고 만들어야 한다. … 우리 쪽 사람들이 남조선 정당들에서 주도권을 틀어쥐게 된다면 그때 가서 국가보안법 철폐나 미군철수를 자연스럽게 이끌어낼 수 있다."고 말했다.

박 대통령은 또한 지난 20년 동안 과거 정부가 실패한 코레일 개혁을 강행하여 흑자경영으로 바꾸었다. 흑자경영을 이루어 낼 수 있었던 데는 강성 노조의 '상습적 파업'을 뿌리 뽑은 것이 결정적이었다. 민주노총 소속인 철도노조는 수서발 KTX 법인 설립에 반대하며 22일이라는 유례없는 장기 파업을 벌였다. 이에 최연혜 철도공사 사장은 파업에 참여한 근로자들에 대해 파면 25명, 해임 77명 등 100명을 내보냈고 정직처분 343명, 감봉 156명 등 600명을 중징계하는 '초강수'를 뒀던 것이다.

공무원연금개혁도 박근혜 정부의 최대 업적 중의 하나로 꼽힌다. 당초 공무원연금은 만성적인 적자로 매년 수 조 원을 정부에서 지원받는 '세금 먹는 하마'였다. 개혁이 필요했지만 역대 어떤 정권도 손을 대지 못했다. 자칫 공무원 전체를 적으로 돌릴 우려가 있었기 때문이다. 그러나 박 전 대통령은 그런 위험을 감수하고 공무원연금개혁에 드라이브를 걸었다. 민주노총의 일부인 공무원노조의 강력한 저항에도 불구하고 마침내 '더 내고, 덜 받는' 방식의 공무원연금개혁에 성공했다. 공무원 입장에선 불리해졌지만, 국가적 차원에서 볼 때 앞으로 70년간 333조 원을 절약할 수 있게 됐다.

마지막으로, 국정 역사교과서 편찬으로 논란도 많았지만, 그럼에도 의미 있는 시도였다. 한국 현대사는 진보세력의 독무대였다. 2012년 대통령선거 당시 민족문제연구소가 제작한 '백년전쟁'이란 동영상은 이승만 대통령과 박정희 대통령을 친일인사 또는 일본에 협력했던 인물이라며 한국현대사를 근본적으로 부정하면서 역사해석을 둘러싼 백년전쟁이 계속되고 있다고 주장하며 보수세력을 대상으로 공격에 나섰던 것이다. 이에 대한 대응으로 2013년 8월 일부 보수 역사학자들이 기존 검인정 역사교과서들이 좌편향되었다고 판단하고 역사적 사실에 입각한 역사교과서를 집필하여 교학사에서 발간했다. 그런데 좌파진영에서는 이 교과서가 친일반민족행위자와 독재를 미화했다고 집중 공격했다. 당초 교학사 교과서를 채택한 고등학교는 20여 개나 되었지만, 좌파세력의 압력으로 결국 교학사 교과서는 한 학교도 채택하지 못했다. 검인정 교과서의 명분은 역사해석의 다양성이었지만 진보적 교과서 외에는 설 땅이 없다는 것이 분명해졌다.

역사교과서를 둘러싼 논란이 계속되는 가운데 박 대통령은 2014

년 2월 13일 교육부 업무보고를 받는 자리에서 "교육부는 사실에 근거한 역사교과서 개발 등 제도 개선책을 마련하라"고 지시했다. 2015년 10월 교육부가 국정 역사교과서 발행 계획을 발표하고 국사편찬위원회 주관하에 집필이 이루어졌지만 이에 대한 반대도 격렬했다. 결국 국정 역사교과서는 2017년 초 발간되었지만 문재인 정부에 의해 폐기되고 말았다.

이처럼 박근혜 대통령은 재임 기간 동안 핵실험과 미사일 발사 등에 대한 강력한 대응, 철도노조 파업에 대한 단호한 대응, 공무원 연금개혁 단행, 친북좌익 사관에 젖은 역사교과서 폐기 및 국정 역사교과서 편찬, 국가정체성을 부정한 통합진보당 해산, 사드 배치 등 체제수호를 위한 용기 있는 결단을 연이어 내렸다. 이 같은 정책으로 반정부세력은 벼랑으로 내몰렸고, 그래서 그들이 대대적인 반격에 나섰고 북한도 그러한 분위기에 편승했을 가능성이 높다. 그들은 촛불을 들고 광화문으로 몰려나와 "박근혜 정치탄압 희생양 양심수 이석기를 석방하라", "통진당을 복원하라", "사드 배치 철회하라", "문제는 자본주의다"라고 하면서 정권교체는 물론 체제교체까지 외쳤던 것이다.

▌개인적 리더십(personal leadership)의 한계

박근혜는 아버지 박정희의 신화에다 '비운의 공주'라는 신비주의 이미지에 힘입어 대통령이 되었다고 해도 과언이 아니다. 그러나 그는 대통령이 되어서도 거기서 벗어나지 못했다. 아버지 시대의 권위주의 통치 스타일을 고수하는 동시에 신비주의를 유지했기 때문에 국민 곁으로 다가가지 못했다.

박근혜의 파멸은 적지 않은 교훈을 남기고 있다. 그의 파멸은 반대세력의 조직적이고 끈질긴 공격이 직접적인 원인이었지만 취약한 리더십으로 스스로 무너졌다고 할 수 있다. 그의 리더십은 '고독의 리더십' 혹은 '신비주의 리더십'이라 불린다. 신비주의는 카리스마의 원천이 되기도 하지만 현대 민주국가에서 성공하기 어렵다. 신비주의가 어느 기간까지는 위력을 발휘했지만, 세월호 침몰, 메르스 사태 등 위기를 효과적으로 수습하지 못하여 신비주의가 허물어지면서 반대세력으로부터 불통과 무능의 리더로 공격받게 되었다. 고독의 리더십이란 다시 말하면, 시스템 리더십이 아니라 '개인적 리더십'이며, 따라서 리더가 공격받았을 때 시스템 차원의 대응이 어렵게 된다.

탁월한 리더십을 발휘했던 박정희 대통령의 딸인 박근혜의 리더십에 거는 기대가 컸지만, 그는 결코 아버지에 비할 바가 못 되었다. 박정희 리더십의 요체는 '시스템 리더십'이다. 그는 군대식 시스템 리더십을 통해 정부를 체계적이며 능률적으로 이끌었다. 그는 문제 해결에 있어 권위주의 방식이 아니라 실용주의로 접근했다. 당면 과제를 해결하는 데 필요한 인재를 널리 구해 등용했으며, 유능한 인재를 영입하기 위해 삼고초려(三顧草廬)도 마다하지 않았다. 보고서에 의존한 것이 아니라 현장 확인을 중시했고, 또한 각종 회의를 통해 다양한 의견을 들었으며, 심지어 과장급 공무원의 의견까지도 경청했다. 군인 출신인 미국의 아이젠하워 대통령도 백악관에 군대식 시스템 리더십을 적용함으로써 성공한 대통령이 되었다. 그는 회고록에서 "대통령이 모든 문제를 다룰 수 있는 지혜를 가지고 있다는 것은 잠꼬대 같은 소리다. 정부는 결코 한 사람의 마음대로 운영되도록 조직되지 않았다"고 했다.

박근혜의 청와대와 정부는 그의 지시가 없는 한 움직일 수 없었기 때문에 청와대 참모진과 행정부는 경직되어 있어서 주어진 역할을 제대로 하지 못했다. 그는 잘 알고 있는 사람 중에서 믿을 수 있고 통제할 수 있는 사람만 골라 썼지만, 그럼에도 그들과 대면하여 국정을 협의하지도 않았다. 그는 엄격한 가치기준을 가진 도덕적 지도자였지만, 그래서 아집에 사로잡힌 독선적 지도자로 인식되었다. 아버지의 죽음이 2인자의 자리를 노리는 사람들 간의 갈등에서 비롯됐다고 판단하고 2인자를 허용하지 않았을 뿐 아니라 정권의 요인들에게 권한과 책임을 부여하지 않았다. 그 결과 대통령에게 위험이 닥쳐도 발 벗고 나서는 사람이 별로 없었다. 눈에 벗어나면 매정하게 잘랐기 때문에 측근에서 비판자로 돌아선 경우도 없지 않았고 그들 중에는 탄핵에 적극 나선 사람들도 있었다. 그는 형제도 친척도 만나지 않았고 가까운 친구도 멀리 했기 때문에 구중궁궐에 고립되어 있어서 민심과 동떨어져 있었다.

미국의 카터 대통령과 오바마 대통령에서 박근혜와 유사한 점을 발견할 수 있다. 카터는 남부 침례교 장로였기 때문에 지나치게 도덕적이고 비타협적이어서 빈번한 정치적 갈등을 자초했다. 그는 의심이 많았고 또한 오만했으며, 그래서 모든 것은 자신이 결정했다. 심지어 유럽으로 정상외교를 떠나는 전용기에서 백악관 테니스장의 다음 주 이용자 명단까지 결재할 정도로 세심형 관리자(micromanager)였다. 박 대통령도 관저에서 수천 페이지의 보고서를 밤새도록 꼼꼼히 읽었다고 한다. 최고지도자가 사소한 것에 시간과 에너지를 소진하면 전략적 리더십을 발휘하기 어렵게 된다.

미국 대통령의 전기를 써서 퓰리처상을 받았던 10명의 저자들이 함께 내린 결론은 리더십에서 "무엇보다 성품이 중요하다(Character Above All)"는 것이었다. 박근혜와 카터는 독특한 성품으로 인해서

시스템 리더십을 발휘하지 못했기 때문에 실패한 대통령이 되었다고
할 수 있다.

IV. 문재인 대통령, 성공할 것인가?

　문재인 대통령은 취임사에서 "저는 감히 약속드립니다. 2017년
5월 10일, 이 날은 진정한 국민통합이 시작되는 날로 역사에 기록될
것입니다."라고 선언했다. 계속해서 그는 "저는 국민 모두의 대통령
이 되겠습니다. 저를 지지하지 않았던 국민 한 분 한 분도 저의 국민
이고, 우리의 국민으로 섬기겠습니다. 분열과 갈등의 정치를 바꾸겠
습니다. 보수와 진보의 갈등은 끝나야 합니다"라고 했다. 국민통합
은 대통령의 중요한 책무 중의 하나다. 국민통합에 성공하지 못하면
'성공한 대통령'이 되기 어렵다고 보지만, 선악(善惡) 이분법 프레임
에 갇혀 '청산'과 '교체'에만 역점을 두는 문 대통령이 과연 국민통합
을 이룩할 수 있을까?
　그는 우리에게 필요한 시대정신은 상식과 정의라며 "이런 상식이
기초가 되는 나라를 만들 기회를 해방 직후 놓쳤다"고 대선 직전에
낸 책 『대한민국이 묻는다』에서 주장한다. 그는 '친일' 세력이 '반공'
으로, '산업화'로, '보수'로 이름만 바꿔가며 민주화 이후에도 우리사
회를 지배해 왔다며, 경제 교체, 시대 교체, 과거의 낡은 질서나 체
제, 세력에 대한 역사 교체를 해야 한다고 했다. 그는 "친일파가 독
재와 관치경제, 정경유착으로 이어졌으니 친일 청산이 이뤄져야 사

회정의가 바로 선다"고 했다. 그래서 그는 그 같은 불의의 시대를 마감하고 정의롭고 공정한 나라, 즉 '나라다운 나라'를 만들겠다고 했다. 그것은 더 좋은 나라를 만들겠다는 의도이긴 하지만, 동시에 기존의 나라는 '나라답지 못한 나라'라는 부정적 인식이 깔려 있다. "한 번도 경험해보지 못한 나라"를 만든다고 하지만 그 목표와 내용이 무엇인지 아무런 청사진을 제시하지도 않았고 국민적 공감대가 있는 것도 아니다.

문재인 정권은 '촛불혁명'의 명령이라며 근본적인 체제변혁을 시도하고 있는 듯하다. 그런데 너무도 추상적인 목표를 추구하다 보니 문재인 리더십의 핵심 어젠다가 무엇인지 불분명하다. 남북관계 개선이 그중 하나지만, 그것은 만만치 않고 오히려 안보 태세와 한미동맹을 약화시키는 결과를 초래하고 있다. 경제정책은 소득주도성장으로 대표되지만, 서로 상반되는 분배정책과 성장정책을 혼합했기 때문에 성과를 내지 못하고 있다. 소득주도성장 정책의 일환으로 최저임금 인상, 비정규직의 정규직화, 공공부문 일자리 창출 등은 중소 상공인들에게 직격탄이 되어 오히려 성장이 뒷걸음질치고 있다.

진보적 어젠다를 실천하기 위해 청와대는 물론 행정부와 공공기관에는 수많은 진보성향 인사들이 요직을 차지했다. 청와대는 행정부의 중심이라기보다는 혁명 사령탑 같다는 인식을 주고 있다. 대통령은 70년대 운동권 출신이고 청와대 비서실은 80년대 운동권 출신들이 장악하고 있다. 한양대학교 총학생회장 출신인 임종석 대통령 비서실장은 전대협(전국대학생대표자협의회) 3기 의장이었고, 청와대 1급 이상 비서관 64명 중 23명(36%)이 전대협 소속의 주요 대학 총학생회장 출신이다. 최고의 인재들이 있어야 할 청와대에 '민주화 투사들'이 집결해 있는 것이다. 그들이 어떻게 살아왔고 그들의 머릿속에 국정을 감당할 만한 국가관이 자리 잡고 있는지는 미지수다. 그들끼리는 청와대 내 직급보다 운동권 시절의 위계를 더 따진다고 한다. 직급 낮은 운동권 행정관이 공무원 비서관보다 더 세다는 것이다. 그들은 청와대 바깥의 세상이 어떻게 돌아가는지, 현실은 자신들이 신봉하는 이념과 어떻게 다르게 작동하는지 상관하지 않는다. 그래서 문 대통령의 연설이나 말씀이 현실과 동떨어진 내용이 자주 등장하고 있는지도 모른다.

청와대 참모진의 구성도 엉성한 편이다. 경제정책만 해도 정책실장, 경제보좌관, 경제수석, 일자리수석, 사회수석 등이 분담하고 있다. 뿐만 아니라 어떤 문제가 부각되면 그것을 담당할 비서관직을 신설하지만 자리를 만든다고 문제가 해결되는 것이 아니다. 아마추어들로 산만하게 구성된 청와대가 "국가가 모든 것을 책임진다"며 온갖 급진적 개혁을 시도하고 있지만 역효과만 내면서 정권의 무능을 고스란히 노출시키고 있다. 분배정책과 성장정책을 구분하지 못하는 소득주도성장 정책은 말할 것도 없고 국가 백년대계인 교육과 에너지 정책 역시 부작용에 대한 치밀한 검토 없이 졸속으로 이뤄졌다. 미국의 대통령 전문가 매튜 딕킨슨(Matthew Dickinson)은 "백악관은 아마추어들이 있어서는 안 될 곳(no place for amateurs)"이라 했지만, 청와대는 아마추어들의 독무대가 되었다. '인사가 만사'라고 했듯이 청와대 인적 구성을 보면 문재인 정부의 성패를 예상케 한다.

정부는 공직 경험이 없는 진보성향의 교수들을 너무 많이 중용하고 있다. 청와대의 경제정책은 장하성(1차 정책실장·고려대), 김수현(2차 정책실장·세종대), 홍장표(1차 경제수석, 현 소득주도성장특별위원장·부경대), 김현철(경제보좌관·서울대) 등이 좌우했고, 문미옥 과학기술보좌관도 이화여대 교수 출신이다. 개헌 문제를 비롯하여 검찰

개혁, 검·경 수사권 조정 등 사정기관의 현안은 조국(서울대) 민정수석이 담당하고 있다. 행정부에도 20명 정도의 교수 출신이 장·차관으로 임명되었다. 그들은 공직 경험이 없어 업무에 대한 이해가 부족하고 공무원들을 장악할 능력도 미지수다. 더구나 교수들이 가진 지식은 논리적인 것이기 때문에 국정 현안과 동떨어진 정책을 고집할 가능성이 있다.

나아가 정부는 대학입시에서 에너지에 이르기까지 주요 정책을 지지자들로 구성된 각종 위원회에 떠넘기었다. 대학입시제도의 설계와 판단은 고도의 전문성이 요구됨에도 김상곤 장관이 이끄는 교육부는 대입제도 개편 문제를 공론화위원회에 넘겨 1년간 허송세월했다. 탈원전 정책이 포함된 에너지 정책도 대부분 비전문가로 구성된 공론화위원회의 결정에 따랐고, 심지어 건군(建軍) 70주년을 기념해 열린 국제관함식(觀艦式)도 '주민 투표'로 결정됐다.

▎아마추어 정부의 과욕과 한계

보다 큰 문제는 국가의 기존 질서와 정책을 정면으로 반대해왔던 세력이 정부를 장악하여 국정운영을 민주화 투쟁하듯 한 방향으로 밀어붙이고 있다는 점이다. 흔히 정책은 종합예술이라 하듯이 고차방정식(高次方程式)으로 풀어야 한다. 그런데 정부는 탈원전, 최저임금 인상, 비정규직의 정규직화 등 다양한 이해관계로 얽혀 있는 정책들을 실무경험과 전문지식을 가진 공무원들과 중립적인 전문가들을 배제한 채 일차방정식(一次方程式) 풀듯 단순한 이념노선에 따라 아마추어 방식으로 접근하면서 갖가지 부작용을 초래했다.

탈원전 정책을 예로 들면, 제조업의 국제경쟁력은 값싼 에너지 공급에 크게 달려 있다. 더구나 4차 산업혁명 분야의 새로운 산업은 막대한 전기를 필요로 한다. 이런 규모의 에너지를 태양광과 풍력 같은 대체에너지로 공급하는 건 불가능하다. 지금 원전을 대신하여 임시로 전기를 공급하고 있는 석탄과 가스를 이용한 발전은 생산비용도 몇 배나 될 뿐 아니라 미세먼지의 원흉이다. 탈원전 정책으로 산업과 수출, 4차 산업혁명에 심각한 타격이 될 것이라고 판단하지 못했던 것이다. 에너지경제연구원은 탈원전 정책으로 2030년까지 원전산업 인력 1만여 명이 일자리를 잃게 돼 현재 가동 중인 원전의 안전사고 위험도 높아질 것으로 예상했다.

미세먼지 30% 감축을 공약했고, 또한 환경단체의 전폭적인 지지를 받아온 문재인 정부의 미세먼지 대책도 실망스럽기 짝이 없다. 2019년 초부터 100일 동안 미세먼지 기준을 초과한 날이 48일이나 되었다. 지난 3월 초, 최악의 미세먼지가 전국을 시커멓게 뒤덮어 국민 건강을 심각히 위협하고 있어서 위기관리 차원에서 대응할 필요가 있었지만 정부는 뒤늦게 형식적인 회의 한 번 했을 뿐, 노후 석탄발전소 폐쇄, 탈원전 정책 취소 같은 과감한 조치는 찾아볼 수 없었다. 정부는 미세먼지를 중국 탓으로 돌리는 등 책임전가에 급급했다. 중국과의 협력도 중요하지만 우리 스스로 과감한 조치를 하지 않는데 중국이 협조할 리 없다. 중국의 고도성장은 곧 한국에 환경 악몽이다. 미세먼지 발생의 주범은 석탄발전이다. 그런데 중국의 석탄발전은 세계 석탄발전의 절반에 육박하며, 지금도 중국의 석탄발전소가 우후죽순으로 늘어나고 있고, 그 위치도 한반도에 가까운 동부지역에 집중되어 있다. 중국의 석탄발전은 앞으로 20년은 계속될 것이라 한다. 미세먼지는 핵무기만큼 심각한 위협이지만 개선의 조짐은 어디서도 찾아볼 수 없다.

문재인 정부가 추진한 정책 중에 제대로 되는 것이 없는 것 같다. 소득주도성장 정책은 그를 찍었던 서민층을 더 어렵게 만들었고, 일자리 정부를 내걸고 세금을 살포했으나 취업률은 더 떨어졌다. 기세 좋게 밀어붙인 '탈원전'은 한전의 엄청난 적자와 해외 원전 수출 좌초, 관련 산업의 붕괴로 나타났다. 나라 경제는 성장 동력을 잃고 불황의 늪에 빠져들고 있는 조짐을 보이고 있다. 2019년 1월, 코리아리서치 여론조사에서 정부가 금년에 중점을 두고 추진해야 할 분야로 '경제정책'이 61.2%로 단연 1위였고, 문재인 정부가 중점을 두고 있는 '적폐청산'과 '남북관계'는 각각 7.5%와 6.7%에 불과했다.

　　그럼에도 문 대통령은 그 같은 국정 난맥상을 수습할 의지도 없는 것 같다. 그는 2019년 3월 19일 하루 만에 기획재정부, 국토부, 외교부 등 11개 부처와 금융위원회 등 모두 20개 부처와 기관의 신년 업무보고를 받았다고 한다. 그것도 장관이 대통령을 직접 만나 보고한 것이 아니라 총리실에서 보고서들을 분야별로 요약하여 총리가 대신 보고했다고 한다. 통상 1월에 하는 부처별 새해 업무 보고가 3월에 와서 그것도 서면으로 요약하여 대리 보고로 한 것은 유례가 없는 일이다. 3류 국가에서도 하지 않는 일이다.

　　문재인 정부는 정의롭고 공정한 사회를 만들겠다고 거듭 다짐해 왔다. 정의와 공정의 바로미터는 대법원과 헌법재판소 같은 사법기관이기 때문에 이들 기관이 공정하고 정의롭다는 평가를 받아야 한다. 그런데 문 대통령은 대법원의 대법관 9명 가운데 대법원장을 포함한 5명을 진보 법조인 단체인 우리법·인권법·민변 출신으로 임명했고, 헌법재판소 재판관 9명 중 6명을 같은 코드의 인사들로 채웠다. 대법원과 헌법재판소는 민주주의의 최후의 보루라고 하는데 이들 기관마저 독립적이고 중립적이라고 믿기 어렵게 된 것이다. 민주주의는 입법부, 행정부, 사법부 등 3권분립이 기본이지만 지금의 한국에서 3권이 분리되어 견제와 균형이 이루어지고 있다고 보기 어렵다. 심지어 '제4부'로 불리는 언론까지 정부의 지지 세력이 절대적인 영향력을 행사하고 있는 실정이다.

어느 정권이든 낙하산 인사가 있기 마련이지만, 정의와 공정을 강조하는 문재인 정부가 박근혜 정부보다 더 많은 낙하산 인사가 있다는 것은 자가당착이다. 심지어 원자력안전위원장에 '사회복지 전공자'를 앉히기도 했다. 각 부처는 물론 공공기관과 공기업에도 전문성과 경험이 부족한 낙하산 인사가 많았으며, 이로 인한 시행착오가 빈번했다. 낙하산 인사였던 코레일 사장도 KTX 탈선사고로 조기에 사퇴했다. 코레일과 자회사 임원의 35%가 문재인 선거 캠프와 민주노총 출신이었기 때문에 '안전제일'을 자랑해온 코레일에 사고가 빈발했던 것이다. 또한 공공기관 비정규직의 정규직 전환 과정에서 상당한 '고용 세습'이 있었다는 것도 심각한 문제였다.

▌오만과 무지가 겹쳐지면 실패한다

리더십이란 정책의 선택이다. 선택에는 이득을 보는 측과 손해를 보는 측이 있기 마련이며, 그래서 부작용은 피할 수 없다. 그래서 선진국에서는 정책결정을 위한 보고서는 반드시 소수의견을 첨부하도록 한다. 문재인 정부는 일자리를 만든다고 2년 동안 54조 원이라는 천문학적 규모의 세금을 쏟아부었지만 오히려 일자리는 크게 줄어들었다. 그럼에도 정부는 2019년에도 일자리 예산을 23조 원이나 쏟아붓고 있다. 최저임금과 일자리 문제를 너무나 쉽게 보고 덤벼들었지만 그 후폭풍이 심각했다. 앞으로 3년간 41조 원을 투입해야 하는 문재인 케어, 120조 원이 소요되는 주거복지 정책, 100조 원이 투입되는 신재생에너지 정책, 50조 원이 필요한 도시재생 정책, 48조 원이 소요되는 '생활 SOC(사회간접자본) 건설 계획' 등이 어떤 부작용을 가져올지 알 수 없다.

성공을 바라지 않는 지도자는 없다. 어떤 집권세력이든 나름의 애국심을 가지고 있다는 것은 부정하기 어렵다. 그런데 해야 할 일이 어떤 일인지 모르거나 문제해결 방법이 잘못되면 성공할 수 없다. 세상사엔 100 대 0(영)이란 없다. 많은 문제가 51 대 49이고, 잘해야 60 대 40이다. 그 딜레마 속에서 선택해야 하는 것이다. 그런데 지금 청와대는 세상을 선(善) 대 악(惡), 100 대 0의 이분법으로 인식하는 사람들이 다수이다. 권력의 오만과 아마추어의 무지가 결합되면 갖가지 중대한 실책을 초래한다는 것이 여러 나라의 공통된 교훈이다.

권력은 집권세력의 사유물이 아니고 더구나 쟁취한 것도 아니다. 일정 기간 국민으로부터 위임받은 것일 뿐이다. 대통령은 물론 대다수 참모진은 자신의 직무에 대해 신참자들이기 때문에 전임자는 물론 내각과 각계 전문가들의 의견을 바탕으로 정책을 결정해야 한다. 트루먼 대통령은 "모든 실책의 원인은 무지에서 비롯된다. 새로운 대통령이 전임 대통령들이 어떤 경험을 했는지 배우게 된다면 그의 대통령직 수행은 훨씬 쉬워질 것이다."라고 했다. 그런데 문재인 대통령과 주변 인물들은 전임자들로부터 배우려하기는커녕 비판하고 청산하고 단죄하기에 바쁘다.

진보성향의 학자들조차 문재인 정부에 실망한다. 한신대 윤소영 교수는 집권세력의 단견과 억지, 그리고 천박한 이념에 기반을 둔 패거리 정치와 대중영합주의가 나라를 어지럽히고 있다고 혹평한다. "노무현식 인민주의가 부활하고 있다. … 정치를 피아(彼我)로 나눠 적대시하고 의회정치를 무시하고 대중의 감정에 호소하는 것이다. 소득주도 성장론은 경제학적 사기다. 기존의 성장론과 대비되는 반(反)경제학이다." 그는 문재인 정부가 정책을 결정하면서 좁은 이념에 사로잡혀 정책에 내재된 위험과 함정을 보지 못하거나, 보고도 못본 체하고 있다면서 그런 방식으로 남북 문제에 접근한다면 한반도 평화와 통일과 관련하여 무슨 일이 일어날지 알 수 없다고 우려한다.

경제정의실천시민연합(경실련)은 취임 2주년을 맞은 문재인 정부의 국정 운영에 대해 310명의 경제·정치·행정·법률 전문가를 대상으로 설문조사한 결과, 10점 만점에 낙제수준인 5.1점을 매겼으며, 52.2%인 162명이 5점 이하를 주었다. 인사·일자리·적폐청산·남북관계 등 문재인 정부의 주요 정책 중 가장 낮은 평가를 받은 항목은 인사정책으로 3.9점으로 나타났고, 두 번째로 낮은 평가를 받은 일자리 정책(4.2점)은 최하점인 1점을 준 사람의 비율이 22.6%에 달했다. 가장 높은 평가를 받은 항목은 남북 및 한미관계로 6.1점을 받았다. 경실련은 "전문가들이 문재인 정부 국정 운영 2년의 주요 정책들에 대해 평균 5점대로 평가한 것은 정부의 성과가 낮고 정책을 제대로 수행하지 못했다는 실망감이 반영된 것"이라고 밝혔다.

김대중 정부에서 문화관광부 장관을 지낸 김성재는 언론 인터뷰에서 "문 대통령에 모든 권력이 집중된 '1인 체제'가 무오류 강박증의 본질"이라고 했다. "민주정부는 국무회의에서 결정을 해야 하는데 현 정부는 국무회의 대신 청와대 비서진이 한다. 자연히 공직자들은 청와대만 쳐다보고, 청와대 비서진은 대통령만 쳐다본다. … 결국 대통령 1인 체제다. 이 1인에게 잘못이 생기면 안 된다. 그러니 '우리는 무조건 오류가 없다'며 독주하는 거다. NL(민족해방파)들이 그랬다. 의장 말이면 무조건 따른다. 청와대 비서진이 문 대통령 둘러싸고 그런 체제를 만든 거다. 이제는 누구 말도 안 듣고, 조금만 뭐라 해도 발끈한다. 어떤 정부도 이렇게 국정을 운영한 적이 없다."

노무현과 문재인은 함께 합동법률사무소를 운영했을 정도로 막역한 동지였다. 문재인은 노무현 대통령의 민정수석비서관, 시민사회수석비서관, 비서실장을 지내면서 노무현 대통령의 국정운영에 깊이 관여했다. 그래서 노 대통령과 문 대통령의 국정운영은 판박이 같다. 노무현 정부의 주요 어젠다가 남북관계 개선, 과거사 청산, 균형발전 등이었는데 문재인 정부의 정책 노선도 이와 다르지 않다. 특히 노무현 정부가 친일반민족행위진상규명위원회, 제주4.3진상규명위원회 등 16개의 과거사 관련 위원회를 설치 운영했는데, 문재인 정부는 각 부처와 주요 기관에 적폐청산위원회를 설치하고 과거사를 샅샅이 캐냈을 뿐 아니라 역사청산을 친일잔재청산까지 확대하여 '역사전쟁'으로 불릴 정도다.

저자는 2011년에 저술한 『노무현과 이명박 리더십의 명암과 교훈』이라는 책에서 노무현 리더십을 종합 분석한 바 있지만, 노무현 리더십은 성공했다고 보기 어렵다. 그의 사후(死後)에 발간된 자서전 『성공과 좌절』을 보면, 노 대통령은 자신의 실패를 솔직히 시인하고 있다. 그는 퇴임 후 자신을 지배하고 있는 것은 "실패와 좌절의 기억들뿐"이라면서 자신에 대해 '실패한 대통령'이라는 것은 조금 가혹하고 '성공하지 못한 대통령'이라고 말하는 것이 낫다고 했다. 그래서 그는 회고록에 "영광과 성공의 애기가 아니고 좌절과 실패의 애기를, 시행착오와 좌절과 실패의 애기를 쓰고 있다"고 했다. 그는 참여정부는 "절반의 성공도 하지 못했다"고 자평하면서 "노무현을 극복하라"고 했다. 그 무렵 노무현 정부의 일부 실세들도 스스로를 폐족(廢

族)이라 했다. 실제로 노무현 대통령 퇴임 직전 한국갤럽이 실시한 여론조사에 의하면, 5년간 국정운영이 전반적으로 '잘못됐다'(63.2%)가 '잘했다'(21.1%)의 3배나 되었다.

그래서 문재인 대통령은 취임 직후인 2017년 5월 23일에 거행된 노무현 대통령 추도식에서 "(노무현 정부의) 이상은 높았고 힘은 부족했다. 현실의 벽을 넘지 못했다"며 "이제 다시 실패하지 않을 것"이라며 "반드시 성공한 대통령이 되겠다"고 다짐했다. 그런데 실패한 노무현 대통령의 역사관과 국가관, 코드 인사, 그리고 국정운영 방식을 대부분 그대로 하면서 어떻게 성공하겠다는 것인지 이해가 안 된다. 아마도 문 대통령은 더욱 과감하게 일방적으로 밀어붙이는 것이 성공하는 길이라고 판단하는 것 같다. 그런데 국가경영은 수많은 고차원적인 문제들을 다루어야 하는데, 서둘면 서둘수록 더 많은 시행착오를 가져올 수밖에 없다. 문재인 정부의 핵심 인사들이 적폐청산에 급급하여 노무현 정부의 실패에 대한 철저한 분석과 반성이 없었다는 근본적인 문제가 있다. 문재인 정부가 노무현 정부 실패의 전철을 밟고 있다는 느낌을 지울 수 없다.

실제로 문재인 정부에 대한 국민 여론은 싸늘하다. 갤럽인터내셔널이 2018년 말 실시한 50개국 대상 '2019년도 살림살이 전망' 조사에서 우리 국민은 '좋아질 것'이란 응답이 11%에 불과하여 요르단과 함께 공동 49위로 최하위였으며, 이는 IMF 외환위기 때인 1997년 말 조사(16%)보다 낮은 수치였다.

* * * * *

대통령 리더십이 정착되지 않으면 한국 민주주의가 안정될 수 없고 국가발전도 기대할 수 없다. 대통령의 성공이 국민의 성공이고 또한 대한민국의 성공이 되도록 해야 한다. 결코 특정세력만의 성공이어서는 안 된다. 대통령은 나라를 위해 필요한 일이라면 지지층의 비난을 감수하고 올바른 결단을 내릴 수 있어야 한다. 우리는 한미 자유무역협정과 제주 해군기지 건설에서 노무현 대통령의 현명한 결단을 보았다. 문재인 대통령이 실패하면 또 새로운 '적폐청산'이 시도되는 등, '악순환의 고리'에서 벗어나기 어렵게 된다. 문 대통령은 남북 대타협보다 우리나라의 대타협을 먼저 모색해야 한다. 그것이 성공한 대통령이 되는 길이다.

제2장

국가인프라,
이대로 괜찮은가?

국가인프라의 재건이 새로운 시대정신이 되어야 한다. 특히
인적 자원밖에 없는 우리나라에서 교육을 바로 세우는 것이
희망찬 미래를 개척하는 지름길이다.

우리사회는 일시적 현상이라 하기에는 너무도
위험한 방향으로 치닫고 있다. 국가의 기본 인프라
가 제 역할을 하지 못하면서 거의 모든 부문에서 원
칙과 기본이 흔들리고 있다. 객관적이고 철저한 진
단을 통해 서둘러 대책을 마련하지 않으면 시스템
전체가 붕괴될지도 모른다. 일단 붕괴가 시작되면
너무 늦어서 멈출 수 없게 되고 재건 자체가 불가능
할지도 모른다.

국가의 기본 인프라에는 여러 가지가 있지만, 그
중 가장 중요한 것은 나라살림을 담당한 공직사회,
법질서를 유지하는 공권력과 사법체제, 그리고 미

래 세대를 육성하는 공교육(公敎育)이다.

I. 무기력한 공직사회

　행정은 국가 핵심 인프라이며, 그것은 직업 공무원들이 담당하고 있다. 그만큼 공무원이 중요한 것이다. 직업 관료제는 현대국가의 등장과 역사를 같이 해왔으며, 그래서 우수한 공직사회는 나라를 일으키는 원동력으로 인식되어 왔다. 특히 우리나라의 고도성장에는 우수하고 사명감 넘치는 공무원들이 헌신한 바가 크다. 그런데 민주화 이래 공직사회는 정치권력과 시민사회의 압력으로 무력화되었으며, 특히 공직사회의 정치적 편 가르기는 문재인 정부 들어 심화됐다.

　이렇게 된 데에는 대통령, 총리, 장관 등 정치지도자들과 그들에 의해 임명된 정무직 공직자들의 책임이 크지만 공무원들 또한 책임이 작다고 할 수 없다. 대통령의 임기는 5년이고 총리와 장·차관의 임기는 평균 1년 반 정도에 불과하지만, 공무원은 몇십 년 계속 근무하기 때문이다. 직업 공무원이야말로 행정부의 진정한 주인이며, 따라서 사명감과 책임감을 가지고 주인 역할을 제대로 해야 한다. 그것이 안 되고 있는 이유를 먼저 살펴보자.

　첫째, 정부가 교체되는 5년마다 행정부처가 통폐합되거나 신설되어 공무원들의 신분이 불안정해지고, 동시에 개혁이란 명분하에 기존 정책을 뒤집거나 변경했기 때문에 정책을 담당했던 공무원들이 허탈감에 빠지고 사명감도 잃게 된다. 더구나 공무원들이 전임 혹은 전전임 정권의 역점 정책을 추진하는 데 '부역'했다는 이유로 처벌을 받는다. 인사상 불이익은 물론이고 징계를 당하거나 심지어 수사 의뢰되거나, 구속되기도 한다. 정책 결정자도 아닌 실무자들을 위안부 합의에 참여했다고 임기 도중 소환하고, 국정 교과서 추진에 복무했다며 수사 의뢰한다. 이 같은 여건에서 공무원은 정부에 죽기살기로 충성하거나 아니면 '영혼 없는 공무원'이 되어 소극적으로 일하게 되어 행정이 무력화될 수밖에 없다.

둘째, 행정이 정치화(政治化)되었다. 행정이 장·차관과 청와대 비서관 등 행정의 문외한인 정무직(政務職)에게 휘둘려 공무원들의 전문성과 자율성이 무시되면서도 결과에 대해서는 책임을 추궁당하기 때문에 공무원들은 업무에 소극적이 되고 있다. 특히 문재인 정권의 청와대는 특정 이념세력의 독무대가 되어 현실성 없는 정책을 쏟아내고, 각 부처도 집권세력에 동조하는 사람 중심으로 구성된 각종 위원회가 행정을 좌우했다.

뿐만 아니라 관료사회도 정치화되어 공무원의 정치적 중립이란 말뿐이다. 전임 정부에서 중요 직책에 있었다는 사실 자체만으로 후임 정부에서 불이익을 받거나, 반대로 쓴소리를 하다 불이익을 당하면 후임 정부에서는 화려하게 재기하는 상황이 반복되고 있다. 또한, 퇴직 후 대선 캠프에 몸담았다가 집권하게 되면 고위직으로 복귀하는 것을 보면서 점점 더 많은 퇴직 관료들이 대선 캠프에 몰리게 되고, 실력보다는 정치적으로 노회한 관료들이 중용되는 기현상이 상식처럼 되고 있다. 관료사회의 정치화는 관료들의 사기를 저하시킬 뿐 아니라 합리적인 결정보다는 정권의 입맛에 맞는 정책에만 집중하게 된다.

셋째, 행정부를 서울과 세종시로 양분하여 절름발이로 만들었다.

장·차관 등 고위 간부들은 국회 출석과 회의 등으로 서울에 상주하다시피 하고, 과장급 이하 공무원들만 세종시에 남아 있기 때문에 긴장감이 떨어지고 사명감과 책임감도 희미해졌다.

넷째, 풀뿌리 민주주의라고 하는 지방자치도 정치화되면서 현장 행정과 민생행정이 부실하기 짝이 없다. 지방자치단체장들이 당선에 기여했거나 향후 재선에 도움이 될 것으로 판단되는 사람들을 두루 기용하지만 그들은 전문성과 경험이 별로 없다. 그럼에도 선거가 있는 4년마다 물갈이가 이루어진다. 각종 사고는 현장 행정부실과 관련된 것이 대부분이다.

마지막으로, 우리 행정은 고도산업사회의 요구에 부응하는 데 역부족이다. 사회는 21세기를 달리고 있지만 행정은 개발연대의 타성에 젖어 있다. 지금은 과학화, 정보화, 세계화로 특징지어지는 전문성 시대이고 따라서 공무원은 담당 분야에 대한 높은 전문성이 요구되지만, 부실한 직무교육과 순환 보직으로 전문성이 크게 부족한 실정이다. 예를 들면, 미세먼지가 전 국민의 건강을 심각하게 위협하고 있지만, 환경부, 서울시 등은 전문적인 지식과 정보를 바탕으로 효과적인 대책을 내놓은 적이 없다.

박근혜 정부가 비극적으로 끝나게 된 원인을 다양한 관점에서 설명할 수 있겠지만, 저자는 세월호 사태와 1년 뒤의 메르스 사태가 결정적 요인이었다고 본다. 해난사고는 즉각 구조하지 못하면 구조가 어려운 것이 특징이지만, 그 사태에 관련된 공직자들의 무능이 결국 대통령과 행정부의 무능으로 인식되어 대통령이 레임덕 현상에 빠지게 되었고, 결국 탄핵으로 이어졌다. 이로 인해 박근혜 대통령은 과중한 죗값을 받고 있지만 당시 무능력했던 공직자 대부분은 건재하고 있다.

세월호 침몰 같은 대형 사고는 과거에도 있었다. 292명을 희생시킨 서해 훼리호 침몰(1993년), 32명의 사망자를 낸 성수대교 붕괴(1994년), 502명의 사망자와 937명의 부상자를 낸 삼풍백화점 붕괴(1995년), 192명의 사망자와 148명의 부상자를 낸 대구 지하철 화재 사고(2003년) 등이 대표적이다. 서해 훼리호 사건을 담당했던 검사는 세월호 침몰 후 "21년의 시차를 두고 똑같은 사고가 반복됐다. 아무것도 바뀐 것이 없다"고 했다. 그런 점에서 세월호 사태와 메르스 사태가 공직사회의 무능력과 어떤 관련이 있는지 살펴보기로 한다.

▌세월호 사태에서 드러났던 허술한 위기관리 능력

승객과 선원 476명을 태운 세월호가 침몰한 것은 2014년 4월 16일. 제주도로 수학여행을 가던 안산 단원고 학생 등 300여 명이 목숨을 잃은 끔찍한 사고였다. 오전 8시 52분, 사고 신고를 접수한 해경이 경비정 20여 척과 헬기 1대를 급파한 것은 9시 30분이었다. 해경 헬기는 6명을 구조했고, 경비정들은 세월호에서 몰려나온 100여 명을 구조했으며, 민간 어선들도 52명을 구출했다. 그러나 지원 요청을 받은 해군 3함대는 고속함을 출동시켰지만 구조 기능이 없어 한 명도 구하지 못했다. 침몰 직후 구조된 인원은 172명이었고, 그 후 구조된 사람은 없었다.

문제는 안전행정부에 설치된 중앙안전재난대책본부(이하 중대본)였다. 중대본은 구조 활동을 지휘할 수 있는 능력이 없었음에도 전면에 나서 우왕좌왕하면서 여론의 뭇매를 맞았다. 선진국의 사고 수습은 철저히 현장 중심이다. 현장 책임자, 현장 전문가, 대변인 등이 현장정보와 전문성을 바탕으로 수시로 브리핑한다. 그런데 중대본은 현장과 멀리 떨어져 있었을 뿐 아니라 시시각각 변하는 현장 상황을 파악조차 할 수 없었음에도 전면에 나섰던 것이 중대한 실책이었다.

첫째, 중대본은 신고를 받은 후 형식적인 대책본부를 가동하기까지 53분이나 걸렸을 뿐 아니라 중대본 간부들은 해난사고에 대해 전문성이 전혀 없었기 때문에 아무런 실질적 조치를 할 수 없었다.

둘째, 언론은 스마트폰 등을 통해 현장 정보를 시시각각 파악해 보도할 수 있었던 반면, 중대본은 복잡한 행정계통을 통해 파악하면서 시간도 많이 걸렸고 제대로 된 정보도 획득하지 못했다. 그래서 중대본 차장(안행부 차관)이 "368명이 구조됐다"고 발표했다가 2시간 만에 "164명이 구조됐다"고 정정해 큰 파문을 일으켰다. 그리고 탑승인원이 5번이나 바뀌었고, 잠수인력의 선내 진입도 선체 진입 성공 → 진입 실패 → 진입 성공 → 철수 등 몇 번이나 번복하여 여론을 들끓게 했다.

셋째, 중대본은 형식적인 임시 기구에 불과했을 뿐 어떤 재난이 발생하더라도 제대로 대응할 수 있는 능력이 없었다. 중대본은 본부장과 부본부장인 안행부 장관과 차관, 그리고 실무자들 모두가 행정 전문가였으며, 재난 전문가는 없었다. 그리고 중대본 산하에 재난에 대응할 수 있는 기구도 없었다. 「재난안전관리법」은 국가재난대응 체제를 세월호 침몰 같은 '사회 재난'은 안전행정부가 담당하고, 소방방재청은 태풍 등 '자연 재난'을 담당하도록 2원화되어 있었다. '사회 재난'과 '자연 재난'을 구분하는 것도 말이 안 되지만, 아무런 구조 능력이 없는 행정기관이 선박 침몰 같은 재난을 결코 수습할 수 없었다. 그야말로 전형적인 탁상행정이었다.

안전행정부는 박근혜 정부 출범 당시 안전의 중요성을 고려하여

행정안전부의 명칭이 바뀐 것이다. 그런데 공직사회에서 행정은 익숙한 분야이지만 안전은 전문성과 철저한 교육훈련이 필수적일 뿐 아니라 상당한 예산이 투입되어야 한다. 박근혜 대통령은 취임 후 첫 국무회의에서 "안전관리는 초기 대응이 중요하고, 더 중요한 것은 예방, 선제적 대응이다. 국민들이 안심하고 살 수 있도록 안전과 관련해 안전행정부가 컨트롤타워가 되어서 종합안전대책을 마련해주기 바란다"고 당부한 바 있지만, 안전행정부를 비롯한 정부의 후속조치는 별로 없었다.

구조 활동 이전에 왜 세월호가 침몰하게 되었느냐는 것도 따져보아야 한다. 이 참사에 직접적인 책임이 있는 해운사와 선장을 비롯한 선원들의 무책임과 무능, 18년 된 노후 선박의 도입을 가능케 했던 관련 법률, 선박의 개조 및 안전검사, 운항관리에 이르기까지 모든 업무를 감독하는 기관과 업무담당자들 모두가 난맥상이었다. 부실덩어리였던 세월호가 유유히 바다를 떠다닐 수 있었던 것은 해양안전 관리의 부실을 그대로 드러낸 것이다. 또한 일상적인 안전점검은 해운사들의 이익단체인 해운조합이 맡아 수박 겉핥기식으로 이뤄졌다. 해양수산부 등 정부 부처가 퇴직 관료들을 수십 년째 산하기관에 낙하산으로 내려 보내는 관행으로 서로 견제하고 감시해야할 기관들이 서로 유착돼 있었다.

정부는 2009년 발표한 2차 국가안전관리기본계획에서 재난 담당 공무원에 대해 "새로운 지식, 경험, 기술도입이 필요하며, 이를 담당하는 인력의 전문성 확보가 요구된다"면서 "재난안전관리 인력의 양성을 주요 목표로 내세웠다. 이 계획에는 대학에 재난·안전 관련 학위과정을 개설하도록 하겠다는 내용도 담겨 있었다. 2012년 11월에도 정부는 공무원 직군 중 방재안전직렬을 신설해 재난대응 전문 공무원을 양성하겠다고 했다. 세월호 사고 당시 안전행정부는 "행안부·소방방재청 등 중앙부처에서 2,400여 명의 공무원이 방재안전업무를 담당하고 있으나, 대부분 행정직·시설직·공업직 등이 담당하여 관련 분야에 대해 체계적 교육을 받은 인력이 거의 없다. … 순환보직을 함으로써 장기근속을 통한 노하우 축적이 어려운 상황이다"라고 했다.

정부는 또한 "최근 점점 다양화, 대규모화, 복잡화되어가는 재난에 효과적으로 대응하기 위해 2013년 기술직군에 방재안전직렬을 신설한다"고 하면서 "해당 분야 전공자를 채용하는 한편, 2014년부터는 부처 수요 등을 고려하여 공개경쟁 채용으로 선발할 계획"이라 밝혔다. 그러나 그것은 말뿐이었다. 세월호 사고 당시 재난 대응 전문성을 갖춘 공무원은 한 명도 없었고, 또한 체계적인 교육을 받은 재난 담당 공무원도 별로 없었다. 방재안전 인프라가 없다고 해도 과언이 아니다.

중국 환구시보(環球時報)는 '발전된 국가도 안전위기에 직면한다'는 제목의 사설에서 이번 사건은 "한국의 현대화 수준을 묻는 시험대"라며 "한국의 생활수준은 선진국에 가깝지만 위기 대처 모습은 선진국과 거리가 멀다"고 했다.

▌보건행정의 취약성을 노출시킨 메르스 사태

세월호 침몰 1년 후 실종자 시신 수습 노력이 계속되고 있었고, 사건을 둘러싼 정치사회적 공방도 치열했던 시기인 2015년 5월 20일, 메르스(MERS)라는 생소한 감염병이 발견된 후 보건당국이 우왕좌왕하면서 국민은 공포에 휩싸였고 경제적으로도 큰 타격이 되어 박근혜 정부는 또다시 무능한 정부라는 인식이 심화되었다.

메르스란 중동호흡기증후군을 줄인 말로 사우디아라비아의 낙타와 접촉한 사람에게 발생하는 감염병이다. 이 질병의 90% 이상이 사우디에 발병했고, 또한 사우디가 질병정보를 대외적으로 공개하는 데 소극적이었고, 이 병이 발병했던 대다수 국가에서는 환자가 1~2명, 많아야 한 자릿수에 불과했기 때문에 이 병에 대한 정보와 치료 경험이 절대 부족하여 보건당국이나 한정된 의사들만 이 병에 대해 알고 있었을 뿐이다.

1번 환자가 사우디 방문 사실을 밝히지 않은 채 입원했던 평택 성모병원은 메르스 확산의 첫 번째 진원지가 됐다. 메르스 바이러스는 같은 병실을 쓰던 환자와 보호자를 거쳐 다른 병실의 환자와 보호자와 의료진으로 급속히 전파됐다. 방역망을 벗어난 14번 환자가 방문한 삼성서울병원은 메르스 확산의 두 번째 진원지가 됐다. 사흘 동안 이 병원 응급실을 통해 감염된 메르스 환자는 전체 발병자의 절반에 육박하는 91명이나 되었다. 메르스 감염자는 186명으로 늘어났고, 이 중 38명이 사망하면서 제2의 메르스 발생 국가라는 오명을 얻었다.

메르스 첫 확진 판정이 나왔을 때부터 보건당국은 신종 감염병 앞에 무력했다. 메르스 대책의 지휘는 형식상 보건복지부 장관이나 총리가 했지만, 실제로는 전문 영역이기 때문에 중요한 판단과 대책, 역학조사와 분석 등은 질병관리본부와 역학(疫學) 전문가들이 담당했다. 따라서 정부에 대한 비판은 실질적으로는 질병관리본부와 역학 전문가들에 대한 비판이라 할 수 있다. 그럼에도 메르스 환자가 완전히 사라질 때까지 190일간 전 국민이 메르스 공포에 휩싸이면서 그 비난의 화살이 정부와 대통령에 집중됐다.

감염자 모두가 병원 내 감염이었다. 더구나 북적거리는 응급실과 좁은 다인용 병실, 과도한 병문안 문화 등은 메르스 바이러스가 퍼지기 좋은 조건이었고, 또한 병원 내 감염병 관리도 허술하기 짝이 없었다. 방역당국은 위기 상황을 일사불란하게 통제해야 했지만 빗발치는 여론의 압력으로 우왕좌왕했다. 사태 초반에 감염병 접촉자의 범위를 지나치게 좁게 잡고 병원 이름을 공개하지 않았던 것이 큰 실책이었다. 감염 환자의 이동 경로를 신속히 파악해 접촉자들을 격리해야 했지만 관련 업무를 담당할 역학조사관은 34명에 불과했고, 그들도 대부분 조사전문 인력이 아닌 공중보건의(公衆保健醫)였다. 그동안 정부가 민간의료 중심의 의료정책을 펴왔기 때문에 보건행정의 기본 인프라인 공공의료 시스템이 부실해졌고 그래서 메르스 사태에 무력할 수밖에 없었다.

메르스 사태로 인해 경제성장률은 2%대로 추락했다. 메르스의 공포는 생명의 위협을 느끼게 만들고 인구이동을 극도로 위축시켰기 때문이다. 북적거리던 번화가는 한산해졌고 외국 관광객들도 크게 줄었다. 메르스 사태가 경제에 미친 타격은 1년 전의 세월호 사고 때보다 더 컸다. 메르스에 직접 노출된 사람들뿐 아니라 사회 전체가 움츠러들었던 것이다.

메르스 사태의 교훈은 무엇인가? 보건행정이야말로 전문 영역이지만 그동안 보건행정은 대부분 비전문가인 행정직 공무원들이 장악해왔다. 이로 인해 공공의료 시스템에 대한 투자도 부족했고, 전문 인력 확보와 그에 대한 합당한 처우도 하지 못했다. 전문분야의 조직과 예산이 취약하고 전문 인력이 부족한 것은 행정부의 일반적인 현상이지만, 지방자치단체는 더욱 심각했다. 선진국이란 전문분야가 역량을 발휘하는 나라이고 또한 지방정부가 핵심 역할을 하고 있다는 것을 고려할 때, 한국은 갈 길이 멀다. 대통령과 정부, 그리고 해당 장관을 비난하는 것만으로 해결될 문제가 아니다.

▌개발시대에 머물러 있는 행정

급변하는 현대사회에서 어제의 유능한 공직자가 오늘과 내일에도 유능한 것은 아니다. 오늘의 한국은 모든 부문이 전문화되고, 정보화되고, 매우 복잡해진 21세기 고도산업사회이기 때문에 전문성을 갖춘 유능한 관료사회가 요구된다. 더구나 한국은 인구 밀집사회이기 때문에 사고가 발생하면 대형사고가 될 가능성이 크다. 그런데도 행정체제는 과거 개발연대 수준에 머물러 있다. 민간부문은 그동안 놀라운 변화와 발전을 거듭하여 선진국과 경쟁하고 있지만 공직사회는 이에 크게 못 미치고 있다. 선진국은 대형 사고를 예방하고 대처할 능력이 있지만, 우리나라는 선진국 수준의 첨단 시설과 산업을 운영하고 있으면서도 사고 예방이나 위기에 대처할 수 있는 행정인프라가 미흡하고 또한 후진적이어서 대형사고가 빈발하고 있는 것이다.

세월호 사고 후 실세 정치인으로부터 박근혜 대통령이 말한 '국가개조'를 위해 무엇을 어떻게 해야 하느냐는 질문을 받은 적이 있는데, 그때 저자는 행정체계 등 국가의 기본 인프라부터 혁신해야 할 것이라고 말한 바 있다. 외부에서 들어온 청와대 참모진은 행정이 어떤 문제를 가지고 있는지 잘 모르고, 장관들도 빈번히 교체되기 때문에 행정 실태를 정확히 파악하고 개선하기 어렵다. 그 결과 행정은 갖가지 문제가 누적되고 방치되어 왔던 것이다.

재난 및 안전관리 업무를 담당하는 공무원의 경우를 보자. 무엇보다도 재난과 안전을 전담하는 공무원이 있는지조차 의심스럽다. 세월호 사고 이후 안전행정부는 재난 및 안전관리 담당 공무원을 막연하게 2만 5,000여 명으로 추산했다. 그들은 업무에 대해 전문교육을 받아야 하지만, 재난담당 공무원 교육은 형식뿐이다. 재난 및 안전 업무를 담당하게 되면 1년 이내에 전문교육을 받아야 하지만 1년 정도면 보직이 바뀌고, 또한 교육기간도 3일 이내로 한정되어 있다. 비전문가가 3일 정도 교육을 받고 전문성을 발휘할 수 없는 일이다.

재난·안전관리 담당 공무원은 국가민방위재난안전교육원, 중앙부처와 각 지방자치단체의 공무원교육원 등에서 교육받는다. 이 중에서 가장 규모가 큰 곳이 국가민방위재난안전교육원이나 전담 교수는 4명에 불과하다. 2018년 재난안전 분야의 공무원 교육 인원은 5만 명 정도이고, 교육기간은 1~5일이다. 세월호 침몰과 같은 해난사고는 해양수산부 소관이지만 해난사고에 별 관심이 없는 것 같다. 해양수산인재개발원의 재난 관련 교육은 '해양수산 재해재난관리'라는 한 과목뿐이며, 교육 희망자도 정원(30명)의 절반을 밑돈다.

최근에는 외교부의 잇따른 실책이 여론의 뭇매를 맞았다. 대표적인 예를 들면, 2017년 8월 외교부에서 열린 파나마와의 외교장관 회담 당시 파마마 국기를 거꾸로 달았고, 2019년 4월 외교부에서 열린 스페인과의 전략 대화 당시 심하게 구겨진 태극기를 내걸었다. 국기가 국가의 상징임에도 그러한 국기를 행사장에 내걸었다는 것은 국가적 망신이다. 문 대통령의 체코 방문 시에는 국명을 체코슬로바키아로 잘못 표기한 적이 있고, 대통령의 말레이시아 방문 당시 인도네시아 인사말을 하게 했으며, 뒤이어 캄보디아 방문 당시 이를 소개하는 외교부의 페이스북 자료에 타이완 건물 사진을 올리기도 했다. 최근에는 외교부 보도 자료에 북유럽의 '발틱' 국가들을 남유럽에 있는 '발칸' 국가로 혼돈하기도 했다. 외교부 직원들의 무능과 무책임이 한심한 수준이다. 3류(類)는커녕 낙제 수준이다. 그렇지만 이러한 문제들은 공직사회의 빙산의 일각일 뿐이라는 생각이 든다. 행정 전반이 국민의 신망을 잃은 지 오래다.

스위스 국제경영개발대학원(IMD)이 발표한 '2018 국가경쟁력 평가'에서 평가 대상 63개국 중 한국은 정부 효율성 부문에서 27위로서 중간 정도에 불과했고, 그것도 지난 8년 사이에 순위가 7계단이나 떨어졌다. 공무원교육기관인 국가공무원인재개발원의 교육과정을 보면, 교양과목이 대부분이고 전문성과 관련된 것은 별로 없다. 삼성 출신의 양향자 국가공무원인재개발원장은 "삼성이 프로축구팀 같다면, 공직사회는 동네 조기축구회 같다"고 했다. 이처럼 뒤떨어진 공직사회가 행정을 제대로 할 수 없다는 것은 말할 필요가 없다.

대한민국의 성공은 공무원들의 헌신적 노력과 기업가들의 '기업가 정신,' 세계 최고 수준의 노동력이 어우러진 결과다. 그런데 최고의 엘리트들이 모여 있는 공무원 조직이 갈수록 나라의 앞길을 가로막는 걸림돌이 되고 있다는 우려가 높다. 세계는 이미 4차 산업혁명 시대에 접어들었지만 한국의 공무원 조직은 변하지 않고 있다. 과거의 관행과 기득권을 버리지 않은 채 낡은 생각으로 만든 규제를 휘둘러 미래를 향한 진전을 막고 있다. 그래서 그들은 분초 단위로 바뀌는 기술을 따라잡지 못하기 때문에 글로벌 경쟁 시대의 새로운 가치를 창출하기 위한 기업과 민간의 노력을 발목 잡기 일쑤다.

공무원의 전문성은 필수 요건이고, 공무원 자신들도 그들의 업무에 높은 전문성이 요구된다고 보지만, 교육훈련 부족, 순환보직 등으로 전문성이 부족하다고 생각하는 것으로 나타났다. 2016년 6월 김택동 강원대 교수가 '제2차 미래인재혁신포럼'에서 발표한 바에 따르면, 공무원의 76.1%는 '현재 수행하는 업무가 높은 전문성이 요구된다'고 응답했고, 구체적으로 전문성을 높여야 할 부분으로 '업무에 대한 전문지식과 기술'(52.2%), '문제분석 및 해결능력'(25.4%)을 꼽았다. 전문성을 저해하는 주된 요인으로 교육훈련 및 자기계발 기회 부족(49.3%)이 가장 많았고, 순환보직(23.9%), 연공서열식 평가 및 승진(13.4%) 등도 지적했다.

공직사회의 비능률과 무사안일은 어제 오늘의 얘기가 아니다. 공무원들에게 국가에 대한 투철한 사명감이 희박할 뿐 아니라 고도산업사회에서 자신들의 직무를 제대로 수행할 전문성도 직업윤리도 없기 때문이다. 비대한 공공행정체제의 무능력과 무책임과 비리를 청산하고 4차 산업혁명 시대에 부응할 수 있는 공직사회로 거듭나기 위한 혁신이 시급하다.

▌중립 의무를 공공연히 어기는 공무원노조

공직사회가 무능하고 책임감이 희박하게 된 것은 공직사회가 정치화되었기 때문이기도 하다. 헌법에 공무원의 정치적 중립이 규정되어 있고, 공무원법도 공무원의 정치활동을 금하고 있다. 공무원의 정치적 중립이 왜 중요한가? 정치적 중립이 보장되어야만 정치적 압력이나 간섭으로부터 공무원이 보호받을 수 있고, 나아가 그들의 직무를 온전히 수행할 수 있기 때문이다.

헌법 제7조 1항이 "공무원은 국민 전체에 대한 봉사자이며 국민에 대하여 책임을 진다"고 규정하고 있듯이 국가와 국민에 대한 충성 의무가 있다. 그런데 공무원이 충성심은커녕 역사관과 국가관이 불분명하고 정부 정책을 정면으로 비판하고 북한을 옹호한다면 공무원으로서 기본 자격이 미달되는 것이다. 그러나 전공노(全公勞·전국 공무원노동조합)는 공무원은 국가에 충성하는 허수아비가 되어서는 안 된다고 항변한다. 공무원의 애국은 필수가 아니라 조건부 선택이라는 것이다. 그 같은 주장은 공무원이 국가행정을 담당하고 있다는 사실을 망각한 것이다.

전공노는 이명박 정부와 박근혜 정부 당시 각종 반정부 집회에 참가해 왔다는 것은 잘 알려진 사실이다. 전공노와 전교조는 핵심 좌파단체인 민주노총에 가입되어 있기 때문에 민주노총이 주관한 각종 시국 집회에 참여하는 것을 당연시했다. 또한 전공노는 각종 선거에서 특정 정당 또는 정치세력을 지지하는 활동을 해왔다. 민노총은 강령에 '노동자의 정치 세력화를 실현한다'라고 했듯이 반정부 투쟁을 일삼고, 각종 선거에서 특정 정당을 지원하며 정치적 중립을 위반해왔다. 정부정책을 솔선수범해서 실행해야 할 공무원들이 정부정책 반대를 위해 가두투쟁에 나선다는 것은 용납될 수 없는 것이다.

독일의 기본법(헌법)은 공무원에게 국가와 헌법에 대한 충성 의무 조항을 두고 있다. 자유민주적 기본질서를 옹호하고 이를 위해 헌신하고자 하는 자만을 공무원으로 임용하고, 급진단체에 가담한 경력이 있거나 급진적 활동을 하고 있는 자는 공직 임용에서 배제했다. 공무원은 쟁의행위를 할 수 없도록 규정하고 있으며, 특히 국가와 헌법 질서에 도전하는 단체의 활동에 참여했을 때는 공직에서 축출했고, 교사 임용에서도 배제했다.

2016년 말에서 2017년 초까지 계속되었던 촛불집회에는 공무원 노조인 전공노와 전교조가 적극 참가했다. 민주노총 중심의 53개 좌파단체 통합체인 '민중총궐기투쟁본부'는 2016년 11월 9일 '박근혜 정권 퇴진 비상국민행동'이라는 연합단체를 조직하고 촛불시위를 주도해왔다. 이들 단체에는 그동안 공개적으로 대한민국의 정통성과 자유민주주의 체제를 부정하고 북한이 주장하는 국가보안법 폐지, 미군 철수, 연방제 통일에 동조함으로써 대법원으로부터 이적(利敵) 단체 판결을 받았던 반국가단체들이 다수 포함되었다. 공무원노조는 결코 이 같은 반국가단체들과 공동 투쟁을 할 수 없는 일이다.

'퇴진행동'은 발족 선언문에서 "총궐기로 박근혜 정권을 몰아내고, 민주, 민생, 평화가 숨 쉬는 새 나라를 만들자"고 주장했다. 당시 시위 현장에는 ●민족반역자 박근혜 처단, ●노동자가 주인이 되는 세상, ●문제는 자본주의, 사회주의가 답이다, ●북한이 우리의 미래이며 희망이며 삶이다, ●미제침략군 몰아내자, ●국가보안법 폐지, ●국정원 해체, ●사드(THAAD) 배치 저지 등의 구호를 외치고 유인물을 배포했으며, 이런 내용 일부가 적힌 피켓과 함께 플래카드가 등장했다.

II. 조롱당하고 있는 법질서

2018년 늦가을, 이 나라가 '민노총(民勞總)공화국이냐'는 개탄이 쏟아졌다. 민노총 주도의 불법 집단행동이 거의 매일 벌어졌지만 공권력이 이를 방치했기 때문이다. 9월~11월 3개월 동안 민노총은 치외법권 지대에 있는 특권세력처럼 행동했다. 대검찰청 민원실 등 정부 청사와 공공기관 7곳을 점거 농성했는가 하면, 경찰관 수십 명이 지켜보는 앞에서 공무원의 뺨을 때리기도 했다. 자동차 부품 회사가 납품을 하지 못하도록 공장 출입구를 트럭으로 봉쇄해 그들의 요구를 관철시키는 동안 현장에 출동한 100여 명의 경찰관들은 이를 방관했다. 11월 22일에는 민노총 산하 유성기업 노조 조합원 10여 명이 회사 노무 담당 상무를 한 시간가량 집단 구타하여 코뼈를 부러뜨리고 눈뼈를 함몰시켜 전치 12주의 중상(重傷)을 입혔지만 현장에 있던 경찰 20여 명은 아무런 조치도 취하지 않았다. 11월 30일에는 고용노동부 산하기관인 한국잡월드가 민노총 조합원들의 43일간에 걸친 점거 농성에 굴복하여 공개채용 원칙을 깨고 민노총 소속 비정규직 근로자 138명을 정규직으로 전환했다. 2019년 봄에는 특정 입법 논의를 반대한다면서 국회의 철책 담장을 무너뜨리고 들어가면서 경찰과 충돌하기도 했다.

이보다 앞선 2018년 봄, 광주 광산구에서 벌어졌던 집단 폭행 사건은 충격 그 자체다. 택시 탑승을 두고 피해자 일행 5명과 가해자 일행 10명 간의 시비로 일어난 사건이다. 공개된 동영상을 보면, 도로 옆 풀숲에서 다수의 남성들이 한 사람을 주먹과 발로 잔혹하게 구타하고 돌로 찍었다. 심지어 나뭇가지 등으로 눈을 찔러 피해자의 눈이 실명 위기에 빠졌다고 한다. 이들은 현장에 출동한 경찰에게도 흉기를 휘두르며 위협을 가했다고 하니 그야말로 무법천지였다.

불법 시위는 군사기지도 예외가 아니었다. 2017년 9월 사드 발사대 임시배치가 완료된 뒤 국방부는 시설 공사를 위한 장비 반입을 여러 차례 시도했지만 그때마다 시민단체와 일부 주민들이 진입도로를 막았고, 공권력은 맥없이 뒤로 물러나는 일이 반복되었다. 사드 발사대 2기가 먼저 반입된 2017년 4월부터 기지 앞은 무법천지나 다름없었다. 반대단체와 일부 주민들이 기지 진입로에서 차량들을 불법 검문하는 등 멋대로 출입을 통제해왔지만 경찰은 이를 방관했다. 대한민국 공권력이 미치지 않는 '해방구'라는 말까지 나왔다. 사드 기지 건설공사가 2년 가까이 지연되면서 기자 밖으로 자유롭게 드나들지 못하게 된 한·미 장병 400여 명은 야전침대를 놓고 지내고, 끼니는 전투식량으로 해결하고, 군수품은 헬기로 공급받는다고 한다. 군사기지 공사가 시민단체의 반대 때문에 중단되고 있다는 것은 말이 안 된다. 사드 배치는 북한의 위협에 대응하기 위해 미군에서 하는 것이고, 이는 한미동맹의 상징적 과업이다.

문재인 정부 들어 경찰관들 사이에 '불법 시위를 막으면 불이익 당한다'는 인식이 팽배해 있다. 왜냐하면, 문재인 정부가 과거 정부 때 경찰이 행사한 공권력 집행을 적폐로 몰았기 때문이다. 2015년 11월 소위 '민중총궐기 집회' 당시 경찰이 쏜 물대포에 맞아 숨진 백남기 사건의 재처리가 대표적인 예다. 백남기 사망과 관련된 재판에서 현장 경찰 지휘관과 살수요원 2명이 유죄판결을 받았을 뿐 아니라 유족에게 6,000만 원을 배상해야 했다. 이처럼 시위를 진압한 경찰관 개인에 민·형사 책임을 물었기 때문에 경찰이 불법 시위에 소극적으로 대응하고 있는 것이다.

국가란 합법적인 폭력을 독점하며, 그것이 국가의 본질이다. 선진국이란 곧 엄정한 법질서가 확립된 나라이다. 19세기 오스트리아 수상이던 메테르니히(Metternich)는 "영국은 법질서가 가장 잘 확립된 나라이기 때문에 가장 자유로운 나라가 되었다"고 했다. 법질서가 확립되지 못한 나라는 '나라다운 나라'라 할 수 없고, 민주주의가 정착된 나라라고 할 수 없다.

▌폭행당하는 공권력

법질서 무시 풍조가 만연되면서 근무 중인 경찰관과 소방관에 대한 욕설과 폭행이 빈번해지고 있다. 심야의 파출소는 취객의 스트레스 해소 장소로 변한 지 오래다. 경찰관에게 삿대질과 욕설을 하고 멱살을 쥐는 것은 물론 심지어 폭행까지 한다. 제복 입은 공직자를 대상으로 한 욕설과 폭행은 국가권위에 대한 정면 도전이다.

실제로 경찰관을 대상으로 한 공권력 침해는 심각한 수준이다. 2016년 기준으로 경찰관 공무집행 방해 건수는 1만 5,313건이나 된다. 흉기나 차량을 이용해 경찰관을 공격했다가 검거된 인원도 931명에 달했다. 음주 시비 등 사안이 경미한 경우는 수없이 많다. 한 현직 경찰관이 청와대 국민청원 게시판에 호소하는 글을 올렸다. 그는 "3년간 근무하면서 술 취한 시민들에게 아무 이유 없이 20번 넘게 맞았으며 하루도 빠짐없이 욕을 듣는다"고 했다.

또한 화재나 재난이 발생하면 목숨을 걸고 임무를 수행하는 소방관들에 대한 폭언과 폭행도 수시로 발생한다. 이른바 '매 맞는 소방관'의 신체적·정신적 고통이 늘어나고 있는 것이다. 구조·구급 업무 중 폭행 또는 폭언 피해를 당한 사례가 지난 4년간 2배 이상 늘어났다. 왜 이 같은 현상이 만연되고 있는가? 이것은 민주화 이후 정부가 법질서 유지보다 인권을 앞세워왔기 때문이다.

대표적인 예가 동의대 사건 범죄자들에 대한 명예회복과 보상이다. 동의대학교 사건은 1989년 5월 입시부정에 항의하던 학생들이 진압하러온 경찰관 5명을 납치, 폭행하고 며칠 동안 감금하고 있었다. 이들을 구출하기 위해 경찰이 투입되었지만 학생들이 경찰을 향해 휘발유를 뿌리고 화염병을 던져 경찰관 7명이 불에 타죽고, 외부에 있던 경찰관 여러 명이 부상당했다. 이 사건으로 수십 명의 학생들이 방화치사혐의로 무기징역 판결을 받고 형을 살다가 가석방된 바 있다. 노무현 정부 당시 민주화보상심의위원회는 이들을 민주화운동자로 판정하고 보상금까지 지급했다. 정부기관에서 방화치사범을, 더구나 공무집행을 하던 경찰관을 일곱 명이나 희생시켜서 징역까지 살았던 사람들을 민주화 운동가로 둔갑시켰던 것이다.

그들을 민주화 유공자로 만든 정권도 문제였지만 경찰 지휘부도 법질서 확립에 대한 분명한 원칙이 없었다. 당시에는 "정당한 공권력 집행"이라 했다가 정권이 바뀐 후에는 "잘못했다"며 사과했다. 경찰 간부들은 법질서 유지가 자신들의 신성한 임무라는 점을 분명히 해야 하며, 현장 경찰관들이 시위진압 과정에서 문제가 생기더라도 경찰관들의 입장을 적극 옹호하고 방패 역할도 해야 한다. 질서유지를 위해 위험을 무릅쓰고 임무를 수행한 경찰관들을 잘못했다고 한다면, 그야말로 국가다운 국가가 아니다. 이 같은 여건에서는 시위 진압 경찰관들은 임무 수행에 소극적이 될 수밖에 없다.

문재인 정부의 경찰청 인권침해사건 진상조사위원회는 적폐청산의 일환으로 2009년 쌍용차 노조 파업 농성 진압 사건, 2009년 용산 불법농성 진압 사건, 2015년 '민중총궐기' 시위 당시 백남기 사망 사건 등에 대해 경찰이 과잉 진압했다고 판정하고 경찰의 사과 등을 요구했다. 이에 따라 경찰청장이 사과를 하면서 공권력의 권위는 땅에 떨어졌다. 이 같은 조치는 법원의 판결을 뒤집은 것으로 법치국가에서 있을 수 없는 일이다.

▌정권퇴진을 목표로 한 대규모 시위

광화문 광장은 수만 명에서 수십만 명이 모이는 집회와 시위 장소로 변한지 오래다. 광화문 광장에 촛불시위가 처음 모습을 드러낸 것은 2002년이었다. 그해 6월 13일 의정부에서 심미선, 신효순 두 여

중생이 미군 장갑차에 깔려 죽는 참변이 발생했다. 그해 11월 미군 당국은 장갑차를 운전한 미군들에게 무죄 평결을 내렸고, 이에 분노한 수많은 사람들이 촛불을 들고 나타나면서 촛불시위가 시작됐다. 대통령선거를 앞둔 시점이어서 특정세력이 정치적으로 이용했다는 의혹이 컸다. 이렇게 시작된 촛불시위는 그때부터 수시로 벌어졌다.

2008년 봄 광우병 사태 당시의 촛불시위는 황당한 것이었다. 정부의 미국산 쇠고기 수입에 반대하는 촛불시위는 5월 2일부터 8월 15일까지 무려 106일 동안 계속됐다. 전국적으로 2,398회의 시위가 벌어졌고, 참가 연인원은 93만여 명에 달했다. 대규모 불법 폭력시위로 변질되면서 시위대와 경찰 간 충돌로 500여 명의 경찰관이 다치고 경찰버스 177대가 불에 타거나 파손되었다. 일부 언론과 시민단체의 과장과 왜곡, 그리고 유언비어 난무로 사태는 급속히 악화되었다. 처음에는 미국산 쇠고기 수입 반대를 주장했지만, 점차 4대강 개발 반대, 공기업 민영화 반대 등 정부 정책에 대한 반대로 확대되었고, 결국 '이명박 물러가라'는 정권 퇴진 운동이 됐다. 이를 계기로 반정부세력은 정권까지 뒤흔들 수 있는 조직된 힘을 과시할 수 있었으며, 그래서 그들은 기회만 있으면 그 같은 대규모 시위를 벌이게 되었다.

박근혜 대통령 탄핵의 도화선도 촛불시위였다. 그래서 박근혜 정부에 반대했던 세력은 이를 촛불혁명이라 하고 있다. 그 후 광화문 광장은 문재인 정권을 지지하는 '촛불세력'과 이에 저항하는 '태극기세력' 간의 대결장이 되고 있다. 특별한 계기가 있을 때는 물론 매주 토요일마다 진보와 보수는 광화문 광장으로 몰려나온다. 대한민국 민주주의의 한심한 실상을 세계에 계속 보여주고 있는 것이다.

모든 시위는 핵(核)이 있어야 한다. 핵을 중심으로 시위가 커지고 확산되면 '시민 봉기'가 된다. 한국에서 가장 크고 강력한 시위의 핵은 민노총이다. 집회와 시위의 자유는 민주주의의 기본이지만, 4.19 학생시위로 이승만 정권을 퇴진시킨 역사를 유산으로 삼고 있는 반정부 세력은 정권 퇴진을 목표로 빈번히 대규모 반정부 시위를 벌여왔다. 앞으로도 기회만 있으면 정부를 붕괴시키려는 시도가 계속될 가능성이 높고, 그런 현상이 계속되는 한 성숙된 민주주의가 뿌리내리기 어려울 것이다.

▌흔들리는 사법부

문재인 정권의 선악(善惡) 이분법(二分法) 정치는 무소불위의 대통령 권력과 맞물려 삼권분립과 법치주의를 흔들고 있다. 대통령이 민주적으로 선출된 왕(王)처럼 사법부와 입법부 위에 군림하고 있다는 인상을 주고 있다. 법률보다 강력한 대통령령(大統領令)이 법치주의와 책임 정치를 왜곡시킨다. 적과 동지의 구분이 지나쳐 자기편에는 관대하면서 반대편에 대해서는 가차 없다.

이러한 분위기하에서 사법부의 적폐청산은 '사법농단'이라는 이름하에 양승태 전 대법원장과 그와 관련된 법관들을 대상으로 이루어지면서 법치주의의 최후 보루인 대법원의 권위마저 추락되었다. 사법부가 정치적으로 중립적이고 신뢰받아야 하지만 진보성향의 인사들이 사법부를 장악한 후 문재인 정부의 적폐청산에 보조를 맞추면서 사법부에 대한 신뢰가 땅에 떨어졌다.

김명수 대법원장 지시로 전임 양승태 대법원장 시절의 사법행정권 남용 의혹을 조사한 특별조사단은 2018년 5월 25일의 발표에서 직권남용의 실체를 찾지 못했다고 하면서도 '재판 거래 의혹'이 있었다고 했다. '양승태 법원행정처'가 상고(上告)법원 도입을 위해 정권에 유리한 재판 결과를 활용해 청와대를 설득하기 위한 문건이 발견됐다는 것이다. 김 대법원장은 이 같은 사법행정권 남용 의혹을 자체적으로 해결하지 않고 검찰에 조사를 의뢰하여 논란을 증폭시켰고, 뒤이어 진보성향 판사들이 주축이 된 전국판사회의는 동료 판사들을 탄핵해 달라고 국회에 요구했다. 수사 결과가 나온 것도 아니고 특정인을 지정하지도 못한 상태에서 불특정 다수의 판사를 탄핵하라는 건 정치적 행위에 불과하다는 비판을 받았다.

2018년 9월 30일은 사법부 치욕의 날로 기록되게 됐다. 전직 대법원장과 대법관들이 무더기로 검찰의 압수수색을 받는 사법부 역사상 초유의 일이 일어난 것이다. 무려 50명의 검사들이 동원되어 전직 대법원장과 대법관들을 상대로 강제 수사를 벌였다. 그 후 7개월 넘게 계속된 검찰 수사에서 전·현직 판사를 100명 가까이 소환 조사하고 대법원의 컴퓨터를 샅샅이 뒤졌다. 사법부가 독립돼 있고 법치(法治)를 한다는 나라에선 상상할 수 없는 일이다. 2019년 초에는 양승태 전 대법원장을 위시하여 고위직 판사 출신들이 구속되어 재판을 받는 헌정 사상 초유의 일이 벌어지면서 사법부가 최악의 신뢰 위기에 직면했다. 전직 대법원장을 '사법농단'이란 명분으로 심판대에 세움으로써 그의 재임 중에 있었던 재판들은 모두 불신과 의혹의 대상으로 전락하는 결과를 초래했다. 좌파단체들은 전교조 법외노조 재판 등 각종 시국 사건의 판결을 문제 삼아왔다. 그래서 대법원에서 해고 판결이 확정된 KTX 승무원들은 재판거래 의혹이 불거진 뒤 대법정을 점거 농성했고, 결국 한국철도공사는 그들을 다시 채용했다. 양승태 전 대법원장의 구속을 집요하게 요구해왔던 통진당 세력은 이석기 전 의원을 석방하라고 요구하고 있다.

더구나 집권당이 법관의 판결이 잘못되었다며 판사 개인에 대해 공격 대상으로 삼으면서 법치주의를 허물고 있다는 비판을 받고 있다. 즉, 드루킹 댓글사건과 관련하여 성창호 부장판사가 김경수 경남지사에게 실형을 선고하자, 집권당인 더불어민주당은 "사법농단 세력에 의한 보복"이라며 담당판사와 재판결과를 맹렬히 공격했다. 이는 삼권분립에도 어긋날 뿐 아니라 법관의 신분을 보장한 헌법에도 위배되는 것이다. 결국 성창호 판사는 '사법농단 연루 혐의'로 기소되었고, 이에 대해 야당은 "김경수 판결에 대한 보복"이라 비판했다.

드루킹사건은 2017년 대통령선거 당시 선거 여론을 대대적으로 조작한 중대한 민주주의 파괴행위였다. 드루킹의 댓글조작 건수는 8,840만여 건에 달할 정도로 대규모였다. 드루킹 일당은 김경수 지사에게 2016년 11월 28일, "경인선(드루킹의 댓글부대)은 3대 포털(네이버, 다음, 네이트)을 장악하고 있으며, 킹크랩(댓글 조작 프로그램) 완성도는 98%"라고 보고했다고 한다.

어떤 경우든 재판은 공정해야 하지만 특히 사법부를 바로잡겠다는 사법부라면 더욱 그러해야 한다. 그런데 지금의 사법부와 헌법재판소는 "재판은 곧 정치" "재판으로 세상을 바꾸자"고 주장하는 사람들이 주도권을 쥐고 있다. 사법부가 진보와 보수로 갈라져서 이번에는 한쪽이 다른 쪽을 적폐세력으로 몰아붙이고, 정치판도가 바뀌면 그 반대현상이 일어나는 등 '사법부의 정치화' 현상이 일어나고 있는 것이다. 국민들이 자신들의 자유와 재산이 걸린 문제를 판사들에게 믿고 맡길 수 없다면 국가가 온전할 수 있겠는가. 사법부가 신뢰를 잃으면 법치주의만 흔들리는 것이 아니라 나라까지 흔들리게 된다.

과거 사법부에 대해 추상같은 잣대를 들이대면서도 지금의 사법부는 정치화 현상이 두드러지고 있다. 국제인권법연구회 같은 특정

조직에 속한 판사들이 법원을 장악하면서 또 다른 적폐를 만들고 있다는 비판을 받고 있다. 더구나 새로 임명된 대법관이나 헌법재판관 중에는 위장전입, 다운계약서 작성 등 범법행위를 한 사람들도 포함되었다. 소가 웃을 일이다. 사법부에 대한 국민의 신뢰는 바닥을 찍은 지 오래다. 2015년 OECD의 사법 시스템에 대한 신뢰도 조사에서 우리나라는 조사 대상 42개국 중 39위(27%)로 최하위권이다. 우리나라보다 신뢰도가 낮은 나라는 콜롬비아(26%), 칠레(19%), 우크라이나(12%)에 불과했다.

법질서를 담당한 기관들에 대한 국민의 신뢰는 매우 낮다. 2016년 형사정책연구원이 설문조사한 바에 의하면, 경찰을 '신뢰한다'는 비율은 23.5%이고, 법원을 '신뢰한다'는 비율은 23.4%이며, 검찰을 '신뢰한다'는 비율은 12.7%에 불과했다. 민주주의의 핵심은 법치주의인데 국민의 3분의 2 또는 그 이상이 법질서를 담당한 기관들을 불신하고 있는 실정이다.

법과 질서가 유지되지 않으면 국가가 존립할 수 없다. 법은 인간과 동물을 나누고 문명과 야만을 가르는 중요한 잣대라고 한다. 한국은 문명국가에서 멀어지고 있는 것인가?

Ⅲ. 만성적 위기에 빠진 공교육(公敎育)

우리나라는 교육으로 성공한 나라이다. 해방 당시 문맹자가 78%나 되었지만 15년 후인 1960년 국민의 90% 이상이 한글을 읽고 쓸

수 있었다. 최악의 여건에서도 6년제 의무교육을 실시했고, 전쟁 때 어린이들은 끼니는 거르면서도 천막교실에서 공부했다. 마을마다 한글강습소를 열어 어른들도 글을 깨우쳤다. 그 열정이 오늘의 한국을 일궜다.

그러나 지금 '교육백년지대계(敎育百年之大計)'라는 말은 상투적 구호에 불과하다. 그동안 물질적 측면에서는 놀라운 발전을 거듭했지만 교육은 너무도 뒤떨어져 있다. 교육이 위기라는 인식이 보편화된 것이 어제 오늘의 일이 아니다. 교육이 가장 중요한 국가인프라라고 볼때, 이것은 나라의 오늘과 내일이 걸린 중대한 문제다. 오랫동안 우리나라의 교육철학이 무엇인지 불분명했고, 교육부장관은 1~2년 단위로 계속 교체됐고 그때마다 교육정책이 바뀌면서 교육 현장이 계속 혼란에 휩싸였다. 그래서 사교육(私敎育)이 번창하게 된 것이다. 최근 헌법재판소는 자사고(자율형 사립 고등학교) 문제에 대한 판결문에서 "교육 당국이 공교육의 수준을 끌어올려 양질의 교육을 제공할 책임을 포기"하고 있다고 했을 정도이다.

한국 교육은 고비용 저효율이다. 학생은 불행하며, 교사는 무기력하고, 학부모는 사교육 부담으로 허리가 휘어지지만, 사회는 필요한 인재를 공급받지 못하고 있다. 한국교육개발연구원이 2001년 초 발간한 보고서에 의하면, 학부모와 교육전문가(교사와 교육공무원)를 대상으로 한 설문조사에서 학부모의 88%, 교육전문가의 93%가 교육이 위기라고 인식했다. 20년 전인 1999년 8월 24일 조선일보는 다음과 같은 교실붕괴 실상을 보도했다.

"학교에 잘 나오지 않는 아이들, 수업시간에 교실을 뛰어다니는 학생들, 교사의 지시와 질책을 우습게 여기는 아이들, 학생지도를 겁내는 교사들, 이것이 현실이다. 수업은 상위 10~20% 학생들의 관심사일 뿐, 나머지 80~90%의 학생들은 이방인이나 마찬가지다. 잠을 자거나 만화책을 보더라도 교사들은 상관하지 않는다.

　　오전 7시 30분 서울 모 여고 교실. 1교시가 시작되었는데도 3분의 1 정도의 자리가 비어 있다. … 수업이 시작된 지 30분 후에 5~6명의 학생들이 뒷문으로 슬그머니 들어왔다. 교사의 강의에 귀를 기울이는 학생은 앞자리 몇 명뿐. 10여 명의 학생들은 잠을 자거나 만화책을 보고 있다. 일부 학생은 2~3교시가 지나자 슬그머니 가방을 가지고 교실을 나갔다. 교사들은 못 본 체했다. 낮 12시 30분. 5교시가 끝나는 종소리와 함께 학생들은 활기를 되찾으며 책가방을 둘러매고 학원으로 달려갔다. 교사들은 '교실에서 수업이 불가능해진지는 이미 오래다'며 '교실붕괴는 문제 아이들만의 문제가 아니다'라고 말했다."

'무너진 교실'의 실상은 상상 이상이다. 한 현직 교사는 "교실에서 학생 절반 이상이 잠을 잔다. 아무도 수업을 듣지 않는다."고 한다. 교육행정가, 교사, 학생 모두가 아는 불편한 진실이다. 학생들은 학교를 '출석 찍으러 가는 곳'이거나 '친구 만나러 가는 곳' 정도로 생각한다. 그들은 학교에서 "누구도 공부하라고 하는 사람이 없다"고 한다. 최근 교육부가 공개한 '2018년 학업성취도 평가'에 중고생의 기초학력 미달 비율이 1년 전에 비해 크게 늘어난 것으로 나타났다. 4차 산업혁명 시대가 되고 있지만, 수학 과목에 있어 기초학력 미달자는 10%가 넘고 있다. 이 같은 학교의 실패와 교육의 실패는 좌파 성향의 전교조와 친(親)전교조 교육감들이 사실상 교육을 장악해왔을 뿐 아니라 교육부를 위시한 정부는 확고한 교육정책이 없었던 결과라는 평가가 지배적이다. 학력 저하는 곧 국가경쟁력 추락으로 직결될 수밖에 없다.

선진국에도 '학교붕괴' 또는 '교실붕괴'라는 말이 있지만 우리의 경우는 심각한 수준이다. 선진국의 공립학교는 어느 정도 문제가 있지만, 사립학교 대부분은 잘 운영되는 편이다. 한국에서는 정부가 공립학교와 사립학교를 모두 통제하고 있기에 교육 전체가 위기다. 공교육이 붕괴되면서 그 공백을 사교육이 메우고 있고, 이로 인한 사교육비가 가정경제를 휘청거리게 하고 있고, 그래서 젊은이들은 사교육비 부담을 우려해 결혼과 출산조차 꺼리는 형편이다.

▌크게 빗나간 전교조

공교육 붕괴에 대해 전교조(전국교직원노동조합)의 책임도 크다. 1989년 출범 당시 전교조는 '참교육'이라는 기치를 내걸고 열성적으로 학생들을 가르치고 '촌지 거부 운동' '체벌 금지' '교실 붕괴 방지 대책' 등 다양한 활동을 벌여 학부모들의 박수를 받기도 했다. 그러나 전교조는 극단적인 투쟁조직으로 변질되면서 교육 황폐화의 핵심 요인이 되었다는 비난을 받고 있다.

그동안 전교조는 학교 교육을 좌지우지해 왔다고 할 수 있지만, 그 부작용은 만만치 않다. 그들의 요구로 체벌금지, 생활지도금지와 함께 전교조식 인권교육, 통일교육이 이뤄지면서 성적(性的) 문란, 집단 폭력, 무단결석, 수업태도 불량 등 학생들의 비행이 급증했다. 학생 인권을 존중해야 한다는 분위기 때문에 교사들은 문제 있는 학생들을 훈육할 수 없었기 때문이다. 전교조 교사들은 '투쟁' 명분으로 수업을 빼먹는 일이 빈번했고, 일부 교사들은 수업 시간에 자신의 정치 이념이나 사회 비판, 통일 지상주의 등을 주입시키는 데 열을 올렸다.

그동안 전교조가 추구해 온 것은 참교육과는 거리가 멀다. 그들이 추진해 온 민족교육이란 미군철수 교육이고, 민주교육이란 계급투쟁교육이며, 민중교육이란 통일교육이었다. 대법원은 민족·민주·민중의 삼민(三民) 이념은 북한의 적화통일전략인 민족해방인민민주주의혁명전략에 동조하는 이적(利敵) 이념이라고 판결했다. 전교조 교사들은 전교조 본부에서 내려오는 자료와 지침대로 가르치면서, 학교 교육이 거대한 외부세력에 휘둘리게 된 것이다. 그들은 스승이라기보다는 좌익혁명의 전사에 가까웠다.

전교조는 계기수업을 학생들을 의식화하는 기회로 삼았다. 이라크파병 반대, 한미 자유무역협정 반대 등 주요 현안이 발생할 때마다 계기(契機)수업을 통해 학생들에게 친북·반미 사상을 주입해 왔다. 계기수업이란 공식적인 교육과정과 상관없이 사회적인 이슈나 사건에 대해 학생들이 균형잡힌 시각을 가질 수 있도록 하기 위한 수업이다. 2007년경부터 전교조 본부는 계기수업 자료와 지침을 본격적으로 제작 배포하기 시작했고, 특히 총선과 대선의 주요 이슈였던 반전평화, 한미 자유무역협정 반대, 국가보안법 철폐 등을 집중적으로 다루었다. 또한 제주 4.3사태, 5.18광주민주화운동, 6.15남북공동선언, 세월호 침몰 등에 대해서도 매년 계기수업을 했다.

일부 전교조 교사들은 노골적으로 반미친북(反美親北) 성향을 띠며 대한민국을 태어나지 말았어야 할 나라로 폄훼하고, 김일성·김정일을 미화하는 등, 국가정체성을 부정하는 교육도 서슴지 않았다. 북한 역사책을 학습 자료로 삼기도 하고, 북한의 선군정치 포스터를 교실에 붙이고, 전교조 사이트 게시판의 내용(선군정치는 주체혁명 완성, 6·25는 해방전쟁, 북한의 핵무기 보유는 민족자주권 수호 등)과 김정일 투쟁신념비(信念碑)에 쓰인 내용을 급훈으로 삼기도 했다.

시국선언(時局宣言)도 전교조의 단골 투쟁방법이었다. 예를 들면, 2004년 7월 13일 전교조는 1,886개 학교 1만 7,369명 전교조 교사들의 명의로 이라크전 참전 반대 및 추가파병 전면 재검토를 촉구하는 시국선언문을 발표했다. 이외에도 수시로 국가정책을 비판하는 시국선언문을 발표했으며, 2016년 말에는 공무원노조와 공동으로 박근혜 대통령 퇴진을 요구하는 공동 시국선언을 발표했다. 시국선언이나 계기수업이 있을 때마다 이을 둘러싼 정당 간 성명전과 언론의 찬반보도가 난무했고, 교육은 정치적 논쟁의 대상이 되었다. 헌법과 법률은 교육의 정치적 중립을 규정하고 있지만, 우리 교육은 정치논쟁의 대상이 된 지 오래다.

2009년 6월 '시국선언'을 주도한 혐의로 불구속 기소된 정진후 전교조 위원장 등 전교조 간부 24명에 대해 법원이 벌금형을 선고했다. 정 위원장 등은 노무현 전 대통령의 서거 직후 이명박 정부의 정책을 비판하는 시국선언문을 1만 6,000여 명의 교사들의 명의로 발표한 혐의 등으로 기소되었다. 판결문은 "교원의 노동조합 설립 및 운영 등에 관한 법률(교원노조법)은 교원노조의 활동범위를 임금과 근무조건 등 경제적·사회적 지위향상 등으로 한정하면서 일체의 정치활동을 금지하고 있다"면서 "피고인들이 시국선언을 통해 근로조건의 향상과 직접 관련이 없는 '촛불시위', '용산화재사건', '미디어법 강행' 등을 언급하며 정부 정책을 비판한 것은 특정 정치세력 등과 연계해 정부를 압박하면서 정부정책 결정과정에 영향력을 행사하기 위한 정치적 의사를 표현한 것으로 교원노조법 제3조를 위반하는 집단적 정치활동에 해당한다"고 밝혔다.

연가투쟁(年暇鬪爭)도 교육을 황폐화시킨 한 원인이 되었다. 2013년 10월, 박근혜 정부가 전교조를 '법외 노조'라고 판정한 바 있지만, 전교조 교사 2,000여 명은 2018년 7월 6일 문재인 대통령에게 '법외 노조' 취소를 요구하며 휴가라는 명분을 내세우며 청와대 앞까지 몰려가 연가투쟁을 벌였다. 그들은 2017년 12월에도 같은 요구를 하며 연가투쟁을 벌인 바 있고, 같은 해 6월에는 민주노총 주최 총파업에 동참하는 연가투쟁을 벌였다. 박근혜 정부 시절에는 국정 역사교과서 반대, 세월호 참사 진상 규명, 공무원연금 개혁 반대 같은 반(反)정부 투쟁을 위해 대규모 연가투쟁을 벌인 바 있다. 1999년 이후 전교조가 벌인 연가투쟁은 20회에 이른다.

교육이 특정한 목표를 위한 수단이 되어서는 안 된다. 특히 교육이 특정 정치이념에 치우치면 인간의 창조성을 약화시키거나 파괴하게 된다. 그런데 그동안 전교조의 활동은 교육의 보편적 가치보다는 특정 정치이념을 확산시키는 것을 우선시했다. 정신적 가치의 획일성과 교육적 가치의 평준화는 교육 자체를 불행과 파국으로 내몰게 된다. 나치 독일과 공산주의 교육이 사회를 병들게 한 원인이 바로 거기에 있었다. 그래서 독일의 교육은 정치적 중립을 유지하는 동시에 극우 노선인 파시즘과 극좌 노선인 공산주의를 철저히 배격해왔던 것이다.

교육이 위기라는 것은 의문의 여지가 없다. 더구나 세계는 4차 산업혁명 시대로 치닫고 있다. 우리 교육이 시급히 제자리를 찾지 못한다면 미래는 암담할 수밖에 없다. 여와 야, 보수와 진보를 초월하여 그야말로 '교육혁명'을 감행하지 않으면 미래는 없다.

                       * * * * *

인프라의 수준은 곧 나라의 수준이다. 그런데 지난 30여 년, 민주화라는 이름하에 계속된 개혁과 정책들이 국가의 핵심 인프라를 약화시키는 결과를 초래했다. 그러나 국가인프라가 튼튼하지 못하면 '나라다운 나라'가 될 수 없다. 따라서 국가인프라의 재건이 새로운 시대정신이 되어야 한다. 특히 인적 자원밖에 없는 우리나라에서 교육을 바로 세우는 것이 희망찬 미래를 개척하는 지름길인 것이다.

제3장

한국경제,
좌절인가 회생인가?

우리는 최악의 상황에서도 기적을 이룩한 불사조같은 국민
이다. 우리가 다시 한번 떨쳐 일어나 우수한 우리 국민의 위
대한 저력을 결집한다면 '제2의 경제기적'은 가능하다.

우리는 수천 년 가난에 시달려온 역사를 가지고
있다. 1960년대 초만 해도 한국은 대부분의 아프리
카 국가들보다 더 가난했다. 일본의 전쟁을 위해 모
든 것을 수탈당한 후 해방이 되자마자 남북으로 분
단됐고, 그 후 북한 공산세력의 남침으로 나라가 잿
더미로 변했다. 부존자원이 빈약했고 자본과 기술
도 없었기 때문에 '빈곤의 악순환'에 빠져 있었다.
정부 예산의 절반 이상, 국방예산의 90% 이상이 미
국원조가 차지할 정도였다.

그런데 '한강의 기적'으로 가난한 저개발 농업국
가가 세계적인 공업국가가 되어 모든 면에서 자부

심을 가질 수 있는 나라가 되었을 뿐 아니라 국제적으로 인정받는
나라가 되었다. 우리 민족이 지금처럼 풍요롭게 살았던 적이 없다.
오늘날의 중산층은 대부분 옛 조선시대 정승판서 못지않게 풍족하게
잘 살고 있다. 그러나 빈약한 부존자원, 과도한 수출의존 등 우리
경제의 한계를 고려할 때 국제경쟁력을 유지하지 못한다면 단기간에
'한강의 거품'처럼 사라져버릴지도 모른다.

I. 한국경제, 경고등을 무시해도 되는가?

　한국은 한동안 경제기적의 나라였다. 60년대 초 절대 다수 국내
외 경제전문가들이 한국의 경제성장은 사실상 불가능하다고 했지만
선배 세대들은 '우리도 할 수 있다'는 불굴의 의지로 결국 해내고 말
았다. 그들의 피와 땀과 눈물의 결정체가 '한강의 기적'이다.

　그런데 지금 이 나라에는 경제 비관론이 팽배하다. 경제부총리를
지냈던 인사들이 이구동성으로 우려한다. 진념(陳稔)은 "이게 위기가
아니면 뭐가 위기겠는가"라 했고, 이헌재(李憲宰)는 "갈 데까지 가다
실업(失業) 대란의 형태로 터질 것"이라 했으며, 윤증현(尹增鉉)은 "이
대로 가면 나라가 무너진다"고 했다. 문재인 정부의 경제정책을 자
문해온 김광두(金廣斗) 국민경제자문회의 부의장조차 "경제의 뿌리가
흔들리고 있다"고 비판한 후 사퇴했다. 장하성 청와대 정책실장의
사촌동생인 장하준 영국 케임브리지대 교수는 "현재 한국 경제상황
은 국가비상사태"라 했다. 국내 어느 원로 경제전문가는 "한국경제

는 운명 직전의 중환자 같다"고 했고, 글로벌 컨설팅 회사 맥킨지의 연구소장은 한국경제를 '물 끓는 냄비 속의 개구리'에 비유하며 "끓는 물의 온도가 5년 전보다 더 올라갔다"고 했는데, 조금만 더 올라가면 죽는다는 의미다.

선진국 클럽인 OECD는 최근 20개월 연속 한국의 경기선행지수를 하향 조정했다. 20개월 계속 하락 중인 나라는 OECD 36개 회원국 가운데 한국 밖에 없다. 실제로 우리 경제에 경고등이 잇따라 켜지고 있다. 주력 산업이 고전하는 가운데 새로운 성장 동력을 찾지 못한 상황에서 생산과 설비 및 건설 투자가 줄어들고 소비가 위축되는 등 주요 경제지표가 일제히 추락하고 있다. 지난해까지는 반도체 경기 호조로 인한 착시현상이 있었지만 반도체 수출이 급감하면서 경제는 급속히 침체되고 있다.

주력 기업들의 실적 하락이 심각하다. 2017년에 전년 대비 48% 급증했던 코스피 상장사 517곳의 2018년도 순이익이 7.4% 감소했다. 그중에서 자동차 업종의 영업이익은 16%, 조선은 64%, 석유화학은 18% 줄어들었다. 2019년 들어서는 급전직하다. 1분기 경제성장률은 전 분기에 비해 마이너스 0.4%로 10년 만에 최악으로 나타났고, 주요 기업들의 영업이익도 41%나 급감했다. 그런데도 문재인 대통령은 "국가 경제가 견실한 흐름을 유지하고 있다"고 낙관하는 등, 경제정책은 국정운영의 우선순위가 되지 못하고 있다.

문재인 정부는 가난한 계층의 지갑을 채워주겠다면서 경제학 교과서에도 없는 '소득주도성장 정책'을 폈지만 결과는 정반대로 나타나고 있다. 약자(弱者)를 위한다는 정부가 가난한 사람들을 더욱 고통스럽게 만든 것이다. 최저임금을 인상하면 월급만 오르는 것이 아니라 이에 비례하여 직원 수당이 오르고 퇴직금과 4대 보험금도 함께 오르기 때문에 대다수 자영업과 경쟁력 없는 중소기업은 버티기 어렵게 되어 직원을 해고하거나 폐업할 수밖에 없다. 정부가 최저임금을 급격히 인상하면서 도소매·음식숙박·시설관리업 등 최저임금에 민감한 3대 취약 업종에서 2018년에만 일자리가 29만 개나 사라졌고, 폐업한 자영업자도 100만 명을 넘어섰다. 최저임금을 2년간 29%나 올린 나라는 우리나라 밖에 없다. 2년 동안 정부가 54조 원이라는 천문학적 규모의 일자리 예산을 쏟아부었지만 오히려 일자리는 크게 줄어들었고 저소득층의 소득도 37%나 떨어졌으며, 최저임금 인상에 따른 자영업 대책에 6조 원을 투입했지만 아무런 효과가 없었다. 이 같은 실책을 은폐하기 위해 공무원과 공공기관·공기업의 신규 채용을 대폭 늘리고 수많은 임시 일자리도 급조했다. 그런데 정부는 2019년에도 23조 원으로 그 같은 일자리를 만들겠다고 하니, 3년간 무려 77조 원을 쏟아부은 셈이다.

설상가상으로 문재인 정부는 경제의 틀을 근본적으로 바꾸겠다며 법인세 인상, 순환출자 금지, 금산분리 강화 등, 재벌개혁을 위한 정책도 강행했다. 아르헨티나의 후안 페론과 베네수엘라의 우고 차베스가 기업을 적(敵)으로 규정했던 것처럼, 문재인 정부는 '적폐청산'이라는 구호 아래 반(反)기업 정책을 노골화했다. 재벌을 잡아야 민주 인권 강국이 되고 일자리가 마련된다는 논리를 펴온 인사들이 경제정책의 칼자루를 쥐었기 때문이다.

우리 경제가 이처럼 고전(苦戰)하고 있는 것은 집권세력이 경제를 이념투쟁의 대상으로 삼으면서 자초한 측면이 크다. 정부는 적지 않은 부작용을 초래하고 있는 소득주도성장 정책을 수정할 생각이 없다는 것을 거듭 밝히면서 소득주도성장은 비판조차 용납되지 않는 절대 도그마가 돼버렸다. 소득주도성장론의 치명적 결함은 실증된

성공사례가 없다는 것이다. 땀 흘려 일하지 않고도 잘살 수 있다고 선전하는 이론은 그 자체가 기만이다. 경제가 발전하는 국가들은 예외 없이 투자와 혁신과 생산성 향상을 중시하는 전략을 취한다. 30~40년 피땀 흘려 육성한 주력 산업이 최대 위기에 몰려 있다는 것이 전문가들의 공통된 인식임에도 집권세력은 경제에 대한 위기의식이 없다.

한국은 부존자원이 빈약하기 때문에 에너지, 식량 등 필수 자원을 수입해야 하고, 막대한 수입에 필요한 외화를 조달하기 위해서는 상당 규모의 수출을 하지 않으면 안 된다. 그래서 한국은 온갖 피나는 노력을 통해 세계 6위의 수출대국이 되었던 것이다. 그런데 국가경쟁력이 떨어지면 수출은 단기간에 곤두박질치게 된다. 더구나 한국의 주된 시장이던 중국이 한국의 기술을 따라잡고 더 싼 가격으로 제품을 만들어 수출한다. 나아가 중국은 미국, 독일, 일본 수준의 제조기술을 확보하기 위해 국력을 총동원하고 있다. 지금 이 순간 한국경제는 살아남을 수 있느냐 없느냐의 중대한 기로에 서 있다.

정부가 정책 방향을 어떻게 잡느냐에 따라 한 나라 경제가 거덜나기도 한다. 잘나가던 나라가 지옥으로 떨어지는 것도 순식간이다. 그런데 문재인 정부는 경쟁력 높이고 성장 동력 키우는 문제엔 관심이 없다. 규제 혁신은 말뿐이고 노동 개혁은 손조차 대지 않고 있다. 문제만 생기면 오로지 세금으로 때운다. 정부가 문제를 만들고 실패를 만회하려 또 세금을 퍼붓는 악순환이 이어지고 있는 것이다.

II. 분배를 앞세운 제이노믹스(Jnomics)

우리 모두 바라 마지않던 1인당 소득 3만 달러 목표를 달성했다고 기뻐했던 것도 잠시, 이제는 과연 이 정도 수준을 계속 유지할 수 있을지 걱정이다. 경제 양극화가 갈수록 심해지고, 서민들의 사정은 어려워지기만 한다. 정부가 최저임금을 올리고 노동시간을 줄여서 모두 인간다운 삶을 살도록 하겠다는 데 대해 누구도 반대하지 않는다. 문제는 그것이 정부가 일방적으로 밀어붙여서 될 수 있는 일이 아니라는 데 있다.

10여 년 전 노무현 대통령이 "남북관계만 잘 되면 다른 것은 깽판쳐도 된다"고 했지만, 문재인 대통령도 남북관계 개선에만 몰입하면서 경제리더십은 발휘하지 못하고 있다. 오랫동안 좌파노선을 걸어왔던 나라들이 우파노선으로 선회하고 있고, 선진국까지 노동시장 유연화와 기업 활력 제고에 적극적인데 우리 정부는 반(反)기업·친(親)노동 정책에 열을 올리는 등 세계 추세에 역행하고 있다.

한국에서 반(反)기업정서가 보편화된 지 오래다. 노무현 정부 당시인 2006년 2월 〈뉴스위크〉지는 "한국은 돈 가진 것을 남에게 훔친 것이라고 생각할 정도로 거의 공산주의적인 태도가 팽배한 나라"라고 했다. 한국경제TV의 여론조사에 의하면, 국민의 55%가 기업이 싫다고 했고, 기업에 호감을 가진 사람은 34%에 불과했으며, 특히 2030세대의 70%는 기업에 대해 부정적이다. 그동안 참여연대, 민주노총, 언론노조 등이 반기업정서 확산에 앞장서 왔고, 언론노조가 좌우하는 주요 방송의 드라마와 기업 관련 시사 프로그램에는 대기업의 횡포와 탈세, 산업재해, 변칙 상속 등 재벌 기업의 부정적 측면에 계속 초점을 맞추어왔기 때문이다. 그래서 한국 사람들의 머릿속에 대기업은 거의 악마의 이미지에 가깝다.

이 같은 반(反)기업 정서 때문인지 모르지만, 한국 상속세의 최고 세율이 50%이고, 대기업과 중견기업은 가업 승계 시 경영권 프리미엄 15%가 더해져 65%가 되어 OECD 36개 회원국 중 단연 1위일 뿐 아니라 세계 최고다. 상속세를 제대로 내면 기업을 빼앗기게 되기 때문에 온갖 변칙 상속이 일어나고 있는 것이다. OECD 회원국 가운데 17개 국가는 상속세가 없고, 다른 13개 국가들도 상속세를 낮추고 있는 추세다.

386 운동권 세대에겐 재벌은 한국사회를 모순과 비리의 도가니로 만든 공적(公敵)이었고, 그래서 재벌해체 또는 재벌통제는 그들의 오랜 염원이었다. 그래서 한국경제를 '착취와 피착취'의 대립 구조로 인식해온 인사들이 문재인 정부의 경제정책을 주도하고 있다. 예를 들면, 장하성 정책실장은 고려대 교수 당시인 2015년에 발간한 『왜 분노해야 하는가』라는 저서에서 한국은 세계에서 가장 불평등한 나라이고, 그렇게 된 원인은 대기업이 이익을 너무 많이 가져가기 때문이라며, 이에 대해 분노하고 혁명적 개혁을 해야 한다고 주장했다. 그는 정책실장이 된 후에도 고장난 한국 자본주의는 시장이 스스로 고칠 수 없다며, 정의로운 민주정부가 정의롭지 못한 시장을 바로잡아야 한다고 했다.

또한 '삼성 저승사자'로 불리던 김상조 교수가 경제검찰 수장(首長)이라 할 수 있는 공정거래위원장이 되어 재벌을 옥죄는 정책들을 강행해왔고 최근에는 해외에서 열린 국제회의에서 "한국재벌은 사회적 병리 현상"이라 했다. 또한 재벌을 '암세포'에 비유했던 홍종학은 중소벤처기업부 장관이 되었고, 뒤이어 '재벌 저격수'로 알려졌던 박

영선 의원이 홍종학의 후임 장관이 되었다. 경제정책에 대한 비난이 빗발치고 있었을 당시인 2018년 11월 9일, '공정경제전략회의'를 주재하면서 문 대통령은 "반칙과 특권, 부정부패로 서민경제가 무너졌다"면서 "성장할수록 부의 불평등은 심화됐다"며 장하성, 김상조 등을 두둔했다.

문재인 정부의 대표적 이론가라 할 수 있는 조국(曺國) 청와대 민정수석도 자유시장경제에 적대적이다. 울산대 교수 당시인 1992년, 「현 단계 맑스주의 법이론의 반성과 전진을 위한 시론」에서 "현실사회주의가 붕괴했다고 해서 맑스주의의 존립 근거가 사라지는 것은 아니다"라며 "엄존하는 현실자본주의 모순과 대결하면서 … 국가법의 사멸(死滅)과 인민의 자치규범의 창출을 지향"할 것을 밝힌 바 있다. 다른 글에서도 그는 "자유민주적 기본질서라는 것은 어떠한 수식어를 붙이든 '자본주의 체제의 상부구조'를 의미하고 '사회주의적 민주주의'를 전면 배제하고 있다"고 했다. 자본주의를 기반으로 한 자유민주주의를 부정하고 사회민주주의를 추구하고 있음이 분명하다.

요컨대 문재인 정권의 경제정책의 초점은 재벌 중심 경제의 타파라 할 수 있다. 문 대통령은 2019년 신년 기자회견에서 "우리는 경제 불평등이 가장 극심한 나라가 됐다"면서 한국을 '1 대 99 사회' '승자 독식 경제'가 됐다고 말했다. 그러나 이것은 사실이 아니다. OECD의 평가에 의하면, 소득분배를 나타내는 지니(gini)계수에서 한국은 OECD 36개국 중 16위로서 독일, 프랑스, 스위스와 비슷하고 캐나다, 이탈리아, 일본, 스페인, 영국, 미국보다 앞섰다.

문재인 정부는 지난 2년간 경제부문 적폐청산의 일환으로 재벌 개혁에 열을 올렸다. 검찰, 경찰, 국세청, 공정위 등 4대 사정기관은 물론 법무부, 고용노동부, 보건복지부, 금융감독원, 관세청까지 대기업들을 대상으로 전방위 조사에 나서면서 가뜩이나 위축되어 있던 기업들을 더욱 움츠러들게 만들었다. 웬만한 대·중견기업 중에는 4 대 사정기관의 조사나 압수수색을 받지 않은 곳을 찾기 힘들 정도다. 정부가 이런 공포 분위기를 조성하는 동시에 기업에 투자와 일자리를 늘리라고 주문하는 것은 앞뒤가 맞지 않는 일이다.

자유민주주의란 경제적으로 자본주의이고 정치적으로 민주주의이다. 자본주의 또는 자유시장경제는 자유주의를 기반으로 하며, 따라서 정부가 시장에 개입하는 국가주의에 반대되는 개념이다. 그래서 자본주의는 자유로운 창의와 경쟁이 허용되는 사회에서 번성해왔다. 영국의 자유주의 경제학자 프리드리히 하이에크(Friedrich Hayek)는 1944년에 출판된 『예종에의 길(*Road to Serfdom*)』에서 "이 세상을 천국으로 만들려고 한 바로 그 사람이 항상 지옥을 만들고 말았다 (What has always made the state a hell on earth has been precisely the man who has tried to make it his heaven.)."고 했다. 그는 '정부가 이상사회를 건설할 수 있다는 믿음'은 치명적 자만이라 했다. 미국 경제학자 미제스(L. V. Mises)도 '대기업이 실수를 범하고 비리를 저지르는 것보다 거대정부가 국민을 위협하는 것이 훨씬 더 심각하다'고 했고, 미국 경제학자 밀턴 프리드먼(Milton Friedman)은 "불완전한 시장이라도 불완전한 정부보다는 낫다"고 했다.

문재인 정부는 '일자리 정부'를 표방하고 대통령 직속으로 '일자리 위원회'를 만들면서 일자리 위원장의 자리를 대통령이 직접 맡았다. 전무후무한 일이다. 나아가 일자리수석비서관도 신설하고 일자리 상황판까지 설치했지만 일자리는 오히려 계속 줄어들었다. 일자리 예산으로 2년 동안 54조 원이나 투입했으며, 이것은 매주 약 7,000 억 원이라는 엄청난 돈을 쏟아부은 것인데 모든 고용 관련 지표는 고용절벽이라 할 정도로 악화됐다. 철저하게 시장친화적이어야 할 일자리 정책이 잘못 설계됐기 때문이다. 문 대통령의 일자리 공약 5개항 중 4개항이 시장에 대한 정부 개입과 관제(官製) 일자리에 관한 것이고, 일자리 만들기에 필수적인 규제혁신과 노동개혁에 대한 언급은 단 한 줄도 없었다. 정부가 급조한 일자리는 대부분 노인들을 위한 한두달짜리 아르바이트였다. 노인 돌보기, 청소년 선도, 강의실 전등 끄기, 태양광 패널 닦기, 동네 순찰 등이다.

2018년 11월, 경제정책에 대한 비난이 고조되고 있던 가운데 장하성이 물러나고 사회수석비서관이던 김수현이 정책실장으로 임명되었다. 김수현은 학창시절부터 판자촌 철거 반대 등 도시빈민운동을 했고, 그 후 부동산과 도시환경 문제를 다룬 부동산전문가다. 정책실장의 핵심 업무가 경제인데 그는 경제학을 전공하지 않은 사람이고 또한 우리 경제가 어느 때보다 심각한 도전에 직면하고 있기 때문에 부적절하다는 의견이 적지 않았다. 그럼에도 문 대통령이 그를 임명한 것은 경제정책에 대한 비판에 구애되지 않고 기존 정책대로 강행하겠다는 것을 의미한다.

▌반(反)기업적 반(反)시장적 정책의 끔찍한 결말

경쟁국들의 경제는 순항하는데 왜 유독 한국경제만 가라앉고 있는가? 민주노총 등 이익집단의 반대와 평등이념으로 인해 정부는 해야 할 것은 하지 않고 하지 말아야 할 것은 하고 있기 때문이다. 반드시 해야 할 노동개혁이나 공공부문 개혁은 외면하면서 최저임금 인상, 비정규직의 정규직화, 주 52시간 근로제 등 민주노총이 요구해온 것들을 우선적으로 시행했던 것이다. 이는 정부가 '소득주도성장'이라는 검증되지 않은 이론에 매몰돼 있기 때문이다.

소득주도성장이란 정부가 임금인상 등을 통해 인위적으로 소득을 끌어올리면 경제가 성장한다는 것으로 성장과는 무관한 포퓰리즘 정책에 불과하다. 임금 인상은 근로자에겐 소득이지만 사용자에겐 비용인 것이다. 정부가 소득주도성장 정책에 따라 최저임금을 급격히 인상하는 바람에 한계 상황에 놓여 있던 중소기업과 자영업은 직원을 줄일 수밖에 없었기 때문에 일자리는 오히려 줄어들었다. 영세 자영업자의 비중이 25%에 달하는 한국의 고용구조는 최저임금의 급격한 인상을 감당할 여건이 못 된다. 전문가들은 최저임금의 과속 인상이 진보정부 특유의 이분법적 프레임에서 비롯됐다고 본다. '착취하는 고용주 대(對) 착취당하는 근로자'의 구도다. 이 틀에서만 보면 기업의 초과 이익을 돈 없는 근로자들에게 나눠주는 것이 정의롭고 공정한 것인 것이다. 그러나 복잡한 경제 현실을 그 같은 '선과 악'의 프레임으로 단순화한 것이 문제다. 대부분의 중소기업과 자영업자들은 노동자를 착취하여 큰 이익을 올리는 것과는 거리가 멀다. 오히려 일반 근로자보다 형편이 어려운 고용주가 태반이고, 심지어 종업원 임금을 감당할 수 없어 폐업을 하고 근로자로 나서는 사람들도 많아지고 있다. 또한 일자리를 늘리자면서 근로시간을 획일적으로 52시간으로 단축함으로써 기업이나 자영업자들은 더욱 어려운 곤경에 처하게 됐다.

최저임금 산정의 기준도 문제다. 재계 서열 2위인 현대자동차 그룹의 주요 계열사인 현대모비스의 연간 초봉이 5,000만 원이지만 최저임금 미달로 시정명령을 받았고, 현대자동차도 6,800명이 최저임금에 미달되는 것으로 나타났다. 얼마나 많은 기업과 자영업이 최저임금 미달이 될지 짐작해 볼 수 있겠다.

최저임금법은 근로자가 실제 일하지 않는 유급휴일(토요일과 일요일)을 노동시간으로 간주하고 있으며, 정부는 유급휴일도 최저임금 산정 시 근로시간에 포함하는 시행령 개정안을 통과시켰다. 이에 따라 2019년부터 기업과 자영업자들의 최저임금 지급 부담은 법정액보다 20~40%나 폭등한다. 최저임금을 2년 새 29%나 인상하는 바람에 최저임금은 시간당 8,350원이 되었지만, 유급휴일이 근로시간에 포함되면 실제 최저임금은 그보다 약 20% 높은 1만 20원이 되고, 토·일요일을 유급휴일로 정한 일부 기업에서는 최저임금이 40%까지 오르게 된다. 많은 중소기업과 자영업이 한계상황에 내몰리게 될 것이 분명하다. 한국의 최저임금을 소득기준으로 보면 OECD 회원국 중 3번째로 높다. 특히 대표적 선진국인 미국, 일본, 영국보다도 높다.

　　글로벌 흐름에 역행하는 법인세 인상도 경제에 찬물을 끼얹었다. 미국은 법인세 최고 세율을 35%에서 20%로 대폭 낮추었고, OECD의 다른 19개국들도 법인세를 내렸지만, 한국은 오히려 법인세를 22%에서 25%로 올렸다. 법인세율 인상과 최저임금 급등, 지배구조 개선 압박도 견디기 힘든데 노조까지 경영의 발목을 잡고 있으니 공장이 해외로 나가는 것이 당연해 보인다.

　　지금 우리사회에는 경제에 대한 '신관치(新官治) 시대'를 우려하는 목소리가 크다. 문재인 정부 들어 악성 규제는 더 커지고, 노조가 기업 위에 군림하면서 기업의 경영 여건은 더욱 악화됐다. 정부가 대기업과 중소기업 간 '협력이익공유제'를 강행하고, 아파트 건설 원가를 공개하게 하고, 비정규직을 정규직으로 강제로 전환하게 하고, 전기료와 통신료를 결정하고, 카드사 수수료도 일괄적으로 인하하는 등 다양한 방식으로 민간 영역에 적극 개입하고 있다. 공정거래위원회는 일감 몰아주기 규제 강화와 공익법인과 금융보험사의 대주주 의결권 제한을 추진 중이다. '정부 만능'은 사실상 문재인 정부의 핵심 철학이다. 그러나 전문가들과 관료들의 의견을 외면하고 급진적 이념에 빠진 아마추어들이 지배하는 정부가 '만능'이 되겠다는 것은 어림도 없는 일이다.

설상가상으로 정부는 국민연금의 '스튜어드십 코드(의결권 행사 지침)' 도입을 통해 사실상 대기업 경영에 개입하고 있다. 문 대통령은 2019년 신년 기자회견에서 "국민연금의 스튜어드십 코드를 도입하겠다고 밝힌 직후인 1월 23일, "대기업 대주주의 중대한 탈법과 위법에 대해서는 국민연금의 스튜어드십 코드를 적극 행사하여 국민이 맡긴 주주의 소임을 충실하게 이행하겠다"고 말하고 탈법과 위법 행위에 대해서는 "반드시 그 책임을 물을 것"이라 했다. 스튜어드십 코드의 행사는 국민연금이 정부로부터 독립돼 순전히 경영적 관점에만 주주권을 행사해야 하지만, 국민연금은 의사결정 구조가 정부에 사실상 예속돼 있어 정치적 수단으로 악용될 가능성이 크다. 국민연금의 최고 의사결정 기구인 기금운용위원회 위원 20명 중 5명이 현직 장·차관이고 위원장이 복지부장관이다. 연기금 운용을 담당하는 위원회가 정부 소속인 경우는 주요 국가 중 한국이 유일하다. 더구나 기금운용위원회에는 금융투자 전문가가 하나도 없다.

2019년 3월 말 우려가 현실이 되었다. 국민연금의 의결권 행사로 대한항공의 조양호 대표이사의 연임이 무산됐다. 국민연금이 5% 이상 지분을 보유한 기업은 297개에 달한다. 삼성전자, 현대차 등 대표적인 기업이 대부분 망라돼 있다. 재벌개혁의 일환으로 추진되고 있는 스튜어드십 코드의 도입을 통해 집권세력이 민간기업의 경영권을 좌우하고 나아가 기업들을 권력의 통제 아래 두는 '연금 사회주의'가 현실이 될지도 모른다. 권력이 경제를 장악한 나라의 경제는 쇠퇴하기 마련이다.

국제경쟁을 하고 있는 글로벌 기업의 경제활동에 정부가 지나치게 개입하면 기업의 경쟁력이 약화될 수밖에 없다. 주한(駐韓) 유럽상공회의소는 규제백서를 통해 한국 정부의 규제가 심하여 기업하기 어렵다면서 한국에만 존재하는 '갈라파고스 규제'가 있다고 비판했다. 김용근 한국경영자총협회 부회장은 "정부와 강성노조가 한꺼번에 기업과 기업인을 난타하는 상황이 계속된다면, 한국은 '기업 지옥'으로 전락하고 말 것"이라 했다.

세계 각국이 경쟁적으로 투자 유치와 인재 영입에 나서고 있는 가운데 한국에서는 기업과 자금과 인재가 속속 이탈하고 있다. 현대경제연구원에 의하면, 제조업들의 해외 이전 가속화로 2006년부터 10년간 344억 4,000만 달러 규모의 국내 투자가 무산됐고, 신규 일자리 24만 2,000여 개도 창출되지 못했다. 2017년 현재 한국 제조업체 5,781개가 해외에 생산시설을 설치하여 현지 인력 338만여 명을 고용하고 있다. 이들 해외공장의 10%만 국내로 복귀해도 약 29만 개의 일자리가 생길 수 있으며, 이는 청년실업자의 60%에 해당되는 규모이다. 그동안 어렵게 버텨오던 경쟁력 없는 중소기업들도 최저임금 급등, 근로시간 단축 등으로 한계상황에 몰리자 너도나도 해외로 공장을 옮기고 있다. 2018년 기업들의 해외 투자는 55조 원으로 사상 최고였으며, 2019년 1분기 국내 설비투자는 전 분기에 비해 10% 이상 감소해 21년 만에 최악이다. 제조업 종사자들이 사라지면서 이들이 이용하던 식당, 쇼핑몰 같은 서비스업의 일자리도 대폭 줄어들고 있다.

오랫동안 기업은 잘못되었으며 재벌은 해체되어야 한다는 생각을 해왔던 문재인 정권의 집권세력은 기업의 '잘못된 행태'를 반드시 바로잡고 나아가 경제의 틀을 근본적으로 바꾸겠다고 거듭 강조하고 있다. 그러나 경제는 도그마에 사로잡히면 절대 성공할 수 없다. 특정 이념이나 구호로 경제를 바로잡겠다는 것은 위험한 일이다. 시장을 무시하고 정의와 공정 같은 이념을 앞세우는 경제정책은 성공한 적이 없다. 박정희와 전두환 정부의 경제정책을 비난하는 사람들이 있지만 그들이 철저한 실용주의자였기 때문에 성공한 것이다.

OECD가 최근 발표한 2018년의 한국 경제성장률은 2.66%로서 2012년 이래 가장 낮았다. 이것은 1인당 소득이 한국의 두 배가 넘는 미국의 2.89%보다 낮았고, 세계 평균 경제성장률보다 1% 낮았다. 글로벌 신용평가회사 무디스는 한국의 2019년도 경제성장률을 2.1%에 불과할 것으로 전망했다. 2019년 들어 이미 우리 경제의 효자 종목인 반도체 수출도 급락세를 보이고 있고, 한두 개 품목을 빼고 주력 수출품 대부분이 모두 내리막길이다. 그럼에도 문 대통령은 "우리 경제를 바꾸는 이 길은 반드시 가야 할 길"이라며 기존정책을 고수하겠다고 거듭 다짐하고 있다.

III. 자동차산업은 제조업의 바로미터

1986년 초 현대자동차의 엑셀 승용차가 미국 시장에 수출되기 시작하면서 미국 언론은 "한국이 달려오고 있다"고 보도한 바 있다. 이처럼 현대자동차는 한국 수출의 간판 기업이었다. 그런데 현대차는 백척간두, 절체절명의 위기에 처했다는 진단이 연이어 나오고 있다. 제조업의 중심산업인 자동차산업이 위기라면 우리 경제 전체가 심각한 위기에 처했다는 것을 말해준다. 자동차산업은 연관산업까지 고려하면 제조업 생산의 14%, 수출의 11%를 차지한다. 자동차산업이 흔들리면 8,000여 부품·협력업체의 위기로 이어져 간접 고용까지 포함하면 177만 명의 일자리가 위협받게 된다.

세계 자동차시장은 2010년 이후 매년 5% 이상 지속적으로 성장해왔지만, 우리 자동차산업은 내수 침체와 수출 부진으로 위기를 맞고 있다. 2018년 들어 자동차산업의 고용은 2.3% 줄었고 수출도 5%나 감소했을 뿐 아니라 내수시장까지 외제차에 빠르게 잠식당하고 있다. 그래서 연간 국내 자동차 생산은 7%나 줄어 400만 대 밑으로 내려갔다. 현대·기아차의 영업 이익률이 한계 기업 수준인 2%대 초반에 불과하고, 2018년의 영업이익도 3조 5,000억 원에 불과하여 전년도에 비해 47%나 추락했으며, 이에 따라 부품·협력회사들도 줄줄이 법정관리에 들어가고 있다.

한국 자동차산업이 고비용·저효율의 대명사가 된 지 오래다. 강성노조의 잦은 파업으로 임금은 계속 올랐지만 생산성은 뒷걸음질 쳐왔다. 노조의 임금인상 요구로 국내 완성차 5개 사의 연간 평균임금은 2016년 9,213만 원까지 올라 2005년(5,009만 원)의 두 배에 육박했다. 현대차 울산공장 근로자의 평균 임금은 세계 1위 자동차 메이커인 폴크스바겐보다 1,000만 원 이상 높지만 생산성은 훨씬 더 낮다. 현대차 울산공장에서 차 1대를 만들 때 드는 노동시간(26.8시간)은 미국 앨라배마 현대차 공장(14.7시간)의 두 배에 달한다. 현대차 울산공장 노동자는 현대차 중국 충칭 공장보다 9배 많은 월급을 받지만 생산성은 중국 현대차의 70%에 불과하다. 3,000만 원짜리 현대차 1대당 72만 원을 벌 때 도요타는 237만 원의 수익을 올린다. 현대차가 도요타의 경쟁 상대가 될 수 없는 이유다.

그래서 한국 자동차회사들은 생존을 위해 국내 생산 물량을 줄이고 해외 생산을 확대해왔다. 2002년 자동차의 국내 생산 비중이 95%였지만 10년 후인 2012년엔 해외 생산 비중이 국내 생산을 추월했다. 현대·기아차만 놓고 보면, 2018년의 해외 생산 비중은 61%이고, 특히 현대차는 그 비중이 70%에 육박한다. 현대·기아차가 해외 생산시설을 확장하는 동안 599개의 협력사가 따라 나갔고, 이로 인해 국내 협력사들이 파산되면서 수많은 일자리가 사라졌다.

그럼에도 현대차 단체협약 제42조 8항은 '국내외 자동차 시장에서 판매 부진이 계속되어 공장 폐쇄가 불가피할 경우 해외 공장의 우선 폐쇄를 원칙으로 한다'고 돼 있다. 단체협약에 그런 조항이 있다는 사실 자체가 어처구니없는 일이다. 현대차 노조는 민주노총의 대표적 강성노조이다. 평균 연봉이 1억 원에 육박함에도 그들은 2012년 이후 7년 연속 파업했으며, 2018년에도 임금 인상을 요구하며 세 차례나 파업을 벌였다.

현대·기아차 같은 대기업 노동자 중심으로 결성된 민주노총은 하청기업 노동자와 비정규직과 1,500만에 달하는 노조에 가입하지 않은 노동자들에게 오히려 고통을 안겨주고 있다. 현대·기아차 근로자의 평균 연봉은 9,400만 원인 반면 1차 협력업체 근로자는 평균 4,900만 원, 2차 협력업체는 3,300만 원, 사내 하청 비정규직은 2,300만 원에 불과하다. 너무도 심각한 노동계의 '계급구조'다. 현대·기아차 노조는 그들의 이익을 위해 회사 내 비정규직과 하청업체 근로자들을 희생양으로 삼는다. 예를 들면, 현대차 노조는 노사협상에서 현대차 임금 인상을 100으로 타결할 때 하청업체는 80, 비정규직은 70의 비율로 적용하도록 함으로써 현대차 노조가 나머지 노동자들의 임금까지 통제하고 있는 것이다.

현대·기아차의 경쟁업체인 도요타자동차의 노조는 전투적 노조 연합체였던 전(全)일본자동차산별노조에서 탈퇴한 후부터 파업권을 아예 회사에 반납한 후 단 한 번도 파업을 하지 않아 '63년 무분규' 신화를 이어오고 있지만, 현대차 노조는 31년 동안 430회나 파업을 했다. 당시 도요타 노사는 노사관계를 '차의 두 바퀴'에 비유하며 '기업의 생산성 향상을 통한 근로자의 생활안정과 향상'이라는 노사선언을 발표한 바 있다. 이처럼 도요타 노조는 경영진 못지않게 회사를 먼저 걱정할 정도이다. 도요타가 2014년 전 세계 자동차 판매대수에서 70여 년 동안 부동의 1위였던 미국의 GM을 제칠 수 있었던 데는 안정적인 노사관계가 한 몫 했다.

만성적인 노조 파업으로 부진을 면치 못했던 한국GM은 2018년 5월 30일 군산공장을 폐쇄했다. 2,000여 명의 노동자들이 일자리를 잃었을 뿐 아니라 수백 개의 하청업체들도 폐업하게 되면서 군산경제는 직격탄을 맞았다. 한국GM이 3년 넘게 적자 행진을 계속하고 있었음에도 노조는 임금 인상과 성과급 등을 놓고 매년 파업을 벌였기 때문에 더 이상 군산공장을 유지할 수 없었던 것이다. 그런데 한국GM의 창원공장마저 막다른 골목으로 치닫고 있다.

현대차 같은 글로벌 기업은 경쟁력이 떨어지면 살아남을 수 없다. 현대차 노조 등 대기업 노조의 집단이기주의가 한국경제를 막다른 골목으로 몰아넣고 있다. 이 같은 강성 대기업 노조의 무리한 요구로 대기업과 중소기업 간 임금격차는 심화되었고, 그래서 구직자들은 중소기업을 외면하고 있는 것이다.

IV. 노동이 경제를 좌우하겠다는 것인가?

한국의 노사분규는 세계적으로 악명 높다. 에이미 잭슨 주한미국 상공회의소 대표는 "회사의 경영 상황에 상관없이 매년 월급이 무조건 올라야 한다고 생각하며 노사협상을 하는 나라는 한국뿐"이라 했다. 한국GM 사장이었던 세르지오 호샤도 "GM이 공장을 둔 세계 30개국 가운데 매년 임금교섭을 하는 곳은 한국이 유일하다"고 했다. 한국경영자총협회 김용근 부회장은 "지금 같은 노사관계가 지속되면 기업들이 다 해외로 떠날 것"이라며 한국 노조가 국제경쟁력에 대한 인식이 너무 부족하다고 한탄했다.

2018년 세계경제포럼(WEF)의 국가경쟁력 평가에서 한국은 140개국 중 노사협력(124위), 정리해고 비용(114위) 등, 최하위권이다. 세계경제포럼은 한국은 "선진국 중에서 유일하게 지난 10년간 노동 관련 지표가 계속 하락했다"고 지적하고, "노동시장의 낮은 효율성이 국가경쟁력 상승을 가로막는 만성적 요인"이라 했다. 또한 유럽 경영대학원 인시아드(INSEAD)와 다국적 인력서비스 기업 아데코(ADECCO)가 2019년 1월 21일 세계경제포럼 직전에 발표한 '2019 인적자원경쟁력지수(GTCI)'에서 한국의 노사협력 지수는 125개국 중에서 120위로 최하위권으로 나타났다. 노동경쟁력이 한국경제의 암적인 요소인 것이 분명하다.

그럼에도 문재인 정부 들어 '민주노총 공화국'이라 할 정도로 민주노총이 위세를 떨치고 있다. 집단이기주의를 노골적으로 표출하고 있고, 전국에서 수시로 시위나 파업을 벌이는 등 투쟁 방식도 공격적이다. 민주노총이 내세우는 '노동 약자' 보호는 허울뿐이다. 구직 청년들을 좌절시킨 고용세습 비리에 민주노총이 개입됐다는 의혹이 다수의 공기업에서 사실로 밝혀지고 있다. 한 회사에서 민주노총 소속 노조가 회사 측과 합의한 신입사원 채용 우선순위에 의하면, ①퇴직시기가 3년 남았거나 3년이 지난 민노총 조합원의 자녀, ②퇴직을 4년 앞둔 민노총 조합원의 자녀, ③민노총 조합원의 친인척과 지인 등의 순서로 정했다고 한다. 기회균등을 보장한 헌법과 법률에 어긋나는 일이 민주노총의 강요로 버젓이 벌어지고 있었지만, 정부는 이를 방치해왔던 것이다.

민주노총은 조합원 특별대우를 요구하며 관청이나 사무실을 점거 농성을 일삼았다. 민주노총 조합원 수는 전체 임금 노동자의 4%에 지나지 않지만 권력은 가히 무소불위다. 여기에는 민주노총을 정권창출의 지원군으로 여겨온 문재인 정부의 책임이 크다. 문재인 정부가 '노조하기 좋은 세상'을 만들겠다며 갖가지 친노동정책을 펴면서 민노총은 '막강한 권력' 집단으로 행세하고 있는 것이다.

강성노조의 빈번한 전투적 쟁의로 우리 대기업의 임금은 미국, 일본, 프랑스보다 훨씬 높은 것으로 나타났다. 노민선 중소기업연구원 연구위원은 2018년 11월 26일 경제사회노동위원회가 '양극화 해소와 일자리 창출'을 주제로 한 토론회에서 구매력 평가(PPP) 기준으로 계산했을 때 우리나라 500인 이상 대기업 직원은 2017년 기준 월 6,097달러를 벌어 미국(4,736달러), 일본(4,079달러) 프랑스(5,238달러)보다 많다고 밝혔다. 또한 우리나라의 대기업과 중소기업 간 임금 격차도 이들 선진국보다 더 컸다. 한국 대기업 직원 임금이 100원일 때 중소기업 직원은 57원에 그친 반면, 미국, 일본, 프랑스 등에선 그 비율이 69~73%였다.

한국은행의 「한국과 일본의 청년실업 비교분석 및 시사점」이라는 연구보고서는 대기업과 중소기업 간 임금 격차가 청년 실업의 주된 원인이라고 지적했다. 초봉도 높고 임금도 많이 오른다는 이유로 '오직 대기업'에만 들어가려는 청년들이 많아 청년 실업이 많다는 것이다. 민주노총으로 대표되는 대기업 노조가 전투적 쟁의로 임금 인상을 주도하면서 대기업만 연봉이 많이 오르기 때문에 대기업과 중소기업 간 임금격차가 계속 벌어진 것이다. 일본에서는 중소기업의 임금이 대기업의 80% 수준을 유지하고 있는데, 그것은 초봉도 대기업과 비슷하고 임금 인상률도 비슷하기 때문이다. 이에 비해 한국 중소기업의 평균 임금은 대기업의 55%에 불과한데, 그것은 대기업의 초봉이 높을 뿐 아니라 강성노조 때문에 대기업의 임금 인상률이 중소기업의 3.5배에 달하기 때문이다.

대기업은 임금이 지나치게 오르면 수출경쟁력을 유지하기 어렵기 때문에 하청업체에 납품 가격을 낮추도록 요구할 수밖에 없다. 그래서 하청기업은 임금을 인상할 여력도 없다. 결과적으로 대기업의 강성노조는 중소기업 노동자들을 희생시키고 있는 것이다. 이처럼 중소기업의 임금이 낮아 우수한 인재들이 외면하면서 중소기업은 발전하지 못한다. 2018년 1월에 열린 다보스포럼에서 한국의 낮은 노동생산성이 성장을 저해하는 요인으로 지적됐다. 특히 한국 중소기업 노동자의 생산성은 대기업의 30%에 불과하여 관련 통계가 있는 OECD 24개국 가운데 꼴찌였다.

한국에는 외국인 노동자가 수십만이 들어와 있다. 지방공단에서는 중소기업들이 일손 부족으로 어려움을 겪고 있다. 이런 상황에서 정부가 단기 아르바이트를 양산한다고 해서 일자리 문제가 해결되는 것이 아니다. 청년들은 대기업에 취업하려고 온갖 노력을 다하지만 선진국들에 비해 대기업 일자리가 크게 부족한 것이 문제다. 정부가 공정경제 또는 상생경제의 명분으로 골목상권 보호 등 대기업에 대한 규제를 강화하면서 대기업이 성장할 수 없기 때문에 젊은이들이 원하는 좋은 일자리는 증가하지 못하고 있는 것이다.

한국의 노동시장은 동맥경화에 걸려 있다. 정규직과 노동조합을 과보호하고 있고, 회사의 도산 직전까지 해고가 거의 불가능할 정도로 노동 관련 법과 제도가 경직되어 있을 뿐 아니라 문재인 정부가 강성 노조의 기득권까지 강화하고 있기 때문이다. 기업이 경기변동과 시장상황에 효과적으로 대응하려면 인력조정이 불가피하지만 현재의 노동 관련 법과 제도하에서는 해고할 수도 없다. 심지어 작업현장의 인력배치 변경조차 노조의 동의 없이는 할 수 없다.

한번 정규직이 되면 성과가 아무리 부진해도 해고가 불가능하다 보니 기업 내에서 비정규직이 정규직으로 올라가는 통로가 막혀 있다. 그래서 비정규직은 정규직으로 가는 '가교'가 아니라, 한번 비정규직이 되면 헤어나기 힘들다. 정부가 세금으로 임금 격차를 보전해주겠다는데도, 청년들이 중소기업과 비정규직 일자리를 외면하는 이유가 여기에 있다. 결국 노동개혁을 통해 노동시장의 잘못된 이중구조를 혁파하지 않는 한, 새로운 일자리를 만들어내고 경제활력을 회복하기 어려울 것이다.

2013년 정년연장법이 통과되면서 임금피크제가 도입됐지만 노동계의 반발로 시행되지 못하고 있다. 대법원은 "노조의 동의가 없더라도 임금피크제 도입을 위한 취업규칙 변경이 사회 통념상 합리적이라고 인정되면 예외적으로 효력을 인정한다"고 판결했다. 그러나 민주노총 등 노동계는 임금피크제 도입이 '일방적인 임금 삭감'이라며 강력 반발했다. 정년 연장으로 인건비 부담이 늘었음에도 기업은 노조의 반대로 임금피크제 도입 등 임금체계를 바꾸지 못하고 있다. 이처럼 노동시장의 경직성이 우리 경제의 발목을 잡고 있음에도 문재인 정부는 박근혜 정부가 노동개혁의 일환으로 추진했던 '쉬운 해고', '취업규칙 변경 완화'라는 양대 지침과 성과연봉제를 폐기하는 등 노동개혁에 역행하고 있다.

문재인 정부는 기업에 비정규직을 정규직으로 바꾸라는 압력을 가했다. 그러나 기업으로서는 저성과자에 대한 해고가 사실상 불가능하고, 노조의 반대로 취업규칙 변경을 통한 임금 삭감도 할 수 없기 때문에 정규직을 늘일 수도 없다. 노동시장의 유연성을 높이려면 정규직 노조에만 이중삼중으로 혜택이 돌아가고 있는 노동관련 법제를 개혁하지 않으면 안 된다.

V. '제2 한강의 기적'은 불가능한가?

그동안 한국 경제성장의 견인차 역할을 했던 중국이 이제는 가장 위협적인 경쟁자가 되고 있다. 한국의 주력 산업 대부분이 이미 중국의 '제조업 굴기'에 밀려 내일이 불투명하다. 디스플레이, 조선, 기계 산업은 이미 중국에 경쟁력 우위를 빼앗겼고, 휴대전화도 추월당하고 있다. 이대로 가면 자동차와 철강도 2~3년이면 중국에 뒤처질 것으로 보인다.

주력 산업 중에서 반도체는 압도적 세계 1위를 유지하고 있는 유일한 품목이다. 한국경제가 그나마 2~3%대 성장을 유지할 수 있는 것도 반도체 덕분이다. 반도체는 수출의 20%, 전체 기업 영업이익의 약 4분의 1, 설비 투자의 20%를 차지한다. 그런데 반도체 가격이 하락하면서 반도체 호황이 끝날 조짐이 보이고 있다. 2018년 들어 세계 반도체 가격이 18% 하락했으며, 2019년에도 그 추세는 계속되고 있다. 중국의 저가(低價) 반도체가 쏟아져 나온 2018년 말부터 우리 반도체는 큰 타격을 받고 있다. 중국 정부는 2025년까지 반도체 산업에 170조 원이라는 천문학적 규모의 자금을 투입하며 '반도체 굴기'에 나서고 있어 3~4년 뒤에는 한국을 따라잡을 것이 분명하지만, 우리 정부에는 반도체 산업을 지킬 전략도 의지도 보이지 않는다. 오히려 반도체 공장 정보를 공개하겠다고 했고, 나아가 삼성전자의 지배구조까지 흔들고 있다.

4차 산업혁명 시대가 열리고 있는 가운데 선진국들 간에 치열한 '기술전쟁'과 '산업전쟁'이 벌어지고 있다. 세계경제포럼의 클라우스 슈바프(Klaus Schwab) 회장은 앞으로 50년간 4차 산업혁명이 사회와 산업을 지배하게 될 것으로 전망한다. 4차 산업혁명은 초지능(superintelligence), 초연결(hyper connection), 대융합 등을 통해 놀라운 속도로 진화할 것이기 때문에 전통산업과 사회구조는 해체수준의 도전에 직면하게 된다는 것이다. 따라서 4차 산업혁명의 승자가 되느냐 아니냐는 나라의 운명까지 좌우하게 된다.

그런데 분명한 것은 미국은 물론 이웃나라인 일본과 중국이 4차 산업혁명에서 강력한 선두주자라는 사실이다. 이미 중국의 야심적인 '중국제조 2025계획'에 따라 차세대 IT, 자동차, 첨단장비, 첨단소재, 바이오 등을 전략업종으로 지정하여 적극 육성하고 있다. 한국이 4차 산업혁명에서 승자가 되기 위해서는 모든 면에서 혁신이 필수적이다. 과연 정치권과 정부는 4차 산업혁명을 이끌어갈 비전과 역량이 있는지, 기업은 물론 과학기술계와 교육계도 4차 산업혁명을 감당할 준비를 하고 있는지 의문이다.

＊ ＊ ＊ ＊ ＊

박정희 정부가 성공한 이유는 무엇이며, 덩샤오핑 이래 중국경제가 승승장구하고 있는 이유는 무엇인가? 그것은 정부가 명확하고 일관된 비전을 제시하고, 수립한 정책을 적극적이면서 지속적으로 추진한 데 있다. 그런데 지난 30년 동안 우리의 경제정책은 5년 시한부 정책이었다. 뿐만 아니라 정권을 가리지 않고 이상론에 치우쳐 정부가 무분별하게 시장에 개입하고 규제를 남발하면서 경제는 오히려 뒷걸음질쳐왔다. 더구나 지금은 3류 정부와 4류 정치가 1류 기업들의 고삐를 조이고 있는 실정이다.

2019년 2월 말 한국갤럽이 문재인 정부 정책에 대한 여론조사에서 경제정책과 고용·노동정책에 대해 "잘못한다"가 각각 61%와 59%로 나타났지만, 그럼에도 문 대통령은 여전히 "우리 경제는 건실한 흐름을 유지하고 있다"고 낙관하고 있다. 정부의 관심이 온통 다른 곳에 가 있기 때문이다. 경제가 무너지면 모든 것이 무너진다. 지정학적 환경이 급변하고 4차 산업혁명의 본격화로 국가 생존력과 산업 경쟁력의 근간이 흔들리고 있다. '21세기 패권경쟁은 경제전쟁'이라고 한다. 각국 지도자들은 앞 다퉈 자국 기업의 경쟁력 강화에 모든 노력을 다하고 있지만, 한국만 이 같은 추세에 역행하여 반시장·반기업 정책으로 기업 경쟁력을 더욱 후퇴하게 만들고 있다.

지금은 당리당략을 버리고 국가비상사태에 대응하는 차원에서 새로운 성장 동력을 발굴하는 등 국가경제 회생전략을 마련해야 한다. 여기에는 노동개혁과 규제철폐가 선행되어야 한다. 우리는 최악의 상황에서도 기적을 이룩한 불사조같은 국민이다. 과거보다 훨씬 좋은 조건에 있는 우리가 다시 한번 떨쳐 일어나 우수한 우리 국민의 위대한 저력을 결집한다면 '제2의 경제기적'은 가능할 것으로 확신한다. 문제는 강성노조를 최대 지지세력으로 삼고 있는 문재인 정부하에서 그것이 가능할지 의문이다.

제**4**장

포퓰리즘,
남의 나라 일인가?

국민을 위한다며 추진되는 현금성 포퓰리즘 정책은 마약 같
은 것이다. 마약에 한번 중독되면 헤어 나오기 힘들 듯이 포
퓰리즘에 중독된 사람들은 계속 그것을 원한다.

분배를 개선하고 복지를 확대하는 것은 좋은 일
이지만, 그것은 어디까지나 경제력이 감당할 수 있
어야 하고, 몇십 년 후에도 지속 가능해야 한다. 그
런데 문재인 정부가 국가재정으로 감당키 어려운
복지 확대에 나서면서 한국도 포퓰리즘(populism)
으로 곤경에 빠진 나라들의 전철을 밟지 않을까 하
는 우려가 커지고 있다. 그리스 철학자 플라톤은
"어떤 정부든 기본 원칙이 지나치게 적용되면 파멸
되고 만다. 민주주의도 그 기본 원칙인 평등을 남용
하면 스스로 무너지고 만다"고 경고한 바 있다.

I. 국가가 모든 것을 책임질 수 있는가?

'요람에서 무덤까지'는 1945년 집권한 영국 노동당의 복지정책을 상징하는 구호였다. '(국민이) 필요한 모든 것을 즉시 가지게 할 것'이라 한 것은 1940년대 후반 아르헨티나의 후안 페론 대통령의 구호였다. '국민이 원하는 것은 무엇이든 해준다'는 공약은 1981년 총리가 된 그리스의 파판드레우의 슬로건이었다. 그런데 문재인 대통령은 취임 당시 '내 삶을 책임지는 국가'라는 국정목표를 내세웠고, 2018년 9월 6일 열린 국가전략회의에서는 '국민의 전 생애를 국가가 책임진다'는 포용국가론을 발표했다. 모두 비슷한 좌파 포퓰리즘 구호다.

'요람에서 무덤까지'라는 영국 노동당 정부의 포괄적 복지정책은 유럽 여러 나라로 확산되어 유럽식 사회복지의 모델이 되었다. 그러나 영국은 노동당 정권에 의한 친(親)노동정책과 과도한 복지정책으로 '영국병'에 시달렸으며, 이를 치유하기 위해 대처 총리가 1980년대 들어 과감한 개혁을 단행했던 것이다. 최근 유럽 각국에서도 '영국병'과 비슷한 현상에 직면하면서 경쟁적으로 복지정책을 수술대에 올려놓고 있다. 즉, 임금 감축, 연금수령 개시연령 상향 조정, 노동시간 연장, 건강보험 및 연금 감축 등 모든 복지혜택을 과감히 줄이고 있다. 중남미 각국에서도 반세기에 걸친 좌파 포퓰리즘 정권이 몰락하고 우파정권이 들어섰다.

포퓰리즘은 국가와 사회의 기반을 갉아먹는 일임에도 중독성이 강하다. 특히 국가공동체 의식이 희박하고 개인주의와 집단이기주의가 만연된 나라일수록 포퓰리즘에 쉽게 빠져든다. 나에게 혜택이 있다면 국가재정이 바닥나더라도 그건 내가 염려할 바가 아니라고 생각하기 때문이다.

미국 독립선언문이 국민에게 보장한 것은 행복을 누릴 권리가 아니라 행복을 추구할 권리였다. 이 선언문을 기초한 토머스 제퍼슨 (Thomas Jefferson)은 국민의 행복은 국가가 보장할 수 있는 것이 아니라고 확신했다. 왜냐하면 국가가 모든 것을 책임지겠다고 하면 국가가 모든 것을 좌지우지하게 되고 결국 국민의 자유를 제약하게 되기 때문이다. 공산주의 국가도 실제로는 모든 것을 해결하려고 하면서 철저한 독재체제가 되었을 뿐 아니라 결국 참담한 실패로 끝나고 말았다.

포퓰리즘이란 대중의 단기적 인기에 영합하는 정책노선을 의미한다. 포퓰리즘 정권의 공격 대상은 주로 기득권 또는 엘리트층이다. 국민의 인기를 얻으려는 노력은 민주정치의 본질이기 때문에 포퓰리즘이 나쁜 것이 아니라는 주장도 있다. 그렇지만 포퓰리즘은 국가발전의 중심 역할을 해온 엘리트층에 적대적이고, 또한 국가의 재정여건을 고려하지 않고 선심성 정책을 남발하기 때문에 국가를 쇠퇴하게 만든다.

II. 포퓰리즘으로 쇠퇴한 나라들

2차 대전 이후 최근까지 좌파 포퓰리즘으로 파탄에 빠진 나라들이 여럿 있다. 한국이 그 같은 포퓰리즘의 늪에 빠지지 않도록 하기 위해 아르헨티나, 베네수엘라, 그리스 등 포퓰리즘으로 곤경에 처해 있는 나라들의 사례를 살펴보기로 한다.

▌20여 차례 IMF 구제금융을 받은 아르헨티나

아르헨티나는 지난 수십 년간 국제통화기금(IMF)의 구제금융을 20번이나 받은 IMF 단골이다. 그 나라 국민들이 겪었을 고통이 어느 정도였을지 우리의 경험을 되돌아보자.

한국은 1997년~1998년 외환위기 당시 IMF로부터 570억 달러의 구제금융을 받았지만, 그 후유증은 너무도 심각하여 지금까지도 그 여파가 지속되고 있다. 당시 30개 재벌그룹 중 한보, 삼미, 진로, 기아 등 16개가 무너졌고 3,000여 개의 중소기업이 도산하면서 대량해고 사태를 초래했다. 5개의 부실은행이 폐쇄되면서 전체 은행직원의 3분의 1이 일자리를 잃었고, 30개의 종금사가 9개로 통폐합되었고, 50개의 보험사 중 13개의 인가가 취소되었다. 단기간에 직장을 잃었던 사람이 200만이 넘었다.

산업시설 가동률은 65%로 주저앉았고, 이로 인해 1998년의 경제성장률은 마이너스 6.9%였다. 1만 달러가 넘었던 1인당 국민소득은 6,800달러로 추락하여 과거 8년간의 국민적 노력이 물거품처럼 사라졌다. 30여 년에 걸쳐 형성된 중산층이 단숨에 무너지고, 이로 인해 비정규직 근로자가 양산되고 경제의 양극화 현상이 심화되면서 정치사회적 갈등이 심각했다. 그런데 아르헨티나에서는 한국의 1997년~1998년과 비슷한 위기가 지난 70년 가까이 간헐적으로 계속돼온 것이다.

2018년 9월, 경제위기를 겪고 있는 아르헨티나는 온갖 시위로 몸살을 잃았다. 시위 주체는 트럭 운전사부터 대두박(大豆粕, soybean) 공장 노동자까지 다양했지만, 공무원이 절반을 넘었다. 2017년 6월부터 1년간 일어난 시위 462건 가운데 공무원들이 벌인 시위는 절반이 넘는 254건(54.9%)이었다. 9월 5일 국공립 병원 종사자 수천 명이 보건부 청사를 에워쌌다. 보건부를 국(局) 단위로 축소해 사회개발부로 통합하는 개혁에 반대한 것이다. 노동부 직원 수백 명도 노동부 청사를 인간띠로 에워쌌다. 다른 부처 공무원들도 개혁에 반대하는 시위에 나섰다. 모두가 IMF가 구제금융 조건으로 실시하고 있던 정부의 긴축 정책에 반대하고 있었다.

아르헨티나 경제는 2018년 초부터 혼란에 빠졌다. 물가가 40%나 치솟고 페소화 가치는 연초보다 50% 급락했다. 중앙은행이 기준금리를 60%까지 올렸지만 외국 자본의 이탈을 막는 데 역부족이었다. 아르헨티나는 2001년 금융 위기로 IMF 구제금융을 받아 2006년에 졸업했지만 10년 만인 2016년 또다시 IMF로부터 570억 달러의 구제금융을 받아야 했다. 구제금융을 받는 조건으로 정부 부처 19개를 11개로 통폐합하고 공무원도 대대적으로 감축하고 재정지출도 27% 줄이고 복지도 획기적으로 감축해야 했다.

공무원 문제는 아르헨티나 부도 위기의 핵심 요인이다. 2003년부터 12년간 키르치네르(Kirchner) 부부가 연이어 집권하는 동안 세금을 쏟아부어 경기 부양을 시도하고 복지를 확대했다. '공공 일자리 창출' 정책의 일환으로 공무원 수를 12년 간 230만에서 390만으로 증가시켰다. 그 결과 전체 일자리 중에서 공공부문이 차지하는 비중도 26%에 달했다. 취업자 4명 중 1명이 공무원이란 얘기다. 일하지 않고 월급만 타가는 유령 공무원들에게 준 세금이 매년 200억 달러에 달했다.

키르치네르 정부는 전기, 가스, 수도 요금에도 보조금을 대폭 확대했고, 대중교통 등 공공 서비스 분야 민간기업에 대한 보조금도 5배로 늘렸다. 복지 지출도 급속히 확대됐다. 연금 수급 기준도 낮춰 360만이던 연금 수급자를 800만으로 급증시켰다. 18세 미만 청소년 360만 명에게 수당을 지급했고, 공립학교 학생들에게 노트북 컴퓨터 500만 대를 공짜로 줬다. 이 같은 포퓰리즘 정책으로 좌파정부는 12년 집권에 성공했지만 나라는 파탄에 빠졌다. 세금만으로 선심을 쓰는 것이 한계에 달하자 돈을 마구 찍어내 풀었지만 물가가 치솟았다. 물가급등으로 국민들이 아우성치자 정부는 물가상승률이 10% 정도에 불과하다고 통계까지 조작했다. 통계와 현실 차이를 숨기기 어렵게 되자 정부는 일부 통계의 발표를 중단했고, 그래서 아무도 정부를 믿지 않았다.

20세기 초 프랑스, 독일보다 더 잘 살았던 아르헨티나가 단기간에 3류 국가로 전락하게 된 계기는 후안 페론(Juan Peron)의 좌파 포퓰리즘 때문이다. 1940년대 초만 하더라도 아르헨티나는 비옥한 땅과 풍부한 자원에 힘입어 세계 다섯 번째 부유한 나라로 꼽히며 미국과 경쟁할 정도였다. 그런데 1946년 후안 페론이 집권한 이래 나라가 급속히 기울었다. 그는 대중들의 마음을 사로잡는 방법을 잘 알고 있었다. "외국자본 추방", "자립경제 건설" 같은 구호를 내건 가운데 '외부의 적'을 만들어내 모든 국내 문제의 책임을 외부의 적에게 전가하면서 단호히 대항하겠다고 함으로써 열렬한 지지를 받았다. 그는 정의(justice)를 핵심가치로 삼으며 자신의 정치이념은 "정의주의(正義主義, Justicialismo)"라 했다. 자신은 항상 정의의 편이며 자신이 추구하는 정책은 정의로운 것이라고 주장했다. 정의와 공정을 강조했다는 점에서 문재인 대통령도 페론과 유사한 면이 없지 않다.

페론은 국민들에게 "필요한 모든 것을 즉시 가지게 할 것"이라 약속했다. 그는 노동자들에게 매년 20% 이상의 임금인상을 해주고 모든 노동자들이 유급휴가를 즐기게 하면서도 매년 한 달 치 임금을 더 받도록 했고, 노동단체에도 전례 없는 각종 혜택을 베풀었다. 노동, 교육, 의료, 주거 등 모든 분야에서 무분별한 복지정책을 확대했지만, 문제는 그것을 감당할 재정능력이 없었다는 데 있다. 자립경제 건설을 내세우며 기간산업을 모조리 국유화했고, 일자리를 창출한다며 공무원과 국영기업과 공공기관의 인원을 30~50% 정도 늘렸기 때문이다.

페론 집권 6년 만에 그 이전에 쌓아두었던 외화(外貨)가 바닥났다. 외국자본 추방 방침에 따라 외국기업과 외국자본은 철수했고, 주요 기업을 국유화한 후 경험과 능력이 없는 측근들에 맡겼기 때문에 국영기업들은 부실경영으로 심각한 경영난에 빠지면서 국가경제가 파탄에 빠졌다. 침체된 경제에서 세금을 걷기도 어려웠지만 한번 풀어놓은 복지를 거둬들일 수는 없었다. 필요한 것이면 무엇이든 다 주겠다고 약속했기 때문에 국민들은 온갖 것을 요구했다. 페론은 '국가의 미래'보다는 '당장의 인기'만을 의식했기 때문에 복지정책을 지속하기 위해 돈을 마구 찍어내 풀었다. 이로 인해 엄청난 물가폭등이 일어났고 서민들은 못살겠다고 아우성치며 거리로 몰려 나왔다. 1946년부터 10년간 집권하는 동안 페론은 아르헨티나를 파멸에 빠뜨렸을 뿐 아니라 국민성까지 타락시켰던 것이다.

그 후 아르헨티나는 페론 시대의 향수에서 벗어나지 못했다. 가장 대표적인 예는 1989년 20,000%라는 살인적 물가상승이다. 그 와중에 페론주의자임을 자처한 카를로스 메넴이 집권했고, 뒤이어 1,000억 달러 규모의 대외부채에 대해 채무불이행 선언, 즉 국가부도를 선언하기도 했다.

　3년 전 집권한 우파의 마우리시오 마크리(Mauricio Macri) 대통령이 IMF의 요구에 따라 정부 규모를 절반으로 줄이고, 방만한 복지지출을 줄이려는 개혁에 나섰지만 국민과 강성 노조의 강력한 반발에 직면한 것이다. 이로 인해 정부가 개혁 속도를 늦추자 이번엔 외국 투자자들이 탈출하는 사태가 벌어지는 등 진퇴양난이다. 이처럼 한번 포퓰리즘의 늪에 빠지면 헤어나기 어렵게 된다.

▌희망의 땅에서 절망의 땅으로 변한 베네수엘라

　베네수엘라는 한 때 1인당 소득 세계 4위를 자랑했을 정도로 풍요와 희망의 땅이었지만 차베스와 마두로의 좌파 포퓰리즘 정책으로 20년도 못돼 절망의 나라로 곤두박질쳤다. 비현실적인 이념을 가진 지도자들이 단기간에 나라를 망친 생생한 증거다.

　인구는 3,000만에 불과하지만 세계 최대의 원유 매장량, 세계 4위의 천연가스 매장량, 세계 10위의 철광석 매장량 등 세계적 자원부국이고, 세계 5위의 석유 수출국이다. 무척 아름다운 나라이고 미인이 많기로도 유명하다. 1980년대 초까지만 해도 이 나라는 중남미의 모범국가였다. 경제적으로 풍요로웠으며, 다른 라틴 아메리카 국가들에서 군부 쿠데타가 빈발하는 등 정치사회적으로 혼란을 거듭했지만, 베네수엘라는 안정된 민주주의를 구가하고 있었다. 그런데 1980년 전후로 배럴당 35달러이던 원유 가격이 80년대 중반 10달러 내외로 폭락하여 심각한 경제난에 직면하게 되면서 90년대 내내 정치사회적 혼란이 계속되고 민생이 도탄에 빠졌다.

　이런 가운데 '민중의 대통령'이 되겠다는 선동적인 포퓰리즘 구호를 내세운 우고 차베스(Hugo Chávez)가 1998년 말 당선됐다. 그는 대내적으로 자본가들로부터 민중을 해방시키고, 대외적으로 미국 등 자본 제국주의로부터 독립시키는 것이 목표라고 하면서 자신의 정책을 '21세기 사회주의'라 했다. 그의 포퓰리즘은 그의 사회주의 독재를 위한 방편이었기 때문에 포퓰리즘 정책과 권력집중은 동전의 양면이었다. 그는 '사회주의 혁명'을 위해 압도적 지지가 필요했고, 이를 위해 서민층을 대상으로 선심성 정책을 남발하는 동시에 기존 정치인, 기업인, 부유층 등 기득권 세력에 대한 적개심을 고취하는 방식으로 대통령선거와 국민투표에서 압승했고, 그 같은 반대세력 탄압과 대중 선동정치로 1년도 못 돼 행정부는 물론 입법부와 사법부까지 완전히 장악했다.

차베스는 취임 직후 '사회혁명'을 위해 썩어빠진 국가시스템을 근본적으로 뜯어고치겠다며 위헌이라는 각계 주장을 묵살하고 새로운 헌법 제정을 위한 비상기구인 제헌의회 구성을 밀어붙였다. 기득권 세력을 대대적으로 비난하고 주요 야당 정치인들을 투옥하는 등, 적폐청산 캠페인으로 공포 분위기를 조성한 가운데 취임 두 달 만인 4월, 제헌의회 의원 선거 실시 여부를 국민투표에 회부하여 통과시켰고, 뒤이어 7월에 실시된 제헌의회 의원 선거에서 집권세력 연합이 전체 131석 중 95%인 120석을 차지했다.

제헌의회가 구성되자마자 차베스는 기존 의회와 대법원을 해체해야 한다고 선동했다. 이에 따라 제헌의회는 8월부터 헌법 개정의 정지작업으로 '초법적 조치'들을 강행했다. 즉 8월 19일에는 '사법 비상사태'를 선언한 후 판사 해고권과 법원 조사권을 제헌의회에 부여하는 결의안을 통과시켜 사법부를 무력화했다. 혼란과 공포 분위기에 휩싸인 가운데 대법관들은 8 : 6으로 제헌의회의 조치가 합법이라 판결했고, 이에 대법원장은 "법원은 죽었다"면서 사임했다. 곧이어 190여 명의 판사들이 부패혐의 등으로 제거됐다. 2004년에는 대법원판사를 20명에서 32명으로 증가시킨 후 친(親)차베스 인사들을 대거 앉히면서 사법부를 완전히 장악했다.

또한 제헌의회는 8월 25일 '입법 비상사태'를 결의한 후 법안 심의·의결권 등 의회의 고유 권한을 제헌의회의 권한으로 규정하고 기존 의회는 예산감독 등 극히 제한된 권리만 허용하여 의회는 무력화됐다. 이에 반발한 야당 정치인들이 회의 소집을 위해 의사당 진입을 시도했으나 경찰과 차베스 지지세력에 의해 저지당했다.

제헌의회가 마련한 개헌안이 12월 국민투표로 확정되면서 '제5공화국'이 출범했다. 새 헌법은 대통령 임기를 6년으로 늘리고 연임 가능토록 했으며, 대통령에게 의회 해산권, 입법권, 언론 통제권을 부여하는 등 대통령 권한을 대폭 강화했다. 또한 양원제였던 의회를 단원제로 바꾸었고, 참여 민주주의 구호 아래 직접 민주주의 요소도 강화했다. 또한 중앙정부의 권력은 3권(權)에서 5권으로 바뀌었다. 즉 입법부, 사법부, 행정부 외에 선거부와 시민부가 추가됐다. 선거부는 선거를 관리하는 부서이고, 시민부는 공직부패를 감시하는 '특별검찰기구'였다. 이로써 차베스는 선거관리 업무까지도 장악하게 됐다. 새 헌법에 따라 치러진 2000년 대선에서 차베스는 제5공화국의 대통령으로 당선됐고, 동시에 치러진 총선과 지방선거에서도 집권세력이 압승했다. 이처럼 차베스는 국민투표라는 직접 민주주의 방식으로 단기간에 민주체제를 사회주의 독재체제로 전환하는 데 성공했다. 그는 사회정의 구현을 위한 포괄적인 개혁을 위해 이 같은 체제 변화가 필수적이라고 주장했다.

차베스는 입만 열면 평등사회를 만들겠다며 부유층과 엘리트를 공격하고 가난한 자들에게 온갖 복지정책을 베풀어 민중의 환심을 샀다. 그는 미국, 자본주의, 대기업을 3대 적으로 몰아 경제난의 책임을 전가하며 그들에 대한 분노를 불러일으켰고, 미 제국주의 축출을 부르짖으며 반미시위를 부추기는 동시에 '반미 동맹'을 결성한다며 쿠바, 니카라과, 콜롬비아 등 중남미 반미 국가들에게 석유를 반값에 제공했다. 대기업은 민중을 착취하는 악(惡)이라며, 석유, 전력, 통신, 은행, 철강 등 주요 산업을 국유화하고 경험과 능력이 없는 측근들에게 이러한 산업을 관리하도록 했기 때문에 경제파탄이 불가피했다. 다국적 기업들도 몰수당하면서 외국계 자본은 물론 대다수 기업인들과 기술자들이 해외로 탈출하면서 제조업 기반이 완전히 붕괴됐다.

소유주가 불분명한 토지는 수용했고 다국적 회사들이 소유했던 엄청난 규모의 토지들도 강제로 수용하여 빈민들에게 나누어 주었고, 파산된 기업이나 가동하지 않는 공장들도 수용하여 노동자단체가 운영하는 협동조합형 기업으로 만들었으며, 2006년에는 협동조합형 기업이 15만 3,000개에 달했다. 자본이 해외로 도피하고 외환 보유고가 급감하여 경제난이 심각해지자 차베스 정부는 대부분의 생필품 가격과 외환을 통제하는 등 반시장정책을 노골화했다. 이로 인해 필요한 물자를 수입할 수 없었고 생산자들도 생산을 기피했기 때문에 심각한 생필품 부족을 초래했다. 차베스는 노동자는 근본적으로 선(善)하다고 보고, 모든 문제를 자본가와 노동자 간의 대립 차원에서 인식했다. 두 계급 간의 불평등을 해소하고 나아가 평등사회를 만들기 위해 차베스 정부는 경제활동에 적극 개입하고 통제했다. 노동자를 위한다면서 해고가 불가능한 노동법을 제정했고, 이로 인해 베네수엘라의 국가경쟁력은 세계 최하위 수준으로 추락했다.

차베스는 14년의 재임 기간 중 석유산업을 국영화하여 거둬들인 1조 달러 내외의 막대한 자금을 '볼리바르 과제(Bolivarian Missions)'로 알려진 광범위한 복지정책에 투입했다. 즉 최저임금 인상, 무상교육, 무상의료, 저소득층에 대한 식료품 보조금 지급, 각종 연금제도 도입 등에 쏟아부었지만, 신산업과 성장 동력 개발에는 무관심했다. 그래서 식품 의약품 등 모든 생필품은 수입에 의존했다. 가난한 사람들을 위해 전국에 16,600개의 공공 슈퍼마켓을 설치하여 식료품과 생필품을 무상 또는 원가보다 훨씬 싼 가격으로 제공했고, 6,000개의 공공 급식소(soup kitchen)도 설치 운영했다. 이처럼 수요공급 원칙을 무시하고 식품과 생필품을 싼 값으로 제공하면서 제조업이 도태되어 심각한 물자 부족 사태로 이어졌다. 치약, 비누, 기저귀, 식용유 등 생필품을 구입하기 어려웠다. 또한 차베스 정부는 300만 채의 임대주택을 건설하여 극빈층에는 무상으로, 서민층에는 저렴한 가격으로 공급했다. 일자리를 늘린다며 공무원을 대대적으로 늘렸을 뿐 아니라 교육진흥의 명분 아래 교사를 6만 5,000만에서 35만으로 6배 정도 증원했다. 동시에 차베스 정부는 '참여 민주주의'라는 명분 아래 30,000개의 마을평의회(community council)를 조직하고 그 운영을 지원했다.

그래서 서민들은 열광했다. 수십만이 거리로 몰려나와 '차베스'를 외쳤고, 그의 지지도는 90%를 오르내렸다. 이 같은 정책들이 가능했던 것은 차베스 취임 당시 배럴당 13달러였던 국제원유 가격이 그의 재임 기간 중 150달러 내외로 치솟았기 때문이다. 차베스 지지자들은 차베스 치하의 베네수엘라를 '21세기 사회주의 모범국가'라고 칭송했다. 정부 재정의 60% 정도를 복지정책에 쏟아부었지만 이 같은 정책이 파탄나는 것은 시간 문제였다.

2013년 3월 차베스가 사망하고 니콜라스 마두로(Nicolas Maduro)가 권력을 승계했지만, 베네수엘라는 이미 깊은 수렁에 빠져 있었다. 그럼에도 마두로는 "경제 악화는 미국과 자본가, 기득권 세력의 책임"이라는 차베스의 주장을 되풀이하며 차베스의 방만한 포퓰리즘 정책을 계속했다. 그런데 뒤이은 원유 가격 폭락은 직격탄이었다. 2015년 배럴당 150달러를 오르내리던 유가가 2016년에는 25달러까지 폭락했다. 원유 수출이 총 수출의 95%, 재정 수입의 50% 이상을 차지하고 있었기 때문에 베네수엘라는 순식간에 공황상태에 빠졌다. 정부가 화폐를 무한대로 찍어내 복지정책을 지탱하려 하면서 감당 못할 물가폭등을 초래했다. 2017년의 소비자물가 상승률은 4만 6,305%였고, 2018년의 물가상승률은 170만%나 되어, 대략 18일마다 물가가 2배로 올랐다. IMF는 2019년 베네수엘라의 물가상승률이 1천만%에 달할 것으로 전망하고 있다. 지난 4년간의 경제성장률은 -6%, -16%, -14%, -18%에 달해 국민총생산(GDP)이 절반 이하로 줄어들었다. 2017년 말 국가부채는 1,500억 달러를 넘었지만 외환보유고는 100억 달러에 불과했다.

2012년의 빈곤율은 25%였지만 2015년에는 73%로 치솟았으며, 2018년 유엔 보고서는 베네수엘라 국민 94%를 빈곤층으로 분류했다. 노인들은 18개월 이상 연금을 받지 못하고 있고, 연금을 받았더라도 물가폭등으로 식량을 살 수도 없고, 몸이 아파도 약품을 구할 수 없다. 말라리아와 결핵 환자가 급증하고 의약품이 부족하여 많은 사람이 질병으로 고통을 겪고 있다. 최근 유엔 보고서는 "베네수엘라 국민이 가장 기본적인 치안 및 의료 서비스는 물론 의약품, 물, 전기조차 제대로 공급받지 못하고 있다"며 "국민의 24%인 700만 명은 긴급 구호가 없으면 생존이 위협받는 상황"이라 했다.

경제가 파탄나자 핵심 지지층이던 빈곤층마저 못살겠다며 격렬한 반정부 시위에 나섰고, 많은 사람들이 나라를 버리고 다른 나라로 탈출했으며, 20만여 명의 젊은 여성들이 돈을 벌기 위해 스페인으로 몰려갔고 그들 중 대다수는 매춘에 종사하고 있는 비참한 현실이다. 극심한 식량난 때문에 2017년 베네수엘라 전체 국민의 몸무게가 평균 11kg이나 줄었다. 생지옥이 따로 없다. 베네수엘라의 고통지수(misery index)는 159.7로 세계에서 가장 높으며, 2위인 아르헨티나(39.9)의 4배나 된다. 유엔 자료에 따르면, 극심한 경제난으로 2015년부터 2018년 말까지 약 530만 명이 국외로 도피했다. 이는 인구의 17%이며, 이 중 130만이 영양실조 상태라 한다.

다수 국민은 속았다는 것을 깨닫기 시작했다. 그래서 2015년 12월에 실시된 총선에서 야당 연합이 의석의 3분의 2를 차지했기 때문이다. 그렇지만 마두로는 현실을 인정하지 않았다. 2018년 5월에 실시된 대통령선거에서 마두로는 야당 지도자들을 가택 연금하거나 투옥하고 언론을 통제한 가운데 당선되어 2019년 초 취임했지만, 국내외에서 부정선거였다며 대통령으로 인정하지 않고 있다. 최근에는 마두로 퇴진을 요구하는 시위대에 발포하는 등 유혈사태가 계속되고 있다. 베네수엘라는 전쟁 없이 포퓰리즘과 사회주의 독재로 몰락한 21세기 최악의 사례로 꼽히고 있다. 지도자를 잘못 만나면 나라와 국민이 절망의 늪으로 빠지게 된다는 교훈을 말해주고 있다.

남미의 베네치아가 처참한 거지의 나라로 추락하는 데 채 20년도 걸리지 않았다. 차베스와 마두로가 반미·반자본·민중이라는 시대착오적 사회주의 이념에 도취되어 나라를 망가뜨린 것이다. 공짜복지의 달콤한 맛에 한번 중독된 사람들은 금단현상 때문에 다른 길로 가길 거부하기 때문에 최악의 상황으로 빠지게 된다. 뻔히 알면서도 망국의 길로 달려간 것이다. 참으로 무서운 일이다. 베네수엘라의 몰락은 포퓰리즘의 말로가 얼마나 끔찍한 것인가를 보여주고 있다.

그럼에도 차베스는 한국의 진보세력에 추앙받는 지도자로 떠올랐다. 차베스는 김대중 정부 당시인 1999년 한국을 국빈 방문한 바 있지만 노무현 정부 당시에는 '차베스 붐'이 불기까지 했다. 서강대 손호철 교수는 2004년 12월 베네수엘라에서 열린 '인류 지키기 세계대회'에 참가하여 차베스의 연설을 듣고 귀국한 후 쓴 감상문에서 차베스가 "신자유주의적 세계화에 저항하는 볼리바르 혁명을 야심차게 추진하고 있다"면서 여러 면에서 노무현과 차베스는 비슷한 점이 많지만, "미국식 신자유주의를 추종하고 있는 노 대통령과는 전혀 다른 방향으로 나아가고 있다"고 차베스를 높이 평가했다.

2006년 초 노무현 대통령이 미국과의 자유무역협정 체결을 위한 협상을 본격화하겠다고 선언하자, 신자유주의의 중심국가인 미국과의 자유무역협상 찬반을 둘러싸고 보수와 진보가 첨예하게 대립했다. 성공회대 조희연 교수는 「오마이뉴스」와의 인터뷰에서 "노무현 대통령이 차베스 대통령에게 배울 점이 있다"고 하면서 차베스가 신자유주의 경제정책 대신 진보적 사회경제정책을 끝까지 추진하고 있는 데 대해 높게 평가했다. 이러한 가운데 그해 2월 미국 워싱턴포스트는 노무현 대통령이 반미노선을 노골화하고 가진 자와 못가진 자로 나누어 대결구도로 몰고 가는 포퓰리즘에서 차베스와 닮았다고 보도하면서 한국 내 신자유주의를 둘러싼 논쟁이 달아올랐다.

이와 관련하여 KBS는 '신자유주의를 넘어서, 차베스의 도전'이라는 특집을 통해 차베스의 좌파 포퓰리즘과 반미주의에서 한국이 배워야 한다는 메시지를 내보냈다. 한겨레신문이 발간하는 『한겨레

21』은 그해 3월 '베네수엘라 국민에게 길을 묻자'라는 토론 결과를 게재했는데, '차베스 대통령에 대한 관심이 거의 '열풍' 수준이라며, 한미FTA 협상에 나선 노무현 대통령에게 실망한 사람들이 차베스로부터 희망을 발견하고 있다'고 했다. 토론 참가자들은 공산주의 붕괴 이후 진보진영은 뚜렷한 대안모델이 없었는데 차베스는 신자유주의 물결을 정면으로 거슬러 주요산업을 국유화하는 한편, 시장 중심이 아닌 사회적 연대를 중시하는 경제체제를 실험하고 있고, 정치적으로도 참여 민주주의를 대폭 도입하고 있다고 높이 평가했다. 당시 좌파 인사들은 앞 다투어 차베스를 찬양하는 글을 언론에 기고했으며, 그중에는 차베스를 '미 제국주의와 자본주의에서 민중을 해방시키고 있는 위대한 혁명가'로 치켜세우기도 했다. 『차베스, 미국과 맞짱 뜨다』, 『민중의 호민관 차베스』, 『베네수엘라, 혁명의 역사를 다시 쓰다』 등 차베스를 찬양하는 책들도 쏟아져 나왔고, '한국사회의 개혁, 그리고 차베스'란 만화도 인기를 모았다.

2007년 민주노동당 주최 대통령선거전략 토론회에서 조희연 성공회대 교수는 "민중주의 전략으로 성과를 거둔 차베스를 배워야 한다"고 주장했다. 같은 해 '한국사회포럼'이 한미 자유무역협정 반대를 위한 토론회를 열었는데, 이 포럼의 조직위원장 김상곤 한신대 교수는 차베스의 업적을 소개하는 영상자료를 상영했다. 이 포럼은 손호철, 김상곤, 조희연 등 대표적 좌파 인사들이 주도했으며, 참여연대, 교수노조, 민주노총 등 주요 진보단체들이 참여했다. 김상곤은 2008년 '전태일을 따르는 사이버노동대학' 총장 시절 베네수엘라를 방문한 바 있다.

이들 진보학자들의 자문을 받고 있는 문재인 대통령의 노선이 차베스의 노선과 유사한 것은 우연이라 보기 어렵다. 선진국에 가까운 나라가 3류 사회주의 국가를 모델로 삼았다는 것을 생각하면 한심한 생각이 든다.

▌선진국이던 그리스의 국가부도

오랫동안 유지돼 온 유럽식 복지 모델이 경제력이 감당할 수 없게 되면서 근래에 와서 그것이 대폭 축소되고 있다. 유럽식 복지의 퇴조는 급격한 노령화 등 인구 구조 변화와 무관치 않다. 1950년대 경제활동 인구 7명이 노인 1명을 부양했지만 지금은 경제활동 인구 비중이 크게 줄어들어 기존 복지제도를 유지하기엔 젊은층의 부담이 너무 커졌기 때문이다. 여기에 글로벌 금융위기에 따른 경기침체까지 겹치면서 더 이상 '비정상적인 복지'를 유지할 수 없게 되었고, 그래서 유럽 각국은 복지 축소를 위한 개혁을 단행했다. 그러나 그리스 등 남유럽 국가들은 그 같은 개혁을 소홀히 하면서 심각한 위기에 직면하게 됐다.

몇십 년 전만 해도 그리스는 경제 모범국가로 알려지기도 했지만, 몰락의 길을 걷게 된 것은 계속된 좌파정권의 집권 때문이다. 1981년 "국민이 원하는 건 무엇이든 다 해준다"는 슬로건으로 사회당의 안드레아스 파판드레우(Andreas Papandreou)가 집권했다. 파판드레우 정부는 10년 동안 모든 국민에게 의료보험 혜택을 제공하고 최저임금도 40% 인상하고, 근로자의 임금도 대폭 인상했으며, 무상의료 도입, 연금 지급대상 확대, 저임금 노동자 연금법 도입 등 방만한 포퓰리즘 정책을 폈다. 노동법도 개정하여 기업이 근로자를 함부로 해고하지 못하도록 했고, 대학을 가지 못한 고교 졸업생은 국비로 해외유학을 보내주기도 했다. 그 결과 그리스 경제는 과중한 세금부담으로 극심한 침체에 빠졌다.

　경기를 부양하기 위해 파판드레우 정부가 택한 수단은 공공부문 일자리 늘리기였다. 30만 명 정도였던 공무원 수는 계속 늘어나 최근에는 87만여 명이 되었다. 노동인구 4명 중 1명이 공무원 또는 공기업과 공공기관 근로자이고, 이로 인해 그리스 경제에서 공공부문 비중은 국내총생산의 절반을 차지한다. 공무원 임금과 연금을 지급하느라 정부 재정은 계속 막대한 적자를 면치 못했으며, 결국 국가 부도 사태에 이르게 되었던 것이다.

　파판드레우 정부하에서 그리스 경제는 시장경제가 아닌 정부주도형 가부장적 경제였다. 철강·금융·선박 등 12개의 업종이 국유화됐으며, 그 결과 주요 조선소와 시멘트, 알루미늄 등 주요 기업은 정부의 간섭을 받기 일쑤였다. 그 결과 한때 제조업 강국이었던 그리스는 머지않아 관광이나 올리브를 수출해서 먹고사는 국가로 전락했다. 그럼에도 한번 잡은 권력을 놓지 않기 위해 포퓰리즘 정책은 계속됐다.

　현재 그리스의 산업구조를 보면 제조업 비중은 5.7%에 불과하고, 관광, 해운 등 서비스업 비중이 90%에 달한다. 세계 최고의 해운업 국가인데도 조선업은 없고, 세계에서 손꼽히는 올리브 생산국이면서도 올리브 열매를 수출하고 가공된 올리브유를 수입하고 있다. 그래서 수출보다 수입이 훨씬 더 많은 만성적인 무역 적자국이다. EU 내 다른 나라들과의 경쟁력 격차가 벌어지면서 막대한 무역적자와 재정적자가 발생했고, 국채를 발행해 과도한 복지 지출을 감당하면서 국가부채가 급증했다.

　2008년 미국발 금융위기의 여파로 취약한 경제인 그리스에 금융대란이 일어나 2010년경부터 국가부도 위기에 직면했다. 그리스가 국가부도 사태에 이른 주요 원인 중의 하나로 '지나치게 후한' 연금제도를 든다. 연금 수령액은 은퇴 직전 소득의 95%에 달해 영국(30%), 독일(42%), 프랑스(50%)를 훨씬 웃돈다. 연금액 산정 기준이 되는 근무기간도 다른 EU 국가에서는 전체 근무기간을 적용하지만 그리스는 퇴직 전 5년을 기준으로 하기 때문에 연금 수령액수가 훨씬 많다.

그리스는 IMF와 EU로부터 금융지원을 받아 국가부도를 면했지만, 그 대신 대대적인 임금 및 연금 삭감, 공공부문 축소, 세금 인상, 생산력과 수출경쟁력 향상 등을 약속했다. 이로 인해 물가가 급등하고, 실업자가 급증하면서 정치사회적으로 큰 혼란에 빠졌다. 이에 따라 1인당 소득도 3만 달러에서 1만 8,000달러로 내려갔다. 정부는 공무원을 대폭 줄여야 했고 새로운 공무원을 채용할 수 없었으며, 은퇴자들의 연금도 대폭 삭감했기 때문에 많은 국민이 가난에 빠졌다. 2018년 9월, 평생을 성실히 살아왔던 77세의 한 은퇴자는 민주주의 전당인 국회의사당 앞에서 권총을 자기 머리에 댄 채 절규했다. "35년 동안 연금을 부었지만, 국가는 나의 모든 생존의 길을 막아버렸다. … 쓰레기통을 뒤지며 연명하는 것을 거부하는 나는 자살 이외에 존엄성을 지킬 방법을 알지 못한다." 이 약사 출신의 자살은 무책임한 정치가 초래한 국가재정 붕괴로 인한 연금 생활자의 집단 자살로 이어진 그리스 포퓰리즘 정치의 종말이었다.

청년 실업률은 2013년 58%로 유럽 최고였으나 2018년 들어 49%로 떨어지긴 했어도 여전히 유럽연합 평균인 20%보다 두 배 이상 높다. 2010년부터 2015년까지 그리스를 떠난 청년은 20만여 명으로 추산되며, 대부분은 의대, 공대, 법대 등을 졸업한 전문직이다. 2017년 말 그리스는 최악의 위기를 벗어났지만 실업률은 22% 수준으로

EU 국가 중에서 가장 높다. IMF는 그리스 경제가 위기 이전인 2007년 수준으로 회복하기 위해서는 10년 이상의 기간이 더 필요할 것으로 내다봤다. 그럼에도 '잃어버린 20년' 정도로 끝낼 수 있을 것인지 아니면 영영 회복 불가능할 것인지 불투명하다.

나라가 무너져 내리는데도 방만한 정부지출을 줄이는 것을 반대하는 국민들, 이러한 여론에 편승한 언론과 지식인들, 그리고 표를 얻기 위해 더 많은 국가부채를 남기며 대중의 근시안적인 욕구를 만족시켜 왔던 무책임한 정치인들 등, 모두가 그리스를 파탄에 이르게 한 요인이었다. 문제의 핵심은 민주체제의 약점인 포퓰리즘과 중우정치에 있었던 것이다.

'복지 포퓰리즘'의 문제는 그리스만의 문제가 아니라 대다수 유럽 국가들이 지난 30년 동안 계속돼 온 병폐이며, 특히 그리스와 더불어 이탈리아, 스페인, 포르투갈 등 남부 유럽 국가들은 2008년 세계 금융위기 이래 심각한 재정위기에 직면하고 있다.

공짜에 맛 들인 국민은 금단현상 때문에 다른 길로 가기를 거부한다. 국민을 위한다며 추진되는 현금성 포퓰리즘 정책은 마약 같은 것이다. 마약에 한번 중독되면 헤어 나오기 힘들 듯이 포퓰리즘에 중독된 사람들은 계속 그것을 원하기 때문이다.

아르헨티나와 베네수엘라는 풍부한 자원을 가지고 있음에도 반기업적 산업정책과 무분별한 복지정책으로 파탄에 이르렀고, 그리스는 풍부한 관광자원 등 유리한 조건에도 불구하고 방만한 복지정책의 남발로 국가부도 위기에 빠졌다. 한국은 부존자원이 빈약하여 수출만이 살 길인데 국가경쟁력이 약화되면 수출이 급감하여 단기간에 심각한 재정위기에 빠질 위험이 있다.

III. 한국, 포퓰리즘의 늪에 빠져들고 있는가?

▎모든 것을 책임지는 국가가 과연 가능한가?

문재인 정부는 '내 삶을 책임지는 국가'라는 국정목표 아래 '국민의 전 생애를 국가가 책임진다'고 선언했다. 당장 듣기엔 달콤한 소리다. 그러나 세계 역사상 국민의 삶을 책임져 준 정부는 존재한 적이 없고, 앞으로도 존재하지 않을 것이다. 꿈꾸는 이상(理想)사회는 결코 실현될 수 없는 것이고, 그러한 사회를 만들기 위한 무리한 선심성 정책은 결국 나라를 3류 국가로 추락시키고 말았다는 사실을 아르헨티나, 베네수엘라, 그리스가 보여주고 있다. 그래서 싱가포르의 전(前) 총리 리콴유는 "비현실적 비전은 자칫 우리 모두를 파멸에 빠뜨릴 수 있다"고 경고한 바 있다.

정부는 소득주도성장이라는 이름하에 최저임금 인상, 근로시간 단축, 공공부문 일자리 창출, 비정규직의 정규직화 등 친노동·반기업 정책들을 밀어붙이고 있다. 이 같은 정책들로 인해 많은 노동자들이 혜택을 받은 것은 사실이다. 이 정책들이 '함께 잘사는 나라'를 만들기 위한 순수한 동기에서 시작되었을지 모르지만, 결국 온갖 심각한 부작용이 나타나고 있다. 최저임금 인상으로 자영업자와 영세 중소기업이 어려움에 빠지자 정부는 '일자리 안정자금'이란 명목으로 보조금을 지급하는 등, 문제가 생기면 돈으로 때우려 하면서 엄청난 규모의 세금을 탕진했다.

또한 문재인 정부가 추진하고 있는 복지정책은 건강보험 보장성 확대, 고교 무상 교육, 기초연금 인상, 치매 국가책임제, 아동수당 지급, 청년 구직수당 지급, 공공임대주택 공급 등 광범위하다(〈표 1〉

〈표 1〉 **文 정부 주요 복지정책 소요 재원**

(단위: 원)

복지 정책과제	소요 재원
건강보험 보장성 확대	30조 6,000억
기초연금 및 장애인연금 10만 원 인상	23조 1,000억
치매 국가책임제	12조
0~5세 아동수당 지급	10조 3,000억
기초생활수급자 확대, 부양의무자 기분 단계적 폐지	9조 5,000억
누리과정 어린이집 전액 국고 지원	5조 5,000억
공공임대주택 17만 가구 공급	15조
군인 월급 인상	4조 9,000억

* 총 5년간 소요재원임, 치매국가책임제는 연간 소요 재원
자료: 보건복지부·국회입법조사처·국정기획자문위원회

참조). 문제는 이처럼 급속한 복지 확대를 우리 경제가 감당할 수 있을 것이냐는 것이다. 급속한 복지 확대는 결국 국가경쟁력을 잠식해 국가경제의 기반을 약화시킨다. 전문가들은 정부가 대대적으로 세금을 풀어 성장과 분배를 함께 이룩하겠다는 무리수를 뒀던 그리스와 베네수엘라의 전철을 밟지 않을까 우려한다(〈그림 1〉 참조).

특히 주목을 끈 것은 공무원 17만 명 증원 등 공공부문에서 81만 개의 일자리를 창출하겠다는 문 대통령의 공약이다. 이를 위해 정부 출범 첫 해인 2017년의 공무원 인건비는 7조 6,000억 원 증가했고, 공기업과 공공기관의 인건비도 1조 4,700억 원이 증가하여 모두 9조 원이 늘어났다. 여기에 비정규직의 정규직 전환과 최저임금 인상까지 더해지면서 공공부문의 인건비가 급격히 증가했다.

국회 예산정책처는 문 대통령의 공약대로 공무원 증원이 현실화

사회복지지출 전망

GDP 대비 사회복지지출 비중   (단위: %)

OECD 평균

17.6   19.5   18.9   22.1

9.6   9.8

한국

17.9   22.6   26.6   29.0

2.8   3.2   4.8

1990년 1995년 2000년 2009년 2013년 2030년 2040년 2050년 2060년

된다면 앞으로 총 374조 원의 추가적인 재정 부담이 발생할 것으로 추산했다. 5년간 17만 4,000명을 증원할 경우 퇴직 때까지 30년간 연금 급여를 위해 봉급에서 빠져나가는 기여금과 부담금을 뺀 순수 인건비로 327조 원이 필요하고, 은퇴 후에도 25년간 연금으로 92조 원이 필요하다는 것이다. 이것은 2018년도 정부예산 400조 원과 맞먹는 엄청난 규모다.

공무원은 한번 뽑아놓으면 정년 60세까지 매년 봉급과 수당을 줘야 하고, 은퇴 후에도 평생 연금을 지급해야 한다. 민간 기업이 근로자를 채용할 경우 평균 20년 정도의 부담이 있지만, 공무원은 정년까지 평균 30년 이상 봉급을 주어야 하고, 퇴직 후에도 30년 내외의 기간 동안 연금을 지급해야 하는 등 60년 정도의 부담을 지게 된다. 이처럼 관료조직이 방대해지면 필연적으로 국가부채가 급증한다. 공무원 증원을 섣불리 해서는 안 되는 이유다.

뿐만 아니라 국민 세금으로 운영되는 공공기관과 정부 예산지원을 받는 공기업에서 늘어나는 인원이 60만 명인데 이로 인한 국가 부담도 엄청날 것이다. 문 대통령이 공약한 공공부문 일자리 창출 81만 명에서 공무원 17만 4,000명을 빼면 60만이 되기 때문이다. 탈원전 정책 등 무리한 정책 전환, 일자리 확충을 위한 증원, 비정규직의 정규직 전환 등으로 공기업과 공공기관의 수익성이 급격히 악화되고 있다. 최근 기획재정부 발표에 따르면, 339개 공기업·공공기관의 2018년 순이익은 1조 1,000억 원에 그쳐 전년도에 비해 85% 급감했다. 2016년 순이익이 15조 4,000억 원이었던 것이 문재인 정부 첫 해인 2017년 7조 2,000억 원으로 반 토막 난 뒤 지난해 다시 7분의 1로 줄어든 것이다. 이로 인해 공기업 부채가 급증하고 있다. 2018년 현재 38개 공기업의 부채는 480조 8,000억 원이지만, 2019년엔 491조 8,000억 원, 2020년엔 500조 원을 돌파할 것으로 예상되고 있다. 그 같은 공기업의 부실은 고스란히 국민 부담으로 돌아오게 된다.

▌미래세대가 떠안아야 할 막대한 빚

무리한 공공부문 확장으로 인한 부담의 대부분은 지금의 젊은 층과 미래 세대가 떠안아야 할 빚이다. 후안 페론이 10년도 못돼 1류 국가였던 아르헨티나를 3류 국가로 전락시켰던 것은 무리한 공무원 증원 때문이고, 그리스가 국가파산에 처했던 것도 공공부문 비대화 때문이었다. 공공부문 인원을 대대적으로 늘리는 방식으로 일자리 문제를 해결하겠다는 것은 결국 나라를 파탄에 빠뜨리는 일이다.

기초연금도 30만 원까지 인상하면서 문재인 정부 임기 말(2022년 5월)까지 22조 원이 소요될 것으로 예상되고 있지만, 이미 인상된

기초연금은 현 정부의 임기가 끝난 후에도 계속 지급돼야 한다. 정부는 이에 대한 비판을 피하려고 연금 인상이 장기적으로 재정에 미치는 영향에 대한 의무적 평가인 '적정성 평가'를 임기가 끝난 후로 미루는 무책임함을 보이기도 했다. 실제로 기초연금 인상에 따라 추가적으로 필요한 예산은 2019년 11조 원, 2030년 39조 원, 2050년 123조 원이 될 것으로 예상된다. 그런데도 정부는 또다시 기초연금을 40만 원으로 인상하겠다고 한다.

건강보험 재정도 빨간불이 켜지고 있다. 중증 치매 환자의 본인부담률 인하, 틀니와 임플란트 급여 확대, 노인 외래 정액제 개선 등이 포함된 건강보험 보장율 70% 달성을 목표로 하는 이른바 '문재인 케어' 정책의 시행으로 건강보험 재정이 8년 만인 2018년 적자로 돌아섰고, 문재인 케어가 본격화되는 2019년의 적자 규모는 3조 원 정도로 예상된다. 국회 예산정책처는 2019년 3월 초 발표한 건보 재정 전망에서 2026년에는 재정이 고갈될 것이라고 예상했지만, 건강보험공단 이사장을 지낸 김종대는 정부가 효율적인 지출 절감 대책을 내놓지 못하면 2024년이면 건보 재정이 고갈될 가능성이 크다고 전망한다. 건강보험은 그해 걷어 그해 쓰는 방식으로 운영된다. 그런데 적립금이 고갈되면 갑작스러운 재난·전염병 등으로 건강보험료 지출이 급증할 때 대응이 어려워진다.

65세 이상 노인은 그 이하의 연령층에 비해 진료비를 3배나 더 쓰고 있어 이미 전체 진료비의 40%를 넘었다. 현재 30만 명씩 늘어나는 노인 인구가 2020년부터는 매년 40만 명, 2025년부터는 50만 명씩 늘어나 노인 진료비 증가 속도는 갈수록 가팔라진다. 그래서 문재인 케어로 인한 부담은 다음 정부에서 더욱 커진다는 문제가 있다. 2018년 국회 예산정책처가 건강보험 지출 증가 추이를 분석한 결과, 건강보험 보장성 강화로 인한 추가 지출이 2018년부터 문 대통령 임기가 끝나는 2022년까지 35조 1,000억 원인데 비해 후임 대통령 재임 기간(2023~2027년)에는 57조 7,000억 원으로 급증한다.

더구나 생산인구 감소로 보험료를 낼 사람들이 줄고 있고, 더욱이 보험료를 내는 사람만 계속 내고 있다. 보험료를 대폭 인상한다면 국민 저항에 직면할지 모른다. 직장인 자녀 등에 얹혀 건보료를 내지 않는 사람이 2,000만 명에 달하는데 이를 줄여야 한다. 근본적인 개혁이 없이는 건보재정이 파탄날지도 모른다.

▌2057년 기금 고갈이 예상되는 국민연금

공공부문 연금은 이미 큰 문제가 되고 있고, 앞으로 더욱 심각해질 전망이다. 2017년 3월 기획재정부는 공무원연금과 군인연금의 적자가 2016년에 이미 3조 8,000억 원에 달했고, 2025년에는 9조 7,000억 원으로 증가할 것으로 예상했다. 6년 후에는 국민 세금에서 10조 원 정도를 공무원·군인연금의 적자를 메워줘야 한다. 2017년 말 현재 연금충당 부채는 845조 원에 달해 국가부채(1,555조 8,000억 원)의 54.4%에 해당하며, 이 부채는 매년 100조 원 가까이 급증하고 있다. 연금충당 부채란 공무원·군인 퇴직자에게 지급해야 할 연금액을 현재 가치로 환산했을 때 아직 확보하지 못한 부족액을 말한다. 정부가 직접 빌린 돈은 아니지만, 공공연금 조성액이 지급액보다 부족할 경우 국민 세금으로 메워야 하며, 이것은 곧 미래 세대가 감당해야 할 빚이다. 그런데 현 정부가 17만 4,000명의 공무원을 증원하게 되면 연금충당 부채도 급증할 수밖에 없다.

보다 큰 문제는 노인들의 생활안정에 필수적인 국민연금이 흔들리고 있다는 사실이다. 고령화 시대에 가난한 노인들이 기댈 곳은 국민연금뿐이다. 그런데 지금 국민연금은 1.0명 이하로 떨어진 출산율, 세계에서 가장 빠른 고령화, 2%대로 떨어진 저성장의 3중고에 포위돼 있으며, 2020년대에는 경제성장률이 1%대로 떨어질 것으로 예상되고 있어 국민연금 운영이 더욱 어려워질 것으로 예상된다. 2018년 8월 국민연금재정추계위원회는 연금 수지가 2042년부터 적자로 돌아서고 2057년에는 연금기금이 고갈될 것으로 전망했다. 그때쯤 되면 65세 이상 고령자가 전체 인구의 45%를 넘게 되어 연금받을 사람에 비해 연금 보험료를 낼 사람이 훨씬 적어지기 때문이다.

그런데도 2018년의 국민연금 기금운영의 수익률은 -0.92%로 1988년 기금 설립 이래 최저치이며, 이로 인해 1년 사이에 5조 9,000억 원의 기금 손실이 발생했다. 노무현 정부의 지방 균형발전 정책의 일환으로 국민연금 기금운용본부를 전북 전주로 이전하면서 70여 명의 유능한 인재들이 떠났고, 문재인 정부 출범 이후 2년 가까이 기금운용본부장과 고위직 9석 중 5개가 공석이었기 때문이다.

은퇴 후 소득의 40%를 연금으로 받으면서 이후 세대에게 부담을 넘기지 않으려면, 지금 소득의 16%를 보험료로 내야 하지만, 현재 9%만 내고 있을 뿐이다. 은퇴자들이 연금을 받을 때는 저소득층은 낸 돈의 4배, 고소득층은 1.9배의 연금을 받는다. 일본에서는 소득의 18.3%를 보험료로 내고, 독일 18.7%, 영국 25.8%, 미국 13.0%, 노르웨이 22.3% 등, 다른 나라들은 한국의 9%보다 훨씬 많은 보험료를 낸다. 그럼에도 문재인 정부는 보험료 부담은 늘리지 않으면서 연금을 더 받게 하겠다고 한다. 그렇게 한다면, 이미 적립된 연금기금을 조기에 고갈시킬 것이고, 그때부터는 일하는 세대가 내는 보험금으로 은퇴세대의 연금을 지급할 수밖에 없다. 그렇게 되면, 일하는 세대는 소득의 30%를 보험료로 내야 하지만 그들이 순순히 보험료를 내려할지 의문이다. 2057년경이 되면 과도한 복지정책으로 인한 세금 부담도 소득의 40% 정도가 될 것으로 예상되기 때문에 지금의 젊은 세대와 어린 세대, 그리고 미래 세대는 그들 소득의 70% 정도를 국가에 내야 한다는 말이 된다. 정부는 국민연금 개편 시안을 발표하면서 국민연금의 '국가 지급 보장'을 법에 명문화하자고 했다. 국민연금 기금이 고갈되면 세금으로 틀어막겠다는 것이다. 국민연금 보험료를 올리지 않겠다고 하면서 뒤로는 세금을 더 걷어서 해결하겠다는 것으로 이는 국민을 속이는 일이다. 그리고 앞으로 세금 낼 젊은이들이 크게 줄어드는데 국민연금 부족분을 메울 세금을 어디서 거두겠다는 것인가? 결국 국가부채는 감당 못할 정도로 늘어나 그리스처럼 파산될지도 모른다.

과다한 복지지출로 인한 정부의 청구서는 이미 속속 날아들고 있다. 2018년에는 봉급 생활자들이 건강보험·국민연금·고용보험 등 4대 사회보험 보험료로 월급의 평균 8.5%를 냈지만 2019년에는 9.8%가 되고 2030년에는 12.8%를 내야 한다. 고용보험 지출도 실업·육아휴직 급여를 더 많이 더 오랫동안 주기로 하고 자발적 퇴직자까지 실업 급여 대상에 포함시키면서 더욱 늘어나고 있다.

사회보험료와 세금을 합치면 국민이 소득에서 떼이는 금액이 당장 2019년에 30%를 넘어서게 된다. 이것은 시작일 뿐이다. 의료·고용·교육 등 온갖 분야에서 세금을 퍼부어 해결하겠다고 늘려놓은 복지지출이 눈덩이처럼 불어나고 있고, 급격한 저출산·고령화까지 겹치면서 국민의 부담은 급속히 커질 수밖에 없다. 정부는 2019년도 예산을 9.7%나 증가시켰고, 임기 내내 7~8% 증액하겠다고 한다. 경제성장이 2.5% 이하에서 맴돌 것인데 그 3배 이상을 세금으로 거두겠다는 것이다.

그런데 한번 준 복지혜택은 다시 거둬들이거나 축소하기 어렵다. 왜냐하면, 국민들이 강력히 저항할 것이기 때문이다. 그래서 복지 확대는 신중히 결정돼야 한다. 한번 시작한 복지는 지속적으로 국민과 국가경제에게 과도한 부담을 주게 되어 결국 경제위기를 초래하고 국가를 파산으로 내몰게 된다.

문재인 정부는 선거를 겨냥한 선심성 정책에도 거침이 없다. 정부는 '2019 국가균형발전 프로젝트'라는 이름하에 전국 17개 시도가 신청한 23개 사업(총 사업비 24조 1,000억 원)에 대해 예비 타당성 조사를 면제한 가운데 실시하기로 했다. 이 사업에는 서남해안 관광도로(1조 원), 새만금 국제공항(8,000억 원), 충북선 철도 고속화(1조 5,000억 원), 대구 산업선 철도(1조 1,000억 원), 대전 도시철도 2호선(7,000억 원), 서울 지하철 7호선 포천 연장(1조 원) 등이며, 예상 사업비는 24조 원이지만, 실제로는 두 배 정도가 될 것으로 본다. 이들 사업의 대다수는 이미 경제성이 없다고 판정된 것들이다. 1년 앞으로 다가온 총선 민심을 겨냥한 것임이 틀림없다. 천문학적 규모의 세금이 들어가는 국책 사업에 대한 타당성 평가를 하지 않겠다는 것은 무책임하기 짝이 없는 처사다.

경실련은 문재인 정부가 경제성 검토를 면제한 사업이 55조 원에 달하고, 이미 추진 중인 도시재생 사업을 포함할 경우 100조 원을 넘는다고 비판했다. 24조 원의 지역 토목사업을 벌이기로 한 지 두 달 만에 정부는 2020년부터 3년간 48조 원을 투입해 전국에 체육관·도서관·어린이집·노인요양시설 등을 짓겠다는 이른바 '생활 SOC(사회간접기반시설) 3개년 계획'도 발표했다.

인구가 500만에 불과한 호남지역에 이미 적자운영을 하고 있는

3개의 공항이 있는데 이들 공항에서 자동차로 1~2시간 거리인 새만금에 공항을 신설하겠다는 것은 전혀 설득력이 없다. 뒤이어 문 대통령은 부산을 방문하면서 10조 원의 건설비가 소요되는 가덕도 공항 건설을 시사했고, 대구·경북지역의 반발을 의식하여 그 지역의 신공항 건설도 검토할 수 있다고 했다. 가덕도 공항 건설은 2016년 경제성 심사에서 탈락하여 백지화됐던 사업이다. 국토가 좁아 반나절 생활권이고, 또한 이미 15개의 공항이 있지만 대부분 상당한 적자를 내고 있는 실정이다. 이처럼 경제성 없는 대형 건설 사업에 막대한 세금을 낭비하고, 건설 후 계속 발생되는 적자를 세금으로 메우도록 하겠다는 것이다.

현재로서는 남북관계가 어떻게 될지 불확실하지만, 비핵화 협상의 진전으로 유엔의 대북제재가 풀린다면 우리는 북한 지원을 위해 그야말로 천문학적 규모의 자금을 쏟아부어야 할지도 모른다. 4.27 판문점선언에서 남북 정상이 2007년 10.4선언에서 약속한 경제협력 재개에 합의했기 때문에 이를 위해선 최소 100조 원에서 많게는 수백조 원의 재정이 필요할 것으로 추산된다. 당시 한국건설산업연구원은 북한의 철도·도로 등 인프라 재건, 경제특구 개발, 에너지 사업 등을 지원하게 될 경우 10년간 최대 270조 원 정도 투입해야 할 것으로 전망했다. 금융위원회가 2014년 추산한 바에 의하면, 북한의 철도·도로 등 인프라 구축과 경제개발 지원을 위해 20년간 무려 853조 원이 소요될 것으로 예상했고, 2015년 국회 예산정책처가 추산한 바에 의하면, 2026년 통일 시 통일비용으로 2060년까지 2,316조 원이 소요될 것이라 한다. 우리 경제력으로는 도저히 감당하기 어려운 규모이다.

이처럼 막대한 자금이 소요되는 대북 지원이 국민적 합의 없이 약속됐기 때문에 실제 대북 지원을 본격적으로 해야 하는 상황이 오게 될 경우 통일세 신설 등 자금 마련을 둘러싸고 심각한 국민적 저항과 치열한 정치적 논란이 예상된다. 그런데 통일이 참으로 중요하다면, 무분별한 복지 확대는 자제해야 마땅한 것이 아닌가?

재정자립도가 낮아서 사실상 파산 상태인 각급 자치단체에서도 각종 선심성 현금 복지가 감염병처럼 급속히 확산되고 있다. 인접 지역에서는 이런 저런 수당을 주는데 우리는 왜 안 주느냐는 요구가 빗발치고 있다고 한다. 한국처럼 무책임하게 세금을 이곳저곳에 쏟아붓는 나라도 별로 없지만, 더욱 한심한 것은 그 같은 현상을 누구도 견제하지 못하고 있다는 것이다.

IV. 국가부도를 피할 수 있을까?

2018년의 국가부채는 1년 사이에 127조 원이나 증가해 1,700조 원에 육박했으며, 그중 공무원·군인연금 부채는 무려 940조 원으로, 국가부채의 56%에 달한다. 공무원·군인연금의 예상 부족분이 급속하게 늘어 전체 부채 증가액의 74%(94조 원)를 차지했다. 그럼에도 문재인 정부는 임기 중 공무원을 17만 명을 증원할 계획이고, 이로 인해 향후 30년간 지급해야 할 급여가 327조 원에 이르고, 그들의 퇴직 후에 주어야 할 연금이 92조 원에 달한다. 그런데 한번 늘린 공무원을 줄이기는 거의 불가능하다. 방만한 재정과 공공 일자리 급조 정책 때문에 국가부도에 이른 그리스나 아르헨티나가 뒤늦게 공무원 감축과 연금 축소에 나서고 있지만, 강력한 저항으로 주춤거리고 있다.

문재인 정부의 방만한 복지 확대는 벌써 갖가지 문제가 터져 나오고 있다. 복지 예산을 감당 못해 재정이 파탄에 빠진 지방자치단체가 속출하고 있는 것이다. 정치인들은 정치적 이득을 위해 젊은 세대와 미래 세대를 희생시키는 무책임한 방식으로 복지 재원을 마련한다. 이로 인한 국가부채 증가는 그들의 임기나 삶이 끝난다고 하더라도 사라지지 않는다. 출산율 급감에 따른 성장률 추락은 세수(稅收)를 급감시켜 국가부채를 눈덩이처럼 급속히 키워서 부채 상환이 불가능하게 된다. 그처럼 천문학적 규모의 부채는 미래 세대들이 도저히 감당할 수 없어 결국 국가가 부도날지도 모른다.

한국은 저출산·고령화·저성장·고복지 시대로 급속히 빠져들고 있다. 저출산·고령화와 양극화로 복지 확대가 불가피하지만, 저성

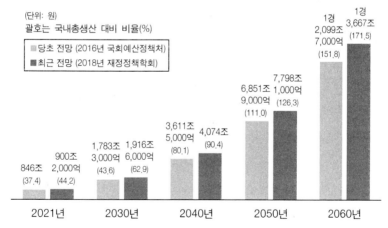

〈그림 2〉 현 정부 국정과제 추진으로 늘어나는 국가채무 추이

(단위: 원)
괄호는 국내총생산 대비 비율(%)

■당초 전망 (2016년 국회예산정책처)
■최근 전망 (2018년 재정정책학회)

연도	당초 전망	최근 전망
2021년	846조 (37.4)	900조 2,000억 (44.2)
2030년	1,783조 3,000억 (43.6)	1,916조 6,000억 (62.9)
2040년	3,611조 5,000억 (80.1)	4,074조 (90.4)
2050년	6,851조 9,000억 (111.0)	7,798조 1,000억 (126.3)
2060년	1경 2,099조 7,000억 (151.8)	1경 3,667조 (171.5)

자료: 국회예산정책처, 예산결산특별위원회

장으로 인해 필요한 예산을 확보할 수 없다는 데 문제가 있다. 국회 예산정책처는 공적연금과 사회보험 등 정부가 복지 분야에 의무적으로 투입해야 하는 돈이 2060년경이면 국내총생산의 20%에 육박할 것으로 전망했다. 그러나 경제의 잠재성장률은 2%대에서 1%대를 거쳐 0%대로 급격히 낮아질 것이고 이에 따라 세금도 훨씬 적게 걷힐 것이지만, 반대로 복지부담은 엄청나게 늘어나게 된다. 앞으로 정부는 국민연금과 공무원연금, 그리고 건강보험의 적자 보전을 위해 천문학적 규모의 세금을 투입해야 하고, 또한 누적된 국가부채에 대한 막대한 이자도 부담해야 한다.

그것은 곧 정부의 재정 건전성이 급속히 악화됨을 의미한다. 국회 예산정책처의 「2016~2060년 장기재정전망」에 따르면, 복지지출의 급속한 증가에 따른 국가재정 총 지출 증가율(4.4%)이 총 수입 증가율(3.3%)보다 높아져 중장기적으로 재정건전성이 크게 악화될 것으로 예측했다. 즉 국내총생산 대비 통합재정수지(收支)가 2021년 적자로 전환되기 시작하여 2060년에는 -11.5%에 달할 것으로 예상했다.

이에 따라 국민총생산 대비 국가채무 비율이 2021년에는 37.4%가 되고, 2030년엔 43.6%, 2040년엔 80.1%, 2050년엔 111%가 되는 등, 지속적으로 증가하여 2060년에는 151.8%에 이를 것으로 전망했다. 이는 재정위기를 겪고 있는 남유럽 국가들의 국가채무 비율과 비슷하거나 더 높은 수치다. 그리스는 재정위기가 시작된 2009년 이 비율이 115%였고 2014년엔 175%까지 상승했으며, 또 다른 남유럽 재정위기 국가인 이탈리아의 2014년 국가채무 비율은 134%였다.

2033년까지는 국가채무 증가분을 국채 발행을 통해 갚을 수 있지만, 그 후에는 기존 세입 세출 구조를 유지하고서는 국채 발행을 통해서도 갚을 수 없을 것으로 예산정책처는 판단했다. 국가채무는 주로 국공채 발행 형태로 이뤄지는데 정부는 세금으로 채무에 대한 이자와 원금을 먼저 상환해야 하기 때문이다.

조세재정연구원장을 지낸 바 있는 인천대 옥동석 교수는 2018년 10월 국회 예산결산특별위원회에 낸 「중장기 재정위험과 관리방안」 용역보고서에서 복지정책을 무분별하게 늘리면 미래 세대가 부담하기 힘든 '재정 폭탄'이 될 수 있다고 경고했다. 이 보고서에 따르면, 현재 추세로 복지정책을 확대하면 문재인 정부 5년 동안 재정수지 적자는 모두 220조 원을 넘어서게 되고, 국가채무도 당초 예상했던 것보다 54조 원이 늘어나 임기 마지막 해인 2021년의 국가채무(중앙 및 지방 정부)는 900조 2,000억 원에 달할 것이며, 2040년엔 4,074조 원, 2060년엔 1경 3,667조 원으로 국내총생산의 171%에 달할 것으로 추산했다(〈그림 2〉 참조). 이 분석에는 문재인 정부의 역점 사업인 일자리 창출과 공무원 증원에 따른 비용은 반영되지 않았지만, 이에 따른 비용도 엄청난 규모이기 때문에 국가채무는 더욱 급증할 수밖에 없다.

* * * * *

정권은 유한하지만 국가는 지속되어야 한다. 따라서 한정된 임기를 가진 정권이 국가의 미래를 희생시켜서는 안 된다. 문재인 정부는 '국가가 모든 삶을 책임지겠다'면서 당장의 정치적 이득에 급급하여 무리한 복지 확대 및 분배정책을 펌으로써 나라를 포퓰리즘의 늪으로 빠뜨려서는 안 될 것이다.

제5장

인구 시한폭탄,
터질 때를 기다리는가?

국가가 계속 유지되기 위해서는 일을 하고 나라를 지키고 세금을 내고 소비를 하는 젊은 세대가 필수적이다. 저출산 문제는 국가의 생존 자체를 위협하는 시한폭탄이다.

사람이 있어야 국가는 유지된다. 우리나라는 수천 년의 역사를 이어왔지만 신생아 수가 급격히 줄어들면서 모든 것이 흔들리고 있고, 나라의 미래까지 불확실해지고 있다. 저출산으로 인한 인구 시한폭탄은 무엇보다 심각하게 생각해야 할 문제다.

어느 나라든 출산율이 급락하면 나라의 미래는 암울해진다. 그래서 여러 나라 지도자들은 저출산을 경계하면서 '국가적 자살(national suicide)', '죽어가는 나라(mutilated country)', '문화적 재앙(cultural catastrophe)' 등 끔찍한 말을 쏟아낸다. 그런데 한국은 지금 인구절벽의 시한폭탄이 째깍거리고 있다. 인구절벽은 다가올 미래가 아니라 눈앞에 닥친 긴박한 현실이다.

2019년 3월 말 통계청의 발표에 의하면, 당초 2029년으로 예상됐던 인구 자연 감소 시점이 무려 10년 당겨질 것이라 했다. 이에 따라 한국 인구는 2030년 5,216만 명까지 증가한 후 그때부터 감소하기 시작하여 2066년에 3,000만 명대로 줄어들고, 100년 뒤에는 2,081만 명에 그칠 것으로 예상됐다. 이에 따라 경제활동에 참여할 수 있는 15~64세 생산연령인구가 급속히 감소되어 2065년에는 45.9%로 OECD 꼴찌로 떨어질 것으로 예측됐다. 생산할 인구도 줄고 소비할 인구도 줄게 된다. 대신 고령화로 복지비는 급격하게 늘 것이다. 국가경제 전체가 가라앉는 사태가 급속히 다가오고 있다.

I. 인구 시한폭탄, 북핵보다 더 큰 위협

2016년 초 OECD는 2020년대가 되면 한국의 잠재성장률은 회원국 중에서 최하 수준인 1%대가 될 것으로 예측하면서 그 주된 원인으로 저출산에 따른 생산인구의 급감을 들었다. 북한 핵무기로 인해 한반도가 세계의 화약고로 인식되고 있었던 2018년 초 뉴욕타임스는 "한국의 최대 적은 북핵이 아니라 인구"라고 했다. 저출산 고령화로 인구 시한폭탄의 타이머가 쉴 새 없이 째깍거리고 있다는 것이다. 실제로 옥스퍼드대의 콜먼(David Coleman) 교수는 저출산으로 인한 '인구 소멸 국가 1호'는 한국이 될 것이라고 예상했다. 군사안보 전문가로 알려진 이시바 시게루(石破 茂) 전 일본 자민당 간사장은

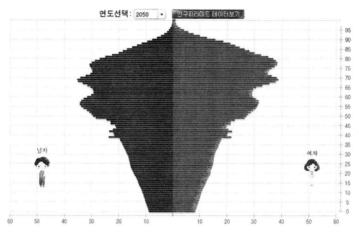

〈그림 1〉 　　　매우 불안전하게 될 2050년의 인구피라미드

출처: 통계청

"일본의 가장 큰 안보 문제는 고령화와 인구 감소다. 군사대국이 된다한들 국민이 없다면 무슨 의미가 있겠나?"라고 우려했다 한다. 일본보다 더 심각한 인구절벽에 직면하고 있는 우리나라는 존속 자체가 위협받고 있는 실정이다.

문재인 정부가 저출산 문제 해결을 위해 지난 2년간 퍼부은 돈이 58조 원을 넘었지만, 2018년의 합계출산율은 더 떨어져 0.98명으로 나타났다. 이것은 OECD 회원국 평균(1.68명)보다 훨씬 낮을 뿐만 아니라 대표적 저출산 국가인 일본(1.46명), 싱가포르(1.24명)에도 못 미친다. 초저출산국가로 분류되는 1.3명 미만인 국가는 한국, 폴란드, 포르투갈뿐이며, 그중에도 한국이 꼴찌다. 이탈리아의 출산율이 1.39명으로 나타났을 때 이탈리아 보건장관은 "이 나라는 지금 죽어가고 있다"고 했다는데, 한국은 이보다 더 심각하니 '인구 비상사태'를 선포해야 하지 않겠는가.

출산율은 2016년(1.17명)부터 3년 연속 하락했다. 인구절벽의 대재앙이 한참 진행 중이다. 정부는 2006년 이래 5년 단위로 세 번에 걸쳐 저출산 극복을 위한 기본계획을 추진해왔다. 13년 동안 140조 원이 넘는 천문학적 예산이 투입됐음에도 출산율은 계속 내리막이다. 기본계획이 세금만 잡아먹고 무용지물인데 누구도 책임지지 않는다. 실효성 없는 현금을 살포하는 선심성 정책이 아니라 정부와 지방자치단체가 함께 장기적·근본적 처방에 당장 나서지 않으면 안 된다.

인구전문가 서울대 조영태 교수에 의하면, 1970년대 초 매년 출생한 아기는 100만 정도였으나 30년이 지난 2000년대 초에는 50만 이하로 떨어져 불과 한 세대 만에 반 토막 났고, 2018년에는 신생아가 31만에 그쳤다. 1970년의 14세 미만 인구는 1,370만 명이었지만 2000년에는 991만 명으로 줄어, 30년 만에 아동인구가 400만 명이나 줄었다. 그 이후 계속된 저출산으로 2015년의 14세 미만 인구는 약 700만으로, 불과 15년 만에 300만 가까이 감소한 것이다. 이들 새로운 세대만을 고려할 때, 소비와 생산의 규모가 각각 2분의 1로 줄어들었다는 의미다. 이 같은 초저출산 현상이 계속되거나 오히려 가속화된다면 10년 또는 20년 후 얼마나 끔찍한 현상이 벌어질지 상상조차 하기 두렵다.

인구전문가 서울대 이철희 교수가 2018년 9월 28일 발표한 '신생아 수 변화요인 분석과 장래전망'에 따르면, 2017년 35만 7,000명이었던 신생아 수는 3년 뒤인 2020년에는 28만 4,000명, 2026년에는 19만 7,000명까지 줄어들 것으로 예상했다. 통계청이 2057년에 신생아 수가 20만 명 선이 붕괴(19만 9,000명)될 것으로 예상했던 것에 비해 무려 31년이나 앞당겨진다는 예측이다.

'합계출산율'이란 여성 한 명이 평생 동안 낳는 아이 수를 가리킨다. 인구가 유지되려면 합계출산율이 2.1명이 되어야 하는데 우리나라는 그 절반도 안 된다. 합계출산율 1.0명 이하는 마카오, 싱가포르 등 일부 도시국가나 전쟁 중인 나라를 제외하고는 정상 국가에선 한 번도 일어난 적이 없다.

통계청은 합계출산율이 1.0명 수준으로 유지되면 2100년에 총 인구는 지금의 3분의 1도 안 되는 1,669만 명에 불과할 것으로 예측했다. 그 이전부터 인구 감소는 본격화되는데 2040년부터는 한 해 30만 명씩 줄어든다. 즉 해마다 원주시(34만 명)만 한 인구가 사라지게 되고, 2050년부터는 의정부시(45만 명)만 한 도시가 매년 한 개씩 사라지게 된다. 총 인구와 함께 근로인구가 크게 줄면 내수시장 불황으로 이어져 경기침체에 빠지고, 도시 인구 집중과 지방 소멸은 더 가속화된다. 노인의료비 증가로 건강보험 재정이 흔들리고, 돈을 낼 젊은이가 줄면서 국민연금 재정 고갈이 우려되고, 기초연금 재정 확보도 더 어려워진다.

II. 로마제국도 인구 감소로 멸망

인류 역사를 되돌아보면, 인구 감소로 멸망한 나라가 한둘이 아니다. 미국 경제학자 토드 부크홀츠(Todd G. Buchholz)는 『다시, 국가를 생각하다(*The Price of Prosperity*)』라는 저서에서 저출산으로 인한 인구 감소는 번영을 누렸던 나라에서 일어난 공통적 현상이라 주장한다. 그에 의하면, 고대 그리스의 강대국 스파르타는 끊임없이 이웃 나라들을 침략하면서 막대한 부를 거머쥐게 되었을 뿐 아니라 잡아온 포로들의 노동력에 의존하면서 후손을 낳을 욕망과 필요성을 상실하게 됐다는 것이다. 스파르타가 번영할수록 출산율은 더욱 낮아져 기원전 4세기의 스파르타 인구는 건국 초기에 비해 80%나 감소했다. 무적으로 알려진 스파르타를 무너뜨린 것은 강력한 외적이 아니라 '인구 소멸'이라는 내부의 적이었다. 인구 감소에 위기감을 느낀 스파르타는 자녀 셋을 두면 공공 노동에서 면제시키고 넷을 두면 세금까지 면제해주는 등 인구부양책을 쓰기도 했지만 너무 늦었던 것이다.

스파르타는 기원전 7세기 무렵, 스파르타보다 인구가 훨씬 많았던 메세니아(Messenia)를 점령한 후 모든 주민들을 노예로 삼았다. 그 결과 자유시민이라고 불리는 지배계급과 노예의 비율이 1대 20을 넘어서게 되어, 지배계급과 노예의 비율이 1대 3 정도에 불과했던 아테네 등 다른 그리스 국가들보다 그 격차가 매우 컸다. 이처럼 노예가 너무 많았기 때문에 스파르타인들은 노예의 반란으로 나라가 언제든지 뒤집어질지도 모른다는 공포심에 휩싸이면서 어린 소년들을 가족으로부터 분리시켜 군사학교에서 엘리트 전사(戰士)로 집단 육성했다.

스파르타가 전성기였을 때는 빈부 격차가 크지 않았기 때문에 이런 시스템이 큰 문제가 되지 않았다. 하지만 기원전 3세기 무렵부터 부(富)가 소수에게 집중되면서, 토지를 소유한 가문이 고작 100여 개 정도로 줄어들었다. 빈곤의 늪에 빠진 절대 다수의 스파르타인들은 양육비를 감당할 수 없어 출산을 포기하는 경우가 많았다. 그 결과 스파르타 시민권을 가진 남성 수는 기원전 640년의 9,000명에서 300년 뒤에는 1,000명으로 급감했다. 아무리 무적의 군대를 갖고 있던 스파르타라 하더라도 중과부적(衆寡不敵)으로 몰려드는 적을 막아낼 수 없었다.

로마제국의 패망도 인구 감소 때문이다. 로마제국의 황금기에는 인구가 1억 2천만 정도로 현재 일본의 인구에 육박했고, 19세기 유럽 인구보다 많았다. 그러나 로마제국이 멸망할 무렵의 인구는 전염병 창궐 등으로 5천만도 되지 않았다. 영국 역사가 에드워드 기번(Edward Gibbon)은 1788년에 발간한 『로마제국의 쇠퇴와 멸망』이라는 저서에서 "인구 급감이 로마의 쇠망을 초래한 한 요인"이라고 주장했다.

기원전 20년 이후 아우구스투스(Augustus) 시대의 로마제국은 대외적으로 전쟁이 없었고 경제적으로도 풍요로웠다. 그래서 아우구스투스 황제는 "벽돌의 도시를 대리석의 도시로" 변모시켰음을 자랑스럽게 여겼을 정도였다. 당시 로마는 그로부터 1,700년이 지난 후의 영국이나 네덜란드만큼 부유했기 때문에 부유한 로마 시민들이 아이를 낳지 않으려 하면서 출산율이 급격히 떨어졌다. 로마제국에서는 기원전 2세기까지만 해도 자녀를 10명 낳는 일이 드물지 않았고, 기원전 1세기인 카이사르(J. Caesar) 시대에도 대부분 두세 명의 자녀를 낳았다. 그러나 풍요의 시기였던 아우구스투스 시대에는 아예 결혼조차 하지 않는 사람들이 늘어났다. 로마인들이 아이를 낳지 않게 된 이유에 대해 시오노 나나미는 『로마인 이야기』(6권 팍스로마나)에서 이렇게 설명하고 있다.

"기원전 1세기 말의 로마는 가난하여 장래에 희망을 가질 수 없었던 것이 아니다. 정반대였다. 다만 자녀를 낳아서 키우는 일 외에도 쾌적한 인생을 보내는 방법이 많았다. 독신으로 지낸다 해도 불편한 점이 전혀 없었다. 전쟁 시대라면 결혼으로 인척 관계를 강화하여 보신책을 마련할 필요가 있었지만 전쟁이 끝나자 그 필요성마저 사라졌다. … 여자는 결혼하지 않으면 사회적 발판을 마련할 수 없기 때문에 결혼하긴 했지만 이혼하여 독신으로 돌아가도 불편한 점은 거의 없었다. 이런 독신 풍조와 자식을 적게 낳은 경향은 좀 더 혜택 받은 계층에서 더욱 뚜렷이 나타났다."

고대 그리스 역사가 폴리비오스(Polybius)는 로마제국의 인구가 줄어들어 선박에서 일할 선원도 확보하지 못했고, 나라를 지키기 위한 함대를 띄울 수도 없었다고 했다. 그래서 로마는 군 병력을 보충하기 위해 게르만 용병을 활용할 수밖에 없었다. 용병들이 로마제국 병력의 거의 절반을 차지하면서, 그들은 로마 장군들의 지시를 잘 따르지 않았고, 로마를 위해 적극적으로 싸우지도 않았다.

그래서 아우구스투스 황제는 출산장려정책을 폈다. 그는 기원전 18년 인구감소 방지책으로 「정식 혼인에 관한 율리우스법」을 선포했는데 그것은 곧 독신세(獨身稅)였다. 즉 결혼하지 않은 25~60세의 남성과 20~50세 여성은 한해 수입의 1%를 세금으로 내야 했고, 과부인 경우에도 자녀가 없으면 1년 안에 재혼해야 했고 재혼하지 않으면 독신세를 내야 했다. 그리고 독신으로 30세를 넘으면 선거권을 박탈당했으며 후사가 없이 50세를 넘기면 재산 상속권도 박탈했다. 로마 원로원 의원이 되거나 선거를 통해 공직에 진출할 때도 독신자는 기혼자에게 우선순위에서 밀렸다.

가족의 보호와 육성 없이는 국가가 성립되지 않는다고 판단한 아우구스투스는 불륜도 엄벌에 처했다. 「간통 및 혼외 정사법」을 제정하여 남자의 불륜에 대해서는 강간죄로 처벌했고, 여자의 불륜에 대해서는 재산의 3분의 1을 몰수하고 섬으로 종신토록 추방했다. 독신세를 부과한 법은 서기 391년 기독교가 국교가 될 때까지 유지되었다. 이처럼 독신세, 재산권 제한, 상속권 제한, 공직 제한 등의 강력한 조치에도 로마제국의 출산율 저하는 계속되어 동서 로마 분열, 재정위기 등과 더불어 로마제국 멸망의 주된 원인이 되었다.

18세기 말 프랑스도 인구 증가를 위해 남자는 20세, 여자는 16세까지 결혼하지 않으면 부모에게 벌금을 물리는 독신세를 도입한 바 있다. 이탈리아에서는 무솔리니 집권 시기(1936~1945)에 25~30세의 독신 남녀에게 연간 3파운드, 30세 이상 독신에게 연간 2파운드의 독신세를 물린 바 있다.

III. 인구절벽은 어떤 끔찍한 미래를 몰고 오는가?

인구절벽 상황에서는 생산 및 소비 연령계층이 줄어들어 소비와 생산의 급격한 감소가 일어나 심각한 경제위기가 초래될 수밖에 없다. 『2018 인구절벽이 온다(*The Demographic Cliff*)』의 저자 해리 덴트(Harry Dent)는 한국어판 서문에서 "선진국들이 인구절벽에 도달하면서 경제성장률이 0%대를 기록했는데, 한국은 2018년 이후 인구절벽 아래로 떨어지는 마지막 선진국이 될 것"이라 했다. 실제로 2017년 7월 한국은행의 저출산·고령화 보고서에 의하면, 한국경제는 저출산·고령화로 2016~2025년 기간 중 연평균 1.9% 성장하고,

2026~2035년 기간 중에는 연평균 0.4% 성장, 2036~2045년 기간 중에는 0.0%대 성장, 그리고 2046~2055년 기간 중에는 마이너스 (-0.1%) 성장 등 성장률이 급속히 떨어질 것으로 전망했다.

그러나 앞으로 실업자는 크게 줄어들 전망이다. 산술적으로만 보면, 2020년에는 실업자가 7만 명에 불과하고, 저출산 세대가 성년을 맞는 2022년부터는 청년실업이 제로인 상태가 가능하다는 예측이 나온다. 마음만 먹으면 누구나 일자리를 찾을 수 있는 시대가 10년 이내에 도래한다는 것이다. LG경제연구원은 「생산가능인구 감소 시대의 경제 성장과 노동시장」이라는 보고서에서 2019년까지는 청년 실업 문제가 심각하지만 2020년대에는 20대 인구가 빠른 속도로 줄어들기 때문에 청년 인력을 구하기 어려운 상황이 벌어질 것으로 예상했다. 특히 의료 및 보건업, 의약품 제조업, 정보통신(IT), 소프트웨어 개발업 등에서 인력난이 발생할 가능성이 크다.

인구절벽의 충격파는 광범하고 심각할 것으로 예상된다. 10년 뒤에는 산부인과, 유치원, 초·중·고교 등이 급속히 줄어들게 된다. 한 학급 25명 기준으로 볼 때, 4만 8,000개의 초등학교 학급이 없어지고, 1,400여 개의 초등학교가 문을 닫게 된다. 뒤이어 중·고등학교는 물론 대학교까지 줄줄이 문을 닫게 된다.

최근 한국의 대표적 산부인과 전문병원인 제일병원이 폐업 위기를 맞았지만, 지난 10여 년간 지방 중소도시는 물론 대도시의 많은 산부인과 병원이 문을 닫거나 진료과목을 변경해왔다. 그것은 신생아 수가 급격히 줄어들면서 산부인과와 소아과에 대한 수요가 급감했기 때문이다. 또한 유치원 문제도 논란이 되고 있지만 원생 부족으로 이미 수많은 유치원들이 문을 닫았고 앞으로 그것이 가속화될 것이다. 동시에 영유아 대상 '에인절(Angel) 사업'은 도미노처럼 무너지게 될 것이다. 나아가 근로자 부족, 군대의 병력자원 부족 등 사회 전반으로 확산될 것이다.

초저출산이 교육계에 미치는 영향은 치명적이다. 매년 2월 열리는 졸업식에서 눈물바다가 되는 학교가 많다. 학교가 폐교되기 때문이다. 학령 아동 급감으로 그동안 문을 닫은 학교 수는 3,726개에 달하고, 학생수가 60명 이하인 초소규모 학교도 1,813개나 된다. 학교정보 공시 사이트인 학교알리미에 의하면, 2018년 입학생이 10명 미만인 학교는 1,393곳(22.4%)이나 된다. 2018년도 전국 대학 모집 정원(48만 3,000명)이 그대로 유지되면 2년 후인 2021년엔 고등학교 졸업생보다 대학 정원이 5만 6,000명 많아진다. 그래서 교육부는 2021년에 4년제 대학 191개교, 전문대 38개교가 신입생이 없어 문을 닫을 것으로 예상한다. 끔찍한 일들이 태풍처럼 몰려오고 있는 것이다.

저출산에 따른 학령인구 감소로 영향을 받는 곳은 학교만이 아니다. 최근 불거진 '교원 임용절벽', '교원 임용대란'으로 불릴 정도로 교육 당국이 교사 선발인원을 대폭 감축한 것도 인구절벽 현상에 따른 문제다. 사교육을 담당하고 있을 뿐 아니라 주요 서비스산업이기도 한 과외산업도 직격탄을 맞게 된다. 2017년 말 현재 전국에 8만여 개의 학원에 30만 명 내외의 강사들이 일하고 있지만, 10년 후 그 절반이 살아남을지 의문이다. 결혼하는 사람들도 급속히 줄어들 전망이어서 결혼식장도 줄줄이 문을 닫게 될 것이다.

보다 심각한 문제는 우리 모두의 고향이 소멸된다는 것이다. 이미 시골에는 아기 울음이 끊긴 지 오래이다. 다양한 인구정책에도 낮은 출산율은 호전될 기미가 보이지 않고, 몇 명 안 되는 아이들과 젊은이들이 도시로 나가면서 인구가 3만 명도 되지 않는 이른바 '미니 지자체'가 속속 생겨나고 있다. 2017년 고용정보원의 「한국의 지방 소멸 위험 지역 현황」 보고서에 따르면, 전국 지방자치단체 226곳 가운데 84곳(37.2%), 3,482개 읍면동 중에서 1,383개(39.7%)가 소멸될 것으로 예상했다. 지방이 급속히 무너지고 있으며, 이에 따라 농업은 말할 것도 없고 지방행정도 정치판도도 근본적으로 바뀔 수밖에 없다. 이처럼 지방 소멸은 다가올 미래가 아닌 눈앞에 닥친 현실이다.

행정안전부 자료에 따르면, 2017년 1년 동안 출생아가 한 명도 없었던 읍면동은 25개다. 이 읍면동들이 모두 농촌지역에 속할 것 같지만 파주, 춘천, 제천, 익산, 김천, 안동, 영주, 통영 등 전통적으로 중요한 지방도시가 8개나 포함됐다. 연간 출생아 숫자가 한 자릿수인 곳도 수두룩했다. 45개의 읍면동은 지난해 연간 출생아 수가 1명에 그쳤다. 5명 이하인 곳은 무려 400곳이나 되었다.

IV. 저출산의 원인은 무엇인가?

문제의 원인이 무엇인지 제대로 알아야 올바른 해결책이 마련될 수 있다. 저출산의 원인을 꼼꼼히 따져 보는 것이 필요하다. 온라인 취업포털 사람인(www.saramin.co.kr)이 2030세대 2,880명을 대상으로 "귀하는 연애, 결혼, 출산, 대인관계, 내 집 마련 중 포기한 것이 있습니까?"라고 설문한 결과, 57.6%가 '있다'라고 답했다. 세부적으로는 '결혼'을 절반 이상(50.2%, 복수응답)이 포기했다고 답했고,

뒤이어 '내 집 마련'(46.8%), '출산'(45.9%), '연애'(43.1%), '대인관계'(38.7%)순이었다.

무엇보다 결혼하지 않는 것이 가장 큰 문제다. 2015년 통계청 자료에 의하면, '결혼을 반드시 해야 한다'와 '결혼은 하는 것이 좋다'라고 긍정적으로 응답한 미혼 남녀의 비율은 과거 16년 동안 크게 하락했다. 시장조사전문기업 마크로밀엠브레인이 전국 미혼 남녀 1,000명을 대상으로 결혼에 대한 인식조사를 실시한 결과도 통계청 조사 결과와 비슷하다. 전체 미혼남녀 10명 중 6명(61.8%)이 결혼은 해도 그만, 안 해도 그만이라고 답변했다. 상당수 미혼자들이 결혼은 꼭 필요한 것이 아니라, 상황과 여건에 따라 결정하는 것으로 생각하고 있는데, 남성(49.5%)보다는 여성(72.8%)의 비율이 훨씬 높았다.

사람들은 아이를 안 낳는 이유를 경제형편이나 근로환경, 육아환경이 나쁘기 때문이라고 하지만, 이것은 표면상 이유에 불과하다. 보다 근본적인 이유는 가족과 결혼, 그리고 자녀에 대한 가치관이 바뀌었기 때문이다. 현대사회에서 자녀들의 가치는 크게 떨어진다. 아이들이 화목한 가정을 만드는 데 약간의 도움이 될 뿐 부모의 인생에 별로 도움을 주지 못한다고 생각한다. 오히려 아이를 양육하고 교육시키는 데 많은 돈과 노력이 요구되어 큰 짐이 된다고 생각한다. 또한 '여성시대'가 도래한 것도 출산율 저하의 한 요인이다. 여성시대는 필연적으로 여성의 독립을 중시하게 되고, 그래서 결혼을 기피하거나 출산을 꺼릴 가능성이 높아진다.

아이를 낳지 않으려는 이유가 무엇인지 물어보니 기혼자의 경우, 과반(52.7%)이 '아이 없는 부부만의 삶이 좋다'고 했다. '낳고 싶은데 육아가 부담된다'(21.6%), '본인 혹은 배우자의 건강 때문에 못 낳는다'(12.2%)는 대답이 이어졌다. '집값 전셋값이 부담된다'(1.4%)는 이유는 맨 마지막이었다. 반면 미혼 응답자들의 경우, '아이 없는 부부만의 삶이 좋다'(38.8%)는 응답이 많았지만, '고용 보장 걱정'(10.2%), '집값 전셋값 걱정'(9.2%), '교육비 걱정'(9.1%)도 있었다.

한국여성의 미혼율과 출산 기피율이 다른 나라보다 높은 것은 월등히 높은 고학력 때문이라 볼 수 있다. OECD의 2015년 교육통계에 의하면, 한국의 대학진학률은 68%이며 여성은 남성보다 7% 정도 높다. 일본의 대학진학률은 37%, 독일은 28%, 이탈리아는 24%이고 OECD 평균은 41%로서 한국에 비해 훨씬 낮았다. 학력이 높고 안정된 직업을 가지고 있을수록 결혼을 안 하거나 늦추는 여성이 많다. 여성이 자립능력이 없었을 때는 결혼하는 것을 당연한 것으로 여겼으나, 직장을 가지면서 자립할 수 있게 되었고, 따라서 남성이나 가족에게 의존할 필요성이 줄어들면서 결혼을 기피하고 결혼했더라도 출산을 꺼린다는 것이다.

대학 진학과 취업 등으로 결혼을 미루면서 결혼연령이 계속 높아지고 있고, 이로 인해 출산율도 낮아지고 있다. 대학 진학이 취업과 결혼을 늦추는 요인이고, 대학 졸업 후에도 경제적 자립이 잘 안 되면서 결혼을 계속 미루게 된다. 통계청 자료에 의하면, 2017년 현재 평균 초혼 연령이 남자는 32.9세, 여자는 30.2세로 모두 30세를 넘어섰다. 여성의 결혼 연령이 늦어지면 평균 자녀수도 적어진다. 즉 30세 이하에 결혼한 여성의 자녀수는 평균 2명이지만, 30대 중반 이후에 결혼한 여성의 평균 자녀수는 0.8명으로 떨어진다. 주요 신문이 매주 한 차례씩 젊은 부부의 첫 아이 사진을 올리는데 대부분 부부의 연령이 30대로 나타나고 있다.

전통적으로 한국사회는 가족제도를 중시해 왔지만, 현대에 와서 가족이 급속히 해체되면서 그것이 저출산에도 영향을 미치고 있다.

문제는 개인에게는 가족이 필요 없고 아이가 없어도 될지 모르지만, 국가와 사회는 아이들이 있는 건강한 가정을 필요로 한다. 국가가 계속 유지되기 위해서는 일을 하고 나라를 지키고 세금을 내고 소비를 하는 젊은 세대가 필수적이다.

가장 큰 문제는 청년들이 최악의 취업난에 시달리고 있다는 점이다. 일부 정부 관료들은 청년들의 눈높이가 높아서 청년 실업률이 높은 것이라고 주장하지만, 청년들이 눈높이를 낮춰 최저임금 수준의 직장을 택했다가는 자칫 결혼 생활을 유지할 수 있을 만큼의 돈을 버는 것조차 쉽지가 않다. 설사 좀 괜찮은 직장을 잡았다고 해도 워낙 치솟는 전세값 때문에 살 집을 마련하는 것도 어렵다. 2017년 10월 경실련 조사결과에 의하면, 전문대 이상의 학력을 가진 맞벌이 신혼부부가 서울에서 전셋집을 마련하는 데 걸리는 시간이 무려 28년 6개월인 것으로 나타났다. 부유한 부모를 갖지 못한 청년은 결혼해서 맞벌이를 하더라도 자신의 힘만으로는 집을 사기는커녕 전셋집 하나 마련할 수 없는 것이 우리의 현실이다.

이 모든 어려움을 이겨내고 결혼을 하고 겨우 살 집을 마련한다 해도, 열악한 보육환경 때문에 출산을 꺼리게 된다. 한국처럼 저출산으로 경제체제가 붕괴될 위기에 처한 나라에서 '의무보육'을 하지 않고 철저히 개인에게 보육을 맡긴 나라는 드물다. 우리나라 4만 3천 개 어린이집 가운데 국·공립 어린이집은 고작 5.3%에 불과하다. 더구나 대도시에서는 민영 어린이집마저 부족해 아이 맡길 곳을 찾는 것이 전쟁이나 다름없다. 온갖 포퓰리즘 정책을 남발하면서 어린이집 하나 제대로 해결하지 못하고 있는 실정이다.

V. 출산정책, 관심이 있는가?

다른 선진국들은 초저출산율의 위험을 너무도 잘 인식하고 있기 때문에 인구정책에 막대한 국가재정을 투입하며 적극 대처해왔다. 일본은 1989년 출산율이 1.57로 떨어지자 '1.57쇼크'라 부르며 앤젤 플랜(Angel Plan) 같은 각종 출산율 제고 정책을 실시했다. 2017년 아베 정부는 저출산을 국난(國難)으로 규정하고 출산율 1.8명과 총 인구 1억 명 유지를 목표로 총력전에 나섰다. 예를 들면, 저출산 진단표에 '인구 이동'을 넣었다. 상대적으로 출산율이 높은 지방의 젊은이들이 출산율이 낮은 대도시권으로 몰리는 것에 착안하여 '지방 살리기'를 저출산 대책에 포함했다. 이 같은 적극적인 노력으로 일본의 출산율은 한국보다 훨씬 높은 1.43명을 유지하고 있다. 이 같은 출산율만 유지한다면 일본의 인구 소멸은 우리나라보다 1천 년이나 늦은 3300년경에나 닥칠 것으로 예상된다. 프랑스는 1970년대 출산율이 1.47명으로 떨어지자 '비상사태'로 여기고 적극 노력한 결과 지금은 선진국 중에서 출산율이 2.0명이 넘는 몇 나라 중의 하나이다.

저출산 문제는 국가의 생존 자체를 위협하는 시한폭탄이다. 정부는 지난 13년 동안 저출산 대책으로 143조 원이라는 천문학적 예산을 쏟아부었지만 출산율은 계속 곤두박질쳤다. 그동안 보육시설 확충, 양육비와 육아비 지원, 육아휴가 도입, 여성 근로환경 개선, 다자녀 가구에 대한 세금 감면 등 다양한 정책을 추진했지만, 어떤 종합 처방도 약발이 먹히지 않고 있다. 그러나 정작 저출산 해결의 열쇠를 쥔 청년들은 '저출산이 왜 문제인가'란 반응을 보이고 있어 정부의 지원만으로 출산율이 오를 것 같지 않다. 실패한 정책을 재탕 삼탕하는 식으로는 예산 낭비밖에 안 된다. 보다 근본적인 원인 분석에 따른 맞춤형 정책을 내놓아야 한다.

어떻게 하면 출산율을 높일 수 있을까? 단순한 출산율 증가 대책보다는 생애 전체를 개선하는 대책이어야만 효과가 있다. 먼저 현재와 미래에 자녀를 가질 만한 환경을 만들기 위해 노력해야 한다. 출산에 앞서 혼인율부터 높여야 한다. 혼인 연령도 앞당기고, 결혼 후에도 출산에 유리한 환경을 조성하는 것이 필요하다. 생활이 안정되고 만족도가 높아야 출산이 가능해진다.

'저출산 덫'에 빠지게 된 것은 혼인 건수가 크게 준 데다 결혼해도 아기를 기껏 한 명만 낳기 때문이다. 이렇게 된 주원인은 취업을 못해 결혼을 미루었기 때문이다. 4년제 대졸자가 한 해 44만 명 쏟아져 나오는데 연봉 3,000만 원 넘는 새 일자리는 20만 개도 안 된다. 안타깝게도 그동안 저출산 대책 우선순위 1번이 되어야 할 취업난 해결책은 없었다.

저출산 대책은 또한 결혼도 하지 않고, 아기도 낳지 않는 대도시·고(高)소득·고연령 젊은이에게 초점을 맞추어야 한다. 서울은 출산율이 1명 이하가 된 지 오래다. 그러나 저출산 정책은 중앙정부 일로 여기며 지자체들은 손 놓고 있다. 고소득·고학력 젊은이들은 결혼도 출산도 모두 기피하는데, 지자체가 제대로 된 저출산 대책을 세웠다는 얘기는 들어본 적이 없다. '맞춤형 저출산' 정책이 없으면 백약이 무효라는 게 지금껏 저출산 정책이 주는 교훈이다. 중앙정부만 아니라 지자체도 적극 나서야 한다.

취업난을 해결 못하면 저출산 정책은 백약이 무효라는 견해도 있다. 그러나 4차 산업혁명 시대에 일자리를 늘리는 것은 만만치 않다. 더구나 세계적으로 제일 높은 대학 진학률을 가진 한국에서 매년 20~30만의 양질의 일자리를 만들어내는 것은 불가능한 일이다. 무언가 대안을 찾아야 하며, 그중 하나가 선취업-후학습이다.

현재 젊은이들은 입시경쟁, 취업경쟁 등 과도한 경쟁으로 고통받고 있다. 현실적으로 70% 정도의 고등학교 졸업생들이 대학에, 그것도 좋은 대학에 진학을 원하기 때문에 치열한 경쟁을 하고 있다. 그 과정에서 과도한 사교육이 등장했고, 많은 학생은 적성과 관계없이 맹목적으로 학과를 선택했다. 전공에 대한 애정이 없으니 학문보다는 스펙 쌓기가 더 중요해졌다. 대학을 나왔으니 그에 맞는 직장을 찾아야 하는데 대졸자가 선호하는 직장의 수는 정해져 있고 한 번에 대학 졸업생들이 쏟아져 나오니 마치 대학에 진학하기 위해 경쟁했듯 사회진출도 경쟁해야 한다.

이처럼 젊은이들은 과도한 사교육, 맹목적인 대학진학, 스펙 쌓기 등에 매달리게 되고 그 결과로 끝없이 악화되고 있는 청년실업이고, 그래서 연애도 결혼도 출산도 포기하고 있는 것이다. 이 같은 악순환을 끊기 위해 선취업-후학습의 길을 트는 것이 필요하다. 고등학교를 졸업한 후 먼저 취업을 하고 나중에 대학에 진학할 수 있도록 하는 제도이다.

선취업-후학습으로 지금의 청소년들이 5~10년 후 훨씬 더 행복한 삶을 살 가능성이 열려 있다는 것을 인식하는 것이 필요하다. 고등학교를 졸업한 뒤 시간을 갖고 본인의 적성과 하고 싶은 일을 탐구하고 자신의 삶에 대학교육이 확실히 필요하다고 생각될 때 대학에 갈 수 있도록 하는 것이다. 그 연령은 20대 중반이어도 좋고 20대 후반이어도 좋다. 고등학교 졸업 후 바로 취업을 해 직장 경험을 쌓을 수도 있고, 창업을 해 사회경험을 쌓을 수도 있다.

지나친 사교육비 부담도 출산을 꺼리는 이유 중의 하나이다. 그러나 이제 학부모들은 자녀 교육에 대한 강박관념에서 벗어날 때가 되었다. 경쟁률이 낮아져 누구나 대학에 갈 수 있을 것이기 때문이다. 그리고 미래사회에서는 암기와 지식습득 위주의 교육으로 양성된 인재는 쓸모가 없다. 21세기 학생에게 19세기 교육을 강요해서는 안 된다. 제러미 리프킨(Jeremy Rifkin)은 『노동의 종말(*The End of Work*)』에서 "4차 산업혁명 시대에는 지금까지 인간이 해왔던 노동의 상당 부분을 AI(인공지능)가 대체할 것이기 때문에 도구적 기술만 가르치는 교육은 필요 없다. 미래는 노동자가 거의 없는 세계로 향하고 있다. 인간은 기계가 할 수 없는 더욱 창의적인 일에만 몰두해야 한다."고 했다.

마지막으로, 적극적인 이민정책을 마련해야 한다. 선진국들은 이민을 적극 수용하여 저출산 문제를 극복하고 있다. 유엔 통계에 따르면, 출산율이 높은 저개발국들의 2017년도 이민자 비율은 평균 1.8%에 불과하지만 선진국은 11.6%다. 대표적인 이민국가인 호주가 28.8%, 캐나다 21.5%, 미국 15.3%다. 20세기 후반 대표적인 출산율 저하로 인구 감소를 우려해온 프랑스는 2.01명으로 10여 년째 유럽 최고 출산율을 기록하고 있으며, 스웨덴, 노르웨이 등 북유럽 국가들도 평균 1.8명의 높은 출산율을 보이고 있는데, 그것은 이민정책 때문이다.

우리나라의 경우 외국인 여성과의 결혼이 저출산 문제 해소에 기여하고 있다. 현재 외국인 여성과의 결혼은 15만 건에 이르고 이들 가정에서 출생한 어린이의 비율은 전체 출생자의 5%에 이르고 있으며, 2030년경에는 그 비중이 10%에 이를 것으로 추산되고 있다. 한국은 그동안 단일민족임을 자랑스럽게 여겼지만 다문화가정의 비율이 증가하면서 민족정체성보다는 국가정체성이 더 중요한 시대가 되고 있다. 따라서 다문화가정 출신들에 대한 편견과 차별이 사라지도록 해야 할 것이다. 그렇지 않으면, 머지않아 이들로 인한 갈등이 심각해질 가능성이 크다.

VI. 급속한 고령화는 또 다른 시한폭탄인가?

초저출산은 초고속으로 고령사회로 치닫게 한다. 그런데 고령화는 저출산 못지않은 심각한 문제다. 노인들에게 연금을 지급해야 하며, 의료 주거 등 복지 서비스를 제공해야 하고, 시간의 경과에 따라 노인 인구 비중이 급속도로 늘어나면 국가의 재정부담도 감당키 어려울 정도로 커진다.

한국의 고령화 속도는 세계에서 가장 빠르다. 유엔은 65세 이상 노인인구가 차지하는 비율이 7% 이상이면 고령화사회(aging society), 14% 이상이면 고령사회(aged society), 20% 이상이면 초고령사회(super-aged society)로 분류하는데, 한국은 2000년에 65세 이상 인구가 7%를 넘어 고령화사회가 되었고, 불과 18년 만인 2018년에 고령사회가 되었으며, 2026년에는 초고령사회가 될 것으로 예상된다. 프랑스가 115년, 미국이 73년, 일본이 24년 만에 고령사회에 진입했던 것에 비하면 한국의 고령화 속도는 너무 빠르다.

노인 인구의 급속한 증가는 사회적으로 부담을 크게 늘린다. 저출산으로 생산가능인구(15~64세)가 유년(幼年)인구에 대해 부담은 줄어들지만, 노인층에 대한 부양 부담이 급속히 늘어나기 때문이다.

현재는 한국의 생산가능 인구 100명이 유소년 18.8명과 노인 17.5명을 부양하고 있다. 유소년과 노인을 합하면(총 부양비) 36.2명을 부양하고 있다는 의미이며, 그것은 곧 3명이 벌어서 1명을 부양한다는 뜻이다. 그런데 50년 후의 총 부양비는 109명이 될 것으로 예상된다. 100명이 벌어서 109명을 부양해야 한다는 말이다. 이것이 과연 가능할 것인가? 더군다나 부양해야 할 109명 중 88명 이상이 노인이다. 유소년에 비해 노인은 의료비 등 모든 면에서 3~4배 이상의 비용이 든다. 고령 인구 비율이 급속히 증가하여 2036년에는 30%, 2051년에 40%를 넘어선다. 2065년엔 부양비가 117.8명으로 OECD 회원국 중 1위가 될 것으로 예상된다. 결국 국민연금과 건강보험료와 세금이 늘어날 수밖에 없다. 지금의 10~20대가 앞으로 직장 생활을 하는 동안 사회보험료와 세금 부담이 대폭 늘어나게 된다. 이렇게 되면 능력 있는 젊은이들이 이민을 가려는 현상이 나타날 가능성이 크다.

당장 농촌부터 고령화의 타격을 받고 있다. 젊은 농부가 없는 농촌에선 농사가 점점 어려워지고 있다. 농민 대부분이 고령이 되어서도 계속 농사일을 하는데 의료시설과 지원이 턱없이 부족하여 노후의 질환에 대해 거의 무방비 상태다. 뿐만 아니라 노인 빈곤율과 노인 범죄율이 높아지면서 고독사(孤獨死) 등 다양한 사회적 문제가 증가하고 있다.

고령화사회에서 노인들의 생활안정을 위해 무엇보다 중요한 것이 국민연금이다. 그런데 2018년 8월 국민연금재정추계위원회는 저출산, 고령화, 저성장의 3대 요소가 모두 부정적으로 작용하여 2042년부터 연금 수지가 적자로 돌아서고 2057년에는 연금기금이 고갈될 것으로 전망했다. 보험료를 낼 사람은 줄어들고 연금받을 은퇴자는 계속 늘어나고 있기 때문이다.

지금의 갓난아기들이 30대가 될 때 쯤이면 국민 세 명 중 한 명이 65세 이상 노인이 된다. 아기들은 태어나자마자 은퇴 세대 부양이라는 큰 짐을 지게 된다. 일본 경제사회종합연구소의 「세대별 연금 생애수지(生涯收支) 보고서」(2012년)를 보면, 27세 젊은이가 평생 부담하는 국민연금 보험료는 매년 평균 1,978만 엔이지만, 지급받을 수 있는 평균 연금은 매년 1,265만 엔으로 713만 엔의 손해를 보는 구조다. 한국의 다음 세대는 이보다 훨씬 더 불리한 상황에 처하게 될 것이 틀림없다.

다음 세대 입장에선 앞으로도 몇십 년간 연금 보험료를 내야 하지만, 나중에 연금을 제대로 받지 못할 가능성이 크다. 국민연금에 들어오는 돈이 연금으로 나가는 돈보다 많아지면 이때부터 밑 빠진 독에 물 붓기인데 누가 연금 보험료를 내려 하겠는가? 고갈된 기금에 국가가 지급을 보장한다고 하지만, 그것은 결국 세금을 쏟아붓겠다는 것인데, 2057년에 65세 이상 고령자가 전체 인구의 45%를 넘게 된다. 세금을 낼 사람은 적어지고 낼 여력도 줄어드는데, 어디서 연금 부족분을 메울 세금을 거둘 수 있겠는가?

* * * * *

많은 문제들이 이념적·정치적 이유로 해결되지 않는 경향이 있지만, 저출산 문제는 그런 문제가 아니기 때문에 초당적 대처가 가능하다고 본다. 따라서 인구 절벽 문제를 심각한 국가적 위기로 인식하고 실효성 있는 비상대책을 시급히 마련해야 할 것이다.

제**2**부
대외적 리스크

제6장

남북관계,
기회인가 모험인가?

한반도에 참된 평화가 올 수 있다면 그보다 더 바람직한 것은 없다. 그러나 비핵화를 포기하거나 뒤로 미룬 평화는 위장된 평화일 뿐이다.

문재인 정부의 대북정책 목표인 한반도 평화정착과 분단 극복(통일)은 북한의 완전한 비핵화가 선행돼야만 가능한 것이다. 2018년 6월 트럼프 대통령과 김정은 국무위원장의 싱가포르 정상회담에서 비핵화 원칙을 합의했지만 그 후 실질적 진전이 없었던 가운데 2019년 2월 하노이에서 개최된 2차 미·북 정상회담이 결렬되고 말았다. 무엇보다도 북한의 비핵화 의지가 없었기 때문이다. 미국과 북한 간에 중재자 역할을 자임한 문재인 정부는 김정은의 비핵화 의지는 확고하다고 거듭 주장해왔기 때문에 하노이 회담 결렬에 대한 우리 정부의 책임도 크다.

처음부터 문재인 정부는 오랜 반목과 대립의 남북관계 역사와 북한의 핵 위협을 도외시한 채 '한반도의 평화와 번영, 통일'이라는 장밋빛 환상에 젖어 남북관계 개선만 서둘렀다. 2018년 4월 27일 판문점에서 열린 남북 정상회담에서 채택된 판문점선언은 "한반도에 더 이상 전쟁은 없을 것"이라며 ①개성에 남북공동연락사무소를 설치하고, ②동해선 및 경의선 철도와 도로를 연결하며, ③일체의 적대행위를 전면 중지하고, ④서해 북방한계선 일대를 평화수역으로 설정하며, ⑤항구적인 한반도 평화체제를 구축하기로 하고, 이를 위해 2018년 안에 종전선언을 하고 정전협정을 평화협정으로 전환하기 위해 노력하며, 나아가 ⑥단계적 군축을 실시하기로 했다. 그로부터 채 5개월도 안 돼 평양에서 열린 정상회담에서 평양공동선언이 채택됐는데 판문점선언을 재확인하면서 ①금년(2018) 내 동해선 및 서해선 철도와 도로 연결을 위한 착공식을 하고, ②개성공단과 금강산 관광 사업을 정상화하며, ③서해 경제공동특구 및 동해 관광공동특구 조성을 협의하기로 했다. 문재인 정부가 핵무력을 완성한 북한의 실체와 의도에 대한 냉정한 인식과 대책이 결여된 가운데 이 같은 선언들을 채택한 것을 어떻게 이해해야 할 것인가.

남북관계 개선에 모든 것을 거는 문재인 정부의 전략은 국가적 도박의 성격이 강하다. 무엇보다도 북한이 핵보유국으로 남는다면 한국에는 심각한 국가적 재앙이다. 설령 북한의 비핵화가 이뤄진다 하더라도 한반도 평화와 북한 개발에 따른 경제적 특수(特需)는 장밋빛 환상일 뿐이다. 앞으로 수십 년간 천문학적 규모의 국민 혈세가 북한에 투입되어야 할지 모르지만, 그렇게 되더라도 북한경제의 발전 전망은 지극히 불투명하며, 또한 한반도에 평화가 오리란 보장도 없다. 그래서 집권세력이 남북관계에 대해 지나치게 '희망적 사고

(wishful thinking)'에 젖어 있다는 비판을 받고 있다. 한반도 평화정착의 관건은 북한의 핵 포기 여부에 달려 있는 것이다.

1. 북한은 과연 핵을 포기할 것인가?

2000년 전후만 하더라도 김대중 정부의 햇볕정책은 의미 있는 정책이었다. 당시 세계의 북한 전문가들은 북한이 중국식 개혁·개방을 하지 않으면 머지않아 붕괴될 것으로 판단하고 있었다. 그래서 김대중 정부는 남북 간 화해·협력을 통해 북한을 개혁·개방으로 유도하여 한반도 긴장을 완화하고 북한경제를 회생시킴으로써 궁극적으로 통일의 시대를 열 수 있을 것으로 기대했다. 또한 북한이 핵무기를 개발한다는 확실한 근거도 없었기 때문에 그 같은 정책을 폈던 것이 잘못된 것이라 하기도 어렵다. 그러나 북한이 핵실험을 하면서 김대중·노무현 정부의 햇볕정책은 북한에 기만당한 실패한 정책임이 분명해졌다.

더구나 지금의 북한 핵은 김대중·노무현 정부 당시와는 비교가 안 될 정도로 심각한 위협이 되고 있다. 그들은 현재 60발 정도의 핵탄두와 1,000여 발에 달하는 각종 탄도미사일, 매년 12개 정도의 핵탄두를 생산할 수 있는 핵 시설을 보유하고 있다. 오랫동안 북한은 미국의 적대시 정책 때문에 핵을 개발한다고 주장해왔다. 북한이 체제생존만을 목표로 했다면 소수의 핵탄두 등 '최소한의 억지력'만 가지면 되는데, 왜 그처럼 많은 핵탄두와 미국 본토까지 위협하는 대륙간 탄도미사일(ICBM)을 개발했는가? 오래전에 핵보유국 반열에 합류한 이스라엘, 인도, 파키스탄 모두 ICBM은 개발하지 않았는데 왜 북한만 그렇게 했는가? 그것은 미국과 흥정하여 미국의 한국방위를 포기시키려는 수단이라는 것이다. 다시 말하면, 유엔군사령부 해체, 주한미군 철수, 한미동맹 해체 등을 통해 적화통일을 하겠다는 것이다. 그래서 북한 핵은 5,100만 우리 국민의 생존은 물론 우리 모두의 자유와 미래가 걸린 중대한 문제다. 따라서 문재인 정부가 김대중·노무현 정부와 같은 감상적 대북정책을 그대로 계승했다는 것은 근본적으로 잘못된 것이다. 따라서 북한이 과연 비핵화할 가능성이 있는지 따져볼 필요가 있다.

▌개혁·개방이 어려운 북한 수령체제

폼페이오 미 국무장관은 북한의 비핵화를 촉구하면서 북한이 비핵화한다면 '북한판 마셜 플랜'을 통해 '대동강의 기적'을 이룩하게 하겠다고 했고, 2차 미북 정상회담을 앞두고 트럼프 대통령도 북한이 비핵화하면 경제강국이 될 수 있도록 하겠다고 했다. 거기에는 북한이 정상국가가 되어야 한다는 전제가 깔려 있다. 그런데 북한이 정상국가가 될 수 없다면 핵도 포기하기 어려운 것이다.

중국은 과거 여러 차례 김정일 위원장을 초청하여 중국 개혁·개방의 성공을 보여주며 북한의 개혁·개방을 강력히 촉구했지만 김정일은 그 같은 권유를 외면했다. 오히려 그는 소련과 동유럽 국가들이 개혁·개방으로 사회주의를 파탄에 빠뜨렸다고 비난했다. 그는 개혁·개방 과정에서 자본주의 황색 바람을 따라 '모기'들이 들어오기 때문에 이를 막기 위해 모기장을 겹겹이 쳐야 한다고 했다. 다시 말하면, 개방·개혁과는 반대로 대외 접촉과 교류를 제한하고 주민 통제도 강화했던 것이다. 우리는 개혁·개방을 북한 체제생존의 필수 조건으로 보지만, 북한은 개혁·개방을 김일성체제를 파멸시키는 위험요인으로 판단했던 것이다.

그런 점에서 우리는 갑자기 달라진 김정은의 행보에 어리둥절할 수밖에 없다. 자신의 고모부와 이복형을 잔인하게 살해하고 300여 명의 고위층 인사들을 무자비하게 숙청하는 등 공포정치를 펴왔고, 핵실험과 미사일 시험발사를 계속해왔던 '3대 세습 독재자'는 온데간 데없고, 갑자기 정상적 지도자처럼 행세하고 있다. 판문점 남북 정상회담을 계기로 한반도 평화에 대한 기대가 높아지면서 김정은에 대한 우리 국민의 호감도는 70%를 넘기도 했지만, 그 후 지지부진한 비핵화 협상으로 그에 대한 실망감이 되살아나고 있다. 그래서 무엇이 김정은과 북한체제의 실체인지 의아해하는 사람들이 많다.

태영호 전 영국 주재 북한공사는 그의 저서 『3층 서기실의 암호』에서 북한은 사회주의사회에서 사회주의봉건사회를 거쳐 노예사회로 퇴행했다고 주장한다. 또한 북한은 핵심계층과 동요계층, 적대계층으로 분류된 신분제(身分制)사회라고 강조한다. 적대계층 중에서 북한사회에 저항하거나 반발한 주민은 처형하거나 수용소로 끌고 가는 등 온 나라가 감옥화, 병영화됐다고 한다. 그는 북한에는 인간의 기본권인 의사표현의 자유, 이동의 자유, 생산수단 보유의 자유는 물론이고, 자기 자식을 관할할 자유조차 없다면서 나라 전체가 오직 김일성 가문만을 위해 존재한다고 한다. 따라서 북한은 하루빨리 무너뜨려 흡수통일을 해야 할 '악의 체제'라고 주장한다.

북한에서는 수령이 모든 문제를 좌우한다. 발전이 있었다면 수령의 영도 때문이고 핵무기를 개발했다면 그것도 수령 덕분이다. 이

논리대로라면 북한이 한국과 비교할 수 없을 정도로 비참한 지경에 빠지게 된 것도 수령 때문이라는 결론에 이르게 된다. 그래서 북한 정권은 한국의 실상이 주민들에게 알려지는 것을 극도로 경계한다. 북한주민들이 중국 드라마나 심지어 미국 드라마까지 보는 것은 어느 정도 허용되지만 한국 드라마를 보면 엄중한 처벌을 받는다. 북한 사람들이 해외에 나가서 가장 주의해야 할 대상도 한국인이다.

1983년 가을 후계자가 된 후 처음으로 중국을 방문한 김정일에게 덩샤오핑은 "이제 우리는 '마오쩌둥 주석의 말이라면 무엇이나 그대로 따른다'는 원칙을 버리고 모든 일은 실사구시(實事求是), 즉 실제 상황에 비추어 결정하기로 했습니다. 개혁·개방에서 제일 먼저 한 일이 '사상을 개방하는 것'이었습니다."라고 말했다. 덩샤오핑의 간곡한 권유에도 김정일은 '수령 유일체제'를 위태롭게 할 우려가 있다며 개혁·개방을 하지 않았다. 북한이 진짜 변하려면, 덩샤오핑이 말했듯이 먼저 '사상을 개방'해야 한다. 사상 개방이란 선대의 교시라도 부정할 수 있어야 하는데 김정은은 결코 그렇게 할 수 없다. 그렇게 하려면 선대부터 해온 거짓말이나 그들의 과오를 시인하고, 또한 선대의 교시도 부정해야 하는데, 이는 결국 세습자인 자기 자신을 부정하는 것이기 때문이다.

실제로 북한정권은 개방·개혁에 매우 취약하다. 북한정권이 거짓말과 과장과 왜곡으로 쌓아올린 모래성 같은 존재이기 때문이다. 북한은 역사조작을 통해 김일성 일가를 우상화해왔다. 항일투쟁 당시의 김일성은 신(神)과 같은 존재로 묘사되고 있다. 6.25전쟁도 중공군이 아니라 김일성의 탁월할 리더십으로 미군을 격퇴하고 승리를 쟁취했다고 주장해왔다. 북한은 인민의 낙원인 동시에 남한은 인민의 지옥이라 선전해왔다. 김일성이 백두산을 근거지로 항일투쟁을 했다거나 김정일이 그곳에서 태어났다는 것도 거짓말이다. 그럼에도 북한정권은 백두혈통 운운하며 세습 독재를 정당화하고 있다.

북한은 세습 독재체제를 유지하기 위해 주민들을 철저히 통제한다. 즉 물리적 통제, 정보 통제, 사상통제가 그것이다. 주민은 핵심계층, 동요계층, 반동계층으로 구분하여 철저히 감시하며 모든 언행을 통제한다. 당의 노선에서 조금이라도 어긋나면 가차 없이 처벌받으며, 연좌제에 따라 친척까지 처벌받는다. 다음으로 철저한 정보통제를 한다. 북한은 대외접촉을 금지함으로써 외부 정보 유입을 차단하며, 북한의 모든 매체는 노동당의 선전수단에 불과하기 때문에 주민들은 나라 안팎 소식에 깜깜하다. 마지막으로 사상통제이다. 가정, 학교, 직장을 통해 어릴 때부터 김일성 일가에 대한 우상화교육을 받는다.

따라서 북한의 개혁·개방을 위해서는 절대 권력의 해체 또는 획기적 축소가 필수적이다. 또한 정치 제일주의와 군사 우선주의에서 경제 제일주의로 국정 우선순위가 바뀌어야 한다. 과연 김정은이 고르바초프와 같은 결단을 내릴 수 있을까? 고르바초프의 결단은 역사를 바꾸었지만 소련은 해체되었다. 세습 독재권력을 가진 김정은이 그 같은 모험을 택할 가능성은 희박하다. 결국 그는 체제유지와 경제발전이라는 두 마리 토끼를 잡으려 할 것이고, 이를 위해 수령 독재체제를 더욱 공고히 하려 할 것이다.

북한이 중국 수준의 개혁·개방을 한다는 것은 통제와 감시를 전반적으로 풀어 주민들에게 상당한 자유를 허용하는 것을 의미한다. 그렇게 되면, 북한주민들이 수십 년 동안 김일성 일가에 의해 기만당하고 고통받아 왔다는 사실을 깨닫게 되고, 특히 '인민의 지옥'이라 했던 한국이 너무도 자유롭고 잘 살고 있다는 사실을 알게 되면 북한정권에 대한 분노가 폭발하게 될 것이다.

그래서 중국은 북한의 개혁·개방에 매우 회의적이다. 중국공산당 기관지인 인민일보 해외판 소셜미디어 계정 샤커다오(俠客島)는 "북한의 개혁·개방은 시기상조"라고 했다. 그 이유로 2018년 4월 북한 노동당 중앙위원회 결의문을 꼽았다. 모든 역량을 사회주의 경제 건설에 집중한다고 했지만, 개혁·개방 의지의 표명만으로 부족하고, 오히려 개혁·개방의 전제로 핵보유국 지위를 국제적으로 인정받겠다는 핵·경제 병진 노선을 재확인한 측면이 더 크다고 보았다.

북한이 당면한 위협은 미국의 군사위협보다는 풍요롭고 자유로운 대한민국의 존재 그 자체다. 중동과 아프리카의 난민들처럼 수많은 북한주민들이 남으로 밀려 내려온다면 북한체제가 과연 유지될 수 있을까? 북한정권이 인구이동 통제, 정보통제 등 극단적 통제로 되돌아가지 않는 한 북한체제는 급속히 붕괴되고 말 것이다.

II. 북한은 왜 핵 개발에 몰두했는가?

북한이 핵무기를 체제생존의 유일한 수단이라고 주장하는 것은 핵을 대체할 수 있는 체제생존 수단이 없다는 의미이며, 따라서 핵을 포기할 가능성이 희박하다는 것이다. 만약 북한이 핵을 포기한다면, 미국과 동맹국들은 북한의 체제보장을 위해 평화협정 체결, 미국과의 관계 정상화, 북한의 경제발전 지원 등을 하겠다는 입장으로, 이는 사실상 북한이 주장해온 모든 것들을 보장하겠다는 것이다. 그럼에도 북한은 왜 비핵화에 주저하는가? 북한은 비핵화의 조건으로 체제보장을 요구하고 있지만, 외부의 보장만으로는 북한체제가 보장될 수 없다는 데 문제가 있다. 자생력이 있어야 체제가 유지될 수 있지만 북한은 자생력이 없다. 수령 독재체제일 뿐 아니라 남북 간의 엄청난 격차를 고려할 때 중국·베트남식 개혁·개방이 어렵고 따라서 경제발전도 기대하기 어렵기 때문이다.

1990년대 초 북한은 한국에 흡수통일을 당할 위험에 처했었다. 동독이 서독에 흡수통일되었고, 소련을 위시한 동유럽 공산체제가 무너지고 소련으로부터 원조도 끊기면서 북한은 심각한 경제난에 빠졌고 외교적으로도 고립되었다. 설상가상으로 1994년 김일성이 사망하면서 체제위기는 가중되었다. 당시 200만 정도의 사람들이 아사(餓死)했고 수십만 명이 먹고 살기 위해 중국으로 탈출했다. 이에 비해 한국은 서울올림픽 성공에 힘입어 유례없는 번영을 구가하고 있었다. 김정일은 체제경쟁이나 재래식 군비경쟁으로 남한의 흡수통일 위험을 막아낼 수 없다고 판단하고 핵무기 개발에 국력을 총동원했다. 당시 2억 달러면 식량난을 해결할 수 있었음에도 이를 외면하여 인구의 10% 정도의 주민이 굶어죽게 하면서 김정일은 수십억 달러의 자금을 핵개발에 쏟아부었다.

김일성 사망 후 최고지도자가 된 김정일은 "중국 공산당은 공산주의와 사회주의를 포기한 수정주의자"라고 비난하는 등 6년간 중국에 냉담하다가 2000년 5월에야 중국을 방문했다. 장쩌민 주석을 만난 그는 "중국의 개혁·개방은 위대한 성과를 냈다. 덩샤오핑의 개혁·개방 정책은 옳았으며, 조선노동당과 정부는 이 정책을 지지한다"고 했다. 그동안 김정일의 의도를 반신반의해왔던 중국도 북한의 개혁·개방에 대한 기대감으로 북한에 대한 지원을 본격화했다. 김정일의 개혁·개방 쇼의 정점은 2006년 1월 네 번째 방중이었다. 후진타오 주석을 만난 자리에서 그는 "개혁·개방이 중국 국력을 크게 끌어올렸고 놀라운 발전을 이뤄냈다"고 극찬했다. 그래서 북한이 중국 모델에 따라 경제개혁에 나설 것이라는 기대가 높아졌다.

그러나 김정일이 중국을 기만했다는 사실이 밝혀지기까지 1년도 걸리지 않았다. 그해 10월 9일 1차 핵실험을 단행하여 북한의 개혁·개방을 기대했던 중국에 찬물을 끼얹었다. 핵실험 사실도 20분 전에 중국에 통보했다. 분노한 중국 정부는 이례적으로 "감히(悍然)"라는 표현까지 동원하여 북한을 비난했다. 김정일은 노무현 대통령도 기만했다. 2007년 10월 초, 노 대통령이 평양 방문을 마치고 돌아간 직후 김정일은 노동당 책임일꾼들에게 "계급적 원수들의 착취적 본성은 승냥이가 양으로 될 수 없듯이 절대로 변하지 않는다. … 높은 정치적 신념을 간직하고 원수들과는 웃으며 백 번을 입 맞추다가도 언젠가 한 번은 뒷덜미를 물어뜯어서라도 미제와 남조선 괴뢰들을 쳐부수고 조국을 통일하여야 한다. … 후대들에게 통일된 조국, 부강한 조국을 넘겨주기 위해서라도 핵무기를 비롯한 현대적 무장장비 연구와 개발 사업을 절대로 약화시키지 말고 강화하여야 한다."고 강조했다.

김정일은 미국과 비핵화 협상을 하면서 동시에 베트남식 개혁·개방 가능성을 거론하며 애드벌룬을 띄웠던 것이다. 그래서 김정일을 겪어본 중국의 북한 전문가들은 김정은에게 기대를 걸지 않고 있다. 동유럽 공산국가들이 개방 물결 속에 줄줄이 붕괴했고, 중국도 천안문 사태라는 비극을 겪었는데, 김정일이 이런 위험을 각오하고 개혁·개방에 나설 수 없었다는 것이다.

요컨대 북한정권은 개혁·개방으로는 정권의 안전을 보장하기 어렵기 때문에 핵무기를 유일한 생존수단으로 확신하며, 그 연장선상에서 적화통일도 가능할 것으로 판단할 가능성이 높다. 이것은 김정일의 사망 직전인 2011년 10월 8일, 김정은에게 남긴 다음과 같은 유언에서 잘 나타나 있다.

> 첫째, 핵, 장거리 미사일, 생화학무기를 끊임없이 발전시키고 충분히 보유하라.
> 둘째, 합법적인 핵보유국으로 당당히 올라서라.
> 셋째, 6자회담을 우리의 핵 보유를 전 세계에 공식화하는 회의로 만들라.
> 넷째, 조국 통일 문제는 우리 가문의 종국적 목표다.
> 마지막으로, 주한미군을 철수시켜 대국들이 중립적인 입장을 가지도록 하라.

2011년 말 권력을 계승한 이래 김정은은 그 유훈을 저돌적으로 실천해왔다. 국제사회의 강력한 압박에도 불구하고 그는 네 차례의 핵실험과 40여 차례의 탄도미사일 시험발사를 강행했다. 그런데 김정은은 2018년 들어 갑자기 대화하겠다고 나섰던 것이다. 그것은 트럼프 행정부의 '최대 압박(Maximum Pressure)'을 모면하기 위한 것인가 아니면 김정은의 대외전략의 근본적 변화를 의미하는 것인가?

미국에서 대통령선거 운동이 시작되고 있던 때인 2016년 1월 6일의 북한의 4차 핵실험과 2월 7일의 장거리 미사일 시험발사에 대해 유엔은 북한에 대한 강력한 제재조치를 결의했다. 5차례에 걸친 유엔의 대북제재(2270, 2321, 2371, 2375, 2397)는 석탄, 철 등 광물 수출 금지, 대북투자 및 합작사업 금지, 근로자 해외송출 금지 등으로 북한경제의 숨통을 조였다. 원래 빈곤한 나라가 수십억 달러의 외화수입이 막혔으니 살길이 암담해졌다. 갑자기 수출의 4분의 3 이상이 날아가 버리고 석유 수입까지 제한받으면서 나라 전체가 흔들렸던 것이다. 동시에 미국은 그해 1년 동안 6차례에 걸쳐 한반도에 전략자산을 전개하는 등 군사적으로 북한을 압박했다.

그럼에도 김정은은 트럼프 대통령의 취임을 며칠 앞둔 시점인 2017년도 신년사를 통해 대륙간 탄도미사일 시험발사가 마감단계에 와 있다는 도발적인 언급을 했고, 이에 대해 트럼프는 "절대 그런 일은 없을 것"이라고 했다. 이 같은 상황에서 취임한 트럼프 대통령은 북핵 문제가 대외정책의 우선순위가 될 수밖에 없었기 때문에 그해 1년 동안 북한을 대상으로 대대적인 외교적·경제적 압박을 가했다. 그럼에도 북한은 그해 9월 6차 핵실험을 감행했고 뒤이어 미국 본토를 위협할 수 있는 대륙간 탄도미사일을 시험발사했으며, 이에 미국은 항모(航母)전단, 핵잠수함, 전략폭격기 등 전략자산을 한반도 주변에 투입하여 한국군과 합동훈련을 실시하면서 한반도는 일촉즉발의 위기에 휩싸였다.

트럼프 행정부는 북한에 대해 최대압박을 하면서도 대화의 창구도 열어 놓았다. 트럼프 대통령은 대통령선거 운동 당시 김정은과 테이블에 앉아 햄버거를 먹을 수 있다고 했고, 취임한 후에도 김정은과 전화통화를 할 수 있다고도 했다. 이처럼 미국 정부가 최대 압박과 동시에 대화를 언급했던 것은 김정은을 대화의 장으로 나오게 하려는 의도였다.

중국이 북한 무역의 90%를 차지하기 때문에 북한에 대한 경제제재의 성패는 중국의 협조에 달렸다고 보고 미국은 북한에 대한 제재를 위반한 중국 기업들에 대해 제3자 제재(세컨더리 보이콧)를 하겠다고 위협했다. 그 결과 2017년 하반기 들어 중국이 유엔이 채택한 대북제재 결의를 이행하면서 북한의 대중 수출이 급감하여 2017년 의 북한경제는 3.5% 뒷걸음질칠 정도로 최악이었다. 2018년에도 중 국에 대한 북한의 수출은 전년도에 비해 87% 줄었고, 수입은 33% 감소하면서 성장률은 또다시 -5% 정도였다. 이 같은 심각한 대내외 위기 상황에서 김정은은 대화에 나섰던 것이다.

북한의 비핵화가 어려울 것이라는 것은 무엇보다 비핵화에 대한 인식이 근본적으로 다르기 때문이다. 비핵화라고 하면 한국과 미국 은 북한의 비핵화를 말하지만, 북한은 수십 년간 "조선반도 비핵화 는 핵무기를 가진 군대가 한반도에서 없어지는 것"이라고 주장해왔 다. 이러한 사실은 2016년 7월 6일 북한당국이 조선중앙통신을 통 해 발표한 「미국과 남조선당국의 북 비핵화 궤변은 조선반도 비핵화 의 전도를 더욱 험난하게 만들 뿐이다」라는 성명에 잘 나타나 있다.

"··· 우리가 주장하는 비핵화는 조선반도 전역의 비핵화다. 여기에는 남핵(南核) 폐기와 남조선 주변(미군 지칭)의 비핵화가 포함되어 있다. ··· 미국과 남조선당국이 조선반도 비핵화에 일 말의 관심이라도 있다면 다음과 같은 우리의 원칙적 요구부터 받아들여야 할 것이다.

첫째, 남조선에 끌어들여놓고 시인도 부인도 하지 않는 미국 의 핵무기들부터 모두 공개하여야 한다.

둘째, 남조선에서 모든 핵무기와 그 기지들을 철폐하고 세계 앞에 검증받아야 한다.

셋째, 미국이 조선반도와 그 주변에 수시로 전개하는 핵타격 수단들을 다시는 끌어들이지 않겠다는 것을 담보하여야 한다.

넷째, 남조선에서 핵사용권을 쥐고 있는 미군의 철수를 선포하여야 한다."

비핵화 협상이 교착상태에 빠진 가운데 북한 조선중앙통신도 2018년 12월 20일 '조선반도 비핵화'에 대한 논평에서 "우리의 핵 억지력을 없애는 것이기 전에 조선에 대한 미국의 핵 위협을 완전히 제거하는 것"이라 주장했다.

북한이 1만 개에 달하는 지하시설을 가지고 있고 그것도 철저히 비밀에 갇혀 있기 때문에 핵무기와 핵물질을 완전히 제거한다는 것은 숲속에서 바늘 찾기처럼 어려운 일이다. 또한 수령의 권위를 절대시하는 북한체제 특성상 핵시설에 대한 외부 사찰을 용납하지도 않을 것이다. 만에 하나 북한의 핵이 완전히 폐기된다 하더라도 북한에는 방대한 양의 우라늄이 매장되어 있고 1만 2,000여 명의 핵개발 전문 인력이 있기 때문에 필요하면 몇 달 내에 핵무기를 다시 만들 수 있다.

더구나 비핵화 과정 자체가 매우 어려운 과업이다. 2018년 5월 북한 핵문제 최고 전문가인 스탠퍼드대 헤커 교수의 주도로 작성된 「기술적 관점에서 본 북한 비핵화 로드맵」에 의하면, 북한에 비핵화 의지가 있다 하더라도 완전한 비핵화에 최소 10년이 걸릴 것으로 판단했다. 왜냐하면, 첫째 핵무기를 만든다는 건 그야말로 방대한 사업이고, 둘째 북한 핵무기는 사실상 완성단계에 있으며, 셋째 북한의 협조 없이는 제대로 된 핵 폐기 검증이 불가능하기 때문이다.

III. 김정은의 비핵화 의지 믿을 수 있나?

과연 김정은은 비핵화할 의지가 있는 것인가? 그렇다면 그는 왜 지난 몇 년간 그처럼 핵과 미사일 개발에 몰두했던가? 그는 왜 노동당 규약에 핵·경제 병진노선을 명문화하고 헌법에도 '핵보유국'이라고 명기했는가? 더구나 2018년 4월 20일에 열린 노동당 전원회의에서 "국가 핵무력 완성과 핵무기 병기화"를 선언하고 핵무기를 "평화수호의 강력한 보검"이라며 "자신들에 대한 핵 위협이 없는 한 핵무기를 사용하지 않고, 또 핵무기와 핵 기술을 이전하지 않을 것"이라 했던 것은 핵보유국임을 공식 선언한 것이 아닌가?

우리 정부는 '비핵화는 선대의 유훈'이라고 하는 등 김정은의 비핵화 의지는 확고하다고 여러 차례 강조했다. 그러나 '비핵화는 선대의 유훈'이라는 말은 북한의 비핵화를 의미하는 것이 아니다. 한국에 미국 전술핵이 배치돼 있던 시기에 김일성은 '조선반도 비핵화'라는 표현으로 전술핵 철수를 요구했고, 김정일 시대에는 핵우산, 연합훈련, 전략자산 전개 등 모든 대북 위협이 먼저 제거돼야 한다는 의미로 이 용어를 애용했다. 김정은도 "조선반도 비핵화는 선대의 유훈"이라며 이 입장을 계승했다. 2013년에 제정한 북한의 '자위적 핵보유국 지위법'은 핵 보유를 '미국 적대시 정책과 핵 위협에 대한 정당한 방위수단'으로 명시했고, 김정은의 2018년 신년사 역시 '핵 불필요'를 언급하면서도 '대북 위협 제거'라는 단서를 달았다. 같은 해 3월 정의용 특사를 통해 밝힌 '핵 불필요'에도 '군사위협 해소와 체제 안전 보장'이라는 조건을 내세웠고, 판문점선언에서도 '핵 없는 한반도'를 '공동목표'라 했다. 북핵만 폐기한다면 공동목표라고 할 필요가 없는 것이다. 6·12 미·북 정상회담의 공동성명에도 '한반도 비핵화'라 했다.

2018년 9월 19일 평양에서 열린 남북 정상회담에서 "한반도를 핵무기와 핵위협이 없는 평화의 터전으로 만들어 나가야 한다는 데 인식을 같이 하였다"고 합의했다. 이는 북한이 오랫동안 주한미군 철수를 주장해온 것을 되풀이한 것으로, 한국에 대한 미국의 핵우산도 철폐되어야 한다는 의미를 내포하고 있다. 이로 미루어 볼 때, 김정은의 비핵화 의지는 지극히 불투명하다. 그럼에도 문재인 대통령은 뒤이은 유엔총회 연설에서 "이제 북한 핵 포기는 공식화됐으니까 대북제재를 완화하고 종전선언도 해서 평화체제로 가야 한다"고 했다. 이에 대해 블룸버그 통신은 문 대통령을 "김정은의 수석 대변인"이라 하기도 했다. 그럼에도 문 대통령은 다음 달 브뤼셀에서 열린 아셈(ASEM)회의 당시 유럽 지도자들을 대상으로 대북제재 완화를 주장했다.

김정은이 국력이 수백 배 우위인 미국의 트럼프 대통령과 마주앉아 핵 담판을 벌였다는 것은 북한의 필사적인 핵 개발과 핵 외교가 얼마나 대단한지를 보여준 것이다. 미국 대통령까지 협상에 직접 나서게 된 것은 30년에 걸친 북한의 집요한 핵 개발이 성공해 북핵위협이 심각해졌기 때문이지, 핵에 대한 김정은의 인식이 김일성이나 김정일과 달라졌기 때문이 아니라고 본다.

북한은 핵무기를 체제생존의 유일한 수단으로 간주해왔기 때문에 절대 핵을 포기하지 않을 것이라는 것이 전문가들의 공통된 견해다. 싱가포르 미·북 정상회담 후에도 북한은 협상하는 체하면서 뒤에서는 핵탄두를 은폐하고 핵물질도 계속 생산하고 있는 것으로 알려지고 있다. 6월 30일 워싱턴포스트는 미 국방정보국(DIA)이 미·북 정상회담 후 새로 수집한 정보를 바탕으로 "북한이 완전한 비핵화에 나서지 않고, 핵탄두 및 관련 장비·시설의 은폐를 추구하고 있다"는 내용의 보고서를 발간했다고 보도했다. 이 신문에 따르면, 미 정보당국은 북한이 65개의 핵탄두를 보유한 것으로 추정하지만, 북한은 이보다 훨씬 적은 수의 핵탄두를 가졌다고 주장하고 있는 것으로 알려졌다. 북한이 핵탄두와 핵시설 수를 줄여서 보고한 뒤, 보여주기식 핵 폐기 쇼를 한 후 핵보유국으로 남겠다는 의도로 판단된다.

전문가들은 김정은은 핵을 포기할 의사 자체가 없다고 생각한다. 무엇보다 핵은 김씨 왕조체제의 권위의 상징이기 때문에 그것을 포기하면 체제가 지탱되기도 어려울 것으로 판단한다는 것이다. 또한 세계 역사상 핵폭탄을 확보한 나라 중에서 핵을 포기한 나라는 단 하나도 없기 때문에 북한도 예외가 되기 어렵다는 것이다. 김정은은 2018년도 신년사에서 "국가 핵무력 완성의 역사적 대업을 성취했다"고 했으며, 이제야 "장군님과 위대한 수령님의 염원을 풀어드렸다"고 하면서 2018년에는 "핵탄두들과 탄도로케트들을 대량생산하여 실전배치하는 사업에 박차를 가해 나가야 한다"고 말한 바 있다.

문재인 정부는 북한의 비핵화 의지는 확고하다고 하지만, 그것은 북한정권의 본질과 의도를 망각한데서 나온 잘못된 판단이다. 아니나 다를까. 리용호 북한 외무상은 2018년 9월 29일 유엔총회 연설에서 "우리가 일방적으로 핵무장을 해제하는 일은 절대로 있을 수 없다." … "미국은 70년 전부터 우리에 대한 적대시 정책을 해왔으며 수십 발의 원자탄을 떨어뜨리겠다고 공갈했고 우리 문턱에 핵전략 자산을 끌어들인 나라"라고 비난했다.

최근 더불어민주당 초청 강연에서 미국의 북한 문제 전문가인 박한식 조지아대 명예교수는 "북은 이미 핵 원료, 제조 기술, 제조 경험,

핵탄두를 가졌다. 북 당국이 인민들에게 '우리는 이미 핵 국가이고 세계 열강이 모두 이를 인정하고 있다'고 선언했다. 핵은 포기할 수도 없고 포기되지도 않는다. 북한은 미국이 원하는 식으로 절대 비핵화되지 않는다. 북 비핵화가 불가능하다는 것이 우리에게 닥친 걱정"이라 했다. 그는 "미국이 북한 비핵화에 만족하고 제재를 해제하는 단계도 오지 않는다. 지금 우리는 핵 보유 북한을 받아들일 것이냐는 어려운 문제에 직면해 있다"고 하여 사실상 북한 비핵화는 불가능하다는 솔직한 견해를 집권당 의원들에게 털어놓은 바 있다.

태영호는 "1조 아닌, 10조 달러를 주어도 북한은 핵을 포기하지 않을 것"이라 말한 바 있다. 미국을 비롯한 국제사회는 김정은의 비핵화 의지를 신뢰하지 않는다. 2018년 5월 말 '미국의 소리(VOA)' 방송은 미국 내 전문가 30명을 대상으로 설문조사를 한 결과 북한이 핵을 포기할 것으로 본 사람은 아무도 없었다. 푸틴 러시아 대통령도 2017년 9월 "북한은 풀을 뜯어먹을지언정 핵무기 프로그램을 중단하지 않을 것"이라고 말한 바 있다. 분명히 짚고 가야 할 것은 김정은이 지금까지 한 번도 이미 보유한 핵탄두와 핵물질을 포기하겠다고 한 적이 없다는 것이다.

북한 비핵화를 위한 미북 2차 정상회담이 추진되고 있는 가운데 댄 코츠 미국 국가정보국(DNI) 국장은 2019년 1월 29일 "리비아와 우크라이나의 핵 포기에서 얻은 교훈"에 따라 "북한 지도자들은 궁극적으로 핵무기를 정권의 생존과 국가의 생존을 위해 필수적인 것으로 여기기 때문에 절대 이를 포기하지 않을 것"이라 했다.

대다수 우리 국민도 북한이 비핵화할 것으로 믿지 않는다. 통일한국포럼이 2018년 4월 실시한 여론조사에서 70%가 '북한이 핵을 포기하지 않을 것'으로 인식했다. 그럼에도 문재인 대통령은 시종일

관 북한의 비핵화를 확신한다. 그는 2019년 2월 12일 수석·보좌관 회의에서 "아직도 한반도 비핵화와 평화 프로세스에 대한 의구심이 적지 않은 게 현실"이라며, "심지어 적대와 분쟁의 시대가 계속되기를 바라는 듯한 세력도 적지 않다"고 했다. 북한이 비핵화하지 않을 것으로 생각하는 것은 합리적인 의심인데 문 대통령이 그것을 잘못된 것이라 비판하고 있는 것이다.

과거 북한은 수많은 약속을 하고도 지키지 않았는데 왜 지금부터는 지킬 것이라고 확신할 수 있다는 것인가? 2000년 6월 남북 정상회담을 마치고 돌아온 김대중 대통령은 "다시는 전쟁이 없을 것"이라고 낙관했지만, 김정일은 표면적으로는 남북협력과 평화 운운 하면서 뒤에서는 핵 개발에 박차를 가했고, 결국 6년 후 핵실험에 성공했던 것이다. 김일성과 김정일의 무력통일 유지를 받들고 있는 김정은은 "나의 통일관은 무력통일이며, 직접 탱크를 몰고 서울로 진격하겠다"고 호언한 적이 있듯이, 그는 김일성과 김정일이 못다 이룬 적화통일의 꿈을 자신이 이룩하겠다는 야망에 빠져 있는 것이 아닐까?

IV. 평화협정이 평화를 보장하는가?

문재인 정부의 대북정책의 목표는 한반도 평화체제를 정착시키고 궁극적으로 분단 극복, 즉 통일을 이룩하는 데 있다. 이 로드맵의 문제는 평화체제 정착과 분단 극복의 핵심 장애요소인 북한의 비핵화에 대한 현실적인 인식과 전략이 결여되어 있다는 데 있다. 그럼에도 문 대통령은 판문점 남북 정상회담에서 2018년 중으로 종전선언을 하고 뒤이어 평화협정도 추진하기로 했다.

북한은 종전선언을 평화협정으로 가는 징검다리로 보기 때문에 종전선언 직후 평화협정 체결 요구를 본격화할 것으로 예상된다. 그러나 북한에서는 '평화'에 대한 사전적 개념과 정치적 개념이 다르다. 북한 조선말 사전에는 '평화'가 전쟁이나 폭력충돌이 없는 평온한 상태'라고 한 반면, 김일성 저작집에는 "평화는 제국주의자들을 쓸어버리지 않고서는 진정한 평화에 대하여 생각할 수 없다"며 '미제국주의' 배격이 곧 '평화'라고 기록되어 있다. 결국 북한이 노리는 평화협정의 목표는 주한미군 철수인 것이다.

김정은은 트럼프 대통령과의 싱가포르 회담을 준비하면서 시진핑 주석과 세 차례 회담했지만, 중국의 한반도 정책의 목표도 한미동맹의 약화에 있음을 확인했을 것이다. 최근 미 의회 자문기구인 미·중 경제안보검토위원회(UCESRC)의 보고서는 한반도에 대한 중국의 목표는 "전쟁·불안정 회피와 한·미 동맹 약화에 있다"고 했다. 이 보고서는 "이 목표 달성을 위해 중국은 한국전쟁 공식 종전을 위한 평화협정을 지지하고, 한미 연합훈련 중단을 추진하며, 주한미군 감축을 밀어붙일 것"으로 판단했다.

그럼에도 우리사회에는 종전선언을 하고 평화협정을 체결하면 당장 평화가 올 것으로 착각하는 사람들이 적지 않지만, 평화협정 체결 후 우리 안보가 중대한 위기에 직면할 가능성이 크다. 평화협정을 체결하면 국제법적으로 전쟁 상태가 끝나기 때문에 유엔군사령부는 해체돼야 하고, 또한 우리사회에서 평화의 시대가 왔다면서 미군은 더 이상 필요하지 않다는 인식이 확산되어 미군철수운동이 폭발적으로 일어나 결국 미군이 철수하게 될지도 모른다. 북한은 정전협정 직후부터 주한미군 철수와 평화협정 체결을 계속 주장해왔다. 주한미군이 없는 상황에서 핵무기와 미사일, 그리고 130만에 가까운 군사력을 전진배치하고 있는 북한의 위협으로부터 우리는 어떻게 평화를 지킬 수 있을 것인가?

북한 관리들은 미국 관리들과 협상하는 자리에서 한국전쟁의 공식적인 종전은 미국의 대북 적대시 정책 철회, 이에 따른 한미 상호방위조약 폐기와 주한미군 철수를 계속 주장해왔다. 그러나 주한미군 사령관을 지낸 버웰 벨(Burwell Bell) 장군은 '미국의 소리(VOA)'와의 인터뷰에서 "북한이 핵역량과 막대한 병력으로 비무장지대 앞에 버티고 있는 상황에서 미군이 떠나고 남북 간 '가짜 평화협정'이 체결된다면 북한은 이념침투와 군사공격을 통해 한국을 접수할 것"이라며 "주한미군 철수를 목적으로 평화협정을 체결하는 것은 한국을 '사형'시키는 데 서명하는 것"이라고 경고한 바 있다.

그런데 국책연구소인 통일연구원이 2018년 말에 발표한 '평화협정 시안(試案)'은 많은 사람들을 의아하게 한다. 이 시안에 따르면, 북한의 비핵화가 50% 정도만 이뤄지면 평화협정을 체결할 수 있다는 것이며, 그 내용에는 유엔군사령부 해체, 미국의 핵우산 제공 중단, 주한미군 감축, 한미 연합훈련 폐지 등이 포함되어 있다. 그런데 50%의 비핵화란 무엇인가? 북한이 제공하는 핵 신고 내용의 절반만을 제거하는 것을 말하는 것인가? 북한이 제대로 신고하지 않았을 때 북한 전역을 샅샅이 사찰할 방법이 있는가? 북한이 신고한 핵탄두와 핵물질과 핵시설조차 제대로 검증할 수 있겠는가? 핵무기란 가공할 무기다. 50%가 아니라 5%만 남아 있어도 대한민국엔 치명적 위협인 것이다. 그럼에도 평화협정만 체결되면 평화가 보장된다는 것인가?

▌평화협정이 전쟁을 부를 위험

역사적으로 우리는 빈번히 침략당했으면서도 평화를 사랑하는 민족이라 해왔고, 지금도 "아무리 나쁜 평화라도 전쟁보다 낫다"고 주장하는 사람들이 적지 않다. 그들은 평화를 거의 절대 선(善)으로 착각하기 때문에 평화협정이라면 무조건 좋은 것이라 여긴다.

그러나 싸울 이유가 없는 나라들 간에는 평화협정이 필요없다. 서유럽 국가들 간이나 미국과 캐나다 간에 평화협정이란 말조차 불필요하다. 한국이 필리핀, 멕시코 같은 나라들과 평화협정을 맺지 않아도 평화는 유지된다. 반면 싸울 이유가 많이 있는 나라들 간에 기만적으로 평화협정을 체결하는 경우가 적지 않다. 이처럼 평화협정은 전쟁 가능성이 높은 나라 간에 체결되지만, 상황이 바뀌어 전쟁이 일어난 사례가 수없이 많다. 역사상 있었던 8,000건의 평화협정의 유효기간은 2년에 불과했다고 한다. 이처럼 평화협정은 평화를 보장하기보다는 오히려 침략을 기만하기 위한 수단으로 악용된 경우가 허다했다.

우리에게 잘 알려진 평화협정은 베트남전을 끝내기 위한 파리 평화협정이다. 닉슨 대통령의 안보보좌관 키신저는 이 협상에 대한 공로로 노벨평화상을 받았다. 뒤이어 그는 중국과의 수교를 위해서 타이완을 버렸고 동맹국인 한국과 일본과도 사전 협의가 없었다. 그러나 파리 평화협정이 체결된 지 2년 만에 월남은 패망했다. 평화협정이 패망의 전주곡이 된 셈이다. 1973년 1월 평화협정 체결 후 미군은 두 달 만에 월남에서 완전히 철수했고, 그래서 공산군은 월남을 손쉽게 유린할 수 있었다. 이 평화협정은 미국에 철군의 명분을 주었지만, 월맹에게는 '적화통일의 기회'였던 것이다.

만약 한반도에 평화협정이 체결된다면 북한은 주한미군 철수와 한·미동맹 해체를 강력히 요구할 것으로 예상되며, 우리사회 내 통일회구세력도 미군 철수를 요구하고 나설 가능성이 높다. 주한미군이 있는 현재의 정전(停戰) 체제와 주한미군 없는 미래 평화체제 가운데 어느 쪽이 5,100만 국민에게 더 나은 평화와 행복을 보장할 것인가. 북한이 속임수를 쓰거나, 지금의 북한의 유화적 태도가 주한미군 철수 후 악의로 표변한다면 우리에게 대재앙이 될지도 모른다. 미군 철수 후 일어난 6·25전쟁이나 베트남 공산화 같은 상황이 재현되지 말라는 법이 없다.

대개 가짜 평화로 가는 길은 화려한 이벤트와 멋진 미사여구로 포장돼 있는 경우가 많다. 여기에 기만당하는 국민은 가짜 평화의 대가를 톡톡히 치르게 된다. 현재 집권세력은 '평화는 경제다'라고 하지만, 자칫하면 평화도 잃고 경제까지도 파탄날 지 모른다.

V. 대북정책을 둘러싼 한·미 간 엇박자

대북정책을 둘러싸고 한국과 미국 간의 견해차로 한미동맹이 시련에 직면하고 있다는 우려가 국내외에서 잇따르고 있다. 한미 간의 긴밀한 협력은 북한 비핵화에 필수조건이지만, 한미 간 갈등이 심화되면 북한이 승자가 될지도 모른다.

북한 비핵화 협상은 남북, 미·북, 한·미 간 3각 게임에 중국까지 가세하고 있을 뿐 아니라 지도자들이 직접 협상하는 톱다운(Top Down) 방식이다. 지도자들 간의 담판을 통해 해결의 실마리가 쉽게 풀릴 수도 있지만, 회담 성패에 따른 지도자들의 정치적 부담이 크다는 문제도 있다. 3자 간 협상이 동시에 순조롭게 진행될 때는 단기간에 좋은 결과를 도출할 수 있을지 모르지만, 어느 한쪽은 순조롭게 진행되는 반면 어느 한쪽이 순조롭지 못한다면 갈등이 일어나 결과적으로 비핵화 협상이 더 어려워질 수도 있다. 그런데 미·북 비핵화 협상에 진전이 없는 반면 남북관계는 '되돌릴 수 없을' 정도로 급진전되면서 한미관계에 불협화음이 나타나고 있다.

동맹관계가 공고하려면 적(敵)에 대한 인식, 즉 대적관(對敵觀)이 일치해야 한다. 그런데 문재인 정권과 그 핵심 지지세력은 북한을 안보 위협이 아니라 분단된 민족이며 또한 화해·협력과 통일의 파트너로 인식하여 모든 면에서 우호적으로 대하고 있다. 반면 미국은 북한을 안보위협으로만 인식한다. 그래서 대북정책에 대한 한국과 미국의 목표와 우선순위가 근본적으로 다르다. 문재인 정부는 남북협력 확대, 종전선언과 대북제재 완화, 그리고 평화협정을 통한 한반도 평화체제 구축이 우선 목표지만, 미국은 북한의 비핵화가 우선 목표이기 때문에 한국이 추진하는 남북 경제협력과 종전선언과 제재 완화에 반대한다. 이처럼 대북정책에 대한 한미 간 엇박자가 지속되면서 동맹의 신뢰 문제로 비화되고 있다.

한미 간의 틈을 간파한 북한은 남북 정상회담 합의사항을 조속히 실천에 옮길 것으로 촉구하는 등 민족공조를 강조함으로써 한미관계를 이간시키려 하고 있다. 전문가들은 북한은 과거 협상에서 파트너 국가들을 분열시키는 데 능수능란했다며, 한미공조가 긴밀하지 않으면 김정은은 양국 사이를 떼어 놓으려 한다고 보고 있다. 만약 남북 관계가 '되돌릴 수 없을 정도'로 진전된 가운데 미·북 협상이 장기간 교착상태에서 벗어나지 못한다면 한미관계는 심각한 위기에 빠질지도 모른다.

문재인 정부는 남북 철도·도로 연결 사업 추진, 남북공동연락사무소 설치, 남북 군사합의 등 남북협력에 적극적이었지만, 미국은 북한에 대한 제재에 영향을 줄까 우려하여 남북관계 개선은 비핵화 협상과 보조를 맞추어야 한다는 입장을 거듭 강조해왔다. 더구나 한국이 북한산 석탄을 러시아산으로 둔갑시켜 수입하면서 미국은 중국, 러시아에 이어 한국까지도 대북제재를 허물어뜨리는 데 가세하는 것으로 의심했다. 또한 문재인 대통령이 평양 정상회담에 유력한 재벌 총수들을 대동했을 뿐 아니라 남북 공동선언을 통해 폭넓은 경제협력에 합의하고, 또한 군사 분야 합의를 통해 적대행위를 해소하기로 하는 등, 남북관계가 급진전되는 데 대해 미국이 위험신호로 인식한 것이다. 평양 정상회담 직후인 9월 말 폼페이오 국무장관은 강경화 외교장관에게 전화를 걸어 평양 정상회담에서 채택한 남북 군사합의 등을 거론하여 "도대체 무슨 생각이냐"며 불만을 토로한 것으로 알려지고 있다. 뒤이어 미국 재무부는 국책은행과 시중은행 등 우리 은행 7곳을 대상으로 대북 관련 사업 현황을 문의하면서 "너무 앞서 가지 말라"고 사실상 경고했고, 미국 국무부 차관보도 서울에서 남북 경협 관련 기업들에게 "일부 예외 인정을 대북제재 해제로 오인하지 말라"고 한 바 있다. 이 같은 미국의 조치들은 9월 초 국무부, 국방부, 재무부, 법무부, 중앙정보국 관계자들이 백악관에 모여 결정한 것을 이행한 것이다.

그럼에도 남북관계 개선에 대한 문재인 정부의 집착은 계속됐다. 예를 들면, 강경화 외교장관은 10월 4일 워싱턴포스트와의 인터뷰에서 미국이 요구해 온 북한의 '핵 리스트 신고'를 미루고 북한의 영변 핵시설 폐쇄와 미국의 종전선언을 빅딜(big deal)할 것을 주장했고,

뒤이은 국정감사에서 대북제재의 일환인 '5.24제재'의 해제를 검토하고 있다는 발언을 통해 개성공단과 금강산 관광 재개를 시사했다. 한국이 대북제재를 이탈하려 한다고 판단한 트럼프 대통령은 "그들(한국)은 우리 승인 없이 아무 것도 하지 않을 것"이라 말하여 우리 정부에 비핵화 협상을 방해하지 말라고 사실상 공개 경고했다. 뒤이어 주한 미국 대사관은 총수들이 평양 정상회담에 수행했던 대기업들에게 북한과의 경협 사업 여부를 확인하기도 했다.

미국의 월스트리트저널과 워싱턴포스트, 그리고 영국의 파이낸셜타임스 등 세계 유력 신문들은 트럼프 행정부와 문재인 행정부가 대북정책을 둘러싸고 균열이 일어나고 있으며, 이로 인해 한미동맹이 도전을 맞고 있다고 진단했다. 트럼프 대통령이 "그들은 우리 승인 없이 아무 것도 할 수 없다"는 발언이 있은 지 3주 후인 10월 29~30일 스티브 비건(Steve Biegun) 미 국무부 대북정책특별대표가 서울에 와서 대북정책 관련 고위 당국자들을 만나 남북협력 사업에 대한 우려와 '속도 조절' 메시지를 전했을 뿐 아니라 이례적으로 문재인 대통령의 최측근인 임종석 청와대 비서실장과 윤건영 청와대 국정기획상황실장을 면담하기도 했다. 그리고 그의 방한 기간 중 양국 정부는 대북정책 협의체인 워킹그룹을 설치했고, 이에 따라 남북이 10월 중 실시하기로 했던 경의선 철도 공동조사, 개성공단 기업인 방북, 평양예술단의 서울공연 등이 줄줄이 연기됐다. 한편 북한은 남북 정상회담에서 합의한 각종 남북협력 사업을 속도감 있게 진행해야 한다고 거듭 강조했고, 김정은은 원산 관광지구 건설현장을 지도하는 자리에서 "적대세력이 제재책동에 광분하고 있다"며 대북제재를 맹비난했다.

▌2차 미·북 정상회담 결렬 후 심화된 한미 갈등

2019년 2월 말 하노이에서 열린 2차 미·북 정상회담에서 북한 비핵화에 대해 보다 진전된 합의에 이를 것으로 기대되었지만, 회담 둘째 날인 2월 28일 오찬과 서명식을 앞두고 갑자기 중단됐다. 세계의 시선이 쏠린 핵 담판이 예정됐던 일정도 소화하지 못한 채 결렬되었던 것이다. 트럼프는 김정은에게 "당신은 합의할 준비가 안 돼 있다"고 말한 후 회담장을 걸어 나왔다. 미국은 "북이 '전면적 제재 해제'를 요구해 회담이 결렬됐다"며 "(북이 제안한) 영변 핵 시설 폐기는 '매우 제한적인 양보'"라고 했다. 북한이 하노이 회담에서 해제를 요구한 5건의 제재들은 수십억 달러짜리이므로 사실상 제재의 거의 전부라는 것이다. 영변 밖의 숨겨진 핵시설에서 계속 핵물질이 생산되고 있는데 수십억 달러를 풀어주는 건 북한의 핵개발에 보조금을 주는 것과 같다고 판단했던 것이다.

트럼프가 하노이 회담에서 김정은에게 요구한 내용은 ①북한 핵무기와 핵물질을 미국에 반출하고 관련 시설의 완전한 해체, ②모든 핵 활동과 새로운 시설의 건설 중지, ③핵 개발 계획 포괄적 신고와 미국과 국제사찰단의 완전한 사찰 허용 등이다. 대신 미국은 보상조치로 북한 비핵화 중간과정에서 종전선언과 연락사무소 설치를 하고, 완전한 비핵화가 되면 경제지원도 한다는 입장이다.

문재인 정부는 김정은의 비핵화 의지가 확고하다고 거듭 주장했고, 다수 국민들도 그렇게 믿었다. 그렇지만 하노이 회담에서 김정은의 비핵화 약속이 가짜라는 것이 여실히 드러났다. 가짜 비핵화를 통해 대북제재를 무력화하려던 김정은의 시도가 실패한 것이다. 김정은이 비핵화 의지가 확실했다면 트럼프의 빅딜 제안을 받아들였을 것이지만, 그렇게 하지 않았기 때문에 회담이 결렬된 것이다. 미·

북 협상의 중재자 역할을 자처했던 문 대통령이 김정은의 비핵화 의지에 대해 오판했다는 것도 분명하다. 그가 중시해왔던 종전선언, 금강산 관광, 개성공단 재개는 모두 부수적인 문제였고, 북한의 비핵화가 본질이었다.

그래서 한 외신은 하노이 회담 결렬이 문재인 대통령에게 '정치적 재앙(political disaster)'이 되었다고 분석했다. 그동안 미·북 비핵화 협상이 지지부진했음에도 문재인 정부는 북한 핵 문제가 우리 문제라는 인식이 희박한 가운데 남북관계 개선에만 몰두하면서 하노이 회담 결렬 직전까지 하노이 회담에 대해 낙관하고 있었다. 문 대통령은 회담 결렬 30분 전까지도 보좌관들과 미·북 회담 공동선언문 서명식을 텔레비전을 통해 시청할 예정이었고, 또한 대북 경제협력을 본격화할 계획이었기 때문에 하노이 회담 결렬은 문재인 정부에 큰 충격이었다.

그럼에도 문 대통령은 하노이 회담 결렬 사실을 인정하기는커녕 오히려 '큰 진전'이라 평가했다. 그는 다음 날 열린 3·1절 기념사에서 "금강산 관광과 개성공단 재개 방안을 미국과 협의하겠다"고 했고, 3월 4일에 열린 국가안전보장회의에서도 "북한 핵 시설의 근간인 영변 핵 시설이 미국의 참관·검증 하에 영구 폐기되는 게 가시권에 들어왔다"고 말하고 "(하노이 회담에서 미·북 간) 부분적인 경제제재 해제가 논의됐다"며 "남북협력 사업을 속도감 있게 준비해 달라"고 지시했다. 이보다 앞서 문 대통령은 하노이 미·북 회담 당일인 2월 28일 오전 김현종 통상교섭본부장을 국가안보실 2차장에 임명했고 동시에 국가안보실 조직을 개편했는데, 이는 남북 경협을 본격적으로 추진하기 위한 포석이었다.

남북 경제협력을 서두르겠다는 문재인 정부의 입장은 '대북(對北)

최대 압박'과 '제재 강화'라는 트럼프 행정부의 대북정책 기조에 정면으로 배치되는 것이었다. 문재인 정부의 이 같은 움직임에 대해 미국을 비롯한 국제사회는 믿기 어렵다는 반응이었다. 블룸버그통신은 '"문재인 대통령은 (하노이 회담에서 나온) 북한의 영변 핵 시설 폐기 제안을 '불가역적인 단계'라고 긍정 평가했다"면서 금강산 관광과 개성공단 재개를 거론한 것은 문 대통령이 트럼프 행정부와 결별한 것"이라고 보도했다. AP통신은 "2차 정상회담 결렬로 문 대통령이 '김정은이 핵무기 폐기에 진심으로 관심이 있다'고 주장한 것과 문 대통령의 중재자 역할에 의문이 든다"며 "문 대통령의 부분적 제재 완화 주장은 제재를 중요한 대북 지렛대로 여기는 미국과 마찰을 초래하고 있다"고 했다.

이처럼 외신들은 '불화' '이견' '마찰' 등의 표현을 동원하여 한·미관계의 이상 기류를 우려하는 보도를 쏟아냈다. 심지어 "문 대통령이 (트럼프 대통령이 아니라) 김정은의 편을 들고 있다"는 지적이 나오기도 했다. 앞에서 비핵화 협상이 남북한과 미국 간의 3각 관계와 같은 것이라고 했고, 특히 미·북 간 협상이 순조롭지 못하면 한미관계도 어려움에 빠질 것이라고 한 전망이 현실로 나타난 것이다.

2차 미·북 정상회담 결렬 후 국내외에서 한·미 불협화음에 대한 논란이 분분한 가운데 폼페이오 미 국무장관이 강경화 외교장관에게 전화를 걸어 우리 정부의 금강산 관광과 개성공단 재개 논의에 대해 불만을 표했다는 보도가 나왔다. 미국은 더 이상 한국의 '남북관계 독주'를 방관할 수 없으며, 문 대통령이 대북 경제협력을 추진한다면 자칫 대북제재 공조 체제의 와해로 귀결될지도 모른다고 우려한 것으로 보인다. 더구나 북한은 하노이 협상 결렬 이후 서해 미사일 발사장에서 대륙간 탄도미사일 관련 시설을 재건하려는 징후가

지 포착되면서 당분간 비핵화 협상 재개도 쉽지 않아 보인다.

그럼에도 불구하고 문재인 대통령은 4월 11일 워싱턴을 방문하여 트럼프 대통령과 회담을 했지만 북한 비핵화를 둘러싼 핵심 쟁점마다 두 나라 정상의 생각이 다르다는 사실만 확인됐다. 이로써 영변 핵시설 해체와 대북제재 완화를 맞바꿔 미·북 협상을 재개한다는 문재인 정부의 구상은 실현 불가능한 것으로 나타났다.

VI. 미·북 간 성급한 타협은 한국에 재앙이 되지 않을까?

북한 핵을 둘러싼 미·북 간 협상으로 한미동맹이 약화될지도 모른다. 싱가포르에서 열린 1차 미·북 정상회담 직후 트럼프 대통령은 기자회견에서 "우리는 (한국과의) 군사연습(war games)을 중단할 것"이라고 선언했다. 미국 대통령이 한·미 군사훈련이 도발이라는 북한의 상투적 주장에 공감하고, 주한미군에 대해 부정적 인식을 표출한 것은 한미동맹의 불길한 징조였다. 그럼에도 문 대통령은 미·북 정상회담 직후 열린 국가안전보장회의에서 싱가포르 회담 결과에 대해 "미국과 남북한이 거둔 위대한 승리"라며 "전쟁의 위협과 핵·미사일 위협에서 벗어나게 됐다"고 높이 평가했다. 과연 그런 것이었던가?

비핵화 협상이 언제까지 지속될지 모르고, 또한 북한 비핵화에 대한 어떤 구체적 합의도 하지 못한 상황에서 한미 연합훈련을 중단

한다는 것은 사실상 무기한 중단한다는 의미다. 한번 중단된 훈련을 재개하는 것은 북한의 거센 반발 때문에 불가능할지도 모른다. 트럼프는 또한 "지금은 아니지만, 전쟁 개입 방지와 비용 절감을 위해 주한미군을 철수하고 싶은 것이 나의 목표"라 하면서 "나는 가능한 한 빨리 (한국에서) 병력을 빼내고 싶다"는 폭탄 발언도 잇따랐다.

트럼프에게 큰 기대를 걸었던 많은 한국인들은 뒤통수를 맞은 기분이었다. 미국이 한국 안보를 도외시하고 북한과 거래하고 있다는 느낌을 받았기 때문이다. 청와대는 주한미군 철수는 '비핵화와는 무관하다'며 우려를 잠재우려 했다. 그러나 미국에서 이미 주한미군 철수가 검토되고 있는지도 모른다. 2017년 7월 당시 백악관 수석 전략가였던 스티브 배넌(Steve Bannon)은 "중국이 북한 비핵화를 관철시키고 그 대가로 미국은 주한미군을 철수시키는 협상을 고려해야 한다"고 한 바 있고, 키신저 박사도 트럼프 대통령을 만나 주한미군 철수와 북한 비핵화의 교환이 한반도와 동북아의 평화를 회복하는 길이라고 조언했다고 한다.

주한미군에 대한 인식은 트럼프만의 생각이 아니라 미국 정부의 생각이라는 데 문제가 있다. 트럼프 대통령은 미·북 정상회담 직전 북한의 김영철과 만난 뒤 '주한미군 문제를 논의했느냐'는 기자들의 질문에 "우리는 거의 모든 것에 관해 이야기했다"고 말했다. 싱가포르 미·북 정상회담 후 매티스 국방장관도 "(주한미군은) 북한과도 논의할 이슈의 일부가 될 것"이라 했고, 조지프 던퍼드 미 합참의장도 "미·북 대화가 진전될 경우 주한미군 주둔과 관련하여 변화가 있을 수 있다"고 했다.

북한이 이 같은 기회를 놓칠 리 없다. 그들은 트럼프 대통령이 한미 연합훈련을 부정적으로 언급한 직후부터 한미 연합훈련 중단을 요구하고 나섰다. 북한은 6월 14일 판문점에서 열린 남북 장성급 회담에서 판문점선언 이행 차원에서 한미 연합훈련 중단을 주장했다. 이보다 앞선 5월 16일 북한은 한·미 공중연합훈련인 맥스선더(Masx Thunder) 훈련을 문제삼아 남북 고위급회담을 일방적으로 취소했고, 뒤이어 관영 매체를 통해 한미 연합훈련인 을지프리덤가디언의 중단도 요구했다. 실제로 트럼프의 발언대로 2018년의 을지프리덤가디언 훈련은 취소되었다.

하노이 회담 결렬 후 미국과 북한 양측은 협상 카드를 거의 다 노출시켰기 때문에 향후 타협의 여지가 좁아졌다. 김정은의 '존엄'은 공개적으로 훼손당했고, 미국 여론도 트럼프가 "박차고 나오길 잘했다"는 것으로 굳어졌다. 이런 분위기에서 김정은이 백기를 들고 나오지 않는 한 트럼프가 "다시 북한을 설득시켜 보겠다"고 나설 가능성이 낮다. 그렇다고 북한을 계속 방치할 수도 없는 형편이다. 시간이 흐를수록 북한은 실질적인 핵보유국이 되기 때문이다. 미국이 북한의 비핵화를 압박하기 위해 대북제재를 강화할 경우 북한의 반발로 한반도 긴장이 높아질 것이고, 이에 따라 한미 간 균열이 더욱 커질 가능성이 있다. 만약 미국이 대북 군사옵션을 검토할 경우 문재인 정부는 결사반대할 것으로 예상된다.

김정은은 2019년 신년사에서 "조선반도 정세 긴장의 근원으로 되고 있는 외세와의 합동군사연습을 더 이상 허용하지 말아야 하며 외부로부터의 전략자산을 비롯한 전쟁장비 반입도 완전히 중지되어야 한다"고 했다. 하노이 회담 결렬 직후 이용호 북한 외상이 기자회견에서 "우리가 비핵화조치 취해나가는 데서 보다 중요한 문제는 안전담보 문제이지만 미국이 아직 군사분야 조치 취하는 것이 부담스러울 것이라 보고 부분적 제재를 상응조치로 제안한 것"이라 말했다. 이는 앞으로 비핵화 협상이 재개될 경우 북한이 주한미군 철수 등 군사적 문제를 요구하고 나서겠다는 것을 암시한다.

'하노이 미·북 회담 결렬'과 관련하여 앤드루 김 전 미국 중앙정보국(CIA) 코리아미션센터장은 "북한이 주장하는 '조선반도의 비핵화'와 미국의 비핵화 개념이 근본적으로 달랐으며 특히 북한은 괌, 하와이 등 미국 내 전략자산을 없애야 한다고 주장했다가 합의가 결렬됐다"고 최근 밝힌 바 있다. 북한이 명확한 비핵화에 대한 정의는 거부하면서 사실상 한국에 대한 미국의 핵우산 제거와 인도태평양사령부 무력화를 요구했다는 것이다. 그는 "북한은 B-2 폭격기를 비롯해 전력의 불균형을 만들어내는 전략자산의 한반도 전개뿐만 아니라 미국 내에 있는 (한반도 전개가 가능한) 무기도 없애야 한다고 싱가포르 회담 때부터 주장해 왔다"고 말했다. 우리 정부가 김정은의 비핵화 의지에 대해 얼마나 잘못 인식해왔는지 알 수 있다.

향후 미국과 북한 간 비핵화 협상에서 영변 핵시설 폐기와 대북제제 일부 완화를 교환하는 '스몰 딜(small deal)'을 할 가능성은 희박하다. 김정은의 비핵화 결단을 기대하기도 어렵기 때문에 '빅 딜(big deal)' 가능성도 낮다. 미·북 비핵화 협상의 궁극적 종착역은 주한미군의 현상 변경이 될 것이며, 그에 따른 가장 큰 희생양은 한국의 안보가 될 가능성이 높다. 이미 트럼프 행정부는 2차 미·북 정상회담을 앞두고 '미국 국민의 안전이 우선'이라며 '불완전한 비핵화'로 타협할 조짐을 보인 바 있다. 더구나 트럼프의 주된 관심은 내년으로 다가온 재선에 승리하는 데 있고, 더구나 노벨평화상 수상까지 염두에 두고 있는 것을 고려할 때 김정은과의 협상에서 한미동맹과 관련된 문제를 거래 대상으로 삼을 가능성이 없지 않다. 북한의 '불완전한 비핵화'와 미국 본토의 안전을 맞교환하는 방식이다. 이것이야말로 우리가 가장 경계해야 할 '악몽의 협상 시나리오'인 것이다.

그렇게 된다면, 북한은 사실상 핵보유국이 되는 것이고, 우리 국민은 북한 핵의 인질이 되는 최악의 상황에 놓이게 된다. 북한이 보유한 탄도미사일의 80%는 한국과 일본을 겨냥하고 있다는 사실을 잊어서는 안 된다. 다시 말하면, 미국과 북한이 적당히 타협하면 할수록 한국에는 치명적인 결과가 초래될 수 있다. 또한 우리는 '북한 비핵화의 대가'로 천문학적인 규모의 세금을 북한에 수십 년간 퍼부어야 할 것이고, 남남갈등도 최고조에 달할 가능성이 높다. 이처럼 앞으로 2~3년 내 대한민국의 운명이 중대한 갈림길에 놓여 있다고 할 수 있다.

문재인 정부는 '불가역적 남북 교류'를 위해 무척 서두르고 있지만, 너무 성급하게 멀리 달려갔다가 그것이 잘못되었다고 판단됐을 때 되돌리기 어려울지도 모른다. 문 대통령이 미·북 협상의 중재자 역할을 하겠다고 한 것이 문제였다. 미·북 협상이 순조로웠을 때는 바람직한 역할이 될지 모르지만, 그렇지 않을 때는 한국의 입지는 좁아진다. 남북한과 미국 간의 3각 관계의 어려움을 예상하지 못했던 것이다.

한반도에 참된 평화가 올 수 있다면 그보다 더 바람직한 것은 없다. 그러나 비핵화를 포기하거나 뒤로 미룬 평화는 위장된 평화일 뿐이다. 남북 체제 간 근본적 차이와 온갖 난제를 고려할 때 남북관계가 우리의 바람대로 된다는 보장이 없다. 또한 남북관계 개선을 통해 북한의 비핵화를 유도하겠다는 시도는 실패로 끝났다. 지금부터라도 정부는 북한의 비핵화와 한반도 평화체제 구축에 대해 냉철히 인식하고 북한 비핵화를 위한 한미공조를 우선해야 한다.

제7장

국가안보,
이래도 괜찮은 것인가?

안보를 강조하는 것은 구시대적 발상이라는 인식을 깨지 않
으면 안 된다. 안보는 국가의 기본 책무다. 튼튼한 안보 없이
평화도 없고 경제도 직격탄을 맞게 된다.

"우리는 경제든 그 무엇이든 언제든지 재건할
수 있지만, 나라를 지키는 데 실패한다면 모든
것을 가졌다 한들 무슨 소용이 있겠는가?"

6.25전쟁 중 이승만 대통령이 한 말이다. 안보
는 국가의 기본이다. 안보가 흔들리면 경제는 말할
것도 없고 모든 것이 흔들린다.

미국과 북한 간에 2년 가까이 비핵화 협상이 계
속되어 왔지만 북한의 완전한 비핵화에 대한 전망
은 비관적이다. 비핵화 협상이 완전히 파탄나는 것
도 큰 문제지만 적당히 타협하는 경우 한국안보에

치명적인 결과가 초래될지도 모른다. 만약 북한이 사실상 핵보유국이 되고 동시에 한미동맹이 약화된다면 우리는 북한의 핵 위협에 어떻게 대응할 것인가? 우리는 북한의 핵·미사일을 억제할 수 있는 역량이 없고, 효과적인 미사일 방어망도 갖추지 못하고 있으며, 남북 군사합의로 인해 첨단 전력을 증강할 수 있는 길도 막혀 있다. 위협에 대비할 수 있는 창과 방패 어느 것도 확보하지 못하고 있어 안보 재앙이 언제 어떻게 닥칠지 모른다. 설상가상으로 중국의 팽창정책, 미·중 패권경쟁, 일본의 우경화로 동북아에 신냉전이 본격화되고 있어 한국의 국가안위가 어느 때보다 위태로운 처지에 놓여 있다. 그런데도 청와대에는 군사전략가 한 명도 없는 가운데 평화만 읊조리고 있는 것이 아닌지 우려된다.

I. 북한의 대남전략, 과연 변했는가?

우리가 처한 안보 상황에 대한 객관적 인식이 있어야만 올바른 안보전략을 마련할 수 있다. 무엇보다 북한체제의 본질과 대남전략을 제대로 인식하는 것이 중요하다. 북한 헌법보다 상위 규범인 노동당 규약 서문에 "조선로동당의 당면목적은 공화국 북반부에서 사회주의 강성국가를 건설하며 전국적 범위에서 민족해방민주주의혁명의 과업을 수행하는 데 있으며 최종목적은 온 사회를 김일성·김정일주의화하여 인민대중의 자주성을 완전히 실현하는 데 있다."고 적화통일의 목표를 분명히 하고 있다.

북한 대남전략의 최고 목표는 '남조선혁명'을 통한 통일(적화통일)이다. 남조선혁명은 '민족해방(주한미군 철수)'과 인민민주주의혁명(친공정권 수립)이라는 두 가지 과업으로 나누고 있다. 북한의 통일전략은 ①남한 내 각계각층을 각성시켜 주요 타격대상(남한 보수정권과 보수세력)을 고립시키고, ②각계각층 세력과 잠정적 제휴로 '진보적 정권(친북정권)'을 수립한 후, ③남한의 '진보적 정권'과 합작을 통해 통일(적화통일)을 이룩하며, ④최종적으로 '사회주의혁명'에 방해가 되는 세력을 제거하는 등 4단계로 나누고 있다. 이렇게 볼 때, 북한은 이미 통일의 3단계에 진입하고 있다고 판단할지 모른다.

적화통일은 김일성 가문이 결코 포기할 수 없는 궁극적 목표일 뿐 아니라 북한정권의 최고 목표다. 2011년 10월 8일 김정일은 김정은에게 "김씨 가문에 의한 통일이 궁극적 목표"라는 유훈을 남겼다. 김일성은 적화통일의 망상 때문에 6.25전쟁을 일으켰으나 실패했고, 김정일은 적화통일을 위해 핵 개발에 모든 수단을 동원했으며, 김정은은 강력한 국제제재하에서도 핵무기와 그것으로 미국을 직접 위협할 수 있는 대륙간 탄도미사일(ICBM)을 개발함으로써 핵 무력 완성에 성공했다.

김정은은 권력을 장악하자마자 '핵 중심' 군사전략 수립에 나섰다. 2012년 9월 전시세칙(戰時細則) 개정을 통해 '전시 선포 시기' 항목을 신설했다. 전시세칙이란 전쟁에 대비한 당·군·민 행동지침이다. 전시상태가 선포되는 경우를 3가지로 명시했다.

첫째, "미제와 남조선의 침략전쟁 의도가 확정되거나 공화국 북반부(북한)에 무력 침공했을 때"다. 이는 한미 연합훈련 또는 한국군 단독훈련을 구실로 군사도발을 할 수 있다는 의미다.

둘째, "남조선 애국 역량의 지원 요구가 있거나 국내외에서 통일에 유리한 국면이 마련될 경우"이다. '남조선 애국 역량'이란 우리사회 내 친북·종북세력을 말하는 것으로 이들이 대규모 폭력시위 등 사회혼란을 일으켰을 때 이를 지원한다는 구실로 무력개입을 할 수 있다는 것이다.

셋째, "미제(美帝)와 남조선이 국부(局部) 지역에서 일으킨 군사적 도발 행위가 확대될 때"다.

뒤이어 김정은은 미사일지도국을 '전략로켓사령부'로 확대 재편했다.

2013년 2월 3차 핵실험을 한 후에는 이 사령부를 '핵 중심 전쟁 수행체제'로 재편했으며, 뒤이어 '핵사용 교리'도 마련했다. 2014년에는 육·해·공군 외에 '전략군'을 창설하여 핵·미사일 지휘체계를 일원화했다.

1990년대 초 공산권 붕괴와 한·중 수교 이후 200만 내외의 주민이 굶어죽는 등 최악의 상황에서도 북한은 체제 생존전략으로 '핵 국가 전략'을 수립 추진했으며, 2016년 1월 4차 핵실험 직후 36년 만에 열린 노동당 대회에서 핵보유국임을 선언했다. 그리고 2017년 9월 6차 핵실험과 11월의 대륙간 탄도미사일 시험발사로 북한은 동북아 정세의 '게임 체인저(game changer)'가 될 수 있는 발판을 마련했다. 2018년 6월 12일 김정은 국무위원장이 트럼프 미국 대통령과 정상회담을 할 수 있었던 것은 북한이 실질적 핵보유국이자 전략국가로 진입했음을 의미한다.

1988년 서울올림픽을 계기로 한국은 체제경쟁에서 북한을 완전히 압도한 것으로 오판했다. 소련이 붕괴되고 러시아와 중국이 한국과 국교를 수립하면서 북한은 외교적으로 고립되었을 뿐 아니라 붕괴도 시간 문제처럼 보였다. 그러나 이제 북한은 핵보유국이 되어 미국과 담판을 벌이고 있다. 한국이 북한에 비해 40배 이상의 경제력을 가지고 있지만 북한이 절대 무기인 핵무기를 보유하면서 남북체제경쟁은 전혀 새로운 국면을 맞고 있다. 한동안 우리는 북한의 붕괴를 시간 문제로 여겼지만 지금은 오히려 대한민국의 체제 안전이 심각한 위협에 직면하고 있는 것이다.

핵무기는 상상할 수 없을 정도로 끔찍한 무기이기 때문에 결코 용납되어서는 안 된다. 미국 랜드연구소가 분석한 자료에 따르면, 북한이 10kt급 핵폭탄을 서울에 떨어뜨리면 사망 12만 5,000~20만 명을 포함해 사상자 29만~40만 명이 발생할 것으로 예측했다. 그런데 미국 국방부 산하 국방위협감소국(DTRA)이 서울에 20kt의 핵폭탄이 터진다는 가정 아래 컴퓨터 시뮬레이션을 한 결과 34만 명이 즉사하고 방사능 낙진으로 78만 명이 추가로 사망하는 등 사상자가 274만 명에 이를 것으로 추산했다. 북한이 2017년 6차 핵실험에서 수소탄이라고 주장하는 탄두의 위력은 50~100kt로 추정되는데 이 핵폭탄이 서울에 떨어진다면 200만여 명이 순식간에 사망할지도 모른다.

서울이 핵 공격을 받는다면 경제적 피해도 극심할 것이다. 랜드연구소 분석에 따르면, 서울이 10kt 규모의 핵 공격을 받게 될 경우 한국의 국내총생산(GDP)이 10년 동안 매년 10% 정도 떨어져 모두 1조 5,000억 달러의 손실을 입게 될 것으로 추산했다. 이처럼 핵무기는 단 한 발이라도 참으로 무서운 절대무기이다. 북한이 핵보유국으로 남게 된다면 남북 간의 군사적 균형은 단번에 무너져 한국은 졸지에 전략적 피그미가 되고 만다.

핵무장한 북한의 군사전략은 어떻게 전개될 것인가? 하나는 핵무기를 활용한 대담한 '전격전(電擊戰)' 전략이고, 다른 하나는 핵무기로 위협하는 가운데 철저히 계산된 '제한전(制限戰)' 전략이다. 전격전 전략은 핵무기로 위협하여 한국 내 반전·반미(反戰反美) 여론을 촉발시켜 미군을 철수시키고 한미동맹을 와해시킨 후 그들의 핵·미사일로 미국 타격을 위협함으로써 미국 본토의 증원군 파견을 차단한 가운데 30일 이내에 한국을 점령한다는 것이다. 제한전 전략은 핵무기로 위협하는 동시에 심리전과 사이버전 등 다양한 수단을 통한 위장 평화공세로 남한사회를 분열과 혼란에 빠뜨린 가운데 서북 5개 도서와 같은 취약지역이나 수도권 일부를 기습 점령한 후 종전 또는 정전으로 유도한 후 기정사실화한다는 것이다. 북한이 실제로 사용할 전략은 두 전략의 혼합 가능성이 크다.

또 다른 가능성은 대한민국을 핵 인질로 삼는다는 것이다. 핵무기로 위협하는 가운데 그들이 원하는 것은 무엇이든 얻으려 할 뿐 아니라 그들이 요구하는 것은 무엇이든 들어줄 수 있는 우호적인 세력만이 한국을 주도하도록 만든다는 것이다.

II. 평화 우선인가? 안보 우선인가?

4.27 남북 정상회담을 시작으로 북·중 정상회담, 미·북 정상회담, 북·러 정상회담 등 한반도 문제를 둘러싼 정상회담의 봇물이 터지고 있는 것은 우리의 운명과 나라의 미래에 중대한 변화를 예고한다. 그것이 한국에 바람직한 방향일지, 불길한 전조일지 불확실하지만 한 가지는 분명해 보인다. 즉 한국에서 미국과 미군의 역할은

줄어들고 한국은 북한·중국·일본·러시아 등과의 각축전에 내몰릴 가능성이 높아지고 있다는 것이다. 한국은 이제 미국의 지원 없이 이 각축전에서 스스로 살아남는 방식을 찾아야 할지도 모른다.

문재인 정부가 남북협력 확대에 집착하고 있는 배경을 이해하기 위해서는 그들의 안보인식을 살펴볼 필요가 있다. 그들은 북한을 민족공조와 통일의 파트너로 보기 때문에 북한이 안보 위협이라는 인식이 희박하고, 남북체제의 이념적 차이도 별 것 아니라고 생각하는 듯하다. 그들은 과거 보수정권이 안보를 정치적 목적으로 악용해왔다며 안보에 대해 부정적 인식을 가지고 있다. 즉 안보는 민주주의와 인권에 배치되는 것일 뿐만 아니라 '반평화·반민족·반통일 세력'의 구호에 불과하다는 것이다.

문재인 대통령은 2018년 9월 19일 평양 정상회담 당시 "그동안 전쟁의 위협과 이념의 대결이 만들어 온 특권과 부패, 반인권에서 벗어나 우리사회를 온전히 국민의 나라로 복원할 수 있게 됐다"고 밝힌 바 있다. 이 소감에는 그의 역사관과 국가관이 함축돼 있다고 본다. 즉 과거 보수정권이 북한의 위협과 남북 이념대결을 이용하여 특권을 누리면서 부정부패를 저지르고 인권을 탄압해왔다는 것이다. 그 같은 역사인식에는 그동안의 북한의 위협이나 좌우 이념대결은 큰 문제가 되지 않는다는 기본인식이 깔려 있다. 이처럼 문 대통령은 보수세력이 지배 수단으로 악용했던 이념대결과 전쟁 위협은 판문점선언과 평양선언으로 사라졌기 때문에 보수세력이 설 땅이 없어져 '온전한 국민의 나라'가 됐다는 것이다.

더불어민주당 이해찬 대표도 문 대통령과 비슷한 발언을 해서 논란이 되었다. 2018년 10월 초, 10.4선언 기념행사차 평양을 방문한 그는 김영남 북한 최고인민회의 상임위원장 등을 만난 자리에서 "(2000

년) 6.15정상회담 하고 나서 노무현 대통령 때까지 (남북관계가) 잘 나가다가 그만 우리가 정권을 빼앗기는 바람에 지난 11년 동안 남북 관계가 단절돼 여러 가지 손실을 많이 봤다"면서 "이제 우리가 집권을 했기 때문에 오늘같이 좋은 기회가 왔다"고 했다. 이어서 그는 "남북이 종전에서 평화체제로 가려면 국가보안법 등을 어떻게 해야 할지 논의해야 한다"고 했다.

이해찬 대표의 발언은 보수정권 때문에 남북관계가 경색됐다는 것이다. 그러나 따지고 보면, 김대중·노무현 정부가 남북관계 개선을 위해 노력한 것은 사실이지만 북한에 기만당했다는 것을 부인하기 어렵다. 이들 두 정부는 북한이 핵 개발을 하지 않는다거나 하더라도 협상용에 불과한 것으로 과소평가했기 때문이다. 보수정권하에서 남북관계가 경색되었던 것은 박왕자 씨 살해사건, 천안함 폭침, 연평도 포격, 계속된 핵실험과 미사일 시험발사 등 북한의 적대행위가 계속되었기 때문이다. 문재인 정부가 남북관계 경색의 근본 원인인 북한의 잘못은 도외시한 채 보수정권의 책임으로 돌린다면, 북한은 앞으로도 대남 도발을 하고도 남측의 도발이라고 계속 뒤집어씌울 것이다.

더욱이 진보세력에는 "북한 핵은 민족 자산'이라는 환상을 가진 사람들이 적지 않다. 그들은 "남(南)의 경제력과 북(北)의 핵이 합쳐지면 세상 무서울 것이 없다"는 주장을 펴기도 한다. 남북이 평화공존과 협력시대로 들어서면, 북한 핵은 남북 공동의 자산, 즉 민족의 자산이 된다는 논리다. 따라서 북한 비핵화만 너무 고집하지 말고 큰 틀에서 교류 협력을 강화해야 한다고 주장한다. '북한 핵이 민족 핵'이 되면 세상 무서울 것이 없는 강국이 되는 것이 결코 아니다. 한국이 북핵에 굴종하는 세상이 올 뿐이다. 그 결과로 지난 70여 년간 우리가 이룩하고 지켜온 자유와 번영이 한꺼번에 사라지고 말 것이며, 5,100만 국민은, 지금의 북한주민들처럼, 김정은 폭압 체제하에서 말 한마디 못 하고 노예처럼 살아야 할지도 모른다. 한마디로 '국가의 자살'인 것이다.

평화는 누구나 원하는 것이지만, 진실에 기초하지 않는 평화는 전쟁만큼 위험하다. 나쁜 평화라도 전쟁보다 낫다는 착각은 전쟁과 평화를 같은 차원에서 놓고 보기 때문이다. 평화는 목적이고 전쟁은 수단이다. 수단과 목적을 같은 차원에 놓고 전쟁이냐 평화냐를 선택하도록 해서는 안 된다. 평화는 전쟁이라는 수단을 각오하지 않으면 지켜낼 수 없다. '평화를 원하거든 전쟁을 대비하라(Si Vis Pacem, Para Bellum)'는 고대 로마의 전략가 베게티우스의 말이 지금보다 더 절실할 때는 없다.

III. '최선의 경우'를 가정한 남북 군사합의

막강한 재래식 군사력을 보유하고 있을 뿐 아니라 핵과 미사일을 전력화한 북한이야말로 엄청난 안보위협의 실체임에도 남북 정상회담에서 전혀 예상할 수 없을 정도의 군사합의를 한 것은 국가안보에 치명적 실책이 될 가능성이 있다. 즉 남북 군사합의에는 ①대규모 군사훈련 및 무력증강 문제, 다양한 형태의 봉쇄 차단 및 항행방해 문제, 상대방에 대한 정찰행위 중지 문제 등에 대해 '남북 군사공동위원회'를 통해 협의하고, ②2018년 11월 1일부터 군사분계선 일대의 각종 군사연습을 중지하며, ③해상에서는 서해 남측 덕적도 이북으로부터 북측 초도 이남까지의 수역, 동해에서는 남측의 속초 이북으로부터 북측의 통천 이남까지의 수역에서 포사격 및 해상 기동훈련을 중지하고, ④군사분계선으로부터 동부지역은 40km, 서부지역은 20km 범위 내 비행금지구역을 설정하며, ⑤서해 해상에서 평화수역과 시범적 공동어로구역을 설정하고, ⑥한강 하구를 공동 이용하기로 했다. 이를 두고 정의용 청와대 안보실장은 '사실상의 불가침합의'라 했다.

뒤이어 10월 23일, 문재인 정부는 '9·19 평양 공동선언'과 '남북군사합의서'를 서둘러 비준했다. 그러나 평양공동선언과 군사합의서는 판문점선언의 부수적인 것임에도 불구하고 판문점선언 비준 동의안이 국회에서 처리되기도 전에 비준한 것이다. 특히 군사합의서는 헌법 60조 1항이 국회 비준을 받으라고 규정한 '안전 보장에 관한 조약'에 해당되는 것이다. 군사분계선 일대 비행 금지와 북방한계선(NLL) 인근 해역의 훈련 중지 등 우리 안보에 중대한 영향을 미치는 내용을 포함하고 있기 때문이다. 국회 동의를 받지 않으면 위헌(違憲)이라는 헌법학자들도 적지 않다. 군사합의서가 '안전 보장'을 넘어 우리 주권과 관련된 조약으로 볼 수 있다는 것이다.

가장 심각한 문제는 이 군사합의로 수도권을 사실상 무방비 상태에 빠뜨렸다는 것이다. 수도권은 우리 국민의 절반 정도가 살고 있을 뿐 아니라 나라의 심장이나 마찬가지다. 원래 수도권은 군사적 취약지역인데 군사합의로 그 취약성이 극대화됐다. 인천 남쪽인 덕적도에 이르는 바다까지 적대행위 금지 수역이 되고 한강 하구를 남북이 공동으로 이용하기로 하면서 수도권이 직접 위협받을 수 있게 되었다. 결국 12해리(海里)의 영해(領海)만 인정될 것이기 때문에 북한 해군이 아무 제약 없이 인천 앞 바다까지 접근할 수 있고 민간인을 가장한 북한 특수부대 요원들이 한강을 통해 김포와 일산 일대까지 접근할 수 있게 되어 수도권이 언제든지 기습공격 당할 수 있는 위험에 처하게 된 것이다.

또한 군사분계선 남북으로 비행금지 구역을 설정함으로써 우리 군은 정찰기, 헬리콥터, 무인기 등을 띄울 수 없게 되어 북한군의 장사정포와 지상부대 동향 탐지가 어렵게 됐다. 우리 군의 눈과 귀를 가리고 손발을 묶었다는 비판이 나온다. 전방 감시를 위한 휴전선 경계초소인 GP 철수도 북한의 GP가 2배 이상 많은데도 남북한은 같은 수의 GP를 철거했다.

그래서 군사합의에 대한 우려와 비판이 쏟아졌다. 평화를 명분으로 안보를 위태롭게 한 최악의 도박을 했다며 '항복문서' 또는 '전쟁에 패한 나라나 서명할 수 있는 수준의 합의문'이라는 극단적 비판도 있었다. 전직 국방장관, 합참의장, 각군 참모총장 등 예비역 장성 400여 명으로 결성된 '대한민국 수호 예비역장성단'은 "북한의 비핵화 실천은 조금도 진척이 없는데, 한국의 안보역량만 일방적으로 무력화·불능화시킨 9·19 남북 군사합의서는 대한민국을 붕괴로 몰고 가는 이적성(利敵性) 합의서"라고 비난하며 조속히 폐기돼야 한다고 주장했다.

평화를 위해 남북이 서로 적대행위를 하지 않는다는 명분은 그럴듯하다. 그러나 그것은 북한의 약속을 100% 믿을 수 있을 때 할 수 있을지 모르지만 북한은 이제껏 한 번도 약속을 지킨 적이 없다. '적장(敵將)의 말을 그대로 믿는 어리석은 지휘관은 패배한다'는 것이 준엄한 역사의 교훈이다. 오사카 전투에서 화친(和親)을 청한 적장 도쿠가와 이에야스의 말만 믿고 해자(垓子 방어시설)와 건축물을 스스로 철거했던 도요토미 히데요리는 처참한 최후를 맞지 않았던가. 정부는 북한의 비핵화를 유도한다는 명분하에 우리의 안보태세를 약화시켰다. 만약 북한의 '완전한' 비핵화가 이뤄지지 않는다면 우리 안보는 최악의 위기를 맞을지도 모른다.

북한의 비핵화 전망은 매우 불투명하고 또한 남북 간 기본적 신뢰 구축도 미흡한 상황에서 안보 역량부터 훼손시킨 것은 중대한 실책이다. 설령 비핵화가 이루어진다 하더라도 북한이 대남 적화 의도를 포기했다는 아무런 증거도 없다. 북한 핵무기와 단·중거리 미사일 문제까지 완전히 해결되지 못한다면 우리는 북한 핵의 인질이 되고 말 것이기 때문에 군비통제의 과속은 돌이킬 수 없는 자살 행위가 될지도 모른다.

정부는 북한의 완전한 비핵화가 이루어질 것이라는 전제하에 그 같은 모험적인 군사합의서를 채택하여 강행하고 있지만, 비핵화 협상이 실패하거나 북한이 일정 규모의 핵무기를 보유한 상태에서 협상이 타결된다면 나라의 안전을 보장할 전략과 대책은 과연 있는 것인가? 불가역적인 남북관계 개선에 명운을 걸다시피 한 문재인 정부로서는 이 군사합의가 군사충돌을 방지하고 상생 시대를 여는 전제조건이라고 주장하지만, 국가가 존재하는 한 안보원칙에 따라야 하는 군사 문제를 한정된 임기를 가진 대통령이 정치적으로 처리했다는 비난을 면하기 어렵다.

북한 비핵화는 진전이 없을 뿐 아니라 오히려 북한은 핵무기를 대량생산하는 단계에 돌입한 것으로 판단되고 있다. 전문가들은 북한이 1년 후인 2020년까지 100발 이상의 핵무기를 보유할 것으로 판단한다. 북한 핵무기의 양적 팽창은 2차 핵 타격 능력의 확보를 통해 명실상부한 대미(對美) 핵 억지력 확보를 의미한다. 대륙간 탄도미사일(ICBM)의 질적 개량작업도 동시에 진행되고 있기 때문에 미국 본토가 위협받게 되면 한국에 대한 미국의 핵우산은 신뢰성은 떨어지고 주한미군이 유지되더라도 한미동맹은 형식만 남게 될지도 모른다. 북한은 바로 이것을 노리고 있는 것이다.

북한체제의 근본적 변화 없이는 완전한 비핵화가 불가능하다. 고농축 우라늄 시설은 미국 위성으로 감지가 안 되고 마땅한 휴민트(humint 인적 정보)도 없어서 은닉하기 용이하기 때문이다. 만일 북·미 협상 결과 영변 핵시설의 폐기가 합의된다면, 현재 아무도 모르는 전체 고농축 우라늄 생산능력의 30~50% 정도만 폐기할 수 있을 것으로 전문가들은 판단하고 있다. 더구나 그것을 구체적으로 협상하고 이행하는 데 몇 년이 소요될 것이고, 그 사이 북한은 은밀하게 영변 이외 지역에서 고농축 우라늄 생산 시설을 이용해 핵 물질을 계속 생산하여 영변 핵시설 해체 효과를 상쇄할 수 있을 것이기 때문에 북한의 핵 동결조차 불가능할지도 모른다.

IV. 축소지향적인 국방개혁도 있는가?

한반도는 물론 동북아 안보정세가 지극히 불투명한데도 문재인 정부는 2018년 7월 '국방개혁 2.0'을 발표했다. 2006년에 채택된 노무현 정부의 '국방개혁 2020'을 계승 발전시킨다는 의미에서 국방개혁 2.0이라 한 것이다. 국방개혁 2020은 '선(先) 전력증강, 후(後) 병력감축' 원칙을 내세웠지만 병력을 감축하고 부대는 해체했지만, 전력증강은 제대로 이뤄지지 않았다. 국방개혁 2.0은 '국방개혁 2020'과 비슷하게 병력을 줄이는 대신 첨단 무기를 강화하여 그 공백을 메우겠다고 하지만, 남북 군사합의에서 전력증강은 남북이 협의하기로 했기 때문에 말만으로 그칠 우려가 크다.

국방개혁은 현재와 미래의 안보상황을 고려하여 마련하는 것이 원칙이다. 그런데 북한은 사실상 핵보유국이 되었고 동아시아는 신냉전 시대로 접어들고 있는데 국방개혁 2.0이 과연 이처럼 악화되고 있는 안보여건을 고려한 것인지 의심스럽다. 이 개혁에 따르면, 군은 앞으로 사병 복무기간을 18개월로 단축하고 병력규모를 62만에서 2022년까지 50만으로 줄이기로 했다. 이미 우리 군은 국방개혁 2020 시작 이래 11년간 육군 2개 군단 7개 사단을 해체했고, 문재인 대통령 임기 내에 추가로 2개 군단 5개 사단을 해체할 계획이다. 저출산으로 복무기간을 유지하더라도 병력자원이 대폭 줄어들기 때문에 적정 병력규모를 유지하기 위해서는 복무기간을 늘려야 할 형편이지만 오히려 복무기간을 단축시켜 병력축소를 가속화한 것이다. 도대체 핵무기 등 대량살상무기로 무장하고 있을 뿐 아니라 7~10년 복무하는 128만의 북한군을 겨우 1년 반 정도 복무하는 50만의 재래식 군대로 어떻게 대처하겠다는 것인가? 독일의 경우 분단 기간 중 동독이 무력 도발을 하지 않았음에도 50만의 병력을 통일 때까지 그대로 유지한 채 협상했다는 사실을 직시해야 한다.

또한 우리 군은 북한군의 남침을 막기 위한 대(對)전차 방어벽과 기계화보병사단들을 줄줄이 해체하고 부족한 병력을 보완하는 기동(機動) 전력도 약화시키고 있다. 실제로 기동군단의 추가 창설이 좌절됐고 적의 중심을 흔드는 특임여단 예산도 삭감됐다. 또 미군 지원 없이 독자적 타격을 위해 필수적인 전자전기(電子戰機)는 도입하지 못했고 공수 작전을 위한 대형 수송기 도입도 오리무중이다.

국방개혁 2.0 발표 당시 국방부는 북한 핵미사일을 막을 '3축 체계'를 발전시킬 것이라고 했다. '3축 체계'란 북 미사일을 선제 타격하는 킬 체인(Kill Chain), 날아오는 북 미사일을 요격하는 한국형 미사일방어체계(KAMD), 북한 지휘부를 초토화하는 대량응징보복(KMPR)으로 구성되어 있는데 모두가 첨단 무기 증강이 필수적이다. 그런데 남북 군사합의는 무력 증강 문제를 남북 군사공동위에서 협의하기로 했기 때문에 첨단 무기 증강은 어렵게 됐다. 북한 노동신문은 2018년 말 우리 군의 무기 도입과 단독 군사훈련이 남북 군사합의에 어긋나는 것이라고 비난했다. 이미 국방부는 3축 체계가 포함된 방위력 개선사업 예산 중 11조 원을 삭감했다. 이에 따라 ▲ 휴전선 인근 적 GP 타격용 한국형 중고도 무인기 개발사업(MUAV) ▲ 천무(다연장로켓) 양산 사업 ▲ 적 탄도탄 요격용인 '철매 2' 개량형(PIP) 개발사업 ▲ 해상작전헬기 2차 사업 등 방위력 개선을 위한 무기 도입 및 개발·양산 사업을 중단하거나 연기했다.

세계 모든 나라는 강한 군대를 만들기 위한 목적에서 국방개혁을 한다. 이를 위해 미래 안보 환경과 전쟁 양상에 대한 냉철한 분석을 바탕으로 전쟁 수행 개념과 필요한 능력을 도출하며, 나아가 군 구조와 전투 체계 등 분야별 개혁 과제와 예산 소요를 판단하는 것이 정석이다. 또한 국방개혁은 다른 개혁과 달리 안보와 직결되고 시간이 오래 걸리는 만큼 신중해야 한다. 하지만 국방개혁 2.0은 거꾸로 한반도 평화정착을 위한 분위기 조성에 기여해야 한다는 차원에서 작은 군대를 만들겠다는 목표를 정해놓고 모든 것을 거기에 꿰맞추었다고 볼 수밖에 없다. 그 결과 국방개혁 2.0은 국방력을 강화한 것이 아니라 약화시킨 것이라는 비판을 받고 있다. 그런데도 왜 북한은 남북 화해협력 국면에서 군사력을 전혀 줄이지 않고 있는 것인가?

더구나 『2018 국방백서』는 북한은 '적(敵)'이라는 표현을 삭제했고, 또한 '킬체인'과 '대량응징보복'이라는 용어 대신 '전략적 타격 체계'로 바꾸었고, 북한의 군사적 위협도 축소 평가하고 있다. 국내외에서는 한국안보 여건을 최악으로 인식하고 있지만 국방부는 그 반대로 생각하는 것이 아닌지 의문이다. 더구나 사회적으로 김정은을 미화(美化)하는 분위기까지 확산되면서 장병들의 정신전력이 허물어질 우려가 크다. 그런데도 국방부는 장병 정신교육 교재에 '주적'과 관련된 내용은 물론 한미동맹을 다룬 부분도 삭제했다. 적이 누군지 모르면 안보 정체성이 흔들리게 되고, 그러한 군대는 오합지졸이 되고 만다. 더구나 국방개혁의 일환으로 장병들의 인권을 중시하는 조치들이 시행되면서 군의 기강해이가 심각해져 '행정군대'라는 말까지 나온다. 유사시 목숨을 걸고 싸울 수 있을지 의문이다.

V. 한미동맹, 어디로 가고 있나?

한국안보의 핵심축인 한미동맹의 미래도 불확실성이 커지고 있다. 미국은 주한미군의 감축 또는 철수 가능성을 거론하기 시작했고, 우리 정부도 전시작전권 전환을 서두르고 있을 뿐 아니라 종전선언과 평화협정 체결을 통해 유엔군사령부 해체, 미국의 핵우산 제공 종식, 한미 연합훈련 중단 등을 검토하고 있는 것으로 보인다. 한미동맹에 대한 트럼프 대통령의 인식도 미국의 전통적인 입장과는 크게 다르다. 그가 2015년 쓴 책 『트럼프, 강한 미국을 꿈꾸다(*Time to Get Tough*)』에서 "우리는 '세계의 경찰'이 아니다"라고 하면서, 그 역할을 해야 한다면 돈을 받고 하겠다고 했고, 2016년부터는 "한국이 방위비를 더 내지 않으면 주한미군을 철수할 수 있다"고 하기도 했다.

트럼프 대통령은 싱가포르에서 열린 김정은과의 정상회담에서 "새로운 북미관계 구축"과 "한반도에서 항구적이며 공고한 평화체제 구축"에 합의했고, 뒤이어 열린 기자회견에서 일방적으로 한미 연합 훈련의 중단을 선언했으며, 하루 뒤 폭스 뉴스와의 인터뷰에서는 "나는 적절한 시점에 가능한 한 빨리 (주한미군) 병력을 빼고 싶다"며 "우리는 많은 비용이 들고 있고, 한국이 (주둔 비용) 전액을 지불하지도 않는다"고 했다. 이처럼 트럼프는 김정은과의 회담에서 한미 동맹을 협상 카드로 삼아 거래하고 있다는 의혹을 자아낸 것이다. 밥 우드워드의 책 『공포』에는 2018년 초 트럼프 대통령이 "주한미군에 35억 달러를 쓸 이유가 있느냐"며 주한미군 철수를 주장하자 메티스 국방장관이 강력히 만류한 사실이 기록돼 있다. 주한미군의 철수는 북한이 오랫동안 견지해온 핵심적인 대미 및 대남전략의 목표이다. 주한미군의 감축이나 철수 가능성에 대한 트럼프의 발언이 한국안보에 중대한 문제임에도 우리 정부는 어떤 반대 의사도 나타내지 않았다.

하노이에서 열린 2차 미·북 정상회담이 결렬된 직후에도 트럼프 대통령은 비용 문제를 거론하며 한미 연합훈련을 하지 않겠다고 선언했다. 이에 따라 한미 국방당국은 금년부터 키리졸브 연습과 독수리훈련 같은 대규모 연합훈련을 하지 않기로 결정했다. 키리졸브 연습은 한반도 전면전에 대비한 훈련이고, 독수리훈련은 대규모 야외

기동훈련이다. 매년 8월 실시돼온 우리 정부와 한미 양국군의 전면전 대비 지휘소연습인 '을지 프리덤 가디언(UGF) 연습'이 싱가포르 회담 후 트럼프의 선언으로 이미 중단되었기 때문에 3대 한미 연합훈련이 사실상 모두 역사 속으로 사라지게 됐다. 한미동맹이 훈련도 하지 않는 허울뿐인 군사동맹으로 전락하는 것 아니냐는 우려가 커지고 있다. 트럼프가 싱가포르에서 한미 연합훈련 중단을 발표했던 것은 북한의 핵 폐기를 유도하기 위한 것이었기에 이해할 수 있었지만, 하노이 회담을 통해 북한이 핵을 포기할 의사가 없다는 것이 확인된 만큼 훈련을 재개해야 마땅한데 오히려 남아 있던 훈련마저 폐지를 선언한 것이다. 그럼에도 우리 정부는 이를 만류하려 하기는커녕 오히려 기다렸다는 인상을 주고 있다. 과연 국가안보의 책임을 진 정부라고 할 수 있는가?

6.25전쟁 이래 한미 연합훈련은 중단된 적이 없다. 이처럼 한미 연합훈련 중단은 한미동맹을 뒤흔드는 중대한 문제다. 그런데 한번 사라진 훈련은 재개하기 어려울 것이기 때문에 영구적으로 폐지될지도 모른다. 연합훈련을 줄이면 그 영향은 주한미군 감축과 한미연합사령부의 전투력 저하로 이어진다. 이들 훈련의 종료로 B-1B 폭격기와 항공모함 전단, F-22 스텔스 전투기 등 미국 전략자산의 한반도 전개가 사실상 중단되었다고 볼 수 있다. 만약 앞으로 상황 변화로 이 같은 훈련들을 재개하게 된다면 북한의 반발은 물론 중국의 반응도 사드 배치 때 이상의 어려움으로 나타날 가능성이 크다.

'연합훈련 중단', '미군 철수' 등 트럼프의 발언은 그의 개인 의견이라기보다는 한미동맹에 대한 미국 조야의 신뢰가 약화되고 있다는 징조다. 문재인 정부가 남북공조를 최우선으로 하고 또한 중국을 의식하면서 한미 공조와 한·미·일 협력을 경시해왔기 때문이다. 문재인 정부는 말로는 동맹이 중요하다고 하면서도 정책은 그렇지 않은 경우가 빈번했다. 왜냐하면, 한미 간 대적관(對敵觀)에서 상당한 차이가 있기 때문이다. 문재인 정부의 핵심 지지세력은 북한을 화해·협력과 통일의 파트너로 보고 있지만, 미국은 북한을 미국과 동맹국들에게 심각한 위협이 되는 것으로 인식한다. 미국은 북한에 대해 강력한 제재를 유지하기를 바라지만, 남북 경제협력을 우선시하는 문재인 정부는 제재 완화를 적극 주장하며 북한산 석탄 수입과 같이 때로는 제재를 이탈하기도 했다. 더구나 문재인 정부가 한미 연합방위체제에 직결된 문제들을 남북 군사합의에 포함시킴으로써 동맹의 신뢰를 크게 훼손한 바 있다.

미국과 중국이 본격적인 패권경쟁을 벌이고 있는 가운데 일본, 호주, 인도 등이 남중국해 문제에 미국과 공동 대응하는 등, 인도·태평양전략에 적극 참여하고 있지만, 한국은 이에 참여하지 않으면서 중국과의 관계에서는 한미동맹에 역행하는 조치도 서슴지 않았다. 더구나 한국은 동맹국 중에서 가장 극렬한 반미시위를 하는 나라다. 문재인 정권이 한미동맹을 근본적으로 부담스럽게 여기고 있는지도 모른다.

그러한 조짐은 문정인 대통령 외교안보특보의 발언을 통해 나타난 바 있다. 그는 2018년 4월 30일 미국 『포린 어페어스(*Foreign Affairs*)』에 기고한 글에서 한반도 평화협정이 체결되면 주한미군은 정당화하기 어려울 것이라며, 우리 대통령이 요구하면 미군은 철수해야 할 것이라고 밝힌 바 있다. 또한 그는 2018년 1차 미·북 정상회담 직전인 5월 17일 미국 시사 잡지 『애틀랜틱(*The Atlantic*)』과의 인터뷰에서 현재 한국의 상황을 미국과 중국이라는 "고래 싸움에 낀 새우"에 비유하면서 "한국이 동맹 체제를 탈피하면 "한반도는 지정학적 덫으로부터 자유로워질 수 있다"면서 "동맹을 없애는 것이 최선(best thing)"이라 했고, 뒤이어 "장기적 차원에서 (한·미동맹이) 다자안보 협력체제로 전환되기를 희망한다"고 했다. 문재인 대통령도 3.1절 100주년 기념사를 통해 '신한반도체제' 구상을 밝히면서 그 것은 장기적으로 "미국을 포함한 '다자(多者) 평화 안보체제'가 될 것이라 했다. 한미동맹을 넘어서겠다는 의도를 표면화한 것이다.

문정인은 한국이 동맹을 탈피하면 지정학적 굴레에서 벗어날 것이라 했지만, 저자는 그 반대라고 생각한다. 강대국들의 중간지역에 위치한 국가를 '완충국가(緩衝國家 buffer state)'라 하며, 완충국가는 패망할 가능성이 높다는 것이 냉혹한 역사의 교훈이다. 국가 패망에 관한 연구를 한 타니샤 파잘(Tanisha Fazal)은 역사적으로 패망한 국가 중에서 완충국가의 비율이 40%에 달하는 것으로 밝히고 있다. 동북아의 대표적 완충국가인 우리나라도 지정학적 취약성 때문에 임진왜란, 청일전쟁, 러일전쟁, 일본의 식민 지배, 한반도 분단과 6.25 전쟁 같은 역사적 비극을 경험하게 됐던 것이다.

한미동맹에 힘입어 한국은 단숨에 지정학적 족쇄에서 해방될 수 있었다. 한미동맹이 없었다면 한국이 살아남았을지 의문이다. 살아남았다 하더라도 과중한 안보부담으로 경제발전에 투자할 여력이 없었을 것이고, 심각한 안보 리스크 때문에 외국자본이 투자하지 않았을 것이기 때문에 '한강의 기적'은 꿈도 꿀 수 없었을 것이며, 경직된 안보환경으로 민주발전도 불가능했을 것이다. 따라서 현재는 물론 앞으로도 한미동맹은 한국의 생존과 번영에 필수적이다.

협상마감 시간을 넘기면서도 타결되지 못했던 한미 방위비 분담 협상이 늦게나마 타결된 것은 다행이다. 2019년 한국의 방위비 분담금은 1조 원이 조금 넘는 수준으로 결정됐으며, 이는 당초 트럼프 대통령이 요구한 2018년 분담금(9,602억 원)의 2배(1조 9,000억 원) 수준에 비해 크게 줄어든 것이다. 한국 안보상황이 지극히 유동적임에도 한미 양국이 방위비 분담을 두고 첨예한 줄다리기를 했다는 것은 동맹의 이상신호로 볼 수도 있다. 그런데 유효기간이 5년에서 1년으로 바뀌어서 내년도 분담금 협상을 다시 시작해야 하고, 또한 미국이 매년 대폭 인상을 요구할 것으로 예상된다.

트럼프는 한국이 안보 무임승차를 하고 있다고 생각하고 있으며, 비용을 제대로 부담하지 않은 동맹은 동맹이 아니라는 강경한 입장이다. 방위비 분담금 협상에서 트럼프 대통령이 동맹국인 한국에 지나친 요구를 한다는 인식이 있지만, 그의 주장은 미국 내에서 상당한 지지를 받고 있다는 사실을 직시할 필요가 있다. 왜냐하면, 미국이 만성적인 재정적자와 막대한 국가부채에 시달리고 있기 때문이다. 2018년 미국 연방정부의 재정적자는 8,330억 달러로 우리 정부예산의 두 배 규모로 엄청나다.

예산 부족은 미국의 안보태세에 결정적 영향을 미친다. 2010년 연방예산 지출 자동 삭감 조치인 시퀘스터(sequester)가 채택되었을 당시 미 합참의장 마이클 멀린(Michael Mullen)은 "미국 안보에 가장 심각한 위협"이라 했다. 현재 미국은 러시아와 중국으로부터의 핵탄도미사일 위협, 우주 무기 운용과 사이버 공격 등에 대비하기 위해 막대한 예산이 소요되기 때문에 해외 군사작전과 연합훈련 등 동맹국과의 군사협력 예산은 줄일 수밖에 없는 형편이다. 그래서 트럼프 대통령은 동맹국들의 국방비 및 방위비 분담금 인상을 강력히 요구하고 있는 것이다. 따라서 앞으로 방위비 분담금 협상이 만족스런 합의에 이르지 못한다면 트럼프 대통령은 주한미군과 관련하여 어떤 충격적인 결정을 내릴지 알 수 없다. 한국이 핵무기를 개발하지 않는 한 북한의 핵 위협에 대한 대비는 미국의 핵우산에 의존할 수밖에 없다. 돈 문제로 70년간 지속된 동맹이 흔들리게 하고 우리의 안보태세를 근본적으로 위태롭게 할 수는 없는 일이다.

한국안보가 지극히 불투명함에도 문재인 정부는 임기 중에 전시작전권(戰時作戰權)을 전환하겠다며 서두르고 있다. 2018년 10월 31일 펜타곤에서 열린 한미 연례안보협의회(SCM)에서 양국 국방장관은 한미연합사령부를 대체할 미래사령부 창설에 합의하고 사령관은 한국군이 맡기로 합의했다. '조건에 기초한 전작권(戰作權) 전환' 원칙에 따라 우리 군은 연합방위 주도 능력과 북핵·미사일 대응 능력을 갖춰야 하지만, 정부는 북핵 대응 능력의 핵심인 '3축 체계' 구축 계획도 "북한 비핵화 진행과 연계해 융통성 있게 검토하겠다"고 했고, 적의 움직임을 파악하는 정보·감시·정찰(ISR) 능력, 독자적 전시 군수지원 능력, 첨단 지휘통신체계 등도 미비한 상태다.

그런데 전작권 전환으로 인한 한미연합사령부의 해체는 한국안보의 근간을 뒤흔들 위험이 있다. 일본에 산재해 있는 미군 후방지원전력은 유엔군사령관의 통제하에 있다. 또한 주한미군과 주일미군이 전시에 자동적으로 한미연합사령관의 지휘를 받는 것이 아니라 미국 인도·태평양사령관의 허락을 받아야 한다. 미래사령관이 유사시 수많은 항모전단과 수천 대의 군용기 등 대규모 미군 전력을 효과적으로 지휘 운용하기 어려울 것이며, 미군의 대규모 전력(戰力) 증원도 자동적으로 이루어질 것인지 불확실하다. 미래사령부의 사령관을 한국군이 맡도록 했다는 것은 미국이 유사시 대규모 병력 증원을 하지 않으려는 의도일지도 모른다.

북한은 2018년 말부터 2019년 봄까지 4개월에 걸쳐 100만 명을 동원한 동계훈련을 실시한 반면, 2019년 3월 초 한·미 군 당국은 앞으로 한미 연합훈련인 키리졸브(Key Resolve) 연습과 독수리훈련 (Foal Eagle)을 하지 않을 것이라고 발표했다. 이로써 을지프리덤가 디언연습(UFG)을 포함해 3대 대규모 연례 한미 연합훈련이 모두 폐지되고 규모를 축소한 다른 이름의 훈련으로 대체되었다. 군사전문가들은 한미 연합훈련의 폐지로 연합 대비태세가 약화되는 것은 물론 자칫하면 북한의 오판을 부를 수 있다고 경고한다. 3대 한미 연합훈련이 폐지되면서 전작권 전환이 제대로 된 검증 절차도 거치지 않고 졸속으로 이루어질지도 모른다.

일부에선 대규모 한미 연합훈련 폐지에 따라 전작권 전환이 당초 계획보다 빨라질 거란 관측도 나온다. 미군이 자연스럽게 한·미 연합 방위 체제에서 발을 빼면서 전작권을 넘겨줄 수 있다는 것이다. 이럴 경우 우리 군의 작전 능력이 부족한 상태에서 미군만 빠지는 최악의 상황을 배제할 수 없게 된다. 요컨대 전작권 전환으로 한미연합사가 해체되고 한미동맹은 껍데기만 남게 되면서 결국 주한미군의 철수로 이어질지도 모른다.

주한미군과 한미동맹의 중대한 변화는 한국의 '경제안보(economic security)'에도 치명타가 될 우려가 크다. 주식시장 자본의 40~50%를 차지하는 외국자본은 한미동맹으로 안보리스크가 크지 않다고 판단하고 한국에 투자하고 있는 것이다. 한미동맹에 근본적 변화가 생긴다면 이들 외국자본이 일시에 철수할 가능성을 배제할 수 없고 이로 인해 한국경제가 공황 상태에 빠질지도 모른다. 따라서 전작권 전환은 신중을 기하는 것이 마땅하다.

▌중국 및 일본과의 관계는 한미동맹을 고려해야

중국 및 일본에 대한 한국의 정책은 한미동맹 신뢰의 바로미터라 할 수 있다. 미국의 한반도정책은 동아시아와 인도·태평양 정책의 일환이기 때문에 한미동맹을 단순히 북한 문제와 한미 양국 간 문제로만 인식해서는 안 되며, 중국, 일본 등과 연계하여 판단해야 한다. 특히 미국은 중국의 부상을 제어하는 것을 국가대전략의 일환으로 인식하고 있기 때문에 미국의 한반도 정책은 미국의 대중(對中)정책의 맥락에서 판단하는 것이 필요하다. 미국은 2017년 말 발표한 국가안보전략에서 공세적 외교안보정책을 펼치는 중국을 전략적 경쟁자로 규정한 이래 무역·대만·남중국해 문제 등을 둘러싸고 중국과 노골적으로 대립하고 있다.

미국은 한·미·일 협력을 통해 북핵 문제와 중국의 팽창에 대응하고자 하지만, 중국의 한반도 전략은 주한미군 철수와 한미동맹 와해를 목표로 하고 있으며, 동시에 한·일 갈등을 조장하여 한·미·일 안보협력을 저지하고자 한다. 그런데 문재인 정부는 중국에는 우호적이면서 일본에는 대립적인 정책으로 한·미·일 3각 협력에 차질을 초래하고 있다.

특히 문재인 정부는 미·중 전략 경쟁으로 촉발된 문제들에 대응하는 데 결정적 과오를 범했다. 가장 첨예한 이슈는 사드(THAAD)의 한국 배치였다. 한미 양국이 북한 핵 위협에 대한 방어 조치로 사드 배치에 합의하자 중국이 전략적 이해를 침해한다는 이유로 한국에 경제보복을 가했다. 문재인 정부는 사드 배치의 절차적 정당성, 환경영향평가 등을 이유로 사드 배치를 지연시켰다. 설상가상으로 문재인 정부는 2017년 10월 사드 문제를 해결한다면서 사드 추가 배치 반대, 미국의 미사일방어망 참여 반대, 한·미·일 군사협력의 군사동맹으로의 발전 반대 등, 미국의 안보이익에 배치된 조치들을 중국에 약속했던 것이다. 미국을 한반도에서 축출하려는 중국의 한반도 전략에 한국이 동조한 꼴이다. 더구나 사드 기지 출입로는 여전히 시위대에 의해 봉쇄당하고 있다. 그래서 발전기용 연료는 물론 근무교대자도 헬기로 실어 나르고 있는 실정이다.

또한 문재인 정부는 미국 주도의 인도·태평양 연합에 참가하지 않으면서 중국의 팽창전략인 일대일로(一帶一路) 정책에는 참여하고 있고, 남중국해 문제를 둘러싸고 미국과 중국이 팽팽히 대립하고 있음에도 우리 정부는 이를 외면하고 있다. 더구나 미국 주도의 한·미·일 해군 연합훈련에 일본 해상자위대 함정의 참가를 반대함으로써 미국 주도의 한·미·일 안보협력에 역행했다. 미국의 월스트리트 저널이 문재인 대통령을 "신뢰할 수 없는 친구"로 표현했을 정도로 미국 조야에서는 한국이 과연 동맹국인가라는 의구심이 커지고 있다.

국가전략에는 국가이익의 우선순위 판단이 중요하다. 중국과의 경제협력이 중요하기는 하지만 경제보복을 벗어나기 위해 한국안보의 핵심인 한미동맹을 훼손해서는 안 되는 일이다. 미국과 중국을 같은 비중으로 인식하는 균형외교는 제대로 된 외교라고 할 수 없다. 미중 양국의 충돌로 선택이 불가피하다면 한국은 분명한 원칙에 입각하여 대응해야 한다. 여기서 중요한 것은 한미동맹이 중국과의 전략적 협력보다 우선돼야 한다는 것이다. 이는 한미동맹이 우리의 외교안보정책의 근간일 뿐 아니라 안보가 경제협력보다 훨씬 더 중요하기 때문이다.

한일관계도 한미동맹을 공고히 유지하는 데 매우 중요하다. 냉전시대를 통해 한·미·일 3국은 외교안보 면에서 사실상 동맹관계였다. 한미동맹과 미일동맹을 통해 한국은 외교안보 면에서 일본과 긴밀히 협력해왔다. 그런데 최근 북한의 핵 위협과 중국의 급부상으로 동북아 안보환경이 불안정해지고 있음에도 한일 갈등은 최악으로 치닫고 있다. 역사 왜곡, 독도 영유권 주장 등 아베 정부의 우경화 노선과 이에 대한 한국의 반발이 계속되어 온 가운데 문재인 정부는 '친일역사 청산'이라는 국내 정치적 프레임을 일본에 적용하여 일본군위안부 피해자 문제, 일제 강제징용 피해자 배상 문제에 관해 일본과 했던 기존 합의를 뒤집었고, 이로 인해 일본 정부로부터 "국제 약속을 지키지 않으면 국가 간 관계가 성립되지 않는다"는 말까지 나왔다. 더구나 욱일기(旭日旗) 논란으로 건군(建軍) 70주년 기념 국제관함식에 일본 함정이 불참하면서 양국관계가 계속 악화됐고, 최근에는 우리 해군 함정이 조난 중인 북한 어선을 찾기 위해 사격통제레이더를 작동한 것을 두고 일본이 자국 초계기를 위협했다면서 논란이 벌어진 이래 적대국 간에 볼 수 있는 일촉즉발의 대결 위험으로 치닫기도 했다. 한일 양국의 집권세력이 반일감정과 혐한감정을 각각 정치적으로 이용하면서 상대국 제품에 대한 불매운동이 일어날 정도로 확산되고 있다.

그러나 한일 양국은 안보에 대한 이해관계를 상당 부분 공유하고 있다. 북한의 핵무장으로 한일 양국만큼 직접 위협받는 나라가 없고, 중국의 부상도 한일 양국에 중대한 도전이다. 북한의 비핵화에 실패하면 한·미·일 안보협력은 더욱 중요해진다. 주한미군과 주일미군의 긴밀한 협력이 이뤄지고 일본에 산재한 7개의 유엔사령부 후방 기지가 제대로 작동될 때 한국의 안보는 담보되는 것이며, 여기에는 일본의 협력이 필수적이다. 따라서 우리가 일본의 우경화에 지나치게 과민 반응할 필요가 없다. 일본인의 90% 정도가 중국의 급격한 부상(浮上)을 위협으로 인식하고 있기 때문에 일본의 군사력 증강은 중국 위협에 대한 대응인 것이다. 6.25전쟁 이래 적대행위를 계속해왔고, 더구나 핵무기까지 보유한 북한과도 평화 공존한다면서 일본을 적대시하는 것은 앞뒤가 맞지 않는다. 한·일관계 파탄은 두 나라 모두에 손해지만 더 큰 피해는 한국이 본다. 왜냐하면, 그것은 우리의 안보와 경제, 현재와 미래의 악재가 되기 때문이다.

한미동맹은 연합훈련을 취소하고, 방위비 분담금 문제로 주한미군 감축설이 나올 정도로 흔들리고 있지만, 미·일 동맹은 대규모 연합훈련이 빈번해지고 미사일 방어를 위한 신형 레이더의 일본 배치가 검토될 정도로 안보협력이 강화되고 있다. 한국 입장에선 미국은 사활적으로 중요한 나라지만, 미국의 입장에서는 한국은 그처럼 중요한 나라가 아니다. 한국은 미국 없이 안보와 경제를 지탱하기 어려울지 모르지만 미국은 한국이 없더라도 그들의 국가이익에 결정적 손실이 있을 것으로 보지 않는다. 반면 미국은 동아시아 지역에서 일본을 사활적 이익이 걸린 나라로 판단한다. 일본은 민주국가일 뿐 아니라 세계 3위의 경제대국이고 지리적으로도 일본열도는 중국의 팽창을 억지하는 데 최적의 기지가 될 수 있기 때문이다. 더구나 일본은 한국에 비해 동맹에 훨씬 더 적극적이다. 일본은 방위비 분담에 대해서 적극적이고, 중국의 위협에 대응하는 데도 미국에 적극 협력하고 있다. 미국의 입장에서 보면, 미·일 안보협력이 강화될수록 한국의 전략적 가치는 낮아지게 된다.

미국 국방부는 "일본과 맺고 있는 양자관계보다 더 중요한 양자관계는 없다"면서 "미일 관계는 미국의 대아시아 안보정책의 관건(linchpin)"이라 하고 있다. 그동안 주한미군 철수나 감축에 대한 주장은 끊임없이 나왔지만, 주일미군을 철수해야 한다는 주장이 나온 적은 없다. 미국의 동아시아 방어선이 일본으로 후퇴하고 있다는 관측이 무성한 가운데 제2의 에치슨라인(Acheson line)이 현실화되는 것이 아닌가 하는 우려가 나온다. 1949년 미국이 일본열도 중심의 에치슨라인을 설정하고 주한미군을 철수했던 다음 해에 북한이 남침했던 것이다. 미국이 미일동맹만으로 동북아를 안전하게 방어할 수 있다고 판단할 경우 핵전쟁의 위험성을 감수하면서 한국을 방어하려 하지 않을지도 모른다.

1945년 이래 동북아 안보 구도는 미국이 주도하는 한·미·일 3각 안보협력이 기본축이었다. 한국은 일본 안보의 '방파제'이고, 일본은 한국 안보의 '후방기지'였으며, 그래서 미국은 한일 협력을 조율해왔다. 최근 한국이 미국과 중국 사이에 균형외교를 시도하고 일본과 긴장관계를 유지하면서 기존의 한·미·일 협력체제를 약화시키고 있는 것이다. 미국이 등을 돌리는 순간, 한국은 북한은 물론, 중국과 일본과의 각축에 휩싸일 수밖에 없다. 이처럼 한미동맹은 우리나라의 '생명줄'이라 할 수 있다.

VI. 분단국의 국론분열은 심각한 문제

대북정책을 둘러싼 남남갈등은 심각한 문제다. 북한의 통일전선전략은 우리사회 내 동조세력과 협력하여 적화통일하려 한다. 즉 우리사회에 '내부의 적(敵)'을 구축하는 전략이다. 4.19 이후 남한의 혼란상을 목격한 김일성은 '남조선혁명역량'을 강화하라고 지시했으며, 이에 따라 북한의 대남전략은 우리사회 내 반정부 투쟁과 민주화운동에 편승하여 '남조선혁명'을 하고자 했다. 북한이 과거에는 남파간첩 등으로 지하당 구축을 통해 '제2전선'으로 삼았지만, 민주화 이후에는 남남갈등 조장에 집중해왔다. 예를 들면, 북한의 대남 통일전선 기구인 '반제민족민주전선(반제민전)'의 웹사이트 '구국전선'은 2002년 8월 '청년전사 투쟁구호!'라는 제하의 문건에서 "민주노총, 전국농민회총연맹(전농), 한국대학생총연합(한총련)은 김정일의 향도 따라 통일혁명 투쟁에 앞장서는 주력대오(主力隊伍)"라면서 "민주노총이 반미 연북(聯北) 투쟁의 주력이 되자"고 선동한 바 있다.

분단국가는 분단된 다른 쪽으로부터 첩자들이 쉽게 침투할 수 있는 약점이 있다. 1989년 동독 공산정권이 무너지기 전 서독에서 활동한 동독 간첩은 2만여 명이었던 것으로 알려지고 있다. 동독 첩보기관 슈타지(Stasi 국가보안원)는 서독의 총리 보좌관, 여당 원내총무, 내독성(통일부) 장관까지 간첩으로 포섭했으며, 미남 공작원을 통해 서독 거물 인사들의 여비서를 유혹해 정보를 수집하기도 했다. 독일의 주간지 보헨포스트(*Wochenpost*)는 분단 시대를 통해 서독 연방의회 의원 25명이 동독의 첩자로 암약했다고 1993년 보도한 바 있다. 이들이 동독에 우호적인 법안 발의에 총력을 기울였다는 것이다. 서독의 학생운동도 슈타지의 손아귀에서 놀아났다. 서독 학생운동 지도자였던 볼프강 크라우스하르는 1998년 '공산주의자들에게 놀아난 우리들의 학창시절'이란 글을 발표해 큰 파장을 불러왔다. 동독이 서독 학생조직에 반미시위와 반전운동을 조장했다는 것이다.

월남의 패망은 '내부의 적' 때문이었다. 고 딘디엠(Ngo Dinh Diem) 대통령과 구엔 반 티우(Nguyen Van Thieu) 대통령의 특별보좌관이었던 부응옥 냐(Vu Ngoc Nha)는 10여 년간 월맹의 지령을 받아 1급 기밀을 빼돌린 간첩이었으며, 1975년 적화 통일된 후 그는 대장으로 승진했다. 1967년 대통령선거에서 2위를 했던 야당 지도자 쭝딘쥬 (Trương Đình Dzu) 역시 월맹의 고정간첩이었다. 그는 선거 유세에서 이렇게 말했다. "동족상잔의 전쟁에서 시체는 쌓여 산을 이루고 있다. 우리 조상이 이처럼 외세를 끌어들여 동족끼리 피를 흘리는 모습을 하늘에서 내려다보며 얼마나 슬퍼하겠는가. 월맹과 대화를 통해 얼마든지 평화 협상이 가능한데, 왜 북폭(北爆 북베트남 폭격)을 하여 무고한 인명을 살상하는가. 내가 대통령에 당선되면 북폭을 중지시키고, 평화적으로 남북 문제를 해결하겠다"고 선동했던 것이다. 그는 대선에서 패배했지만 미국의 맨스필드, 풀브라이트, 케네디 상원의원 등 중진들을 대상으로 평화협정을 통해 베트남전쟁을 끝내도록 해야 한다고 설득했다. 미 상원 중진들은 협상을 통해 전쟁을 끝내라고 존슨 대통령에게 압력을 넣었고, 그래서 미국은 1968년 5월 평화협상을 개시했고 결국 1973년 10월 파리평화협정이 체결됐지만, 2년 후 월남은 공산화되고 말았다.

우리사회에 안보불감증이 만연되면서 안보 포퓰리즘도 극성을 부리고 있다. 병사의 복무기간 축소가 대표적인 예다. 정부는 병사 복무 기간을 육군·해군·해병대는 3개월, 공군은 2개월 줄이기로 됐다. 육군은 21개월에서 18개월로 줄어든 것이다. 우리와 대치하고 있는 북한에서는 군 복무기간이 9년 정도이다. 이스라엘은 30개월 복무한다. 이스라엘은 핵보유국이고 주변 적대국들에 비해 압도적인 군사력을 갖고 있다. 이에 비해 우리나라는 핵도 없을 뿐 아니라 사실상 핵보유국인 북한과 중국, 러시아, 일본 등 세계적 강대국들에 둘러싸여 있다. 그런 처지에 있는 우리나라가 이스라엘보다 군 복무를 짧게 하고 있는 것이다. 이스라엘 국민은 그들 스스로 나라를 지키지 않으면 어느 누구도 지켜주지 않는다고 생각하기 때문이다. 그런데 우리나라는 미국이 지켜준다고 생각하기 때문에 군대복무는 적당히 해도 된다는 것인가?

최근에는 '양심적 병역 거부' 현상이 급속히 확산되고 있다. 2018년 11월 대법원이 '양심적 병역 거부'를 정당하다고 판결한 이후 하급 법원에서는 135건의 '양심적 병역 거부' 사건에 대해 모두 무죄 판결했다. 여기에는 집총(執銃) 거부라는 종교적 신념을 내세운 경우, 입영 통지서를 받기 11일 전 특정 종교의 신도가 된 후 입영을 거부한 경우, 그리고 병무청이 주관하는 대체 복무를 거부한 경우에 무죄가 선고되었던 것이다. '양심'이라는 애매한 기준을 내세워 너도 나도 병역을 거부하면 나라는 누가 지킬 것인가? 뿌리 깊은 안보불감증을 더욱 부채질하고 있는 것이다.

안보에 대한 국론분열과 불감증, 이것이 국가안보에 가장 위험한 요소이다. 한반도의 진정한 평화의 길은 멀고 험난할지도 모른다. 비핵화 협상이 잘 되면 한반도가 평화와 통일의 길로 나아갈 수 있을지 모르지만, 그 반대일 수도 있다. 비핵화 협상이 끝내 성공하지 못하면 위기국면으로 되돌아갈 가능성도 있다. 따라서 정부는 북한 비핵화가 될 것이라는 환상에서 벗어나 북핵 위협으로부터 국가와 국민을 수호할 수 있는 전략을 마련하고 실천에 나서야 한다. 수도권에 사드를 배치하고, 북한의 핵미사일을 방어하기 위한 미사일 방어체제를 구축해야 하며, 한미 연합방위체제를 더욱 공고히 하는 한편, 미국의 전술 핵무기 재배치도 검토해야 하며, 나아가 핵 대피시설을 전국적으로 만들어야 한다. 이에 못지않게 중요한 것은 국민이다. 우리 모두의 생사가 걸린 국가안보 문제에 대해 정부 당국과 국군만 믿고 있어서는 안 된다는 것이다.

＊　＊　＊　＊　＊

　　역사가 듀란트(Will Durant)는 3,500년의 인류 역사를 통해 전쟁이 없었던 해는 268년에 불과하다고 했다. 러시아 공산혁명가 레온 트로츠키는 "너는 전쟁에 관심이 없을지 모르지만, 전쟁은 너에게 관심이 매우 많다"고 했다. 안보는 한번 무너지면 두 번째가 없다. 그럼에도 문재인 정부는 평화에만 몰두하여 안보태세를 약화시키는 위태로운 모험을 하고 있다. 안보와 평화 중 우선순위는 당연히 안보다. 왜냐하면, 안보는 군사태세 등 구체적 수단에 관한 것인 반면, 평화는 선언이나 협정에 불과하기 때문에 언제든지 깨질 수 있기 때문이다. 무기를 내려놓은 상태에서 평화가 보장된 적은 없다. 안보를 강조하는 것은 구시대적 발상이라는 인식을 깨지 않으면 안 된다. 안보는 국가의 기본 책무다. 튼튼한 안보 없이 평화도 없고 경제도 직격탄을 맞게 된다.

제8장

통일, 무조건인가
조건이 맞아야 하는 것인가?

통일이란 대통령 한 사람이 마음대로 할 수 있는 일이 결코
아니다. 국민 절대 다수가 동의해야 하고 초당적 합의가 있
어야 한다.

한반도 정세가 정신 못 차릴 정도로 요동치고
있지만, 그것이 어느 방향으로 전개될지는 불분명
하다. 2017년 말까지만 해도 한반도에 전운(戰雲)이
감돌았지만, 2018년 한 해 동안 남북 정상회담, 북·
중 정상회담, 미·북 정상회담이 잇따라 열리는 등
극적인 변화가 있었다. 특히 2018년 4월 27일 판문
점 남북 정상회담 직후 우리사회는 당장 평화와 통
일의 길이 열린 것처럼 흥분된 분위기에 휩싸이기
도 했다. 문재인 대통령은 2018년 한 해 동안 세 차

례의 남북 정상회담을 통해 남북관계를 '되돌릴 수
없는' 정도로 급진전시키려 했고, 궁극적으로 분단

극복, 즉 통일을 지향하고 있는 것으로 보인다.

2012년 대통령선거 당시 문재인 후보는 국립서울현충원에서 열린 김대중 대통령 3주기 추도식에 참석해 "낮은 단계의 연방제는 정권교체를 통해 다음 정부 때 반드시 이루겠다"고 선언한 후 대선 공약으로 내세웠다. 그보다 앞선 2011년 11월, 한국일보와의 인터뷰에서 "김대중, 노무현 정부를 거치면서 남북이 평화통일에 가까워졌다. '국가연합' 또는 '낮은 단계의 연방제'를 이룰 수 있다는 희망을 품을 정도가 됐다"고 한 바 있다.

통일 문제는 2017년 대통령선거 당시 문재인 후보의 공약에서 빠졌지만, 텔레비전 토론에서 그의 입장이 드러났다. 2017년 4월 25일, JTBC '대선 후보 토론회'에서 바른정당의 유승민 후보와 더불어민주당의 문재인 후보가 '낮은 단계 연방제' 통일을 두고 논란을 벌였다. 이 토론이 열리기 며칠 전, 문재인 후보가 김대중 전 대통령 서거 8주기 행사에 참석해 "남북 국가연합 또는 낮은 단계의 연방제를 실현해서 김대중 대통령이 6·15선언에서 밝힌 통일의 길로 나아가고 싶다"고 말했던 것이 발단이었다. 유승민 후보는 "낮은 단계의 연방제 통일에 찬성하느냐"고 질문하자 문재인 후보는 "낮은 단계 연방제는 우리가 주장하는 국가연합하고 별로 차이가 없다고 생각한다"고 답했다. 이로써 그는 '낮은 단계 연방제'를 실현하기 위한 통일 정책을 펴겠다는 것을 사실상 공약했던 것이다.

문재인 후보는 북한의 '낮은 단계 연방제' 통일과 노태우 정부 당시 마련된 '남북 국가연합' 통일 방안에 차이가 없다고 했지만, 이는 사실이 아니다. 노태우 정부의 남북 국가연합은 1민족-2국가-2체제-2정부를 유지하면서 연방국가 없이 남북 간에 '남북연합 정상회의', '남북연합 각료회의 구성' 등 협력기구를 제도화하여 이를 통해 남북 간 의사를 통일시켜 나가기로 한 것이다. 그러나 낮은 단계 연방제는 1민족－1국가－2체제－2정부의 연방제 국가를 두어 두 지역정부를 관할하도록 하겠다는 것이다.

　통일처럼 나라와 국민의 운명이 걸린 중대한 문제를 대통령선거 과정에서 제대로 된 토론도 없이 그처럼 가볍게 넘어가고 말았다는 것은 여간 심각한 문제가 아니다. 그런데 문재인 정부의 대북 접근 방식을 보면 통일을 목적으로 하고 있다는 인상을 준다. 그러나 통일이란 대통령 한 사람이 마음대로 할 수 있는 일이 결코 아니다. 국민 절대 다수가 동의해야 하고 초당적 합의가 있어야 한다.

I. '낮은 단계의 연방제' 통일?

　2000년 6.15남북공동선언에서 김대중 대통령과 김정일 국방위원장은 "남측의 연합제안(案)과 북측의 낮은 단계의 연방제안(案)이 공통성이 있다고 인정하고, 이 방향에서 통일을 지향하기로 합의했다." 그때까지 한국은 국가연합 방식의 통일방안을 가지고 있었고 북한은 '수정된 고려민주연방제' 통일방안을 내세우고 있었다. '수정된 고려민주연방제'는 동유럽 공산권 붕괴와 독일 통일 등 급격한 정세변화로 인한 흡수 통일의 위험에 대응하기 위해 김일성이 1991년 신년사를 통해 기존의 '고려민주연방제'를 '낮은 단계의 연방제'에서 지역정부의 권한을 연방정부에 점진적으로 이양하여 '높은 단계의 연방제'로 이행하도록 한 것이다.

북한의 고려연방제 통일방안은 남북 간 사상과 제도를 상호 인정하면서 두 지역정부가 동등하게 참가하는 '1민족 1국가 2체제 2지역정부' 방식의 연방국가를 구성하며, 제도적 통일은 후대로 미루기로 하고 있다. 즉 남과 북이 '고려민주인민공화국'이라는 국호 아래 대외적으로 중립국가를 표방하고, 남북 동수로 구성되는 최고민족연방회의(통일의회)와 남북의 지역정부를 관할하고 정치, 외교, 군사 등 연방국가 업무를 담당하는 연방상설위원회(통일내각)를 둔다는 것이다.

2000년 6월 15일 남북공동선언 채택 3개월 후인 10월 6일 북한 조국평화통일위원회 안경호 서기국장은 고려민주연방공화국 창립방안 제시 20주년 기념식에서 '낮은 단계의 연방제'는 "북과 남에 존재하는 두 개의 정부가 정치·군사·외교권 등 현재의 기능과 권한을 그대로 갖게 하고 그 위에 민족통일 기구를 내오는 방법"이라 밝혔다. 낮은 단계 연방제의 핵심은 서로의 체제를 유지하면서 국가의 주요 정책은 "남과 북의 인구비례가 아닌 남북한이 같은 수의 대표를 선발"해서 최고민족연방회의를 구성하여, 거기서 결정한다는 것이다. 그런데 그 같은 연방국가가 설립될 경우 남쪽 대표 중에 북쪽 편을 드는 사람들이 있을 것이기 때문에 북쪽 주장만 관철될 가능성이 높다는 문제가 있으며, 결국 연방정부는 북쪽의 의도대로 움직일 가능성을 배제할 수 없다.

더구나 북한은 연방제 통일방안을 제시하면서 여러 가지 까다로운 전제조건을 제시하고 있다. 즉 남한의 '민주정부(북한에 우호적인 정권)' 수립, 국가보안법 폐지, 폭압통치기구(국정원, 기무사, 경찰 보안수사대 등 안보수사기관) 해체, 북한과 미국 간 평화협정 체결, 주한 미군 철수, 모든 정당·사회단체 및 인사들의 자유로운 정치활동 보장(공산당 합법화) 등을 내세웠다. 이 같은 전제조건에는 결국 북한이 주한미군을 철수시킨 후 한국사회를 분열과 혼란으로 몰아넣어 한국의 체제를 전복시키려는 의도가 내포되어 있다고 본다. 따라서 연방제는 대남 적화전략의 일환이라 볼 수 있다.

황장엽 전 북한 노동당 비서는 2006년 5월 북한자유방송과의 인터뷰에서 북한의 적화통일전략과 관련하여 '미국과 북한 지도자 간의 담판, 주한미군 철수, 한미동맹 붕괴, 남북연방제 통일, 북한에 의한 적화통일의 순서'로 진행될 것이라고 말한 바 있다. 그는 "북한은 무력에 의한 남침 공격보다는 친북반미세력 육성을 통한 남북연방정권 수립을 목표로 하고 있다"며 다음과 같이 말했다.

> "6·25전쟁이 실패하니까 북한은 (적화통일전략으로) 전쟁의 방법과 내부 와해 방법, 두 가지를 병행했습니다.… 특수부대를 직접 내려 보내 지하당을 꾸리는 것은 비용도 많이 들고 비밀보장도 곤란하기 때문에 학생들 속으로 고도로 훈련된 요원들을 침투시켰지요. 그것이 386세대까지 연결, 오늘날에 와서 효과를 발휘해 친북반미세력이 상당히 장성한 것입니다. … 처음 넘어올 때 북한이 5년을 못 간다 생각했는데, 지금은 상황이 더 힘들어졌어요.… 북한 핵 문제는 자꾸 시간을 끌다보면 김정일이 미국한테 달라붙어서 '핵무기를 버리고 남침도 안 할 것이며, 미국의 투자도 다 허용한다'는 감언이설로 속일 겁니다. (김정일은) 그 대신 미군 철수와 평화협정 체결을 요구하고 남북통일은 우리 민족끼리 하도록 내버려 두라고 요구할 겁니다. 이걸 만약에 미국이 승인하는 경우에는 남한의 친북정권과 연방정권을 세우는 전략이 성공할 수 있습니다."

태영호 전 북한 공사는 2017년 2월 『월간조선』과의 인터뷰에서 북한 사람치고 남과 북이 주권을 유지하며 통합을 모색하는 낮은 단계 연방제가 가능하다고 믿는 사람은 없다고 하면서 '낮은 단계 연방제'는 '북의 기만술'에 불과하다고 말했다. "연방제 통일이라고 하는데, 그건 남한 국론을 분열시키기 위한 기만술입니다. 통일을 한 번에 할 수 없으니 단계적으로 가자. 통일 정부를 만들어서 외교, 안보를 담당하게 하고, 남과 북 사이에 차이점이 없어지면 통일로 간다? 이건 완전히 기만입니다. 북한 사람치고 그걸 믿는 사람은 한 명도 없습니다."

낮은 단계의 연방제에서는 어떤 일이 일어날 것인가? 한국은 철저히 통제된 북한사회를 변화시키기란 불가능하다. 북한에서는 수령체제와 주체사상이 확고히 유지되는 가운데 언론을 철저히 통제하고 외부접촉도 금지하기 때문에 우리가 북한주민들에게 영향을 미칠 수 있는 수단이 별로 없기 때문이다. 이와 대조적으로 북한은 사이버공간 등 온갖 수단을 동원하여 우리 체제를 비난하고 반정부 활동을 하더라도 그것을 통제하기 어려운 것이 현실이다. 이 같은 북한의 침투 전복활동으로 한국사회는 분열과 갈등이 극대화되어 혼란에 빠지고 경제적으로 침체의 길을 걷게 된다. 그러한 상황에서 높은 단계의 연방제로 나가게 된다면, 통일 한국은 사실상 김일성주의 국가가 될지도 모른다.

러시아가 2016년 미국 대선에 개입했고 유럽 여러 나라의 선거에도 개입했으며, 2018년 미국 중간선거 당시에는 중국이 개입하고 있다고 미국이 비난한 바 있다. 이처럼 외부에 의한 선거개입이 민주국가의 취약점이다. 그렇다면 북한, 중국 등이 한국 선거에 개입하지 않는다고 단정하기 어렵다. 북한이 우리 선거에 영향을 주어 그들에게 유리한 정권을 만들어내려 할 가능성이 있다는 것이다.

『대한민국적화보고서』를 쓴 언론인 김성욱은 연방제 통일이란 북한정권과 한국 내 친북세력이 공동으로 추진하는 적화(赤化)전략이라 주장한다. 그는 연방제통일이 적화(赤化)통일인 이유를 다음과 같이 주장하고 있다.

첫째, 김정일의 비공식 대변인으로 알려진 조총련의 김명철은『김정일의 통일전략』이라는 책에서 "미국은 북조선을 외교 승인하고 평화조약(平和條約)도 체결하고 … 그 후 1년 안에 한국은 자연붕괴하고 새로운 민주연합정권이 서울에 수립되어 1년 안에 북조선과 연방통일을 이룰 것이다."라고 했다. 이는 연방제란 곧 한국의 붕괴(崩壞)를 전제로 한 개념이다.

둘째, 북한정치사전은 "민족 내에 있는 공산주의적 요소가 민족사회를 지배할 수 있도록 통일된 세력이 되기까지의 과도적인 정치조직으로 연방제가 필요하다"(1973, 313-134면)고 규정하고 있다. 연방제는 공산주의 지배를 위한 과도적 정치 조직에 불과하다는 것이다.

셋째, 민족해방(NL)파 운동가들이 2001년 9월 22일~23일 충북의 한 지역에서 소위 「군자산의 약속」이라는 연방제통일 결의에서 "연방통일조국 건설은 남한 내 '민족민주전선역량의 반제(反帝)투쟁'이 북한의 '사회주의혁명역량'이 승리의 기선을 잡은 반제(反帝)전선에 가세(加勢)·결집(結集)하는 양상으로 전개될 것"이라 했다. 즉 연방제통일이란 북한 공산정권과 남한 내 친북세력의 협력에 의한 적화통일이라는 것이다.

마지막으로, 대법원은 국가보안법 폐지, 주한미군 철수, 연방제통일 선전선동 행위를 "자유민주적 기본질서를 위태롭게 하는 행위"로 판단해왔다. "연방제는 반(反)국가단체의 활동을 찬양·선전하여 국가의 존립·안전이나 자유민주적 기본질서를 위태롭게 한다"(2003

고합997). "연방제는 대한민국의 존립·안전과 자유민주적 기본질서를 위협하는 적극적이고 공격적인 것"(2002도539)이라고 하는 등 판례는 일관돼 있다.

이와 관련, 유동열 자유민주연구원 원장은 2018년 6월 13일『미래한국』과의 대담에서 이렇게 말했다. "낮은 단계 연방제에는 함정이 있다. 남북이 낮은 단계 연방제로 통일하게 되면, 남북이 하나의 국가를 형성하는 것이기 때문에 먼저 남한에 있는 외국군(미군)의 철수 문제가 자연스럽게 제기되어 미군이 철수해야 한다. 공산당의 활동을 합법화시켜야 하고 북한 자치정부를 고무, 찬양 등의 이적행위를 처벌하는 국가보안법도 폐지되어야 한다. 결국 낮은 단계 연방제로 느슨한 통일을 한 다음, 우리 내부의 체제 보위 장치를 하나 둘씩 해체하여 우리 내부의 군사적 공백과 사회 혼란을 조성한 후 남한 내부혁명을 성사시키거나, 북한 자치정부에 의한 남침전쟁으로 공산화 통일을 성사시키려는 의도이다." 요컨대 '낮은 단계 연방제'는 북한의 기만적인 적화통일전략에 불과하다는 것이다.

II. 어물어물 우리식 통일?

그런데 성급한 통일에 대한 우려가 현실로 나타나고 있다. 2017년 말까지만 해도 한반도는 일촉즉발의 전쟁 위기에 휩싸여 있었다. 그런데 다음 해 2월 평창 동계올림픽을 계기로 한반도는 평화정착과 통일 가능성에 대한 기대가 갑자기 높아졌다. 2018년 들어 3차에 걸친 남북 정상회담을 통해 남북관계가 급변하면서 많은 사람들이 평화의 시대가 열리고, 또한 분단체제가 허물어지고 있다고 믿기 시작했다. 남북 지도자들이 '우리민족끼리' 협력을 통해 통일 한반도의 새 역사를 열겠다고 역설했기 때문이다.

일부에서는 북한의 완전한 비핵화가 곧 이루어질 것이고, 이에 따라 평화의 시대가 시작될 것이며, 폭넓은 경제협력으로 남북이 공동번영할 것이며, 그 연장선상에서 통일이 이루어질 것으로 기대하고 있다. 그러나 그것은 너무도 순진하고 낙관적인 판단이다. 북한이 완전한 비핵화를 할 가능성도 희박하지만, 만에 하나 비핵화가 이뤄진다 하더라도, 평화가 오고 남북 공동번영이 이뤄지고 통일이 이루어지리란 보장이 없다.

우리는 통일의 환상에 젖어 세계의 화약고라는 냉엄한 현실을 망각하고 있는 것은 아닌가? 남북 국가이성(國家理性)의 대립적 본질을 그대로 두고 어떤 통일을 하겠다는 것인가? 북한의 완전한 비핵화는 불가능에 가깝고, 현대판 세습 전제군주제인 북한의 개혁 개방도 기대할 수 없기 때문에 정상국가가 될 가능성도 희박하다. 북한이 개혁 개방을 통해 정상국가가 되고 국제사회에 합류하지 않는 한 중국 베트남처럼 경제발전이 되기 어려울 것이다. 더구나 지난 70년 간 북한은 끊임없이 적대행위를 해왔고 수많은 약속도 했지만 한 번도 제대로 지킨 적이 없기 때문에 최근에 와서 김정은이 갑자기 쏟아내고 있는 말들을 신뢰하기 어려운 것이다.

이 같은 주장에 대해 낭만적 통일옹호세력은 반공냉전주의자들의 케케묵은 넋두리에 불과하다고 일축할지 모르지만, 그 같은 문제들은 북한체제가 지닌 근본적 문제임에 틀림없다. 이 같은 합리적 비판조차 수용하지 못한다면 한반도 평화는커녕 남남 평화도 기대하기 어려운 것이다. 국민의 절반인 보수를 포용하지 못하는 진보가 70년간 대적해온 북한체제를 껴안겠다는 것은 백일몽에 불과하다.

　그런데 문재인 정권에 큰 영향을 미치고 있는 좌파세력 원탁회의 멤버인 백낙청 서울대 명예교수는 자신이 주장하는 분단체제론에서 "분단체제론은 1민족 1국가를 전제로 하는 민족주의 이념에 기초해 있다"면서 그 목표는 '민족통일국가의 건설이자 분단 이전 상태의 복원'이라 했다. 그는 "태생적으로 반민주적이며 비자주적인 분단체제가 지속되는 한 남북 어느 한쪽에서도 온전한 민주주의가 불가능하다"고 주장한다. 그는 2006년 자신의 저서 『한반도식 통일, 현재진행형』에서 2000년 6·15선언 이후 한반도에서 '어물어물' 남북연합이 진행되어 왔다는 통일론을 폈다. 그는 "연합제와 낮은 단계의 연방제 사이 어느 지점에서 남북 간의 통합작업이 일차적인 완성에 이르렀음을 쌍방이 확인했을 때 '제1단계 통일'이 이룩되는 것이라는 새로운 발상이 필요하다"면서 '기득권세력의 저항'을 피하면서 "남북 간의 교류와 실질적인 통합을 다각적으로 진행해나가다가 어느 날 갑자기 '우리 만나서 통일됐다고 선포해버리세'라고 합의하면 그게 우리식 통일"이라 했다. 그는 2018년 6월에 발간된 저서 『변화의 시대를 공부하다』에서도 "남북 교류가 앞으로 더 활발해질 것일 만큼 비핵화를 전제로 한 낮은 단계의 '남북연합'은 이미 진행 중이라고 본다"고 했다. 그는 무엇이 통일이냐를 두고 다투지 말고 남북 간 교류와 협력을 확대해서 남북 간 교류와 통합이 충분히 진척되었을 때 통일이 됐다고 선언하면 된다고 했다. 통일을 '구렁이 담 넘어가듯' 하면 된다는 것이다.

　백낙청은 남북연합이야말로 비핵화를 비롯해 한반도의 평화와 통일을 동시에 진전시킬 수 있는 가장 효과적인 방책이라고 주장한다.

북한이 비핵화 하기 위한 가장 확실한 군사적 보장 방안은 바로 미국의 우방인 한국이 참여하는 국가연합 형성이며, 또한 남북연합은 북한이 내심 두려워하는 '남한의 존재 자체가 주는 위협'을 관리할 수 있는 최선의 방안이라는 것이다. 그는 촛불시위와 관련하여 "남북관계 발전을 저해하는 정권을 시민들이 들고 일어나서 쫓아냈다"면서 '촛불혁명'은 '낮은 단계의 국가연합'을 포함하는 한반도의 점진적 단계적 창의적 재통합을 통해서만 완수될 수 있는 혁명이라 했다.

문재인 정부는 백낙청의 낭만적 통일론에 따라 성급한 통일을 추구하고 있는 것이 아니냐는 우려가 나오고 있다. 그러나 제반 여건을 냉철히 따져 보지 않고 성급한 통일을 추구한다면 안보태세 와해, 정치사회적 혼란 등 엄청난 국가적 재앙으로 귀결될 가능성이 없지 않다. 이는 반공 보수 세력의 근거 없는 비판이라고 일축할 문제가 아니다. 교류와 협력을 확대해 나간다고 해서 통일이 되는 것이 아니다. 왜냐하면 진보 진영의 통일론에는 물과 기름처럼 너무도 이질적인 남북 체제를 어떻게 통합할 것인지에 대한 명확한 해답이 없기 때문이다. 한국의 자유민주주의와 북한의 수령절대주의를 절충할 수 있는 제3의 국가체제란 있을 수 없다. 다시 말하면, 대한민국의 자유 시민들이 수령 독재자 김정은에게 복종할 수 없는 것처럼, 김정은의 절대독재에 억눌려 있는 북한주민들도 우리 체제를 선택할 수 있는 자유가 전혀 없다. 섣부른 통일 시도로 6·25전쟁 같은 대(大)참화가 되풀이될 가능성이 없지 않다.

극단적으로 대립적인 두 체제를 '어물어물' 하는 방식에 의해 평화와 통일을 이룩하는 것은 불가능하다는 주장도 만만치 않다. 백낙청은 한반도 평화와 통일은 함께 진행되는 것이라고 주장하지만, 대표적 진보지식인의 한 사람인 최장집 고려대 명예교수는 "한반도에서 남북의 평화 공존은 통일로 가는 전 단계가 아니다"라고 주장한다. 그는 남한의 흡수통일도 북한의 적화통일도 불가능해졌다면서 앞으로 한반도는 2국가 체제를 통해 "남과 북이 각자 독립된 국가로 평화 공존을 제도화"하고 "남북의 정치체제나 이념을 그대로 유지하면서 사회와 경제의 교류와 통합이 상당히 진행"돼 "한두 세대 정도가 그런 경험을 쌓는다면, 그때는 남북관계를 또 어떻게 바꾸자는 아이디어가 나올 수 있다"면서 성급한 통일은 불가능하다고 했다. 윤평중 한신대 교수도, 협상을 거쳐 통일한 분단국은 존재하지 않는다면서 한국의 민주 공화정과 북한의 유일 체제를 동등하게 통합한 제3의 통일 국가는 실현 불가능한 망상에 불과하다고 주장한다. 그는 섣불리 통일하려는 시도가 평화를 가져오기는커녕 무력 충돌과 전쟁을 초래할 가능성이 있기 때문에 남북이 서로 상대 체제를 인정하고 평화 공존을 도모하자는 양국체제론을 주장한다.

문재인 대통령은 2018년 들어 세 차례의 남북 정상회담을 통해 과거에는 상상도 할 수 없었던 파격적인 남북협력을 확대했으며, 특히 정부가 위헌 논란을 무릅쓰고 평양 공동선언과 군사합의를 일방적으로 비준까지 강행하면서 남북관계를 '되돌릴 수 없을 정도'로 서둘러 변화시키고자 하는 것은 백낙청이 주장한 '어물어물 우리식 통일'을 추구하고 있는 것이 아닌가 하는 의혹을 받고 있다. 보수단체 모임인 '대한민국수호 비상국민회의'는 "문재인 정권은 자유민주주의 헌법에서 '자유'를 삭제하는 개헌을 추진하려 한다"며 "자유를 삭제하려는 숨겨진 목적은 대한민국의 자유민주주의와 북한의 인민민주주의 사이에 이른바 '체제 공통성'을 만들어 내어 남북 연방제를 추진하는 정지 작업을 하려는 것"이라고 주장한 바 있다. 실제로 문 대통령은 2018년 9월 25일 폭스뉴스와의 인터뷰에서 인위적 통일도, 흡수 통일도 안 한다고 하면서 "(한반도) 평화가 굳어지면 어느 순간엔가 통일도 하늘에서 떨어지듯 자연스럽게 찾아오게 될 것"이라고 말한 것은 백낙청의 '어물어물 통일론'과 일맥상통하는 것이다.

통일과 관련하여 문재인 대통령은 대통령선거 당시 '한반도 신경제지도 구상 및 경제통일'을 공약했고, 뒤이어 국정기획자문위원회는 그 실행 방안으로 남과 북, 그리고 동서를 잇는 이른바 'H 경제벨트'를 조성해 장기적으로 남북 시장 통합, 즉 경제통일을 도모해야 한다고 했다. 동해권에는 금강산에서 러시아까지 이어지는 에너지·자원 벨트를, 서해안에는 수도권에서 신의주까지 연결되는 물류·교통 벨트를 조성하고, 비무장지대는 환경·관광 벨트를 조성하여 이른바 남북 경제협력 'H 벨트'를 구축하겠다는 것이다.

적지 않은 사람들이 연방제든 국가연합이든 통일만 되면 좋다고 생각한다. 그들은 '남북이 안 싸우면 좋지 않으냐' '통일되면 더 잘 살 수 있지 않으냐'면서 통일을 마치 만병통치약처럼 여긴다. 그러나 통일은 나라와 우리 모두의 미래에 관한 것이기 때문에 어떤 통일을 해야 하느냐를 따져보아야 한다. 통일이 밝은 미래를 보장할 수 있으려면 자유, 민주, 인권이 보장되어야 한다. 한마디로 대한민국 주도의 통일만이 우리에게 밝은 미래를 보장한다는 것이다.

성급한 통일은 혼란과 재앙을 초래할 가능성이 크다. 어떤 형식이든 통일이 선언되자마자 북한을 적대시하거나 불신하는 원인이 되는 주한미군, 국가보안법, 공산당 불법화는 해결돼야 한다는 주장이 신문방송과 학계와 문화계를 휩쓸게 될 것이다. 이에 따라 그동안 한국안보를 떠받쳐온 미군과 국가보안법이 도마에 올라 존폐 문제가 거론될 것이고, 곧바로 공산당 합법화 문제도 등장하면서 남남갈등도 최악으로 치닫게 될 것이다.

세계은행이 최근 발표한 '세계 통치구조 지수 2018'에 따르면 북한은 언론 자유, 규제, 법치 등 전반적 통치구조 수준이 세계 230개 국가 중에서 최하위권이다. 따라서 제3세계의 모델 국가인 한국과 최악의 실패국가인 북한을 억지로 통합하는 것은 최악의 조합이다. 남북은 화해하고, 교류 협력하고, 통일해야 한다. 그 대전제는 북한에서 민족을 말살할 수 있는 핵폭탄이 없어져야 한다. 북한주민의 언론·출판·집회·결사·신체·거주이전 등 인간의 기본권에 대해 중국이나 베트남 정도라도 인정해야 한다. 그렇지 않는 한 북한은 핵 가진 노예 국가일 뿐이다. 더구나 북한이 핵을 보유하겠다는 이유는 김씨 왕국 수호에 있기 때문에 우리와 자유롭게 통일하려 할 것인지도 의문이다. 자유와 평화와 번영이 보장되지 않는 통일이야말로 위험천만한 것이고, 그것을 원하는 국민은 별로 없다고 본다. 국가연합이든 낮은 단계의 연방제든 북한정권은 북한주민을 철저히 감시하고 통제하면서 우리사회의 자유를 악용하여 우리 체제를 약화시키고 무력화하여 궁극적으로 적화통일을 하려 한다고 보는 것이 타당하다.

통일은 어떤 대가를 치르고서라도 달성되어야 하는 절대선도 아니고 절대목표도 될 수도 없다. 우리가 통일하자는 것은 북한주민들에게 인간다운 삶을 보장하고, 또한 우리의 발전에도 보탬이 되도록 하기 위해서다. 그런데 오히려 우리의 자유와 인권이 완전히 말살당할 가능성이 큰 연방제 통일도 통일이니 무조건 좋다고 할 수는 없는 것이다. 남북 관계의 발전은 단기적으로는 남북 간의 교류 협력을 통한 통일의 기반 조성 및 그 전제로서 평화 공존의 기반을 마련하는 것이며, 중장기적으로는 '자유민주적 기본 질서에 입각한 평화적 통일'을 지향해야 할 것이다. 그런데 최근 남북협력의 진행 과정을 보면, 그 같은 목표의식이 있는 것인지 의심스럽다.

제성호 중앙대 법대 교수는 남북연방의 위헌성을 다음과 같이 주장한다. "대한민국 대통령과 정부는 헌법 제66조 제2항에 따라 국가의 독립(주권), 국가 계속성 및 헌법 수호의 의무를 진다. 또한 헌법 제4조에 따라 '자유민주적 기본질서에 입각한 평화적 통일'을 추진할 의무가 있다. 결국 대한민국 정부는 마땅히 단일국가로서의 국가정체성을 유지하고 대한민국이 완성국가라는 입장을 견지하는 가운데, '자유민주적 기본질서에 입각한 통일'을 추구해야 한다. 이는 현행헌법이 개정되지 않는 한, 반드시 준수해야 하는 헌법규범이다. 따라서 대한민국의 어느 정부가 법률이나 남북합의서 등 하위규범에 의해 명백히 불문헌법(관습헌법)의 지위를 갖는 대한민국의 단일국가성을 무시·파괴하고 연방제 통일을 추진할 경우, 이는 그 자체로 반헌법적 행위가 된다. 그러한 위헌적 행위를 시도하는 자는 물론 탄핵소추의 대상이 될 것이다"("대한민국 헌법 하에서 북한식 연방제 통일의 위헌성," 『법학논문집』 제40집 제2호).

그럼에도 문재인 정권은 그들의 염원인 분단 극복, 즉 통일을 위해 2020년 총선에서 연방제 통일을 가능케 하는 개헌선을 확보하기 위해 무리한 정치전략을 불사할지도 모른다. 자유한국당을 제외한 여야 4당이 연동형 비례대표제를 포함한 선거법 개정안을 국회의 패스트트랙(fast track)에 상정한 것도 그 일환이라는 분석이 있다.

III. 실현 가능성 있는 통일 시나리오

문재인 정권은 한반도의 항구적인 평화체제 구축과 분단 극복(통일)을 최고 목표로 삼고 있고, 북한 정권의 지상 목표도 통일이기 때문에 2~3년 내에 통일이 급진전될 가능성이 없지 않다. 문재인 대통령은 2019년 신년 기자회견에서 분단 극복을 꿈꾸고 있다면서 "우리는 지금 그 실현의 마지막 고비를 넘고 있다"고 했다. 나아가서 그는 3.1절 100주년 기념식에서 '신한반도체제'라는 이름하에 다음과 같은 통일 구상을 밝혔다.

> "통일도 먼 곳에 있지 않습니다. 차이를 인정하며 마음을 통합하고, 호혜적 관계를 만들면 그것이 바로 통일입니다. … '신한반도체제'로 담대하게 전환해 통일을 준비해 나가겠습니다. '신한반도체제'는 우리가 주도하는 100년의 질서입니다. 국민과 함께, 남북이 함께, 새로운 평화협력의 질서를 만들어 낼 것입니다. '신한반도체제'는 대립과 갈등을 끝낸, 새로운 평화협력공동체입니다. '신한반도체제'는 이념과 진영의 시대를 끝낸, 새로운 경제협력공동체입니다. 한반도에서 '평화경제'의 시대를 열어나가겠습니다. 남북은 지난해 군사적 적대행위의 종식을 선언하고 '군사공동위원회' 운영에 합의했습니다. 비핵화가 진전되면 남북 간에 '경제공동위원회'를 구성해 남북 모두가 혜택을 누리는, 경제적 성과를 만들어낼 수 있을 것입니다."

그러나 신한반도체제는 북한의 비핵화 없이는 신기루에 불과하다. 그럼에도 문 대통령은 하노이에서 열린 2차 미·북 정상회담이 결렬되어 북한 비핵화가 더욱 불투명해진 그다음 날, 한반도를 '평화협력공동체'와 '경제협력공동체'로 만듦으로써 통일의 길을 담대하게 열겠다고 선언했던 것이다.

북한이 말하는 통일은 우리가 이해하는 통일과는 근본적으로 다르다는 점을 명심해야 한다. 북한은 "조국통일은 조선혁명에서 주체사상을 구현하기 위한 투쟁"이라 규정하고 있다. 다시 말하면, 통일은 북한 대남전략의 중심 개념이다. 그들의 논리에서 보면, 북한은 전 조선혁명(한반도 공산화)을 위한 혁명기지이고, 남한은 "미 제국주의자들의 강점 하에 있는 미(未)해방지역"으로 "해방과 혁명의 대상"일 뿐, 정상적 교류 협력이나 통일의 대등한 파트너가 될 수 없는 것이다.

현실적으로 한반도 통일은 어떤 방식으로 논의되고 이루어질 수 있을까? 첫째, 북한이 핵무기까지 보유하고 있는 상황에서 독일식 흡수통일은 불가능하다. 둘째, 한미동맹이 건재하고 주한미군이 주둔하고 있는 한, 한반도에 군사적 균형이 유지되고 있기 때문에 무력 통일도 불가능하다. 마지막으로 생각할 수 있는 것은 예멘식 합의 통일이다. 이 방안은 대통령 외교안보특보인 문정인 교수가 2001년에 주장한 방안이기도 하다. 현재 남북 간에 이뤄지고 있는 갖가지 긴장완화 조치와 교류협력 확대를 미루어 볼 때, 남북한은 '낮은 단계의 연방제 통일'에 합의할 가능성이 크다. 그런데 최근 통일부는 유럽연합(EU) 방식의 남북 국가연합 구상을 마련하기 위해 대규모 연구용역을 발주한 바 있다. 유럽연합은 개별 국가들의 연합인데 그것을 한반도에 적용하기 어렵다. 북한이 주장하는 연방제 통일에 대한 거부반응을 고려하여 실질적으로는 '낮은 단계의 연방제'이면서 국가연합으로 포장하려는 것이라는 생각이 든다.

그런데 북한의 대남전략과 변화하고 있는 미국의 한반도 정책을 고려할 때, 북한은 표면적으로는 예멘 방식의 통일을 추구하면서도 내면적으로는 베트남식 적화통일 방식을 가미할 가능성이 크다고 본다. 그런 점에서 베트남 통일을 먼저 살펴볼 필요가 있다.

▌베트남 통일: 평화협정을 이용한 무력통일

월맹의 통일전략은 "남반부에서 침략군(미군)을 몰아내고 민중봉기를 일으켜 인민민주주의 정권을 수립하고, 무력으로 남반부를 해방시킨다"는 것이었다. 이를 위해 월맹은 군사적 수단과 비군사적 수단을 교묘히 결합시켜 월남사회를 분열시키고 혼란에 빠뜨리는 전략을 폈다. '민족해방' '외세 배격' '민족화합' '평화 및 반전(反戰)' '통일' 등 선동적인 구호로 월남에서 동조세력을 확산시키고 남남갈등을 조장하여 월남 스스로 무너지도록 했다. 그 결과, 월남에서는 적과 내통하거나 적을 이롭게 하는 세력들이 득실거리고 있었지만, 그들이 민족주의자 또는 민주투사로 가장하고 있었기 때문에 월남 정부가 효과적으로 대응하지 못했다.

월맹은 또한 미국 및 세계를 상대로 대대적인 반전·평화 캠페인을 벌였다. 결국 미국은 국내의 격렬한 반전여론 때문에 공산측과 평화협정을 체결하고 월남에서 군대를 철수시켰다. 그러나 평화협정은 공산화로 가는 과정에 불과했다. 미군이 철수하자 공산측은 내부 분열로 혼란에 빠진 가운데 갈팡질팡하던 월남을 손쉽게 먹어치울 수 있었다. 월남의 경제력과 군사력이 월맹보다 월등히 우세했기 때문에 월남인들은 월맹에 의한 무력통일은 불가능하다고 착각하고 있었던 것이다.

월남 패망 당시 포로가 되어 5년이나 억류됐던 이대용 전 사이공 주재 한국대사관 공사는 "모든 것이 월등해도 '적' 개념이 없으면 망한다"고 말했다. 그는 월남은 힘이 없어서 망한 것이 아니라 국가의식이 없어 나라를 지킬 의지가 없었기 때문에 망했고, 월맹의 민족주의 구호에 속아 망했으며, 내부 분열과 부정부패 때문에 망했다고 주장했다.

많은 사람들이 오늘의 한국이 패망 이전의 월남과 유사한 점이 많다고 우려한다. 북한의 대남전략도 월맹의 성공한 통일전략을 모델로 삼고 있을 가능성이 높다. 우리사회에도 '민족화합' '외세 배격' '반전 평화' '통일' 등 달콤한 구호에 동조하는 사람들이 많으며, 그래서 그들은 주한미군 철수, 평화협정 체결, 국가보안법 철폐 등 북한의 주장을 되풀이하고 있는 것이다. 남북 간에 활발한 교류 협력이 이루어지고 있는 지금에도 사이버 수단 등을 통한 우리사회의 불열과 혼란 조성을 위한 북한의 책동이 여전하다. 그러면서도 비핵화 협상 과정에서 북한은 종전선언과 평화협정 체결, 미국의 핵우산 제거, 한미 연합훈련 중단 등을 요구하고 있다. 이것은 북한이 베트남에서처럼 평화협정을 체결하고 주한미군을 철수시킨 후 핵무기 등 압도적인 군사력으로 한국을 압박하여 평화적으로 통일하거나 우리사회 내 혼란을 이용하여 무력통일을 시도하려는 것으로 볼 수 있다.

우리사회 일부에서는 북한도 베트남식 경제발전이 가능할 것으로 판단하기도 하고, 미국 또한 이 점에 관심을 기울이고 있지만, 베트남과 달리 극단적인 수령 우상화를 해온 북한에서는 수령체제의 근본적 변화 없이 경제발전 가능성은 낮다고 본다.

예멘 통일: 실패한 합의형 통일

예멘은 북예멘의 민주체제와 남예멘의 사회주의 체제로 분단되어 있었지만, 남북 예멘 지도자들 간의 합의에 의해 통일됐다. 통일협상 당시 남북 예멘의 지도자들은 두 정부 간 기계적인 통합을 일단 이루어 놓기만 하면 그다음의 통합과정은 무난히 진행될 것으로 낙관했다. 그러나 민주주의와 사회주의라는 서로 이질적인 두 체제를 하나로 통합하는 것은 매우 어려운 장기적 과정임을 망각한 대가는 내전(內戰)이었다.

남북 예멘은 몇 차례의 정상회담과 정부 간 협의를 거쳐 1990년 5월 통일 예멘공화국을 수립했다. 통일헌법은 북예멘의 민주주의, 남예멘의 사회주의, 전통적인 이슬람제도 등이 혼재된 것이었다. 통일 당시에는 남예멘의 자원과 북예멘의 제조업과 인력이 합쳐지면 경제부흥이 이뤄질 것으로 보는 등 장밋빛 기대에 들떠 있었다.

그러나 통일예멘은 매우 엉성한 국가연합이었다. 남북 정치지도자들이 요직을 나누어 가졌지만, 군대는 물론 차량등록 번호, 국영항공사, 통관철차, 여권, 군복조차 통합하지 못했다. 구(舊) 남북 예멘의 군대는 그대로 존속했다. 그들은 각기 다른 군복을 입고 독자적인 부대 체계를 가지고 있었으며, 구 남북 예멘 지도자들과 군 최고위층에 충성하고 있었기 때문에 정치갈등이 커질 경우 무력충돌로 치달을 소지를 가지고 있었다. 이처럼 예멘은 형식적으로만 통일됐을 뿐, 군대조차 통합하지 못했고 국가 일체성 형성에도 실패했다. 이와 대조적으로, 서독은 통일 과정에서 동독군을 완전히 통합했다. 통일 전 서독군은 49만 5,000명, 동독군은 10만 3,000명이었다. 통일 과정에서 독일은 동독군을 해산한 뒤 약 10%인 1만 1,000명만 독일연방군에 편입시켰던 것이다.

예멘인들은 통일 당시 통일 이후에 대한 기대가 컸지만 통일 이후의 현실은 암담하여 장밋빛 전망과는 너무도 거리가 멀었기 때문에 정치세력 간 갈등이 폭발하여 내전으로 비화됐다. 통일된 지 4년 만인 1994년 4월에 시작된 내전으로 8,670명이 숨지고 4만 9,960명이 부상당하고 전국이 초토화됐다. 내전으로 통일정부는 무너지고 북예멘은 남예멘을 무력으로 점령하여 재통합했음에도 그 후유증이 내전과 혼란으로 20년이 넘도록 계속되고 있다.

적대적인 두 체제를 통일하기 위해서는 반드시 장기간에 걸친 신뢰구축을 통한 정신적 공감대 형성이 필수적이다. 정치적 합의에 의한 남북 예멘의 통일은 이념 통합이나 국민통합의 절차를 거치지 않고 정치협상만으로 이루어졌기 때문에 무력 충돌과 재분열을 피할 수 없었던 것이다. 남북한이 정치적 합의에 의해 국가연합 또는 연방제 등 기계적으로 통일을 추진한다면 결국 예멘처럼 갈등이 폭발하고 무력충돌로 확대되어 예멘처럼 실패한 통일이 될지도 모른다.

우리의 통일 과정에서 낮은 단계의 연방제든 높은 단계의 연방제든 단기간에 남북한 군대 통합은 사실상 불가능하다. 만약 어느 한쪽이 상대편에 대해 일방적으로 군대해산을 강요한다면 예멘처럼 내전이 일어날 가능성도 없지 않다. 특히 김일성 주체사상으로 무장된 120만에 이르는 북한군의 강제해산은 매우 어려울 것이다. 군대의 통합 없이 남북연방제는 불가능하다. 그렇다면 북한이 노리는 남북연방의 핵심은 무엇일까? 남북 군대의 통합이 아니라 대한민국 군대의 와해다.

남궁영 한국외국어대 교수는 "연방제(대외적으로 1국가)하에서 지역정부에게 군대의 보유와 군사권을 인정할 경우, 남북 지역정부 간 의견 차이나 분쟁이 평화적으로 해결되지 못한다면 남북 예멘의 사례와 같이 내란으로 비화할 가능성이 있다"고 지적한다. 미국의 연방제처럼 지역정부가 다수가 아니라 단지 2개의 지역정부로 구성된 연방국가의 경우 분쟁 위험성이 더 크다는 점도 강조한다.

IV. 성급한 통일은 위험한 도박

2018년 9월 19일, 문재인 대통령은 평양의 5.1경기장에 모인 15만 명의 평양 시민들을 대상으로 "김정은 위원장과 나는 북과 남 8천만 겨레의 손을 굳게 잡고 새로운 조국을 만들어 나갈 것"이라고 선언했다. 과연 그 '새로운 조국'은 어떤 나라일 것인가? 그런데 문 대통령이 2019년 4월 야당과 여론의 반대를 무릅쓰고 김연철을 2대 통일부 장관으로 임명하면서 문 대통령이 어떤 대북정책과 통일정책을 펴려는 것인지 궁금증이 커지고 있다.

김연철은 국가정체성이 의심스러울 뿐 아니라 통일부 장관의 업무를 수행하는 데 적합하지 않은 것으로 인식되어 상당한 논란이 되었다. 그는 과거 페이스북과 트위터 등 공개적 매체를 통해 천안함 폭침 사건을 "우발적 사건"이라 했고, 금강산 관광객 박왕자 씨 피살 사건은 "어차피 겪었어야 할 통과의례"라고 했다. 그는 또한 천안함 피격에 따른 북한에 대한 5·24 제재 조치는 "바보 같은 제재"라 했고, 북한의 연쇄적인 핵실험 및 장거리 미사일 발사에 따른 개성공단 중단은 "자해 행위"라고 했다. 해당 사건들에 대한 정부 입장과 거리가 있었던 것은 물론, 북한 측 변명을 대신해준 것이나 다름없다.

지금의 집권세력은 분단체제를 한국사회에 존재해 온 모든 부조리의 근원으로 여기고, 그 체제를 불러온 강대국, 특히 미국을 비판해온 세력이다. 통일이 우리 모두의 삶은 물론 후손들에게 결정적인 영향을 주게 될 것임에도 통일을 무조건 밝은 미래로만 포장하는 과오를 범하고 있다. 북한은 이를 틈타 외세를 배격하고 우리민족끼리 협력하며 통일하자고 한다. 그러나 한국과 북한은 같은 민족이라는 것을 제외하고는 모든 것이 너무도 다르다. 북한은 유례없는 병영국가이고, 또한 모든 주민이 통제받고 감시받는 노예국가이다. 이처럼 극단적으로 다른 남북이 통일한다면 밝은 미래가 될 것인지 그 반대일지 장담할 수 없다.

　통일 이후의 모습은 어떤 것이 될 것인가? 우리가 서구에서 들여온 민주주의, 자유주의도 그 '외세'에 포함되는 것일까? '민족 자주'는 민주주의에 앞서는 절대 가치인가? 남한의 자본과 기술, 북한의 노동력과 지하자원이 결합하면 새로운 번영의 길이 열린다고도 한다. 그래서 집권세력은 '평화가 경제다'라는 구호를 내세운다. 그런데 인민을 감시하고 통제하고 정치범 수용소를 유지하면서도 경제적 번영이 가능할 것인가? 북쪽 노동자들이 몰려 내려와 우리사회의 일자리를 차지하면 남쪽의 저임금 노동자들은 어떻게 될까? 평양의 주체사상탑과 전국적으로 수만 개에 이르는 김일성과 김정일 동상은 존속되어야 하는 것일까? 젊은 여성들이 남쪽으로 몰려 내려오면 북쪽 총각들의 분노는 어떻게 할 것인가?

　남북 분단은 남북한만의 문제가 아니라 2차 세계대전, 세계 차원에서 전개된 냉전(冷戰)은 물론 동북아의 힘의 균형이라는 국제적 역학관계의 산물이다. 다시 말하면, 한반도는 미·일·중·러 등 주변 강대국들의 국익이 교차하는 지역이기 때문에 분단되어 열전(熱戰)

이 일어날 수밖에 없었다. 따라서 한반도 통일은 우리의 노력이 물론 중요하지만, 한반도에 중요한 이해관계를 가지고 있는 미·일·중·러의 지지와 협조가 있어야 한다. 독일 통일 과정에서 목격했듯이 주변국들과 강대국들의 지지·협조·동의는 한반도 통일의 필수조건이다.

* * * * *

무조건 통일이 아니라 모두에게 자유와 행복을 보장할 수 있는 통일이어야 한다. 그것은 북한이 인권과 자유가 보장되는 정상국가로 전환되는 것이 선행돼야 함을 의미한다. 또한 한반도 통일은 동북아와 세계에 중대한 문제이기 때문에 국제적 질서와 규범에 맞는 방향이어야 한다. 우리는 평화적으로, 그리고 자유시장경제와 민주체제로 통일되어야만 한다고 믿는다. 노태우 정부 때인 1989년부터 박근혜 정부 말까지 6개 정권이 변함없이 고수해온 대한민국의 공식 통일방안, 즉 남북한의 화해협력 단계, 남북연합 단계, 완전한 통일국가 완성 단계라는 3단계의 '한민족공동체통일방안'을 잊어서는 안 된다.

통일은 역사적 대업이기 때문에 결코 진보세력만의 노력이나 '우리민족끼리' 타협으로 해결될 일이 아니다. 지금처럼 국론분열이 심각하고 미국 일본 등 우방국들과 갈등을 빚으면서 통일이 될 수 있다고 믿는 사람은 없다. 국민통합 없이 통일 없고, 배타적 민족주의에 갇힌 외교적 무능하에서도 통일은 불가능하다.

제9장

미·중 고래싸움,
어떻게 대처할 것인가?

정부는 여전히 균형외교니 다자안보체제니 하면서 우왕좌왕
하고 있다. 한미동맹을 확고히 유지하면서 중국과의 협력도
확대하는 것이 올바른 전략적 선택이다.

지정학적으로 취약한 위치에 있는 한국에 있어
서 국제정세 변화에 대한 인식과 대응이 매우 중요
하다. 그러나 우리나라는 오랜 역사를 통해 중국 중
심의 질서에 안주해오면서 내부지향적이 되어 우물
안 개구리에 비유될 정도로 외부 정세에 무감각해
왔다. 그러나 지금의 한국은 중요한 중견국가로서
모든 것이 세계정세와 밀접히 연관돼 있다. 특히 최
근 미국과 중국 간의 갈등이 표면화되는 등 주변 정
세에 지각변동이 일어나고 있기 때문에 이에 대한
우리의 인식과 대응이 더욱 중요해지고 있다.

경북 성주에 사드(THAAD)를 배치한 것을 계기

로 한국은 미국과 중국 사이에 낀 샌드위치 처지라는 것을 실감하게 됐다. 북한이 5차 핵실험으로 핵무기 실전배치가 임박한 상황에서 사드 배치는 우리의 생존을 위한 최소한의 방어조치였음에도 중국은 사드 배치가 그들의 전략적 이익에 배치된다는 이유로 무역보복 등 갖가지 압력을 가했다. 중국이 북한 핵 문제를 포함한 한반도 문제를 미국과의 패권경쟁 차원에서 인식하고 있기 때문이다.

우리는 그동안 중국에 대해 지나치게 희망적 사고에 젖어 있었으며, 특히 북한 핵 문제 해결에 건설적인 역할을 할 것으로 기대했지만, 중국은 그동안 북한 핵개발 저지에 필요한 실질적 카드를 사용하지 않았다. 중국은 또한 한국 주도의 통일에 기여할 것인지도 미지수다. 중국과 북한은 정권 수립과정과 6.25전쟁을 통해 뿌리 깊은 동맹관계가 형성되었기 때문에 북한의 붕괴를 막는 것이 중국의 한반도 정책의 기본이 되고 있다.

그동안 우리는 북핵 위협에 대응하는 데 몰두한 나머지 미·중 간 경쟁과 갈등을 포함한 급변하는 동북아 정세를 간과했다. 그러나 동북아 정세는 한반도 문제와 밀접히 관련되어 있기 때문에 우리는 보다 거시적이고 장기적인 시각에서 국가의 전략과 정책을 모색하지 않으면 안 된다. 미국과 중국은 경제와 안보는 물론 통일 문제에 이르기까지 여러 면에서 한국에 대단히 중요한 나라들이다. 그런데 두 나라가 무역전쟁을 시작으로 패권 경쟁에 돌입하고 있기 때문에 이를 제대로 이해하고 올바로 대응하는 것이 필수적이다.

I. 세계를 향한 중국의 도전

미·중 간 패권경쟁은 트럼프 대통령이 시작한 것으로 인식되고 있지만 사실은 중국이 먼저 시작했다. 미국이 2001년에 일어난 9.11 테러와 뒤이은 테러와의 전쟁, 그리고 2008년에 일어난 금융위기 수습에 몰두하고 있었을 당시 중국은 막강해진 경제력을 바탕으로 군사력을 강화하고 공세적인 외교안보정책을 펴는 등 미국을 대상으로 도전에 나섰다. 2010년 11월 서울에서 열린 G20 정상회의에서 후진타오 중국 주석은 달러 기축통화(基軸通貨·국제 금융거래의 기본 통화)는 과거의 유물이라며 "(달러를 대체할) 글로벌 기축통화 메커니즘을 만들어야 한다."고 주장했다.

2013년 3월 주석으로 취임한 시진핑(習近平)은 그해 6월 미국을 방문하여 오바마 대통령과 가진 정상회담에서 태평양은 매우 넓은 바다이기 때문에 미국과 중국이 나누어 가질 수 있다고 했다. 농담 비슷하게 부드러운 표현이었음에도 미국의 패권에 대한 분명한 도전이었다. 2012년에는 중국이 센카쿠열도를 둘러싼 일본과의 분쟁으로 동북아에서 긴장을 조성했고, 2013년에는 일방적으로 자국의 영해라고 선언한 남중국해에서 인공섬들을 만든 후 그곳에 군사기지를 건설하기 시작했다. 같은 해에 중국은 니카라과의 반미 정권과 손잡고 44조 원이라는 막대한 자금을 투입하여 파나마 운하의 두 배나 되는 거대한 운하를 건설해 100년간 운영권을 가지기로 하면서 미국 턱밑에서 영향력 확대를 꾀했다. 그해 9월에는 아시아, 아프리카, 유럽 등 광대한 지역에 영향력을 확대하려는 일대일로(一帶一路·실크로드 경제벨트와 21세기 해상실크로드) 정책이 시작되었다.

미국에 대한 중국의 보다 근본적인 도전은 기술 초강대국이 되겠다는 것이다. 그 전략은 '중국 제조(製造) 2025'로 구체화되고 있었다. '중국 제조 2025'는 2015년 3월 리커창 총리가 전국인민대표대회에서 처음 언급한 후 두 달 후인 5월에 중국 정부가 공식 발표한 제조업 업그레이드 청사진이다. 그동안 중국의 산업전략은 외국기술에 의존한 제조업 육성에 머물렀지만, '중국 제조 2025'를 통해 양적 성장에서 질적 성장으로 전환하여 '제조업 강국'이 되겠다는 것이다.

　　이 무렵 중국은 중화인민공화국 건국 100주년이 되는 2049년까지 미국을 제치고 세계 유일 초강대국으로 부상하겠다는 구상을 마련했다. 이른바 시진핑의 중국몽(中國夢)이다. 그는 2017년 10월 19차 공산당대회 연설에서 2035년까지 '사회주의 현대화 국가 건설' 목표를 제시하고 이를 위해 중국을 기술 초강대국(technological super-power)으로 만들겠다고 선언하고, 이를 위해서 과학기술 강국, 품질 강국, 항공우주 강국, 인터넷 강국, 교통 강국, 디지털 강국, 지능사회 건설이 뒷받침돼야 한다고 강조했으며, 나아가 2050년까지 미국을 능가하는 군사강국을 만들겠다고 했다.

　　기술력은 경제력과 군사력의 핵심 요소이기 때문에 미국은 중국의 '기술 굴기(崛起)'를 '제2의 스푸트니크 쇼크'로 인식했다. 1957년 세계 첫 인공위성인 소련의 스푸트니크는 미국의 자존심에 큰 상처를 냈다. 그래서 시진핑의 기술 강국 연설과 그에 대한 임기 폐지로 장기집권이 확실해지면서 미국 조야에서는 중국 경계론이 급부상했다. 이런 인식은 트럼프 행정부의 최고 문서에서도 드러난다. 2017년 말에 발표된 국가안보전략 보고서는 중국을 국가주도 경제모델의 수정주의 국가(revisionist power)로 규정했고, 2018년 초에 나온 국가방위전략 보고서는 "미국의 번영과 안보에 대한 핵심 도전은 수정주의 세력의 장기적, 전략적 경쟁의 재부상"이라 밝힌 바 있다.

▌중국은 중상주의(重商主義 mercantilism) 국가

중국과 러시아의 자본주의는 국가자본주의(state capitalism)로 불린다. 이들 옛 사회주의 국가는 자본주의체제로 전환했지만, 기간산업을 국영으로 하거나 주식의 과반을 정부가 보유하여 경영을 좌우하고, 민간기업까지도 통제한다. 이것은 과거의 공산주의와 다르지만, 서구형 시장경제와도 다르다. 이들 국가들은 수출에서 벌어들이는 수익의 상당 부분을 국가재정에 편입함으로써 군사력 강화를 도모한다. 그런 점에서 국가자본주의는 자유시장경제에 큰 위협이 되고 있다.

중상주의 정책을 추구하고 있는 중국 정부는 경제정책의 목표 달성을 위해 수단방법을 가리지 않는다. 중국의 경제전략은 두 가지 목적에서 이루어지고 있는데, 그 하나는 부가가치가 높은 제품의 수출을 늘리고 수입을 줄일 수 있는 산업을 발전시키는 것이며, 다른 하나는 글로벌 경쟁에서 중국 기업이 이기도록 하는 것이다.

미국은 중국의 중상주의 정책으로 인해 막대한 무역적자가 발생한다고 본다. 중국 중상주의의 특징은 환율조작에 의한 위안화 저(低)평가와 보호무역주의다. 미국은 중국이 2003~2013년 기간 중 달러에 대한 런민비(人民幣)의 가치를 30% 정도 낮게 평가했다고 판단한다. 중국 중앙은행이 매일 시중에서 20억 달러를 사들여 위안화의 가치를 인위적으로 낮게 유지함으로써 수출을 증진시키고 수입을 억제함으로써 막대한 무역흑자를 냈다는 것이다. 또한 중국 정부는 자본시장도 강력히 통제하여 외국자본의 유입으로 위안화가 절상되는 것도 막아왔다는 것이다. 2008년 금융위기 이후 미국경제가 휘청거리고 있었을 당시 중국은 국민총생산의 10%에 달하는 막대한 무역흑자를 거두었다. 중국은 현재 3조 달러 규모의 외화를 보유하고 있으며, 이처럼 풍부한 달러를 해외 자원개발에 투입하여 자원을 확보하고 정치경제적 영향력을 확대해왔다.

미국은 중국과의 대규모 무역적자는 더 이상 감내할 수 없다는 입장이다. 2000년 중국이 세계무역기구(WTO)에 가입한 이래 수많은 다국적 기업들이 중국에 생산기지를 건설하면서 중국경제가 급성장하고 수출도 폭발적으로 늘어났다. 이로 인해 2011년 이래 미국의 대중(對中) 무역적자는 매년 3,000억 달러를 웃돌았다. 이 같은 무역 불균형은 공정한 무역의 결과가 아니라 중국의 중상주의 정책 때문이라고 보고 미국은 '더 이상 중국을 내버려 두어서는 안 된다'는 인식을 갖게 됐다.

중상주의 정책하에서 중국 정부는 은행, 보험, 통신, 정유, 전력, 철도, 건설, 항공운수, 석탄, 기계, 에너지, 담배, 언론 등 20개 주요 산업에 대해 외국 기업의 참여를 막고 국영 기업이 주도하도록 했으며, 자동차 등 일부 산업에 대해서는 합작투자만 허용했다. 이들 기간산업에 대해서는 국영 은행을 통해 대대적으로 자금 지원을 하고 필요시 보조금도 제공한다. 그리고 중국 공산당은 국영 기업 경영자들을 직접 선임하는 등 경영에 폭넓게 관여한다. 많은 다국적 기업들이 중국 정부의 노골적인 시장 개입에 대해 불만이 많지만 중국 시장이 워낙 크기 때문에 공개적으로 반발하지 못하고 있다.

또한 중국정부는 주요 산업에 높은 진입 장벽을 구축하는 등 강력한 보호주의정책을 펴왔다. 중국에 진출하는 외국 기업은 반드시 중국 기업과 합작하도록 했다. 합작을 빙자한 간섭과 통제, 기술 탈취가 주된 목적이다. 구글, 페이스북 등 세계적 인터넷 기업의 중국 시장 진입을 막았고, 인터넷 검열을 강화했으며, 보편적 인권을 비롯한 글로벌 규범을 무시했다.

이 같은 중상주의 정책하에서 중국 인터넷 기업은 최단기간에 놀라운 발전을 했다. 세계 최고의 인터넷 기업이라 할 수 있는 구글, 아마존, 페이스북은 중국에서 철저히 차단당한 대신 중국의 인터넷 기업인 바이두, 알리바바, 텐센트를 집중 육성했기 때문이다. 보안을 핑계로 외국 인터넷 기업을 규제하면서 중국 인터넷 기업의 성장에 필요한 시간을 벌어주고 대대적인 지원도 하면서 세계 최고의 인터넷 기업으로 키워낸 것이다.

이에 따라 미국의 중국 전문가들은 중국을 세계 최대의 중상주의 국가라며 중국을 경계하는 저서들을 쏟아냈다. 그들은 중국이 보호무역정책을 통해 육성한 막강한 경제력을 바탕으로 군사력을 강화하여 긴장을 조성하고 이를 바탕으로 상대국에 양보를 강요하는 등 세계경제질서와 국제안보질서를 뒤흔들고 있다고 비판했다. 허드슨연구소 중국센터 소장 마이클 필스버리(Michael Phillsbury)는 2015년의 저서 『백년의 마라톤(*The Hundred-Year Marathon*)』에서 중화인민공화국 건국 100주년이 되는 2049년까지 세계 최강대국으로 발돋움하려는 중국의 패권전략을 분석했다. 그는 미국이 2008년 뉴욕발 금융위기로 어려움에 직면했을 당시 "중국의 싱크탱크들이 '미국의 상대적 쇠락이 중국에 미치는 영향'을 논의하기 시작했다"면서 "중국의 애국적 학자와 정보기관들은 '백년의 마라톤'의 결승선을 예상보다 10년, 심지어 20년 정도 앞당길 수 있다고 주장하기도 했다는 것이다.

필스버리는 그동안 미국의 중국정책이 빗나갔다면서, 그것은 중국에 대한 다섯 가지 잘못된 판단 때문이라고 했다. 즉 ①중국 포용이 완벽한 협력을 가져올 것이다. ②중국이 민주주의의 길을 걸을 것이다. ③중국은 무너지기 쉬운 나라다. ④중국은 미국처럼 되고 싶어 한다. ⑤중국의 강경파는 영향력이 미약하다. 그는 미국의 중국 정책에 대하여 "미국 역사상 가장 명백하고 위험한 정보 실패였다"고 하면서 중국 공산당의 목표는 "미국 주도의 경제체제와 지정학적 세계질서를 재편하는 것"이라고 주장했다. 그는 "몸을 낮추던 중국은 그들의 힘이 상대국을 능가한다고 판단되면 가차 없이 힘을 과시한다. 그들은 겉으로만 평화적인 척, 상대방을 존중해주는 척 할 뿐이다. 우리는 이제 그들과 힘겨운 싸움을 시작해야 한다."고 했다.

피터 나바로(Peter Navarro) 캘리포니아 주립대 교수도 대표적인 중국 경계론자다. 2011년에 발간한 『중국이 세상을 지배하는 그날(*Death by China*)』이라는 저서에서 "중국 공산당식의 반칙적인 국가자본주의는 세계의 자유시장과 자유무역 원칙을 철저히 파괴하고 있다. 정부 지원을 받은 '국가 대표기업들'은 중상주의와 무역보호주의가 결합된 정책을 무기 삼아 전 세계 산업계의 일자리를 먹어치우고 있다"고 비판했다. 이어서 그는 "중국 정부의 적극적인 지원하에 중국 기업들은 전기 자동차, 태양광 발전, 풍력 발전 등 녹색 에너지 분야에서 독점하고 있다"면서 "탐욕에 눈먼 거대한 용(龍)이 세상을 지배하는 그날 지구의 종말이 시작된다"고 경고했다.

나바로는 2015년에 발간된 저서 『웅크린 호랑이(*Crouching Tiger*)』에서도 중국의 패권 전략은 시진핑 주석의 '중국몽'이나 '사회주의 현대화 강국' 구호로 처음 등장한 것이 아니라고 했다. 중국의 개혁·개방 초기인 1982년 중국 해군 총사령관이자 중국 항공모함의 아버지로 불리는 류화칭(劉華淸) 제독이 제시한 세계 패권국가가 되기 위한 '도련선(島鍊線) 돌파 전략'에서 시작됐다는 것이다. 섬을 잇는 선이라는 의미의 도련선은 태평양에 위치한 섬들을 잇는 가상의 선이다. 이 선을 일종의 울타리로 설정해 외부 해양 세력의 접근을 차단하고 울타리 안의 해양을 지배한다는 것이 중국의 도련선 전략이다. 말라카해협 - 필리핀 - 대만 - 일본 규슈 - 쿠릴열도를 잇는 제1도련선, 파푸아뉴기니 - 사이판 - 괌 - 오가사와라 제도를 잇는 제2도련선, 알류샨 열도 - 하와이 - 뉴질랜드를 잇는 제3도련선으로 구성된다.

중국은 냉전 시절의 미국의 중국 봉쇄선인 제1도련선(오키나와~대만~남중국해)을 2010년까지 돌파하고, 2020년까지 '제2도련선(사이판~괌~인도네시아)'까지 진출하며, 2040년에는 태평양 및 인도양의 미 해군을 제압해 패권을 완성하겠다는 것이다. 이 전략에 따라 중국은 해군력을 강화하고, 이를 바탕으로 남중국해의 영유권을 주장하며 인공섬을 만들어 군사기지를 건설하고 있다. 글로벌 리더인 미국은 남중국해에서의 중국의 움직임은 미국 및 동맹국들에 대한 중대한 도전으로 인식하고 호주, 일본, 인도 등과 공동으로 남중국해에서 '항행의 자유' 작전을 펴왔다.

그런데 나바로는 군사력은 경제력에 의해서 뒷받침되기 때문에 중국의 군사력 증강을 견제하기 위해서는 중국과의 경제전쟁에서 미국이 우위를 유지해야 한다고 주장했다. 그는 "중국이 온갖 반칙을 한 끝에 미국을 추월하기 직전"이라며 "무역 보복이 최선의 해법"이라고 주장했다.

II. 트럼프의 반격, 경제안보는 곧 국가안보

국경 없는 경제활동을 가능케 한 세계화는 중국 인도 같은 거대 신흥국들에게 고도성장의 기회를 제공했지만, 미국 등 기존의 제조업 선진국들에게 심각한 도전이었다. 트럼프가 미국을 다시 위대하게 만들겠다고 한 데에는 미국경제의 경쟁력을 강화하겠다는 목표가 포함되어 있다. 2017년 12월 그가 연설을 통해 밝힌 국가안보전략에는 "경제안보는 곧 국가안보(Economic security is national security)"라는 인식이 자리 잡고 있다. 그는 미국의 엄청난 규모의 무역적자와 재정적자와 국가부채는 미국의 글로벌 리더십과 국가안보를 크게 제약하고 있는 반면, 중국은 계속된 고도성장과 방대한 무역흑자에 힘입어 군사력을 강화하고 있어 미국에 심각한 위협이 된다고 판단한 것이다.

2018년 7월, 트럼프 행정부가 중국을 상대로 무역전쟁에 나선 것은 방대한 규모의 무역적자를 더 이상 방치할 수 없다는 판단 때문이다. 2001년 831억 달러였던 미국의 대중 무역적자는 계속 확대되어 2017년에는 3,752억 달러로 4.5배 급증했다. 중국이 미국과의 무역에서 막대한 흑자를 거둔 데는 미국의 지식재산권 침해와 합작을 통한 기술 탈취, 자국 기업에 대한 보조금 지급, 높은 무역장벽 등에 의한 것이라고 미국은 판단했다. 미국은 중국과의 무역협상에서 2017년도 대미 무역흑자의 3분의 1인 1,000억 달러를 축소하라고 요구했지만 거절당했다.

2018년 6월 백악관은 「중국의 경제공격이 미국 및 세계의 기술과 지식재산권을 어떻게 위협하는가」라는 제목의 보고서를 냈다. 이

보고서는 글로벌 규범과 보편성을 벗어난 중국 정부의 정책과 관행 및 공격적 행태가 미국뿐 아니라 세계경제를 위협하고 있다고 판단했다. 특히 중국의 시장 왜곡적이고 공격적인 경제정책을 중국 특유의 국가자본주의의 산물이라고 비판했다. 중국 정부가 주요 기업의 절반 이상인 국유기업에 보조금을 주고, 환율조작, 반강제적 기술탈취, 사이버 기술 해킹 등을 해왔다고 비난했다. 트럼프 대통령은 중국이 훔친 미국 기술만 3,000억 달러가 넘는다고 주장했다.

이 무렵 폼페이오 국무장관은 디트로이트경제클럽 연설에서 "중국의 미국 지적 재산권 절취 행위가 전례 없는 수준"이라며 "약탈경제의 교과서"라고 했다. 그는 "중국 지도자들이 개방과 세계화를 주장하고 있지만 웃기는 소리"라며 "(중국 정부는) 가장 심각한 약탈경제 정부"라고 비난했다.

곧이어 7월 6일, 미국 정부는 중국을 상대로 무역전쟁을 선언했다. 즉 "중국이 지적 재산권(知的 財産權)을 침해하고 불공정 무역관행을 유지해왔다"면서 818개 품목, 340억 달러 규모의 중국산 수입품에 25%의 추가관세를 부과했고, 8월 23일에는 160억 달러 상당의 중국산 수입품에 대해 같은 수준의 추가관세를 부과했다. 중국도 즉각 미국산 수입품에 대해 동일 규모, 동일 세율로 보복했다. 두 나라 간에 타협점을 찾지 못했기 때문에 미국 정부는 9월 24일 2,000억 달러 규모의 중국산 수입품에 대해 연말까지 10%의 추가관세를 부과하고 2019년부터는 25%로 인상하겠다고 했다.

중국도 즉각 반격에 나서 600억 달러 규모의 미국산 제품에 5~10%의 관세를 부과했다. 600억 달러는 중국이 미국산 수입품에 추가 대응할 수 있는 사실상 남아 있는 최대치다. 작년 중국의 대미 수출은 5,000억 달러, 미국의 대중 수출은 1,300억 달러 선이다. 무역전쟁이 극단으로 가면 수출액이 많은 중국의 피해가 더 크다. 그럼에도 중국이 버티는 데는 이번 무역전쟁이 무역 역조 해소를 위한 단순한 경제 게임이 아니기 때문이다.

첨단기술은 지정학(geopolitics)의 핵심 요소 중의 하나다. 미국 무역전쟁의 핵심 타깃은, '중국 제조 2025' 전략과 관련된 기업들이다. 트럼프는 단순히 중국에 대한 무역적자 축소만을 목표로 한 것이 아니라 시진핑이 추구하고 있는 경제전략의 수정, 특히 '중국 제조 2025'에 제동을 걸겠다는 것이다. 그렇다고 중국이 여기서 물러설 수도 없다. 그렇게 되면 미국과의 패권 경쟁에서 밀리는 것이고, 시진핑 주석의 리더십에도 타격이 되기 때문이다.

▌ '중국 제조 2025'를 정조준

미국에서 유례없을 정도로 중국을 경계하게 된 것은 세계 제조업 패권을 차지하겠다는 '중국 제조 2025' 정책 때문이다. '중국 제조 2025' 계획은 중국이 미국 등 서방국가들을 대상으로 경제전쟁을 선언한 것이나 다름없다. 라파엘 리프(Rafael Rief) MIT대 총장은 "중국은 양자(陽子)컴퓨터는 물론 모바일 결제, 얼굴·음성 인식 기술, 바이오테크놀로지와 우주 분야에까지 국가적 투자를 하고 있다"며 "미국이 대응하지 않으면 10년 내에 중국은 세계 최고 기술력을 보유하게 될 것"이라고 경고했다.

미국은 이 같은 중국의 도전을 좌시할 수 없었다. 2018년 3월 미국 무역대표부(USTR)의 조사 보고서는 '중국 제조 2025'를 무려 116차례나 언급하며 비판한 바 있기 때문에 무역전쟁의 타깃이 '중국 제조 2025'라는 것이 분명하다. 윌버 로스(Wilbur Ross) 미국 상무부

장관은 4월 24일 '중국 제조 2025'를 가리켜 미국의 지적 재산권을 위태롭게 하는 무시무시한(frightening) 전략이라 했다. 미국 무역대표부가 6월 3일 발표한 고율 관세부과 대상인 중국산 수입품 1,300여 개의 목록을 보면, '중국 제조 2025'를 통해 육성하고 있는 첨단산업 제품이 대부분이다. 이에 대해 블룸버그통신은 미국이 "제조업 강국으로 도약하려는 중국이 경쟁 우위를 차지하려는 기술들을 집중 겨냥했다"고 보도했다.

이처럼 미국이 '중국 제조 2025' 전략을 견제하고 나선 것은 중국이 보조금 지급 등을 통해 첨단산업을 육성함으로써 미국의 경쟁 우위를 빼앗으려는 것으로 판단하기 때문이다. 미국에게 '중국 제조 2025'의 성공은 악몽일 수밖에 없다. 지금도 미국이 중국과의 무역에서 매년 4,000억 달러 가까운 적자를 보고 있는데 중국 제조업이 미국과 맞먹는다면 경제전쟁은 해보나 마나다. 미국 우선주의를 모토로 내건 트럼프 행정부로선 북한 핵무기보다 더 심각한 위협으로 인식할 수밖에 없다.

아서 허먼(Arthur Herman) 허드슨연구소 수석연구원은 "21세기를 지배하기 위한 패권경쟁의 승패는 슈퍼컴퓨터, 반도체, 인공지능(AI), 5세대(5G) 이동통신, 양자컴퓨터 등 5대 첨단기술 경쟁에 달렸다"면서 "이는 자유시장과 국가주의 대결"이라고 말했다. 미국은 중국이 반도체 자립을 목표로 설립한 D램 메모리 업체 푸젠진화반도체에 대해 미국산 반도체 장비, 부품, 소프트웨어, 기술의 수출을 제한하는 조치를 내렸다. '중국제조 2025'에 포함된 자율주행차, 드론, AI, 5G 이동통신 등 전략산업들은 모두 방대한 데이터를 더 빠르게 처리할 수 있는 메모리 반도체에 의해 성패가 좌우되기 때문에 푸젠진화반도체에 대한 제재는 '중국제조 2025'의 심장부를 겨냥한 것이다.

미국의 대중 견제는 무역만이 아니다. 미국은 2018년 6월 기술과 지적 재산권 도용을 막기 위해 미국 첨단 기업에 대한 외국 기업의 투자 제한 방침을 발표했다. 이에 부응하여 영국도 중국 등의 해외자본에 영국 기업이 넘어가는 것을 방지하기 위해 중요 기술을 보유한 자국 기업에 대한 외국인의 투자를 엄격히 제한했으며, 독일, 프랑스, 호주 등도 유사한 조치를 취한 바 있다. 뒤이어 미 의회는 외국 자본의 미국 기업 합병을 심사하는 외국투자위원회(CFIUS) 권한을 강화하는 법을 제정했다. 심사 대상은 소액 투자까지 확대됐다. 하이테크 기술 유출을 막기 위한 조치다. 미 행정부와 의회의 움직임은 트럼프의 미국 우선주의를 넘어 차세대 기술 패권을 둘러싼 총력전 성격이 짙다.

III. 미국 우선주의의 해부

트럼프의 미국 우선주의는 중국의 도전에 대응하는 동시에 패권국의 지위를 강화하기 위한 선택으로 보인다. 그것은 그의 개인 노선이라기보다는 미국 여론을 반영한 것이다. 대통령선거를 위한 캠페인이 진행 중이던 2016년 5월에 실시된 퓨 리서치센터의 여론조사에 의하면, 전체 응답자의 41%가 미국이 지나치게 대외 개입을 하고 있다고 보았으며, 차기 대통령이 집중해야 할 분야로 응답자의 70%가 국내정책을 꼽았다. 세계화로 미국의 일자리가 대폭 줄어들었고 설상가상으로 2008년 금융위기 이래 일자리가 더욱 축소되었을 뿐 아니라 이라크·아프간전쟁에 따른 막대한 군사비 지출로 엄청난 재정적자와 천문학적 규모의 국가부채에 시달리고 있었기 때문에 대외개입보다는 국내 문제 해결을 우선해야 한다는 여론이 높았던 것이다.

2000년대 들어 미국은 심각한 대내외 도전에 직면했다. 특히 9.11 테러로 인해 미국인들의 세계관이 근본적으로 바뀌었으며 그때부터 '3차 세계대전'이 시작되었다고 했다. 또한 9.11테러를 기점으로 역사의 흐름이 바뀌기 시작했다는 인식이 높아졌다. 왜냐하면, 강한 세력이 약한 세력에 의해 공격당하는 사태가 벌어졌기 때문이다.

바로 이 시기에 중국은 계속된 고도성장으로 경제적·군사적으로 급부상하면서 미국의 도전세력으로 인식되기 시작했다. 2001년 중국의 국내총생산은 1조 3,300억 달러였으나 매년 10% 내외의 고도성장을 지속하여 2010년에는 일본을 제치고 세계 제2 경제대국이 되었으며, 2015년에는 국내총생산이 10조 8,700억 달러에 이르러 15년 만에 국내총생산이 8배나 증가했고, 이를 바탕으로 군사력을 증강하고 공세적인 외교정책을 펴기에 이르렀다.

이와 대조적으로 이 기간 중 미국은 상대적으로 약화되고 글로벌 리더십도 흔들렸다. 2000년대 들어 미국은 IT버블 붕괴에 따른 경제적 타격, 9.11테러 이후 안보부담 급증, 그리고 아프간·이라크전쟁에서 직·간접전비가 5조 6,000억 달러에 달해 경제가 침체되었고, 이에 대응한 경기부양책으로 초저금리정책을 폈으며, 그 결과 부동산 버블이 심각했다. 그 후 저금리 정책이 종료되면서 부동산 버블이 터졌고 이로 인해 천문학적 규모의 부실채권이 발생하여 1930년대 대공황 이래 가장 심각한 금융위기로 불리는 '2008년 금융위기'를 초래했다. 이 같은 위기에 직면하여 미국 정부는 국내총생산의

13%에 해당하는 2조 달러 이상의 공적 자금을 투입했다.

그 결과 미국의 국가부채는 걷잡을 수 없을 정도로 증가했다. 클린턴 정부가 끝날 무렵인 2000년 말의 국가부채는 5조 6천억 달러였으나, 부시 행정부 기간(2001~2008) 중 6조 1,000억 달러가 늘어났고, 오바마 행정부 기간(2009~2016) 중에는 금융위기 여파로 또다시 9조 달러가 늘어나 국가부채는 19조 2,000억 달러에 달했으며, 2019년 초 현재 국가부채는 22조 달러에 육박하고 있으며, 2028년에는 28조 7,000억 달러에 이를 것으로 예상되고 있다.

심각한 국가재정 위기에 직면한 미국은 2013년부터 연방예산 지출 자동 삭감(sequester)이라는 비상조치를 통해 2021년까지 국방예산 5,000억 달러를 포함하여 1조 2,000억 달러의 예산을 감축하기로 했고, 이에 따라 군 병력은 20만 줄이고 항공모함 2척과 다수의 전략폭격기와 전투기를 감축하기로 했다. 국가부채에 대한 이자부담이 늘어나면서 2018년 9월 30일로 마무리되는 2017/2018 회계연도의 재정적자는 8,330억 달러로 우리 정부 예산의 두 배 규모다. 그런데 미국 재정적자 규모는 계속 늘어나 2년 후인 2020년에는 1조 달러가 넘게 될 것으로 전망되고 있다.

재정적자와 부채 문제는 연방정부만의 문제가 아니라 주 정부와 그 예하의 자치단체도 비슷한 상황에 처한 지 오래다. 미국 50개 주 중에서 절반 정도가 만성적인 재정적자에서 벗어나지 못하고 있고, 그중에서도 가장 큰 주인 캘리포니아가 가장 심각한 상황에 처해 있다. 오래전부터 캘리포니아 주는 인프라 건설과 유지, 교육과 복지 등에 대한 투자를 줄이고 상당수의 경찰관, 소방관, 교사 등을 줄인 바 있다.

▌심각한 상태인 미국 인프라

재정 부족은 여러 가지 문제를 가져오지만 특히 도로, 교량, 항만, 송전선 등 국가경쟁력의 핵심 요소인 인프라의 낙후를 초래했다. 2007년 8월 2일 분주한 퇴근시간, 미네소타 주(州)의 미네아포리스 시를 관통하는 주요 고속도로인 I-35W의 미시시피강을 건너는 교량이 붕괴되어 13명이 사망하고 145명이 부상당하는 일이 일어났다. 이 교량 붕괴로 미국의 노후된 인프라가 국가적 문제로 부상했다.

세계 제1을 자랑하는 미국경제는 도로와 교량, 철도와 항만, 공항, 전력공급망(網), 인터넷용 광케이블 등 광범위한 인프라망(網)에 의존하고 있다. 그러나 미국의 인프라는 건설된 지 수십 년이 지나면서 심각한 교통 지체와 과도한 인프라 유지비로 경제의 효율성을 떨어뜨리고 있다. 미국의 인프라는 OECD 회원국 중에서 2002년에는 5위였으나 2017년에는 10위로 떨어졌다. 즉 미국의 인프라는 프랑스, 독일, 일본, 스페인보다 못한 것으로 평가되고 있을 뿐 아니라 경쟁국들의 인프라 투자도 미국의 두 배나 되고 있다.

미국토목협회(American Society of Civil Engineers)가 2017년 실시한 미국 인프라 평가는 D+에 불과했다. 61만 개의 교량 중 20만 개 이상이 건설한 지 50년이 지나서 교량 4개 중 1개의 비율로 시급한 보강이 필요한 것으로 판단했다. 도시지역 도로의 32%, 농촌지역 도로의 14%가 불량하며, 이로 인해 매년 1,600억 달러의 휘발유가 낭비되는 것으로 판단했다. 9만여 개의 댐은 건설한지 평균 56년이나 되었고, 그중 1만여 개는 붕괴 위험이 있는 것으로 평가했다. 캘리포니아의 오로빌(Oroville) 댐은 2017년 2월 붕괴 위험에 직면하여 지역 주민 20만 명이 대피하기도 했다.

미국은 세계에서 항공승객이 가장 많은 나라이지만 공항시설이 이를 감당하기 어려워 여객기의 20% 정도가 도착과 출발이 지연되고 있다. 송전시설의 수명은 50년 정도인데 대다수 송전시설은 1950~1960년대에 건설되었기 때문에 시급히 교체되어야 할 형편이다. 100만 개에 이르는 상수도관은 설치한 지 100년 가까이 되어 깨끗한 물을 공급하지 못하고 있고, 하수도 시설도 낙후되어 공공보건에 큰 위협이 되고 있다. 공립학교 건물도 보수 및 관리의 부실로 24%가 불량한 상태이다. 미국 토목협회는 미국의 인프라를 재건하기 위해서는 2025년까지 적어도 4조 5,000억 달러라는 천문학적 규모의 투자가 필요할 것으로 추산했다.

정치의 아웃사이더였던 트럼프의 대통령 당선도 같은 맥락에서 이해할 수 있다. 미국은 테러와의 전쟁, 아프간·이라크전쟁, 그리고 2008년 이래의 금융위기로 어려움이 많은 상황에서 대외 개입을 줄이고 국내 문제 해결에 초점을 맞추어야 한다는 여론이 높았다. 그러한 가운데 전통산업의 위축에 따른 대대적인 실업자 발생과 심화된 양극화에 불만이 컸던 백인 유권자들은 트럼프의 우파 포퓰리즘에 열광했던 것이다.

트럼프는 '미국을 다시 위대하게(Make America Great Again)'라는 기치 아래 '미국 우선주의(America First)'를 표방했으며, 이는 외교·안보정책에서 고립주의, 통상정책에서 보호무역주의를 의미했다. 그는 2016년 대통령선거전 내내 미국이 왜 큰 비용과 희생을 감수하며 '세계 경찰' 노릇을 해야 하느냐고 비판했다. 그는 "다른 나라들이 무역을 무기로 삼아 미국을 죽이고 있다"고 했으며, 특히 중국이 미국과의 무역에서 막대한 흑자를 누리고 있다고 비난했다.

트럼프는 소위 러스트 벨트(rust belt)로 불리는 미국 중서부 공업지대에서 일자리를 잃었거나 불황에 허덕이는 백인 중하층의 열렬한 지지에 힘입어 당선되었다. 그는 선거 과정에서 미국이 불공정한 무역협정을 맺어 무역적자가 천정부지로 치솟고 있다고 하면서, 특히 "중국이 사상 최대의 일자리를 도둑질해갔다"고 중국을 집중 비난했다. 그는 자신이 집권하면, 중국산 수입품에 대해서 45%, 멕시코산 수입제품에 대해서는 35%의 추가관세를 부과하겠다고 공언하고, 나아가 모든 수입품에 대해 20%의 추가관세를 부과할 것이라고 했다.

실제로 미국 워싱턴 소재 경제정책연구소(EPI)는 2018년 10월 23일 자 연구보고서에서 "2001년부터 2017년까지 미국 내 제조업 일자리 340만 개가 중국으로 넘어갔다"고 분석했다. 일자리의 대부분은 컴퓨터와 고성능 전자 기기와 전자 부품 산업이었다. 이 보고서는 "중국이 산업구조를 첨단 위주로 바꾸면서 미국의 고숙련, 고임금 제조업 일자리를 중국에 빼앗겼다"고 했다.

IV. 본격화한 미·중 패권경쟁

미국과 중국 간 무역전쟁은 세계 패권을 둘러싼 경쟁과 직결된 것으로 전문가들은 보고 있다. 미국은 관세 부과 대상에 통신, 로봇, 항공장비 등 중국 정부가 집중 육성하려는 하이테크 제품을 대거 포함시켜 중국의 기술 굴기(崛起)를 꺾어놓겠다는 의지를 분명히 했다. 미국 입장에서는 트럼프 대통령이 줄곧 강조해 온 '미국 우선주의'의 핵심 전쟁을 시작한 것이고, 중국 입장에서는 미국을 제치고 세계 최강국이 되겠다는 시진핑 주석의 '중국몽' 실현을 위한 전쟁이다. 전문가들은 미·중 무역전쟁이 패권전쟁의 일환이기 때문에 장기전이 될 수밖에 없으며, 20년간 계속될 것이라는 전망도 있다. 왜냐하면, 미국은 중국의 제반 정책이 미국을 포함한 민주주의에 대한 도전이라고 인식하기 때문에 다양한 소프트파워를 동원해 중국의 공산체제를 해체하고 나아가 중국을 민주주의와 자유시장경제에 합류시키기 위한 미국의 대전략은 지속될 것이라는 것이다.

워터게이트 특종 기자 밥 우드워드의 저서 『공포: 백악관의 트럼프(*Fear: Trump in the White House*)』에는 트럼프가 중국을 경계한 말이 인용되고 있다. "중국이 진짜 적이다. 러시아는 문제가 안 된다. 러시아 경제는 미국 뉴욕 주의 경제규모다. 하지만 중국경제는 아마도 10년 안에 미국보다 커질 것이다." 미국은 외교·군사·문화 등 모든 분야에서 미국의 패권을 위협하고 있는 중국을 견제하겠다는 것이다. 지금 중국을 제압하지 않으면 추월당할 것이라는 위기감에서 무역전쟁을 시작한 것이다.

이처럼 미국과 중국은 세계 패권을 둘러싼 싸움을 하고 있기 때문에 모든 수단이 총동원될 수밖에 없다. 미국이 무역전쟁에 나섰지만, 그것은 시작에 불과하고 환율전쟁과 통화전쟁에 이어 중국 금융시장의 완전 개방과 자유화를 목표로 한 금융전쟁까지 확대할지도 모르며, 궁극적으로 과학기술과 첨단산업에서 미국의 글로벌 우위를 대체하려는 중국의 산업정책을 포기하도록 하려는 것이다.

2018년 8월 1일 미국 의회는 중국의 영향력 확대에 적극 대응하도록 규정한 「2019 국방수권법(National Defence Authorization Act)」 제정을 통해 국가안보를 이유로 중국에 정치·경제·군사적 제재를 가할 수 있는 법적 근거를 마련했다. 그 핵심 내용으로 첫째, 중국이 남중국해 군사기지화를 중단할 때까지 미 해군 주도의 림팩(RIMPAC)

훈련에 중국의 참가를 금지하고, 인도와의 군사협력을 강화하는 것은 물론 대만과의 군사협력도 강화하도록 했다. 둘째, 미 정부 기구인 외국인투자심의위원회(CFIUS)가 미국에 대한 중국 투자가 미국안보에 미치는 영향을 심사하고, 미국 기업들의 핵심 기술 수출도 통제하도록 했다. 이는 중국이 미국 기업에 산업 스파이를 심거나 상품 수입의 대가로 미국 기업에 기술이전을 강요하는 것을 막기 위한 것이다. 셋째, 미국 정부의 중국 관련 연례 보고서에 '미국 미디어와 문화·기업·학술·정책연구 분야에 대한 중국의 영향력 강화 사례'를 포함하도록 하고, 또한 미국 대학 내 중국연구소에 대한 미국 정부의 자금 지원을 제한하도록 하는 등 중국의 문화공격에 적극 대응하도록 했다.

미국은 중국의 남중국해 군사 거점화와 일대일로 정책을 견제하기 위해 인도·태평양전략을 추진하고 있다. 서태평양에서 아프리카까지 자유롭고 열린 질서를 추구함으로써 중국의 유라시아 광역경제권 구상인 일대일로(一帶一路)전략을 견제하겠다는 것이다. 이 전략에는 일본, 호주, 인도가 참여하고 있으며, 이들 4개국은 4자동맹(Quad Alliance)으로 불리고 있다. 이처럼 미국의 전략축이 바뀌면서 한국의 전략적 위상도 상대적으로 축소되고 있다. 미국은 이 전략을 뒷받침하기 위해 2018년 5월 태평양사령부를 인도·태평양사령부로 개편했다. 인도·태평양사령부 출범식에서 제임스 매티스 국방장관은 직설적으로 "인도·태평양은 다대다로(多帶多路 many belts many roads)"라 했고, 보름 뒤에는 "중국 모델은 다른 나라들에 조공국이 되기를 요구하는 명(明) 왕조 같다"고 비난했다. 뒤이어 폼페이오 국무장관은 인도·태평양 경제 비전을 발표했다. 그 타깃은 역시 일대일로였다. "우리는 전략적 종속(dependency)이 아닌 전략적 파트너십을 추구한다"고 했다. 미국은 또한 개정된 북미 자유무역협정(USMCA)에 캐나다와 멕시코가 시장경제 지위를 획득하지 못한 나라와 자유무역협정을 체결하지 못하도록 규정함으로써 중국을 봉쇄하려 하고 있으며, 유럽연합, 영국, 일본에도 이 조항을 요구하는 등, 범세계 차원의 중국 봉쇄를 시도하고 있다.

뒤이어 10월 4일 마이크 펜스(Mike Pence) 부통령이 허드슨연구소에서 행한 연설은 중국에 대한 전방위적 비판을 담고 있어 양국 갈등이 총력전으로 비화되고 있는 것으로 해석됐다. 펜스 부통령은 "우리는 중국이 자유세계가 될 줄 알았다. 그래서 세계무역기구(WTO) 가입을 지지했고, 중국의 개혁개방을 도왔다. 그러나 중국은 자유와는 거리가 먼 나라가 됐다. 중국은 여전히 모든 형태의 자유를 탄압하는 전체주의인데다 여전히 공산주의 국가다." … "중국은 우리 기술을 도둑질해가고 있으면서도 AI, 로봇 등에서 우리 기술을 압박하고 있다." … "시진핑은 트럼프에게 남중국해에서 무력을 쓰는 일은 없을 것이라고 말했지만, 지금 남중국해에서는 중국의 무장 함선이 미국 함선을 밀어붙이고 있다." … "중국은 모든 수단을 동원해서 워싱턴에 개입하려 하고 있고, 선거에도 영향력을 행사하고 있다. 미국 민주주의를 망치고 있다."며, "미국은 결코 물러서지 않는다"고 경고했다. 미국 지도자가 이처럼 공개적으로 중국을 직설적으로 비판한 적이 없기 때문에 그의 연설은 양국 간 '신냉전의 시작'으로 인식됐다.

중국은 미국과의 국력 격차가 크다는 사실을 인식하지 못한 것 같다. 미국의 군사력은 현재 2위보다 10배 정도 강한 것으로 평가된다. 동맹국을 제외하고 계산할 경우 그렇다는 말이다. 미국 해군은 미국 다음으로 강한 나라 17개국의 해군을 합친 것만큼 강하다. 그 정도로는 부족하다면서 트럼프 행정부는 해군을 더욱 강화하고 있다. 미국은 45개의 동맹국을 보유하고 있는 반면, 중국은 북한 한 나라만 동맹국일 뿐이다. 또한 미국은 세계 최첨단 과학기술을 장악하고 있으며, 4차 산업혁명도 주도하고 있다. 또한 200년 이상 사용 가능한 석유와 100년간 사용할 수 있는 천연가스 매장량이 있으며, 한 번 농사를 지으면 세계를 먹여 살릴 수 있을 정도로 농업은 큰 전략자산이다. 미국은 2014년 이래 셰일에너지 혁명을 통해 경제 상황도 크게 호전되어 3% 내외의 성장을 달성하고 있는 유일한 선진국이다. 이처럼 미국은 세계 제1의 에너지 자원을 보유한 나라일 뿐 아니라 세계 제1의 식량 생산국인 반면, 중국은 이 두 자원을 대량으로 수입하지 않으면 안 되는 나라이기 때문에 미국과의 경쟁에서 결정적으로 불리한 위치에 있다.

미·중 패권경쟁은 어떻게 전개될 것인가? 미래학자 최윤식은 최근 저서 『앞으로 5년 미중전쟁 시나리오』에서 "미국이 미·중(경제)전쟁에서 승리해서 제2의 전성기를 맞을 가능성이 크다"고 예측한다. 그동안 많은 전문가들이 2020년 전후로 중국경제가 미국을 추월할 것으로 예측한 바 있다. 그런데 2016년이면 중국경제가 국내총생산이 미국을 추월할 것이라던 IMF의 예측은 빗나갔고, JP모건(2025년 추월 예상)과 골드만삭스(2027년 추월 예상)의 예측조차 그 가능성이 점차 줄어들고 있다. 그 예측들은 미국의 경제성장률은 계속 낮아지는 반면, 중국의 성장률은 2020년까지 8%, 2021~2030년 기간 중에는 6%대, 2031년부터는 4%대를 유지할 것이라는 가정에 기초한 것이다.

2019년 1월 스위스 다보스에서 열린 세계경제포럼에서 중국발 글로벌 경기 둔화가 주요 이슈였다. 구조적인 문제로 중국경제는 급격히 침체되고 있으며, 그것이 장기간 계속될 가능성이 높기 때문에

'차이나 리스크(China risk)' 정도가 아니라 세계경제의 판을 뒤흔들 '블랙홀'에 비유되고 있을 정도이다. 영국 파이낸셜타임스는 2018년의 중국 경제성장률이 1.67%에 불과했다고 최근 보도했다. 중국 정부가 비밀리에 조사한 내용이 유튜브에 공개되면서 알려진 사실이다. 또한 홍콩 사우스차이나모닝포스트(SCMP)에 따르면, 미국 경제학자인 마이클 페티스(Michael Pettis) 베이징(北京)대 교수는 2019년 3월 상하이(上海)에서 열린 한 포럼에서 "악성 부채를 반영하면 중국의 경제성장률이 발표 수치의 절반이 될 것"이라고 주장했다. 홍콩 중문대와 미국 시카고대 연구진은 2008~2016년 중국의 국내총생산(GDP) 성장률이 2%가량 부풀려졌다는 분석이 담긴 연구 결과를 브루킹스연구소가 발간하는 학술지에 게재했다.

중국의 부채는 규모도 크지만 가파른 증가세가 더욱 문제가 되고 있다. 중국의 국내총생산(GDP) 대비 부채 비율은 지난 10년 사이 2배로 늘어났고, 지방정부의 '숨겨진 부채'도 심각한 수준이다. 국제금융협회(IIF)는 지난해 9월 말 중국 부채 비율이 이미 300%를 넘어선 것으로 추정하고 있다. 또한 2019년의 중국 경상수지는 1993년 이래 첫 적자가 예상된다.

이에 비해 미국경제는 상대적으로 활력이 넘치고 있다. 그 원동력은 셰일에너지 혁명 덕분이다. 미국 셰일에너지 가격은 국제 가격의 절반 정도에 불과하기 때문에 미국 제조업은 값싼 에너지 가격에 힘입어 호황을 맞게 되었고, 해외로 나갔던 기업들이 되돌아오는 '리쇼어링(resouring)'을 촉진시키고 있다. 뿐만 아니라 미국은 최대 에너지 수입국에서 최대 에너지 생산국과 수출국이 되면서 전략적 위상이 한층 강화되었다. 전문가들은 "중국은 30년 안에 미국을 넘어서지 못할 것이라고 예측하고 있으며, 따라서 미국은 21세기 중반까지 글로벌 패권을 유지할 것"으로 예상하고 있다.

V. 한국의 선택

　1990년대 이래 한국은 미국과 안보동맹을 유지하는 동시에 중국을 경제의 핵심 파트너로 삼아왔다. 이 같은 국가전략은 분명 모순된 것이었지만 미국과 중국 간의 관계가 조화로웠을 때는 큰 문제가 되지 않았다. 그러나 미국과 중국 간의 패권경쟁이 본격화되면서 한국은 경제와 안보에서 동시에 위기를 맞고 있다.

　미·중 무역전쟁으로 인한 한국의 피해는 상당할 것으로 예상된다. 중국은 한국산 반도체·석유화학·기계류 등 중간재를 수입해서 완제품을 만들어 수출한다. 따라서 중국에 대한 한국의 중간재 수출이 1차로 타격을 받게 된다. 2017년 중국에 대한 한국 수출(1,421억 달러) 중 중간재 비중은 78.9%에 달하기 때문에 미국의 추가관세 부과로 중국 수출이 타격을 받으면 한국의 수출도 피해를 받을 수밖에 없다. 특히 한국 반도체 산업은 '고래 싸움에 새우 등 터지는 꼴'이 될지도 모른다. 앞으로 미국이 공청회 등을 거쳐 2차 관세 부과 대상에 포함시키게 될 중국산 메모리 반도체에는 삼성전자와 SK하이닉스가 중국에서 생산된 제품도 포함될 가능성이 크다.

　또한 중국경제는 한국경제에 가장 큰 위협으로 다가온다. 독일 싱크탱크 메릭스(Merics)의 보고서는 '중국 제조 2025'의 가장 큰 피해자는 한국이 될 것이라 했다. '중국 제조 2025' 계획에 따르면, 반도체, 디스플레이, 전기차, 로봇, 해양플랜트, 바이오의약품 분야에서 세계적 수준에 올라갈 때까지 중국 정부가 지원한다는 방침을 세워놓고 있지만, 이들 산업은 모두 한국 대기업들의 주력 사업이거나 신규 사업과 겹친다. 이미 한국의 대표 기업들은 중국시장에서 급속히 밀려나고 있다. 현대자동차는 최근 연간 30만 대 생산 능력을 갖춘 베이징 1공장 가동을 중단했다. 2013년 중국 시장 점유율이 19.3%에 달했던 한국산 스마트폰은 4년 만에 점유율이 1%대까지 추락했고, 2014년 중국 시장의 9.2%를 차지했던 현대·기아차의 점유율은 3년 만에 절반으로 떨어졌다.

보다 근본적인 것은 우리 국가전략의 모호함이다. 미국과 중국 사이에 끼어 있는 한국외교의 묘책은 '균형외교'였으며, 그 시발점은 노무현 대통령의 '동북아 균형자론'이었다. 노 대통령이 미국에 대해 비판적이었을 뿐 아니라 반미세력의 지지를 받고 있었기 때문에 그의 균형자론은 미국과 일정한 거리를 유지하면서 중국과의 관계를 강화하려는 것이었다. 그 후 이명박 대통령이 미국 우선의 외교정책으로 복귀하자 중국의 반발이 표면화됐다. 2008년 5월 이명박 대통령의 방중 당시 중국 외교부 대변인은 "한미 군사동맹은 지나간 역사의 산물"이며 "시대가 많이 변하고 동북아 각국의 정황에 많은 변화가 생겼기 때문에 냉전시대의 소위 군사동맹으로 역내에 닥친 안보 문제를 생각하고 다루고 처리할 수 없다"면서 한미동맹을 공개적으로 비난했다. 이것은 자국을 방문한 한국 대통령에 대한 외교적 결례였을 뿐 아니라 내정간섭이었다.

2013년 시진핑 주석이 취임한 이래 중국은 공세적 외교정책을 본격화했고, 동시에 남중국해에서 인공섬을 건설하고 그 위에 군사기지를 만들기 시작했다. 이에 대해 미국 오바마 행정부는 아시아중시정책으로 대응하면서 남중국해를 둘러싼 미국과 중국 간 갈등이 본격화되었다.

그럼에도 박근혜 대통령은 확고한 국가전략 없이 노무현식 균형외교를 답습하면서 적지 않은 혼선을 초래했다. 그는 북핵 문제의 돌파구를 마련하는 데 중국의 도움을 받기 위한 목적에서 2015년 9월 3일 중국의 소위 전승절(戰勝節) 행사에 시진핑, 푸틴 등 미국의 경쟁국 지도자들과 천안문 망루에 나란히 서기도 했다. 그러나 2016년 들어 북한이 4차 핵실험(1월 30일), 대륙간 탄도미사일(ICBM) 발사(2월 7일) 등으로 도발하면서 한미 양국은 사드 배치를 협의하기 시작했고, 9월 9일에 북한이 5차 핵실험을 하면서 사드 배치가 급진전됐다.

이에 대해 중국의 반발이 노골화됐다. 2016년 6월 23일 추궈홍(邱國洪) 주한 중국대사는 더불어민주당 김종인 대표를 만난 자리에서 "사드의 한반도 배치는 한중관계를 순식간에 파괴할 수 있다"는 협박성 발언을 했다. 이 발언에 대해 중국 외교부 대변인은 "사드의 한국 배치에 대한 우리의 입장은 분명하고 일관된 것으로, 중국의 국가이익을 해치는 사드의 한국 배치에 우리는 반대한다"고 말해 추 대사의 입장이 곧 중국 정부의 입장임을 재확인했다. 중국군 기관지 해방군보(解放軍報)는 "전쟁이 나면 중국 공군은 폭격기를 발진시켜 1시간 안에 한국의 사드 기지와 일본의 미사일 방어체계를 파괴할 수도 있다"는 협박성 보도를 했다. 다음 해 1월 중국 외교부 천하이(陳海) 아주국 부국장은 우리 외교부의 연기 요청을 무시하고 일방적으로 입국한 후 우리 기업인들을 만난 자리에서 "소국이 대국에 대항해서 되겠는가? "너희 정부가 사드 배치를 하면 단교 수준으로 엄청난 고통을 주겠다"는 등 폭언을 쏟아냈다.

이후 중국은 경제 보복을 하며 한국을 압박했다. 2017년 3월 사드 배치가 결정된 이후 중국에 진출한 한국 기업은 제조업부터 유통 관광업까지 전 분야에서 타격을 받았다. 불매운동을 부추긴 중국 정부의 영향으로 현대·기아차의 중국 판매량은 반 토막 났고, 2017년에만 1조 2,000억 원의 매출 감소를 겪었던 롯데마트도 결국 철수했다. 중국 정부의 한한령(限韓令) 조치로 2017년 한 해 동안 한국을 찾은 중국인 관광객 수는 전년도의 절반 수준으로 줄어들었다.

2017년 10월 사드 갈등을 봉합하기 위해 중국과 협상한 강경화 외교장관은 앞으로 '사드를 추가 배치하지 않고, 미국의 미사일 방어 체계에 들어가지 않으며, 한·미·일 안보협력이 군사동맹으로 발전하지 않도록 한다'는 소위 3불(不) 약속을 하는 등 한미동맹에 중대한 영향을 미치는 양보를 한 바 있다. 뒤이어 11월 초 문재인 대통령은 외신 인터뷰에서 한국의 미국 및 중국과의 관계에 대해 '균형외교'를 강조한 바 있는데, 이는 노무현 대통령의 '동북아 균형자론'을 계승한 것이라는 해석이 나왔다. 또한 문재인 정부는 환경영향평가를 한다면서 2년이 넘도록 사드 기지 공사를 지연시켰고, 사드 배치를 반대하는 집단들에 의해 미군 장병들의 보급품조차 헬리콥터에 의해 공급되고 있는 실정이어서 한미동맹의 중요한 시험대가 되고 있다. 이 같은 외교노선의 배경에는 '전대협(전국대학생대표자협의회)' 출신이 주축인 청와대 비서진들의 중국에 대한 환상과 고질적인 반미의식이 자리 잡고 있다는 해석이 나오고 있다.

한편 미국은 한국에 대한 중국의 사드 보복이 한미동맹 약화를 노리는 것으로 판단했다. 매티스 국방장관이 2018년 10월 트럼프 대통령에게 제출한 관계부처 합동보고서는 "한국이 미국 외교정책과 군사전략의 핵심 요소인 사드 배치를 발표한 뒤 중국은 한국을 대상으로 "공격적인 경제 전투 캠페인에 착수했다(China undertook an aggressive economic warfare campaign)"고 했다. 중국이 무역 지배력을 이용하여 미국의 동맹국을 괴롭힌 대표적 사례로 한국에 대한 '사드 보복'을 꼽은 것이다. 이 보고서는 특히 "최근 몇 년간 중국이 비대칭적 무역 지배력을 지렛대 삼아 소프트파워(soft power·군사력 등 물리적 힘에 대응하는 개념)를 강화하는 것을 주저하지 않고 있다"고 했다. 이 보고서는 사드 배치는 심각해지는 북한의 핵·미사일 위협으로부터 주한미군을 보호하기 위한 방어적 조치임에도 중국이 이를 문제삼아 미국의 동맹국인 한국을 위협했다는 것이다.

전문가들은 중국이 사드 철폐와 주한미군 철수 등 그들이 원하는 것을 얻기까지 사드 압박을 멈추지 않을 것으로 보고 있다. 미국과의 패권경쟁에 나선 중국으로서는 한반도를 홍콩, 티베트, 타이완처럼 영향권에 넣겠다는 것이며, 이를 위해 반드시 주한미군을 철수시키고 한미동맹을 깨겠다는 것이다. 다시 말하면, 한미동맹을 파탄내는 것이 시진핑의 중국몽과 직결되는 문제로 판단한다는 것이다. 2017년 4월, 시진핑 주석은 트럼프 대통령과 회담하면서 "과거 한반도는 중국의 일부였다"고 했다. 예나 지금이나 중국 지도자들은 한국을 속국처럼 인식하고 있는 것이다.

중국이 추구하고 있는 중국 중심의 아시아 질서는 주변국과의 대등한 관계가 아니다. 영국의 중국전문가 마틴 자크(Martin Jacques)는 자신의 저서 『중국이 세계를 지배하면(When China Rules the World)』에서 중국은 21세기에도 '조공 책봉 관계'같은 '신조공체제(新朝貢體制)'를 구축하려 한다고 주장하고 있다. 2018년 3월 한국고등교육재단 초청으로 서울에 왔던 미국의 대표적 전략전문가 존 미어샤이머(John Mearsheimer) 시카고대 교수는 "한국이 중국 패권에 편승하면 반(半)주권국가가 될 것"으로 보았다. 핀란드가 오랫동안 인접 강대국인 러시아의 간섭을 묵종해왔듯이, 한국도 '핀란드화'될 가능성이 크다는 것이다.

미얀마의 상황은 한국에 시사하는 바가 크다. 2010년대 초 중국이 미얀마를 속방(屬邦)으로 취급하며 내정간섭을 본격화하자 미얀마가 반발하여 미얀마와 중국의 관계는 파탄에 이르렀고, 이에 따라 미얀마는 미국 등 서방국들과 관계를 개선했다. 중국은 사드 배치를 빌미로 경제제재 등으로 한국에 갖가지 압력을 가했을 뿐 아니라 중국 지도자들이 한국 대통령의 특사에 대한 대우를 소홀히 하기 시작했다는 것은 가벼이 넘길 문제가 아니다.

그런데 우리사회에 한미동맹에 부정적인 세력이 만만치 않다. 그 첫째는 민족우선주의 또는 통일지상주의에 심취한 세력이다. 그들은 주한미군이 철수하고 한미동맹이 해체되어야만 통일이 될 수 있다고 생각한다. 둘째는 균형외교를 주장하는 사람들이다. 안보는 미국과 협력하고 경제는 중국과 협력하면 된다는 것이다. 그러나 안보와 경제는 그처럼 쉽게 분리될 수 있는 것이 아니다. 균형외교론의 최대 약점은 국가생존 문제인 안보 문제를 경제 문제와 동격으로 본다는 데 있다. 어떠한 경우에도 국가안보가 우선되어야 한다. 물론 미국과 중국 사이에 때로는 전략적 모호성을 유지해야 할 때도 있다. 그러나 전략적 모호성 내지 등거리 외교는 분명한 국가전략이 없다는 것과 마찬가지다. 그것은 양쪽으로부터 불신당할 소지가 있고, 나아가 강대국들이 우리나라에 영향력을 행사할 수 있는 틈을 줄 우려도 있다.

미어샤이머 교수는 2015년 서울 국립외교원에서 행한 강연에서 "중국의 부상에 맞서 미국은 중국의 인접국들과 반중(反中) 연대를

결성하고 있어 아시아 지역에 치열한 안보경쟁이 일어날 것"이라 전
망하고 "그동안 한국은 미국과 중국 사이에 균형노선을 취해 왔지만
미·중 간 안보경쟁이 격화되면 한국은 미국 주도의 반중(反中) 연대
에 참여할 것인지, 중국에 편승할 것인지 선택해야 한다"고 했다.
그런데도 문재인 정부는 여전히 균형외교니 다자안보체제니 하면서
우왕좌왕하고 있다. 한미동맹을 확고히 유지하면서 중국과의 협력
도 확대하는 것이 올바른 전략적 선택이라고 본다.

제 **3** 부

정신적 리스크

불투명한 역사관과 흔들리는 애국심 (I) : 역사의 비극을 되풀이하려는 것인가?

역사의 비극으로부터 교훈을 배우지 못하면 역사의 비극은 되풀이된다. 가장 큰 문제는 국민정신이 문제라고 생각한다.

지금까지 살펴본 9가지의 외형적 리스크들이 나타나게 된 근본적인 원인이 우리사회의 정신적 문제에서 비롯되었다고 보고, 서로 연결된 다음 두 개의 장에서 정신적 리스크 문제를 다루고자 한다. 이를 위해 먼저 우리 역사의 대표적인 비극을 되돌아보고, 이어서 국민정신의 핵심인 애국심 문제를 다루고자 한다.

역사로부터 교훈을 배워야 한다고 한다. 역사적 과오를 되풀이하지 않아야 한다는 의미다. 말은 쉽지만 실천은 어렵다. 나라 전체 또는 국민 모두가 실천해야 되는 일이기 때문이다. 나라가 왜 소중한지는 험난했던 우리 역사를 되돌아보면 뼈저리게 깨닫게 된다. 침략을 막아내지 못하면 모든 것이 유린되며, 특히 일반 백성들이 가장 고통받는다. 부녀자는 겁탈당하고 남자들은 목 베어 죽거나 끌려가고 소중한 것들을 모두 빼앗기고 마을은 불탄다. 우리 역사상 수많은 외침으로 나라가 짓밟혔음에도 체념했을 뿐, 국가안보는 중요한 가치가 되지 못했다.

이상화(李相和)는 나라를 강탈당한 민족의 아픔을 〈빼앗긴 들에도 봄은 오는가〉라는 시로 표현했다. "지금은 남의 땅─빼앗긴 들에도 봄은 오는가?"로 시작되는 이 시는 한국의 찬란한 봄을 슬픈 민족감정으로 풀어내고 있다. 1926년 ≪개벽(開闢)≫지(誌)에 발표된 이 시는 그의 반일(反日) 민족의식을 표현한 작품으로 비탄과 허무, 저항과 분노 등 핍박받고 있던 민족의 처절한 심정이 담겨 있다. 비록 나라는 빼앗겼을망정, 봄이 되면 민족혼이 담긴 대자연은 우리를 일깨워준다는 것이다. 국토는 일시적으로 빼앗겼더라도 민족혼을 불러일으킬 봄은 빼앗길 수 없다는 아우성, 즉 피압박 민족의 비애와 일제에 대한 강력한 저항의식을 담고 있다. 우리 민족은 오랫동안 소중화(小中華)라고 할 만큼 문화민족임을 자부하며 일본을 야만족으로 여겨왔는데 그 야만인들의 압제를 당하고 있었으니 어떤 피압박 민족보다 분노와 저항이 컸던 것이다.

우리는 일본의 만행에 분노만 해왔을 뿐, 역사로부터 교훈을 얻지 못한 것 같다. 스스로 지킬 힘과 의지가 없으면 짓밟히고 만다는 것이 인류역사의 냉엄한 교훈이다. 조선왕조는 나라를 지킬 의지도 능력도 없었다. 나라를 지키겠다는 의지와 그것을 뒷받침할 힘이 없으면 언제든 침략받아 능멸당할 수밖에 없다. 우리는 평소에는 나라가 소중한지 생각조차 않는다. 그러나 나라를 빼앗겼거나 외침을 당했을 때 비로소 나라의 소중함을 절실히 깨닫게 되지만 이미 너무 늦었다는 것을 알게 된다. 임진왜란, 병자호란, 그리고 일제강점기의 비극을 되돌아봄으로써 나라가 왜 소중한지 생각해 보고자 한다.

I. 임진왜란, 7년의 처절한 비극

1592년 5월 20만 규모의 왜군이 부산에 상륙한지 18일 만에 한성이 함락됐다. 왜군이 그처럼 신속히 진격할 수 있었던 것은 "왜군이 온다"는 소식에 서울에 이르는 지역의 행정과 군사 책임자들이 모두 도망쳐버려 아무런 저항이 없었기 때문이다. 당시 명장으로 알려진 신립(申砬) 장군만이 충주 탄금대에서 일전을 겨루었을 뿐이다.

과거의 전쟁은 국가에 의한 광범위하고 무자비한 범죄행위였다. 임진왜란 당시 왜군은 전쟁사에 보기 드문 야만적인 죄악을 저질렀다. 그들은 닥치는 대로 조선인들을 죽였다. 당시의 참혹한 실상을 이긍익(李肯翊)은 『연려실기술(練藜室記述)』에 이렇게 기록했다.

"4월 왜적이 우리 백성을 닥치는 대로 죽이고 남쪽으로 내려갔다. 그때 백성 중에 어리석은 자들과 미처 도피하지 못하고 숨어 있던 자들이 적이 백성을 죽이지 않는다 하면서 차츰 모여들어 시장과 상점을 열기까지 했다. 적장들은 물러가게 되자 백성들을 찔러 죽일 것을 비밀리에 의논하고 백성들을 결박하여 남문 밖에 열을 지어 세워놓고 위쪽부터 처형하여 내려오는데, 우리 백성들은 칼을 맞고 죽을 때까지 한 사람도 도망가지 못했다."

한성이 수복되면서 도성으로 돌아온 류성룡(柳成龍·4도 도체찰사(四道 都體察使)로서 전란 당시 조정 총지휘)은 "모화관(慕華館)에서부터 백골이 무더기로 쌓여 있고, 성안에는 죽은 사람과 군마(軍馬)가 셀 수 없을 정도이고, 그 냄새와 더러움이 길에 가득하여 사람이 가까이 갈 수 없었다."고 『징비록(懲毖錄)』에 기록하고 있다. 1593년 7월 진주성이 함락될 당시 왜군은 성안에 있던 군·관·민 6만 명(일본측 주장 2만 명)을 창고 등에 몰아넣어 불태워 죽였다. 전국적으로 얼마나 많은 사람들이 살해당했는지 짐작할 수 있다.

왜군은 여자를 보기만 하면 길거리든 대낮이든 사람들이 보든 말든 닥치는 대로 겁탈했다. 조선인들을 대상으로 귀 베기와 코 베기 경쟁도 벌어졌다. 왜군들은 각자 코 한 되씩 책임량을 할당받았기 때문에 어린 아이들의 코까지도 베었다. 조선인의 잘린 귀와 코는 소금에 절여 일본으로 보냈고, 히데요시는 그 수량으로 부하들의 전공을 평가했다.

7년간의 전쟁에서 조선 백성 30%가 목숨을 잃었다고 전해진다. 살육당하고 굶어죽고 병들어 죽었다. 조선을 7년 동안 유린하고 있던 왜군은 남해안 일대에서 300여 개의 왜성(倭城)을 축성했고 이를 위해 수많은 조선 백성이 강제 동원되었다. 가토 기요마사(加藤淸正)를 따라 다닌 종군승(從軍僧) 게이넨(慶念)의 일기는 왜성 축성 과정에서 조선 백성이 당한 고통을 이렇게 기록하고 있다.

"조선인들은 새벽안개를 헤치고 산에 올라가 하루 종일 큰 나무를 베고 밤하늘의 별이 총총할 때에야 겨우 집으로 갈 수 있었고, 밤을 새워 돌을 쌓아 성을 만들어야 했다. 조금이라도 괴롭고 싫은 표정을 짓는 것만으로도 죄로 몰아붙여 심하게 처벌했다. 목을 쇠사슬로 묶고, 두들겨 패고, 달군 쇠로 몸을 지져 댔다."
_朝鮮日日記 1597년 11월 11~16일

왜군은 군인이 아니라 강도떼에 가까웠다. 1597년 정유재란을 일으키면서 히데요시는 참전에 주저하는 장졸(將卒)들에게 전쟁은 출세와 돈을 벌 수 있는 호기라고 부추겼기 때문이다. 그는 점령지에서의 포로 사냥, 재물과 식량 약탈, 부녀자 겁탈 등을 무제한 허용했다. 병사들이 전쟁에서 획득한 것은 히데요시 자신을 비롯해 그 누구도 뺏어가지 못한다고 했다. 그는 처조카인 고바야카와 히데아키를 조선 재침략의 총대장으로 임명하면서 "해마다 군사를 보내어 그 나라 사람을 다 죽여 빈 땅을 만든 연후에 일본 서도(西道) 사람을 이주시킬 것이니, 10년을 이렇게 하면 성공할 수 있으리라."고 지시했다. 조선군에게 붙잡힌 왜장 후쿠다 간스케는 상부로부터 다음과 같은 지시를 받았다고 했다. "남녀노소를 막론하고 걸을 수 있는 자는 모두 사로잡아 오고, 걷지 못하는 자는 모두 죽여라. 조선에서 사로잡은 사람들은 일본에 보내 농사를 짓게 하고, 일본에서 농사짓던 사람을 군사로 바꾸어 해마다 침범하고 아울러 중국까지 침범할 것이다."

히데요시가 집요하게 사람들을 죽이거나 붙잡아가 빈 땅을 만들겠다고 지목한 곳이 바로 호남이었다. 그는 조선이 임진왜란 이후 지금까지 버틴 것은 조선 수군의 버팀목이자 곡창지대인 호남을 왜군이 점령하지 못했기 때문이라고 판단했던 것이다. 1597년 8월 원균(元均)이 이끄는 조선 수군이 칠천량 해전에서 패한 후 상륙한 왜군은 우키다 히데이에(宇喜多秀家)가 이끄는 5만 6,000여 명의 병력으로 호남 지역을 집중 공략했다. 그 첫 목표는 호남평야의 관문인

남원성이었다. 왜군은 남원성으로 진격하면서 닥치는 대로 사람들을 살해하고, 약탈 방화를 저질렀다. 그곳에는 명군 3,000여 명과 조선군 1,000여 명이 방어하고 있었지만 중과부적(衆寡不敵)으로 아군 군사와 백성 1만여 명이 비참한 최후를 맞았다. 게이넨은 자신의 종군 일기에 이렇게 기록했다.

> "들도 산도 섬도 죄다 불태우고 사람을 칼로 베고 쳐 죽인다. 산 사람은 쇠사슬과 대나무 통으로 목을 묶어서 끌어간다. 자식을 잃은 부모는 탄식하고, 자식은 부모를 찾아 헤매는 비참한 모습을 난생 처음 보았다." _朝鮮日日記 1597년 8월 6일

왜군은 돈이 된다며 여자와 아이들까지 새끼줄로 목을 묶어 끌고 갔다. 그 숫자는 정확히 알 수 없지만, 일본학자는 2~3만, 한국학자는 10만에서 40만까지 추정하고 있다. 왜 그들은 그처럼 많은 조선인들을 납치해갔을까. 쓰시마섬 번사(藩士)의 문서를 보면, 그들이 전쟁으로 인해 부족한 노동력을 메우기 위해 조선인을 노예로 부리려는 게 주목적이었다. 전쟁 초기부터 왜군이 조선인들을 끌고 간 것은 대대적인 징발로 인해 부족해진 농촌 일손을 보충하고, 또한 사무라이 집안의 노비로 삼기 위해서였다. 규슈 곳곳에 지금도 고려정(高麗町)이라는 마을 이름이 남아 있는데 끌려온 온 조선 사람들의 집단 거주지였다. 조선에서 끌려온 사람들의 집단 거주지에는 밤마다 곡소리가 끊이지 않았다는 기록도 있다.

왜군은 또한 조선인을 끌고 가서 노예로 팔았다. 새끼로 목을 묶은 후 여럿을 줄줄이 옭아매 몰고 가는데, 잘 걸어가지 못하면 뒤에서 몽둥이로 두들겨 팼다. 조선인들을 원숭이처럼 묶은 뒤 우마(牛

馬)를 끌게 하고, 무거운 짐을 지고 가게 했다. 일본 상인들은 조선을 횡재할 수 있는 땅으로 여겼기 때문에 왜군의 뒤를 따라 조선으로 건너와 왜군에 군량과 군수물자를 조달해 주는 한편 사람 장사가 최고로 이문이 남는다며 사람들을 끌로가 인신매매를 했다.

전쟁 초기 히데요시의 전선사령부가 있었던 나고야성은 조선인 포로들로 넘쳐났다. 규슈 서북단에 있는 나고야성은 부산까지 해로로 278km 정도로 가깝다. 이곳으로 잡혀온 조선인들 중에는 당시 국제무역항이던 나가사키로 옮겨져 국제 노예상인들에게 팔려나갔다. 일본인들은 조선인 포로들을 나가사키로 끌고 가 포르투갈 상인에게 철포(조총)나 비단을 받고 팔아넘겼다. 조선인 부녀자와 아이의 경우 한 명 가격이 당시 일본 화폐로 약 2~3문 정도였다. 조총 1정 값은 120문이었다. 조선인 포로 중에는 유럽까지 팔려나간 사람들도 있었다.

II. 명군(明軍), 원군(援軍)이었나 점령군이었나?

왜군에 의한 백성들의 피해와 고통은 비교적 잘 알려져 있지만, 명나라 군대로 인한 피해와 고통은 간과된 경향이 있다. 이여송(李如松)이 이끄는 4만 3,000명의 명군(明軍)은 조선을 도우러 온 것인지 의심스러울 정도였다. 1593년 1월 평양성전투에서 명군은 수급(首級)을 다투는 경쟁, 즉 적병의 목을 베는 경쟁을 벌였는데, 그들은 무고한 조선 백성의 목을 경쟁적으로 베었다. 선조실록에 의하면, 명군은 "머리카락이 없는 자는 모두 결박하여 끌고 갔다. 왜군은 머리를 깎았기 때문에 머리카락이 없는 조선 사람의 머리를 잘라 왜군의 목을 벤 것이라 보고하기 위해서였다. 병으로 머리가 빠진 자나 승려들 역시 모두 잡혀가 목이 베였으며, 그 수는 매일 수백 명에 달했다. 훗날 명나라 관리가 황제에게 올린 이여송(李如松) 탄핵 상소문에서 "이여송이 평양에서 목을 벤 수급 가운데 절반은 조선백성입니다. 또 당시 불에 타 죽거나 물에 빠져 죽은 1만여 명도 모두 조선백성입니다"라고 했다.

평양전투에서 승리한 명군은 의기양양하여 한성으로 진군하다가 벽제관전투에서 대패한 이후 전투다운 전투를 하지 않았다. 왜냐하면, 명군의 참전 목적은 조선을 구하는 데 있었던 것이 아니라 명나라에 대한 왜군의 침공을 막는 데 있었기 때문이다. 평양전투의 승리로 압록강 이남에서 왜군을 저지하려던 원래 목적을 달성했기 때문에 더 이상 싸울 필요가 없었다. 요동의 광활한 평지를 지키려면 수십만의 병력이 필요하지만, 좁고 험준한 조선에서는 수만 명이면 왜군을 저지할 수 있었기 때문이다. 그래서 명군은 조선을 구하려 온 원군(援軍)이라기보다는 점령군에 가까웠고, 그래서 그들의 악행도 심각했다. 약탈만 한 것이 아니라 강간, 살인도 서슴지 않았다.

벽제관전투에서 패해 황해도로 퇴각했던 명군은 난병(亂兵)으로 돌변했다. 군량미와 말먹이 조달이 못마땅하면 지방 수령까지 목을 매어 끌고 다니며 심지어 몽둥이와 돌로 난타해 살해하기도 했다. 명군 장수들은 군량이 떨어졌다는 것을 핑계삼아 이여송에게 군대를 철수시키자고 청하였다. 이에 노한 이여송은 류성룡과 호조판서 이성중과 경기좌감사 이정형을 불러 뜰 아래 꿇어앉히고 군법으로 다스리려 하였다. 류성룡은 군량미 1만 석조차 조달하는 것이 불가능했다고 징비록에 기록하고 있다. 백성들이 피난가고 모든 것이 초토화된 나라에서 수만 명의 명군에게 군량미를 제공하고 수천 마리의 군마(軍馬)에게 먹이를 제공하는 것은 불가능한 일이었다.

벽제관전투 이후 전쟁이 4년간 소강상태였을 당시 명군과 왜군은 조선을 거래 대상으로 삼았다. 명나라의 심유경(沈惟敬)과 일본의 고니시 유키나가(小西行長) 간 비밀협상에서 대동강 남쪽의 조선 4도를 일본에 준다거나 한강을 경계로 하여 그 남쪽을 일본에 주기로 하는 등 제멋대로 흥정했다. 조선의 운명이 걸린 협상이었지만 조선은 완전히 배제되었고, 그럼에도 조선은 따져 묻지도 못했다. 이처럼 명나라는 일본과의 협상에서 조선 분할을 논의했을 뿐 아니라 조선을 2~3개 지역으로 나누어 직접 통치하려 했고, 그래서 전쟁이 끝난 후 10만의 명군이 조선에 2년간이나 주둔했다.

명군과 왜군 간 협상이 진행되는 동안 명군 감독관 송응창(宋應昌)은 명 황제의 기패(旗牌: 황제가 내린 기)를 이여송에게 보내 조선군으로 하여금 일본군을 추격하지 못하도록 했다. 명군 지휘부는 이 기패를 내세워 강화(講和)를 반대하는 조선 대신과 장수들을 억압했다. 그러나 조선은 나라가 초토화된 상황에서 퇴각하는 왜군을 추격하고자 했다. 조정 운영과 전쟁 지휘를 책임지고 있던 류성룡은 왜군과의 강화를 상징하는 기패에 참배하지 않았고, 그 때문에 이여송에게 붙들려가 쏟아지는 폭우 속에 반나절이나 서 있는 수모를 당해야 했다. 심지어 송응창은 선조 임금이 무능하다며 그를 교체하려 하기도 했다. 명군 장수들은 조선군에게 왜군을 추격하지 못하도록 했으며, 그것을 어긴 권율 장군을 잡아갔고, 다른 장수들은 쇠사슬로 목을 매어 끌고 다니며 중상을 입혔다. 명군이 아군인지 적군인지 구분하기 어려울 정도였다.

명군과 왜군 간에 강화협상이 시작된 이래 명군이 삼남(三南) 지방에 주둔하면서 그들의 민폐는 걷잡을 수 없을 정도였다. 관아나 여염집에 난입하여 약탈하고 강간하는 것이 다반사였기 때문에 명군이 이동하는 길 주변의 주민들은 곡물과 가재도구를 땅에 파묻고 낮에는 산속에 들어가 숨어 있었다. 명군은 마을을 돌아다니며 재산을 약탈하고 부녀자를 겁탈했으며, 심지어 어린 소녀까지 범했다. 백성들은 왜적을 '얼레빗' 같고 명나라 군대는 '참빗' 같다고 했다. 왜병은 얼레빗처럼 대충 쓸어가는 약탈을 하지만, 명군은 참빗처럼 싹쓸이로 약탈한다는 의미였다. 그래서 명군이 온다는 풍문만 들어도 백성들은 숨기에 바빠 사방 30~40리의 마을이 텅 비어 있었다.

1,000~2,000명의 병력을 거느린 명군의 중간급 장수만 되면 조선 왕과 맞먹으려 들었다. 명나라 장수들은 조선을 식민지로 여겼고, 병졸들은 조선 백성을 노예 다루듯 했다. 그래서 명군 주둔지 근처에 사는 백성들은 모두 도망갔다.

▎내 나라 의식이 희박했던 조선 지배층

조선에게 명나라는 보통의 나라가 아니라 '하늘(天)나라'였다. 명 조정을 천조(天朝), 명의 사신을 천사(天使), 명의 병사를 천병(天兵)이라 불렀으며, 그 모든 것은 하늘나라의 것으로 조선이 감히 명나라의 것이라고 부를 수도 없는 절대적 존재였기 때문에 명군으로부터 엄청난 수모와 고통을 당하면서도 조선은 항의조차 하지 못했다.

조선 지배층은 내 나라 개념이 없었다. 지식인들의 학문 연마의 목적은 조선이라는 나라의 정체성을 갖춘 인재가 된다는 인식은 희박했고 중국인처럼 되는 것이었다. 사서삼경(四書三經)을 성경처럼 암송하면서 조선을 중국과 같은 나라가 되도록 하려 했다. 조선을 중국의 일부로 여겼으며 중국과 다른 나라라는 의식이 없었다. 다시 말하면, 조선 지배층은 중국사상의 늪에 빠져 있었고, 이로 인한 정신문화적 종속의식은 군사·경제적 종속보다 더 심각한 문제를 초래했다.

피란 중인 선조가 중국과의 국경인 의주(義州) 부근에 이르러 신하들과 나눈 대화에서 그것이 여실히 드러난다. 선조가 가슴을 치며 승지(承旨) 이항복(李恒福)에게 묻기를 '나는 어디로 가야 하겠는가'라고 물었고, 이항복은 '만약 팔로(八路)가 다 함락되면 명조(明朝: 명나라 조정)에 내부(內附)를 호소하는 것이 가할 줄 아옵니다'라고 대답했다. 내부란 명나라에 붙어산다는 뜻으로 명나라 사람이 되겠다는 뜻이다. 그러나 류성룡은 '임금께서 우리 땅에서 한 발자국이라도 떠나신다면 그때부터 조선은 우리 소유가 아닙니다'라고 강력히 반대했지만, 선조는 '명나라에 내부하는 것이 내 본래의 뜻이다'라고 했다. 임금부터 생존에 급급했을 뿐 조선의 왕이라는 인식도 나라를 지키겠다는 의지도 없었다. 조선은 국왕으로부터 집권세력과 양반 선비들에 이르기까지 자주적인 국가의식이 없었기 때문에 나라를 지켜야 한다는 의식도 희박했다.

유성룡은 왜란이 끝난 후 전쟁 전후의 과오를 경계해야 한다는 뜻에서 『징비록(懲毖錄)』을 남겼지만, 이 책은 조선인보다도 일본인들에게 더 많이 읽혔다고 한다. 임진왜란에서 우리가 교훈을 얻지 못했다는 증거이다. 특히 『징비록』에서 유의해야 할 점은 유성룡이 원군(援軍)으로서의 명나라 군대의 약탈과 횡포, 그리고 명나라의 심각한 내정 간섭을 깊이 우려하고 있었다는 점이다. 당시 조선은 외교적 협상권도, 군 지휘권도 명나라에 빼앗긴 상태였다.

그런데도 명나라가 망한 지 60년째인 1704년(숙종 30년) 1월 임진왜란 당시 원병을 보내준 신종(神宗)황제의 재조지은(再造之恩: 나라를 다시 만들어준 은혜)에 보답하기 위해 창덕궁 후원에 대보단(大報壇)이라 불리는 제단을 설치하고 매년 왕의 주관하에 제사를 지냈다. 1749년(영조 25년)에는 명나라 태조와 마지막 황제인 의종(毅宗)까지 세 명의 명나라 황제를 대상으로 제사를 지냈고 제사 횟수도 매년 7번이나 되었다.

국가를 이끄는 위정자들의 현실 인식과 판단은 매우 중요하다. 임진왜란이 일어나기 10년 전 율곡 이이(李珥)는 "200년의 역사를 가진 나라에서 2년 먹을 양식조차 없으니 나라라고 할 수 없다"며 자주 국방력을 강화해야 한다는 상소문을 올리기도 했다. 그러나 조선의 위정자들은 귀담아듣지 않고 당리당략에만 집착했다. 임진왜란 직전 일본 정세를 살피고 온 동인(東人) 김성일은 일본이 쳐들어오지 않을 것이라고 했지만, 서인(西人) 황윤길은 쳐들어올 것이라는 정반대의 보고를 해 정세 판단에 혼란을 일으켰다.

조선은 문인(文人)의 덕망으로 나라를 다스린다는 문치주의(文治主義)를 국가이념으로 삼았기 때문에 문약(文弱)에 흐를 수밖에 없었다. 조선 속담에 "아이가 글공부를 하면 마루에 앉히고 무술을 익히면 마당에 앉힌다"는 말이 있을 정도로 문(文)을 숭상하고 무(武)를 천시하는 숭문천무(崇文賤武) 의식이 보편적 가치가 되었다. 그래서 조선에는 군대다운 군대가 없었다. 왜적이 쳐들어오자 실제 동원 가능한 병력은 거의 없었다. 또한 조선은 사농공상(士農工商)의 신분질서로 상공업을 천시하여 경제력이 빈약했기 때문에 군대를 육성하고 유지할 능력이 없었다. 나라가 근본적으로 달라지지 않으면 역사의 비극은 되풀이될 수밖에 없었다.

III. 의리와 명분이 자초한 병자호란

왜란이 끝난 지 30년도 못돼 야만족으로 여겼던 만주 여진족이 세운 후금(後金)의 침략으로 정묘호란(1627)이 일어났고, 후금은 청나라로 이름을 바꾼 후 9년 만에 다시 쳐들어와 병자호란(1636)이 일어났다. 조정은 남한산성에서 47일간 항쟁하다가 인조 임금이 청태종 홍타이지(皇太極)에게 치욕적인 항복을 했고, 이로써 조선은 청의 조공국이 되었다. 집권세력인 서인(西人) 정권이 왜란 당시 조선을 구해준 명나라의 은혜를 저버리고 금수(禽獸) 같은 야만족의 나라와 화친할 수 없다며 친명반청(親明反淸) 정책을 고수한 결과이다. 류성룡은 당시 분위기를 "백성의 조국(祖國, 명나라를 지칭)을 생각하는 마음은 그치지 않았고, 또한 임금의 사대(事大)하는 마음이 명나라 황제를 감동시켰다"고 기록하고 있다.

유교를 국교로 삼았던 조선은 한족(漢族)이 세운 명(明)을 숭배한 나머지 스스로를 '소중화(小中華)'로 자처하면서 북쪽의 여진족과 동남쪽의 왜인을 오랑캐라며 무시했다. 소중화로 자처하던 조선으로서는 여진의 금(金)이 강대해져서 청나라가 되어 중국을 사실상 장악했음에도 이를 인정하지 않고 '호로(胡虜·오랑캐)의 나라'라 했다.

병자호란이 발발하기 13년 전 능양군(인조)은 친명반청(親明反淸)의 기치를 내걸고 쿠데타를 일으켜 명과 청 사이에서 균형 외교를 꾀하던 광해군을 축출했다. 인조는 중국 대륙에서 떠오르는 태양이던 청나라를 무시하고, 쇠망의 길로 치닫고 있던 명나라에 대한 의리를 지킨다며 '오랑캐'인 청나라를 멸시하다가 두 차례의 전란을 불러들였던 것이다.

당시 조선 조정에서는 서인(西人) 중심의 척화파(斥和派)와 동인(東人) 세력이었던 북인(北人) 중심의 주화파(主和派) 간에 논란이 벌어졌다. 청나라의 홍타이지가 황제로 즉위하고 이를 승인할 것을 요구하자 척화파는 "개나 돼지보다 못한 오랑캐 추장에게 황제 칭호는 가당치도 않다. … 전쟁도 불사해야 한다"고 한 반면, 주화파는 "청이 명을 능멸할 정도로 강해진 만큼 현실을 인정하여 그들의 요구를 무조건 배척해서는 안 된다"고 했다. 결국 집권세력인 척화파의 주장대로 청나라의 요구를 거절하면서 청나라 군대가 쳐들어 왔던 것이다.

　　청군(淸軍)은 대규모 기마부대를 포함하여 13만이나 되었지만 조선군은 청천강 방어군 4,000명, 황해도 방어군 2,000명 정도에 불과했다. 인조는 남한산성으로 피신했지만 산성의 군량미는 1만 명의 군사가 한 달도 버티기 어려울 정도였다. 청군에 포위된 가운데 척화파와 주화파는 계속 싸울 것이냐 화친할 것이냐를 두고 논쟁만 벌이다가 결국 항복할 수밖에 없었다.

　　역사적으로 중국과의 관계에서 그들의 횡포와 만행이 가장 참혹했던 것은 병자호란 당시 조선인 포로에 얽힌 비극이다. 정묘호란 당시 후금군이 잡은 포로가 약 5만~10만 명으로 추산되었는데, 다음 해 후금은 5만여 명을 돌려보냈다. 그러나 병자호란 당시 청군은 조선인 포로의 경제적 가치를 깨닫고 대대적인 포로 사냥에 나섰던 것이다.

　　인조가 남한산성에 포위되어 있던 동안 청군은 한성과 경기 일대에서 대대적인 포로사냥에 나섰고, 그들은 물러가면서도 닥치는 대로 사람들을 잡아들여 끌고 갔으며, 그 수는 수십만에 이르렀고 그중 절반은 여성이었다. 청군은 특히 젊고 예쁜 여자는 모조리 잡아들여 끌고 갔고, 아이가 있는 여자도 예외가 될 수 없었다. 사대부

집안의 여인들이 대거 피란해 있던 강화도의 비극은 처절했다. 강화도 함락 직후 청군의 체포와 능욕을 피해 수많은 여인들이 바다에 뛰어들었다. 이긍익의 『연려실기술』에는 "강화도에 피신 갔다가 붙잡힌 부녀자들이 겁탈을 피해 자결함으로써 헤아릴 수 없는 머릿수건이 낙엽처럼 바다 위에 떠다녔다"고 기록되어 있다.

당시 잡혀간 포로가 얼마나 되는지 정확한 기록은 없다. 당시 전후처리에 핵심 역할을 했던 최명길이 명나라에 보낸 서류에는 "청군이 항복을 받고 정축년 2월 15일 한강을 건널 때 포로로 잡힌 사람이 50여만 명이었다."고 썼다. 『연려실기술』은 "우리나라 사람으로 오랑캐의 포로가 된 자가 반이 넘고, 청군의 각 진영에는 조선 여자들이 무수했는데 임금 일행이 지나가는 것을 보고 발버둥치며 슬프게 소리치니 청국 군사가 채찍을 휘두르며 안으로 몰아넣었다."고 기록하고 있다. 인조실록을 비롯한 각종 자료를 분석한 주돈식은 『조선인 60만 노예가 되다』라는 저서에서 포로로 잡혀간 사람을 60만 명 정도로 추산했다.

포로들은 한겨울에 2,000리가 넘는 먼 길을 끌려가면서 청군으로부터 수시로 말채찍을 얻어맞았다. 언 살에 채찍을 맞으니 살갗이 벗겨지고 피가 쏟아졌다. 포로들에게 적절한 식사와 잠자리가 주어질 리 만무했다. 결국 수많은 포로들이 추위와 굶주림으로 희생되었다. 심양까지 끌려가는 데 60일이나 걸렸다. 심양에 도착한 여인들 중 상당수는 청군 장수의 첩이 되었다. 조선에 갔던 남편이 첩을 데리고 오자 만주족 본처들은 질투심에서 조선 여인의 얼굴에 끓는 물을 퍼붓는 등 잔인하게 학대했다. 끌려간 포로 중 상당수는 노예시장으로 팔려갔다. 남자든 여자든 조선인 포로의 옷을 모두 벗기고 건강상태를 살펴본 뒤 값을 치르고 사갔다. 그들은 포로를 조선에

되팔려는 속셈도 있었다. 그래서 가난한 백성보다는 거액의 속가(贖價: 풀려나는 몸값)를 받을 수 있는 양반 사대부집 사람들을 표적으로 삼았다.

청나라는 포로들의 귀환을 두고 조선 조정과 몸값 흥정을 벌였는데, 점차 가격이 올라갈 수밖에 없었다. 사대부와 양반집 가문 출신은 비싼 대가를 치르고 속환(贖還: 몸값을 주고 귀국)시킬 수 있었지만, 그럴 형편이 못된 사람들은 노예로 팔려나갔다.

청나라에서 풀려난 여성들은 천신만고 끝에 돌아왔지만 환영은 커녕 오히려 멸시의 대상이 되었다. 양반 가문의 부녀자로 청군에 끌려갔다가 정절을 상실하고 귀환한 여성들을 속환녀(贖還女)라 했다. 당시 유교적 윤리관으로는 이들을 가문에 다시 들여보낼 수는 없었다. 정절을 상실한 부녀자의 가문은 자손 대대로 과거에 응시하거나 관직에 등용될 수 없었기 때문에 각 가문에서는 실절(失節)한 부녀자를 기피했다. 속환녀들이 귀국하자 사대부들은 아내와의 이혼을 청원하는 상소를 올렸다. 국왕과 일부 대신들은 이혼에 반대했지만, 이혼이 대세였기 때문에 대다수 사대부 자제들은 모두 재혼했고, 돌아온 부인과 재결합한 자는 없었다. 그 결과 수많은 사대부 가문의 속환녀들은 가문으로부터 축출당하고 자결하는 사태가 속출했다.

임진왜란과 정묘·병자호란으로 조선 인구는 절반으로 감소했다. 죽은 사람 중에 90%는 전쟁으로 죽은 것이 아니라 굶어 죽었다고 한다. 전쟁 통에 생명을 부지하기 위해 산 속에 숨어살았고, 농사를 지어봐야 일본군, 조선군, 명나라 또는 청나라 군대가 가져가고 도둑과 불한당 세력에 빼앗기는데 누가 힘들게 농사를 지으려 했겠는가? 식량이 없어 굶어 죽고 병들어 죽었던 것이다.

IV. 나라다운 나라로 탈바꿈하지 못한 조선

임진왜란과 병자호란 같은 엄청난 전란을 겪은 나라라면 철저한 반성을 통해 근본적으로 달라졌어야 했다. 특히 국가라고 한다면 최소한 대내적으로 질서를 유지하고 대외적으로 외침을 막을 수 있는 능력을 갖춰야 했다. 그러나 조선은 전혀 달라지지 않았다.

이렇게 된 것은 조선의 집권세력, 양반 세도가들, 그리고 선비들이 세상이 뒤집어지고 있는 것조차 알지 못했기 때문이다. 19세기 후반 유약한 왕인 순조, 헌종, 철종 3대 60여 년간 부패한 세도정치가 지배하면서 매관매직 등 정치적 부패, 심각한 경제적 피폐, 국가 재정의 와해 등으로 극도의 혼란에 빠졌다. 그래서 나라 밖 형편이 뒤집어지는지 관심도 없었고 대응할 능력도 없었다. 민생은 도탄에 빠져 민심은 조정으로부터 완전히 이반됐다.

조선이 천하의 중심으로 숭상해왔던 대청(大淸) 제국은 아편전쟁(1842)에서 영국에 참패하면서 발톱도 이빨도 없는 늙은 호랑이라는 사실이 만천하에 드러났다. 이후 조선과 일본에서는 10년 정도의 간격을 두고 비슷한 상황이 벌어졌다. 일본에서는 1853년 미 해군 함정의 출현으로 나라 전체가 지진 난 것처럼 흔들렸고, 조선에서도 1866년 병인양요(丙寅洋擾)로 혼란에 빠졌지만, 두 나라의 대응은 전혀 달랐다. 사무라이 정신이 팽배한 일본은 약육강식의 현실을 직시하고 1868년 메이지유신(明治維新)을 통해 부국강병(富國强兵) 노선의 현대 국가 건설에 나섰다.

그러나 조선에서는 1871년 서양 오랑캐를 물리쳤다며 "서양 오랑캐와 화친하는 것은 매국(賣國)"이라는 내용의 척화비(斥和碑)를 전국 곳곳에 세웠다. 당시 조선의 지배층은 청나라와 일본에서 어떤 일이 일어났는지 깜깜했다. 바로 몇 달 후 일본에서는 외무대신 이 와쿠라 도모미(岩倉具視)를 비롯한 실세 정치인과 국장급 공무원 등 107명으로 구성된 대규모 사절단을 내보내 2년에 걸쳐 세계일주를 하며 서양의 근대 제도와 문물을 들여와 개혁정책을 본격화했다.

1875년 일본이 군함을 몰고 와서 협박하자 그들의 의도를 파악 하지 못한 채 그들이 요구한 불평등조약을 그대로 받아들였다. 7년 뒤인 1882년 7월, 구식(舊式) 군대가 봉기했을 때 조정은 이를 진압 할 능력이 없어 청나라에 군대를 파견해줄 것을 요청했다. 병자호란 이래 조선을 종속국으로 삼았던 청나라는 강화도조약으로 일본의 한 반도 진출이 본격화되자 일본의 한반도 진출을 저지하기 위해 조선 과의 관계를 근대적 식민지 관계로 전환시킬 기회만 노리고 있었기 때문에 조선의 출병 요청에 기꺼이 응했다. 청나라는 오장경(吳長慶) 휘하의 3,500명의 군대를 보내 한성을 장악한 후 조선을 식민지 다 루듯 했다. 청나라는 임오군란의 주모자라며 대원군을 납치하여 텐 진으로 데려가 청나라 실력자 이홍장(李鴻章)이 직접 취조하여 '영구 귀국 불가' 판정을 내린 후 바오딩부(保定府)에 3년 2개월 동안 가두 었다. 조선의 최고 권력자였으며 고종 임금의 아버지를 포로처럼 다 루었던 것이다.

한성을 장악한 청나라는 조선에 조청상민수륙무역장정(朝淸商民 水陸貿易章程)을 강요했다. 조선을 조약체결의 대상으로 인정하지 않 았기 때문에 국가 간 '조약이 아니라 종주국과 속방(屬邦) 간의 '장정 (章程)'을 체결한 것이다. 이 장정의 첫 머리에 조선은 청국의 속방이 라고 명시했다. 또한 이 장정은 청나라 조계지의 설정과 한성의 상 업 개방, 청나라 상인들을 도와줄 상무위원의 파견과 이들에 대한 치외법권 부여 등의 내용을 담고 있었다. 이에 따라 다음 해 9월 16일 진수당(陳樹棠)이 총판조선상무위원(總辦朝鮮商務委員)의 직함을 가지고 부임하여 낙동(현재 명동)에 사무실을 설치했다. 바로 지금의 중국대사관 자리다.

청의 종주권 행사는 스물여섯 살의 위안스카이(袁世凱)가 담당했다. 1884년 갑신정변을 계기로 「주차조선총리교섭통상사의」라는 직함을 가지고 조선에 온 그는 1894년 청일전쟁까지 10년간 조선의 국정을 좌지우지했다. 그는 본국에서는 군수(郡守)급에 불과했지만 조선에서는 총독 행세를 했다. 그는 조선 조정의 고관 20명을 갈아치웠고 고종의 폐위까지도 거론했으며, 다른 나라와의 외교관계도 차단했다. 그는 조선을 감독하는 감국대신(監國大臣)이라 불리었다. 청일전쟁 직후 윤치호가 "나는 조선에 대한 중국의 극악무도함을 너무도 중오하므로 다른 나라의 지배는 나에게는 비교적 견딜 만하다"고 일기에 적었을 정도로 청나라의 횡포와 핍박이 심했다.

125년 전인 1894년, 동학농민운동과 청일전쟁이 벌어질 무렵 조선을 여행한 오스트리아인 헤세-바르텍(Hesse-Wartegg)의 기행문인 『조선, 1894년 여름』을 보면 당시 조선은 나라도 아니었다. 이렇다 할 산업 없이 농사와 고기잡이로 연명하는 나라, 도로가 없어 제물포에서 한양까지 산길이나 뱃길로 가야 하는 나라, 열심히 일해 봐야 관리나 양반에게 빼앗기니 차라리 노는 것이 더 나은 나라로 기록되고 있다. 군대에는 화포 하나 변변히 없었고, 일본과 청나라 군사가 자기들 안방처럼 드나들어도 항의할 힘도 없는 나라. 당시 조선은 스스로 무너지고 있는 나라였다. 일부 특권층이 주조권을 독점하고 질이 형편없는 돈을 마구 찍어내 물가는 천정부지로 치솟았다. 당시 미국 돈 1달러는 조선 돈 6천 냥에 해당됐다. 한양에 가려면 말의 무게와 같은 돈을 줘야 했다고 한다.

세계일주를 하던 중이던 헤세-바르텍은 일본을 거쳐 조선에 도착한 후 크게 실망했다.

> "부산은 조선이 아니라 철저히 일본의 항구"였기 때문이다. 이곳에는 5,000여 명의 일본인들이 살고 있었고 조선인들은 일본인들의 짐꾼이 되어 있었다. 서울에 와서 그의 실망감을 보면 기가 막히는 일이다. "지금까지 내가 보아왔던 도시 중에서도 서울은 확실히 가장 기묘한 도시다. 도로도 없고, 눈에 띄는 건물이나 사원 또는 궁전도 없고, 나무들과 정원도 없다. 25만여 명이 거주하는 대도시 중에서 5만여 채의 집이 초가지붕의 흙집인 곳이 또 어디에 있을까? 가장 중요한 거리로 하수가 흘러들어 도랑이 되어버린 도시가 또 있을까? 서울은 산업도, 굴뚝도, 유리창도, 계단도 없는 도시, 극장과 커피숍이나 찻집, 공원과 정원, 이발소도 없는 도시다. 집에는 가구나 침대도 없으며, 변소는 직접 거리로 통해 있다. … 다른 곳보다 더 더럽고 똥 천지인 도시가 어디에 또 있을까?"

비슷한 시기에 조선을 여행했던 영국의 지리학자 이사벨라 비숍은 『한국과 그 이웃나라들』이라는 저서에서 조선은 도로 등 인프라가 거의 없었고, 공업이라 할 만한 것도 없었으며, 어업과 광업도 미미한 수준이었다. 농업만이 유일한 산업이었지만, 양반과 관료들의 착취가 심해 농민들은 열심히 일할 의욕을 잃고 있다고 기록하고 있다.

임오군란으로 청군을 불러들인 지 12년 만인 1894년, 동학농민운동이 일어났을 때 이를 진압할 능력이 없었던 조선 조정은 또다시 청나라에 지원을 요청했다. 청군이 들어오자 일본도 군대를 보내면서 조선의 땅과 바다에서 청일전쟁이 터졌다. 이 전쟁에서 일본이 승리하자 조선은 일본의 영향력하에 놓이게 되었다. 명성황후 시해 등으로 신변 위협을 느낀 고종 임금은 러시아 공사관으로 피신하여 1년간 머물렀다. 나라의 체통 같은 것은 생각할 여지도 없었던 것이다. 그로부터 10년도 못돼 러일전쟁이 터졌고, 또다시 일본이 승리하면서 조선은 러일전쟁 당시 주둔했던 일본군의 장악하에 놓이게 됐다.

　일부에서는 이완용을 비롯한 을사오적 매국노들이 나라를 팔아먹는 바람에 나라가 망했다고 비난한다. 러일전쟁 당시 일본은 120만 대군과 영국의 지원으로 강력한 해군 함대를 보유하여 유럽 군사 강국인 러시아를 이겼다. 일본이 조선을 강점하기 직전인 1907년 대한제국의 총 병력은 중앙군 4,215명, 지방군 4,305명, 헌병대 265명 등 8,785명에 불과했다. 힘이 곧 정의로 통하던 시대에 120만의 현대식 대군의 총칼과 대포와 군함을 앞세운 일본에 나라를 지켜낼 아무런 힘이 없었던 것이 조선이었다. 나라를 내놓으라는 위협에 굴복하거나, 아니면 점령당하는 수밖에 없었다.

　일본은 메이지유신 7년 만에 강화도를 침략했고 그로부터 35년 만인 1910년(경술년)에 조선을 완전히 장악했다. 그해 8월 22일 조선은 일본의 식민지가 됐지만, 백성들은 나라를 빼앗긴 사실조차 알지 못했다. 8월 29일 일본이 조선 병합(倂合)을 공식 발표했을 때 판서, 승지, 지평 등 관리 20명과 유생, 백정 등 20여 명이 나라가 망한 것을 애통해하며 자결했을 뿐 백성들은 조용했다. 마이니치신문 서울 특파원은 우려했던 1천만 조선인의 저항이 없었던 것에 놀라며, "너무 조용해 여우에 홀린 것 같다"는 기록을 남겼다. 이렇게 된 것은 일본의 주도면밀한 침략 계략 때문이기도 하지만, 조선은 이미 나라다운 나라가 아니었기 때문이다. 왕족과 일부 대신들은 일본의 은사금(恩賜金) 회유에 넘어갔고 왕실은 굶어 죽는 백성들을 방치하고 있었다. 당시 조선에 와 있던 일부 외국인들은 조선 조정이 굶어죽는 백성들의 고통을 외면하고 있었고 고위 관리들은 권력 싸움에 여념이 없었다는 기록을 남기고 있다.

경술국치(庚戌國恥) 석 달 전 일본인 호소이 하지메(細井肇)는 그의 저서 『현대한성의 풍운과 명사(名士)』에서 조선에 대해 이렇게 기록하고 있다. "위로는 제왕으로부터 아래로는 서민에 이르기까지 고래로 아무런 일관되는 국시(國是)도 이상도 없이 이웃 나라의 오만모멸적인 간섭받기를 수십 차례. 그럼에도 국욕(國辱: 나라의 치욕)이 무엇인지 모르고 그저 대국(大國)에 아부미종(阿附媚從·아첨하고 아양 떨며 따르다)하여 그 비호를 바라고 고식(姑息·당장 편안함)의 소강(小康·잔잔함)에 젖어 자득유열(自得愉悅·스스로 기뻐함)한다."

V. 간악했던 일본의 아시아형 식민통치

한국인은 수천 년 동안 독립된 역사와 문화를 지켜온 자존심이 강한 민족이었기에 일제 식민통치는 깊은 모멸감과 분노를 가져왔다. 소중화(小中華)임을 자부하던 나라가 오랫동안 야만민족으로 여겼던 일본의 무단(武斷)통치를 받게 되었으니 우리 조상들이 겪었던 좌절감과 고통은 짐작하고도 남는다. 일본의 혹독한 지배는 우리 민족의 역사와 문화와 삶의 터전을 철저히 파괴했기 때문에 그 상처는 너무도 깊고 쓰라린 것이었다.

일본은 한반도에 절대 권력을 가진 총독을 수반으로 하는 군사 독재정부를 세웠다. 일본 장군만이 조선총독이 되었으며, 8명의 총독 중 7명은 육군 장군이었고, 1명은 해군 제독이었다. 일본은 육군 2개 사단을 한반도에 주둔시키고 2만여 명의 헌병경찰도 한반도 전역에 배치하여 빈틈없이 장악했다. 헌병이 치안업무까지 담당한 것으로 세계적으로 유례가 없는 일이었다. 조선 주둔 헌병대장이 경찰 총수인 경무총감을 겸임했고, 각 도의 헌병대장이 그 지역의 경무부장을 겸임했다. 헌병경찰을 배치 완료한 1914년 일본 헌병경찰은 1만 1,159명이었고 경찰은 5,756명이었으며, 전국의 헌병기관은 997개 소, 경찰관서 732개 소로서 모두 1,729개 소가 면 단위까지 완전히 감시 통제하고 있었다. 일본 헌병분대장이 겸임하는 경찰서장은 3개월 이하의 징역, 100만 원 이하의 벌금, 태형(笞刑)에 해당하는 행위에 대해 재판을 거치지 않고 즉결 처벌권이 주어졌다. 일본 경찰의 주요 취체(取締) 사항은 ①언어를 조심하지 않는 것(言語不審), ②거동을 조심하지 않는 것(擧動不審), ③일본인들에 대한 욕설(不敬) 등이다.

일제는 한국인을 열등국민으로 취급했다. 기본권이란 존재하지 않았으며, 일거수일투족은 철저히 감시받았고, 사소한 비판이나 저항도 처벌받았다. 일제의 무단통치에 항거하여 전국적으로 100여만 명이 참가한 3.1만세운동이 일어났을 때 일본은 군경을 동원하여 무자비하게 진압했다. 국사편찬위원회에 의하면, 당시 살해당한 사람이 900여 명이라고 밝히고 있다.

1930년대부터 사상통제가 본격화되어 우리의 말과 글도 사용할 수 없었고, 심지어 창씨개명(創氏改名: 한국식 성명을 일본식으로 바꿈)까지 강요당했다. 일본이 '중·일 전쟁'과 태평양전쟁을 벌이면서 일본 내 자원만으로 전쟁을 뒷받침할 수 없었기 때문에 한반도의 인력과 자원 동원이 본격화됐다. 1938년에는 국가총동원법을 제정하여 대대적인 인력 및 물자 수탈에 나섰다. 국민징용령(1939), 학도지원병제(1943), 징병제(1944) 등을 통해 수백만의 조선인을 강제 동원했다. 일본, 만주, 사할린 등지의 군수공장, 광산, 건설현장 등 전쟁과 관련된 업무에 강제 징용(徵用)된 조선인이 1백만이 넘었다.

이 중에도 가장 악랄한 범죄가 일본군 성노예였다. 수많은 여성들이 전쟁터에 끌려 다니며 일본군의 성적 노리개가 되었다. 총독부의 계획 아래 헌병과 경찰을 앞세워 젊은 여성들을 강제 동원하거나 납치했다. 일하게 해준다며 유인하거나 납치 또는 유괴 등의 방법으로 10대 소녀들을 끌고 가 희생양으로 삼았다. 일본군 '위안부'는 본인의 의사에 반하여 강제 동원되어 성폭력을 당한 피해자로서 사실상의 성노예였다. 성적 강요 행위를 거부할 경우에는 엄청난 폭행을 당했다. 생존한 사람들은 하루에 30번 이상 성행위를 강요당했다고 증언하고 있다.

상당수 여인들이 현지에서 성병으로 죽고, 총 맞아 죽고, 굶어 죽고, 매 맞아 죽고, 스스로 목숨을 끊어 죽었다. 일본이 일본군 성노예 자체를 부정하며 관련 자료를 은폐하고 있기 때문에 정확한 숫자를 확인하기 어렵다. 그러나 1965년 일본 자민당 국회의원 아라후네 세이주로(荒船淸十郞)는 조선에서 "징용공으로 전쟁 중에 끌려와서 성적이 좋았기에 병사로 썼으나 그중 57만 6,000명이 죽었고, 그리고 조선의 위안부가 14만 2,000명이 일본 군인의 성적 학대 때문에 죽었다"고 말한 바 있다.

일본은 전쟁을 뒷받침하기 위해 조선인을 대대적으로 노무(勞務) 동원을 했다. 노무동원이란 전쟁과 관련된 광산, 항만, 공사장, 군수공장 등에 인력을 배치하는 것을 말한다. 일반적으로 노무자(勞務者)란 임금을 받고 일하는 사람을 뜻하는데, 일본의 노무동원이란 곧 '강제 징용'이고 또한 '강제 노동'이었다. 조선인 노동자들은 집단수용소에서 일본인과 경비견들의 감시를 받으며 강제 노역에 종사했던 사실상의 노예였다. 강제 징용된 조선인 노무자는 임금은커녕 제대로 먹지도 못한 채 열악한 환경에서 밤낮 중노동에 시달렸기 때문에 목숨을 잃는 경우가 많았다. 그들은 휴일도 없이 소나 말처럼 일했고, 죽어도 사고사(事故死)로 처리됐다.

강제 동원된 조선인 규모는 명확하지 않지만, 조선총독부 통계연보에 따르면, 강제 징용된 조선인은 782만 7,355명(중복 인원 포함)이다. 당시 한반도 인구가 2천600만 정도였던 것을 감안할 때 세 사람 중 한 명이 강제 징용된 것이다. 이 숫자에는 위안부 피해자들은 포함되지도 않았다.

조선인이 강제 노역에 동원된 지역은 일본은 물론 한반도, 중국 만주, 러시아 사할린, 태평양 남양군도, 동남아시아 등 전쟁터와 일본의 군수산업 현장이었다. 특히, 탄광 채굴과 군사기지 건설, 군수물자 생산을 위해 수많은 조선 노무자들이 투입됐다.

대표적인 곳이 '군함도'로 알려진 곳이다. 일본 나가사키 현(長崎縣) 남서쪽에 있는 무인도인 하시마(端島)가 해군 군함을 닮았기 때문에 '군함도'라 불리었다. '미쓰비시(三菱)'가 해저 탄광에서 석탄을 채굴했던 섬이다. 조선인 노무자 500~800여 명이 이 섬으로 끌려왔다. 그들은 해저 1,000m 갱도로 내려가 평균 45도가 넘는 고온, 95%의 습도, 유독가스 속에서 석탄을 캐냈다. 하루 12시간~16시간 일하면서 사료·비료에나 쓰일 만한 찌꺼기로 겨우 끼니를 때웠다. 일본인 헌병이 칼을 차고 이들을 감시했으며, 수시로 구타하는 등 노예처럼 다루었다. 그들은 3평 남짓한 목조건물에 웅크려 자야 했고, 피부병이나 과로와 굶주림으로 고통받았고 부상당하거나 몸이 아파도 치료받지 못했다.

아베 내각의 부총리인 아소 다로(麻生太郎)의 증조부가 운영한 '아소 그룹'은 후쿠오카 현(福岡県) 이이즈카 시(飯塚市)에서 탄광을 운영하면서 1만 명이 넘는 조선인을 강제 노역시켰으며, 그중 124명이 사망했다. 이 탄광은 조선인들 사이에서 '착취 지옥'으로 불렸다. 하루 17시간이나 일해야 하는 것은 물론, 할당량을 채울 때까지 갱내에서 나오지 못하게 했다. 구타도 일상적이었다. 케이블선, 벨트, 목각 등으로 얻어맞으며 생사를 넘나들었다.

이외에도 다카시마(高島) 섬의 탄광에 끌려온 조선인은 4,000여 명, 홋카이도(北海道) 유바리 시(夕張市) 탄광에 7,000여 명, 후쿠오카 현 오무타 시(大牟田市)의 미이케 탄광(三池炭鉱)에 9,200여 명이 강제 노역에 시달렸고 상당수가 사망하기도 했다. 탄광에 투입된 조선인들은 죄수 취급을 받았다. 뜨거운 갱내에서 훈도시(褌, 일본의 전통 남성속옷)만 입은 채 하루 2교대로 일했다. 몸이 아파 작업에 못 나간다고 하면, 일본인 감독관이 옷을 다 벗긴 다음 나무 회초리나 가죽벨트 등으로 구타했다. 이외에도 일본은 군수공장에 한국인 노무자들을 동원했다. 특히 규슈 북서쪽에 있는 나가사키 조선소에서 군함과 전투기, 어뢰 등을 생산했으며, 이곳에 동원된 조선인 노무자는 5,000명에 달했다.

VI. 역사의 비극은 끝나지 않았다

1945년 8월 15일, 일본이 무조건 항복하면서 한반도는 해방되었다. 너도 나도 태극기를 들고 거리로 달려 나와 만세를 불렀다. 그러나 역사의 비극은 끝나지 않았다. 38도선을 경계로 남쪽은 미군이, 북쪽은 소련군이 점령하면서 분단되어 오늘에 이르고 있기 때문이다. 그보다 1주일 전 미군은 한반도에서 1,000킬로미터 떨어진 오키나와에서 일본 본토 침공 준비에 분주했지만, 소련군은 곧바로 두만강을 건너 북한을 점령하면서 한반도 전체가 소련군 점령하에 놓이는 것이 시간 문제였다. 미국은 이를 막기 위해 38선을 경계로 분할 점령하자고 제의하여 그렇게 됐던 것이다.

소련군은 건당(建黨 공산당 창설), 건군(建軍 인민군 창설), 건국(建國 공산국가 건설)이라는 3대 임무를 띠고 북한에 진주했다. 즉 공산당을 먼저 만들어 공산국가 건국 준비를 하고 인민군대를 창설한 다음에 인민민주주의 국가를 건설하는 등 소련식 국가건설이었다. 그래서 통일국가를 세우려던 김구 등의 협상 시도는 실패할 수밖에 없었다. 그런데 공산측은 이것만으로 끝낸 것이 아니다. 대한민국이 건국된 지 1년 정도 지난 시기에 소련과 중국의 지원을 받은 북한의 남침으로 200만 내외의 인명피해를 내는 등 우리나라를 아비규환에 빠뜨렸다. 우리 조상들은 남녀노소 할 것 없이 자유를 지키기 위해 싸웠고, 미국을 비롯한 16개 우방국들의 군대도 달려와 함께 싸웠다.

우리는 전쟁의 잿더미 위에서 경제발전과 민주발전을 위해 밤낮 가리지 않고 피와 땀과 눈물을 흘리면서 러시아를 능가하는 경제력, 세계 5~6위 수출대국으로 당당히 올라섰다. 이처럼 우리나라는 천지

개벽이 됐다고 할 정도로 자랑스러운 나라가 됐지만, 2천500만 북한 주민들은 여전히 암흑 속에서 신음하고 있다. 분단 당시 대다수 지하자원과 공업시설이 북쪽에 있어서 북한은 한국보다 훨씬 유리한 위치에 있었지만, 지금 북한은 세계에서 가장 비참한 나라로 전락했다.

한국은 민족 역사상 유례없는 자유와 번영을 구가하고 있지만 군사제일주의를 추구해온 북한은 가장 실패한 나라 중의 하나로 전락하여 많은 주민들이 철저히 감시 통제당하고 있는 노예 같은 삶을 살고 있으며 기아와 질병으로 죽는 사람이 적지 않다. 1970년대 초만 하더라도 한국과 비슷한 수준이던 북한의 1인당 소득은 사회주의 계획경제의 실패로 한국의 5%에 불과할 정도로 격차가 벌어졌다. 1990년대 중반 동유럽 공산체제의 붕괴와 김일성 사망으로 닥친 체제위기로 200~300만 주민이 식량난과 질병으로 사망한 것으로 추정되고 있다. 그럼에도 북한정권은 선군정치의 구호 아래 핵무기 개발에만 몰두해왔던 것이다. 미국 국가정보위원회(NIC)의 보고서는 북한 어린이의 절반 이상이 영양 결핍으로 발육이 제대로 되지 않고 있으며, 청소년 3명 가운데 2명은 영양실조 상태라고 한다. 북한주민의 평균 키는 조선시대 수준으로 뒷걸음질친 것으로 나타나고 있다. 북한군은 입대자의 신장 기준을 137cm로 낮춘 바 있다. 평양광장에서 행진하는 군인들은 우리 초등학생처럼 왜소해 보인다.

1990년대 중반 북한에서 굶어죽는 사람들이 대량으로 발생하자, 오직 살아남기 위해 수십만이 중국으로 탈출했으며, 그중에는 여성들이 많았다. 그 결과 북한과 중국의 국경지역에서 탈북여성에 대한 인신매매가 광범위하게 이루어졌다. 목숨을 걸고 강을 건넜지만 그곳에는 인신매매라는 더욱 비참한 마수(魔手)가 기다리고 있었고, 그래서 많은 북한 여성들은 인신매매의 덫에 걸려 동물처럼 팔려 다니는 운명에 처하게 된다. 탈북 여성들은 특히 흑룡강성과 산둥성 지방에 많이 팔려나갔으며, 지금도 탈북 여성들에 대한 인신매매는 여전히 성행하고 있다.

영국 런던에 본부를 둔 북한인권단체 '코리아 퓨처 이니셔티브(Korea Future Initiative)'는 탈북 여성들이 중국 북동부의 인신매매 조직에 의해 성매매 시장으로 팔려가거나 강제 결혼, 사이버 섹스 업소에 근무하는 등 비참한 현실에 처해 있다는 보고서를 발표했다고 2019년 5월 20일 미국의 월스트리스저널(WSJ) 신문과 영국 BBC 방송이 보도했다. 보고서에 담긴 중국 내 탈북 여성들의 현실은 매우 참혹했다. 12~29세가 대부분인 피해자들의 약 60%가 브로커 등을 통해 성매매 시장으로 유인되고 있고, 이들 중 절반은 강제 매춘에 종사하고 있는 것으로 알려졌다. 그 외 30%가량은 현지 남성과 강제 결혼을 하며, 15% 정도는 온라인상에서 사이버 섹스를 강요받고 있다고 했다.

대부분의 탈북 여성들은 두만강을 건널 때부터 가격이 정해져있다. 탈북 여성의 인신매매 과정은 북한 쪽 인신매매 조직, 국경부근에서 인계받는 중국 쪽 인신매매 조직, 그리고 중국 국경지역에서 산둥성, 흑룡강성 등 중국 각지로 되팔아 넘기는 인신매매 조직으로 구성되어 있다. 북한의 인신매매조직은 여성 한 명을 넘기는 대가로 중국 쪽 인신매매 조직으로부터 중국 돈 1천~2천 위안(미화 150~300달러)을 받는다. 그리고 중국 쪽에서 탈북 여성들을 넘겨받는 인신매매 조직들은 여성 한 명당 중국 돈 3천~5천 위안(미화 500~800달러)씩 주고 넘겨받아 내륙지방 인신매매 조직에게 중국 돈 8천~1만 위안(미화 1,200~1,500달러)에 팔아넘긴다. 탈북 여성들이 돼지나 소 한 마리 가격에 팔리는 셈이다. 21세기 첨단 문명시대에 사람이 짐승 가격에 팔려 다니는 기막힌 현실이다. 문제는 북한 여성들이 자신의 처지를 비관하고 인신매매되는 것을 자신의 숙명처럼 담담하게 받아들인다는 것이다. 탈북 여성들은 국경을 넘으면 반역자가 된다는 죄의식에 인신매매당해도 어쩔 수가 없고, 중국 공안에 붙잡혀 강제북송될까봐 인신매매를 당해도 반항할 수 없다고 한다.

북한이 개혁과 개방을 통해 정상국가로 바뀌어 경제발전을 이룩하고 그 연장선상에서 민주적 평화통일을 이룩하는 것이 민족의 역사적 비극을 끝내는 유일한 길이라 믿는다.

* * * * *

나라가 약하여 침략을 당하여 잿더미로 변했고, 많은 사람들이 목숨을 잃었고 노예로 잡혀갔다. 그 과정에서 일반 백성들의 희생이 더욱 컸다. 나라가 있어야 내가 있다는 것을 수난에 찬 우리 역사를 통해 알 수 있다. 지도층이 국가관이 희미한 가운데 권력쟁탈과 사리사욕에 몰두하면 나라가 망한다는 것이 준엄한 역사의 교훈이다.

역사를 잊은 국민은 미래가 없다고 하지만 힘을 키우지 않는 나라는 미래가 없다. 국가가 존립하려면 힘, 즉 군사력이 강해야 한다. 그것은 단지 군사력만을 뜻하는 것이 아니다. 군대를 군대답게 기강을 바로잡고 적의 침략을 용납하지 않겠다는 지도층의 강한 의지가 있어야 하고, 국민도 내 나라는 내가 지키겠다는 생각을 가져야 한다.

3.1절 100주년을 전후하여 일제의 압제를 규탄하고 친일잔재를 청산하자는 목소리가 높았다. 복수(復讐)의 감정에 사로잡히고 일본과 친일세력의 잔재만 탓하다 보면 과거 우리 조상들이 왜 그 같은 비극을 당하게 되었는지 알지 못하게 된다. 역사의 비극으로부터 교

훈을 배우지 못하면 역사의 비극은 되풀이되는 것이다. 지금 국내외 정세는 구한말과 비슷하다고 걱정하는 사람들이 늘어나고 있다. 가장 큰 문제는 국민정신의 문제인 것이다.

제11장

불투명한 역사관과 흔들리는 애국심(II) : 애국심, 있어도 되고 없어도 되는 것인가?

> 역사는 계승하고 발전시켜야 할 대상이며, 단절과 청산의 대상이 아니다. 국가적으로 중요한 문제는 초당적 국민적 합의를 통해 해결돼야 한다.

토인비는 애국심 결여가 국가 패망 3대 조건의 하나라고 했다. 이처럼 애국심은 국가라는 운명공동체 구성원들의 필수 요건이며, 다수 국민의 애국심 여하에 따라 국가의 운명이 달라진다. 그러나 우리 현실은 흔들리는 국가정체성과 잘못된 역사교육 등으로 애국심이 불분명한 사람이 너무 많으며, 이로 인한 국론분열과 갈등이 심각한 수준이다. 이 문제의 원인과 처방에 대해 살펴보기로 한다.

I. 한심한 한국인의 애국심 실태

브라이언 마이어스(Brian Myers) 부산 동서대학교 교수는 천안함 폭침 두 달 뒤인 2010년 5월 뉴욕타임스에 기고한 글에서 동서대학교 재학생 한 명이 이 사태로 전사했음에도 대다수 학생들이 북한에 분노하기는커녕 오히려 정부가 사건을 조작했다는 음모설을 믿고 있다는 데 큰 충격을 받았다고 썼다. 그는 2002년 여중생 두 명이 훈련 중인 미군 장갑차에 치여 죽은 사건이 일어났을 때 수많은 사람들이 거리로 몰려나와 미국과 미군을 비난했을 때도 의아하게 생각했지만, 한국 해군 함정이 두 동강 나고 46명이나 전사했음에도 그 같은 반응을 보였던 것을 이해할 수 없었다고 했다.

2011년 6월 11일, 참여연대가 한국 정부의 천안함 조사결과에 대한 여덟 가지 의혹을 제기하는 서한을 유엔 안전보장이사회 의장국과 15개 이사국 대표들에게 보냈다. 이에 대해 6월 14일 정운찬 국무총리는 국회 대정부 질문에서 "정부가 객관적 과학적으로 천안함 침몰 원인을 규명했고 국제기구와 55개 국가가 정부의 조사결과를 지지하고 있는데, 조금이라도 애국심이 있다면 천안함 피격 조사결과를 부정하는 내용의 서한을 유엔에 보내지 않았을 것이다. 그 사람들은 어느 나라 국민인지 의문이 생긴다."고 했다.

2016년 '나쁜 나라'라는 세월호 유가족 스토리를 담은 기록영화가 제작되어 논란이 된 바 있다. 유가족들의 억울함을 조명한 것이라 하더라도 자신들이 살고 있는 나라를 '나쁜 나라'로 표현한 것은 그것을 만든 사람들의 국가관이 의심스럽다고 할 수밖에 없다. 고려대 아세아문제연구소는 2015년 국가정체성을 조사했는데, 2030세대에서 대한민국 국민으로 살지 않기를 희망하는 사람이 3명 중 1명으로 나타났고, 이들 중 절반은 대한민국을 부끄럽게 여긴다고 대답했다. 천안함 피격 때 어떤 병사가 분노하기는커녕 어머니에게 "전쟁날 것 같아요"라고 울면서 전화했다고 한다. 민주화와 자기권리만 주장했지 애국심은 희박한 편이다.

2018년 7월 7일 서울시청 대회의실에서 한국대학생진보연합 등 4개 진보단체가 공동 주최하고 서울시가 지원한 '4·27 남북 정상회담 감상작 공모전'이 열렸다. 10대와 20대가 대부분인 수상자들의 작품은 우리를 경악케 한다. 영상 부문에서 최고상을 받은 중학생 2명의 작품에는 "통일 한국은 핵 보유 국가"라는 내용이 들어 있다. 북한이 핵을 갖고 있으면 통일 한국이 핵보유국이 될 수 있어 좋다는 뜻이다.

판문점 남북 정상회담에서 한반도 비핵화를 약속했던 것과 배치되는 작품이 최고상을 받은 것이다. 그들은 6·25전쟁에 대해서도 '미국과 소련이 전쟁을 해서 한민족이 분리됐다'고 했다. 또한 수필 부문 우수작은 "분단과 이승만부터 전두환까지의 독재는 미국과 매국노들의 국정 농단에서 비롯됐다." … "김정은 위원장이 '하나의 핏줄, 하나의 언어, 하나의 역사, 하나의 문화를 가진 북과 남은 원래대로 하나가 되어'라고 하신 말씀은 제가 생각했던 통일의 모습이었다"고 했다. 이런 작품이 나올 수 있었다는 것은 우리 교육이 얼마나 잘못되었는가를 짐작케 하며, 또한 그러한 작품들을 시상한 단체의 역사관과 국가관도 의심스럽다고 할 수밖에 없다. 국가공동체를 경멸하도록 하는 유령이 떠돌고 있는 것이 아닌가 하는 생각이 든다.

어느 주요 일간 신문이 2012년 서울 초등학생 100명에게 애국가 가사를 써보게 했더니 64명이 1절도 제대로 쓰지 못했다고 한다. 작곡가 '안익태'를 맞힌 학생은 100명 중 7명에 불과했다. 교육과정에 따르면 학생들은 초등학교 1학년 때 애국가를 부르는 수업을 받게 돼 있다. 하지만 학생 중 몇 명이나 애국가 가사를 4절까지 외우는지 모르겠다. 독립기념관은 매년 초등학생을 대상으로 경시대회를 개최하고 있는데, 출품작들을 살펴보면 애국가 부를 때 진짜 짜증났다는 이야기가 의외로 많다고 한다. 예를 들면 다음과 같은 글이다. "아침 조회 시간 애국가 부를 때면 / 우리 반 친구들은 장난을 쳐요 / 아침 조회가 끝날 때까지 / 애국가 부르는 친구는 아무도 없어요." 그런데 공영방송인 교육방송(EBS)조차 최근 애국가의 작곡가 안익태가 친일인사였다며 애국가의 상징성을 깎아내리기도 했다. 너무도 한심한 현상이다.

몇 년 전 젊은 세대에서 '헬조선'이라는 말이 유행한 바 있다. '헬조선'이란 '헬(hell·지옥)'과 '조선(朝鮮)'의 합성어로 '지옥 같은 대한민국'을 가리키는 말이다. 2016년 7월 잡코리아(JobKorea)가 직장인과 대학생 3,000명을 대상으로 한 설문조사에서, '헬조선'이라는 말에 동의하는가라는 질문에 대학생은 90.5%, 직장인은 89.5%가 '그렇다'고 대답했다고 한다. 한국에 실망한 '헬조선 세대'들은 '탈(脫)조선'을 꿈꾼다. 2030세대의 절반은 조국이 부끄러울 때가 있다고 하는 여론조사도 있었다. 자기들이 살고 있는 사회의 빈부갈등이 심각하다고 응답한 비율이 한국은 88%로 일본(35%)의 두 배가 넘고 대만(30%)의 세 배에 가깝다. 이런 젊은이들에게 애국심을 기대하기 어렵다.

왜 순진한 어린이들이 나라에 대해 부정적인 생각을 하게 되었을까? 부모와 친지, 그리고 교사들로부터 영향을 받았기 때문이다. 청소년기에 제대로 나라사랑 교육을 받지 못한다면 성인이 된 후 올바른 애국심과 건전한 민주시민정신을 발휘하기 어렵다. 국민이 애국심이 없다면 국가공동체는 모래 위에 세워진 건축물처럼 사상누각일 뿐이다. 애국주의가 시민의 미덕이 되었을 때 국가공동체는 계속 뻗어나갈 수 있는 것이다.

▌흔들리는 국가정체성

과거 나라가 어려움에 처했을 때 우리 조상들의 애국심은 피 끓듯 할 때도 있었다. 청일전쟁 후 명성황후가 일본인들에게 살해당하고 고종황제가 러시아 공사관으로 피신하는 등 나라가 위기에 처했을 때 선각자들은 독립협회(獨立協會)를 창립하고 독립문(獨立門)을 세우는 등 나라를 구하자는 운동이 일어났다. 각계각층의 지도자들도 나라를 걱정하며 자기들 나름의 애국가를 지어서 불렀고, 거기에는 교회 같은 종교단체도 앞장섰다. 3.1운동에서 보듯이 일제의 총칼 앞에서도 선조들의 목숨을 건 애국심은 세계를 감동시켰다.

1945년 8월 15일, 일본이 항복하자 마자 애국운동가들이 남산공원에서 펄럭이던 일장기를 끌어내리고 태극기를 게양했다. 수많을 사람들이 감추어 두었던 태극기와 급조한 태극기를 들고 만세를 부르면서 거리를 누볐다. 서울을 비롯한 주요 도시는 몇 날, 길게는 몇 달 동안 만세소리와 태극기의 물결로 북새통을 이뤘다. 독립운동가들도 오랜 망명생활을 끝내고 태극기를 앞세우고 귀국했다. 나라를 빼앗겼을 때 나라의 소중함을 뼈저리게 깨달았기 때문이다.

그런데 2018년 평창 동계올림픽 때는 주최국 국기인 태극기가 한반도기로 인해 뒷전으로 밀려났다. 태극기는 대한민국의 대표적 상징이지만 통일이니 남북화해니 하면서 가볍게 다루어지고 있다. 국가로서 있을 수 없는 중대한 과오다. 이와 대조적으로 대통령의 평양 방문 시에는 인공기의 물결만 넘쳐났다. 그런데 3.1운동 100주년을 앞두고 태극기를 들고 만세를 부르는 캠페인이 벌어진 바 있다. 진정한 애국심에서 시작된 것인지 의심받으면서 국민적 공감을 얻지 못했다.

국민 개개인의 국가정체성은 태극기와 애국가 같은 상징을 통해 형성되지만 역사적 영웅들에 의해 형성되기도 한다. 2차 세계대전 이후 가장 치열한 전쟁이었던 6.25전쟁을 겪은 나라인데 전쟁영웅이 없다. 우리의 전쟁영웅은 이순신 장군뿐인가? 호국영령들을 높이 기린다는 말은 빈 말에 불과하다. 대한민국 화폐인물은 조선왕조 인물뿐이고, 나라의 영웅은 민주화 유공자들뿐이다. 심지어 서울 중심가에 전봉준의 동상까지 세웠다. 전국 곳곳에 시인, 작가, 가수, 운동선수를 기리는 기념관도 넘친다. 호국투쟁과 산업화와 과학기술의 영웅이 누구인지 모른다. 종군위안부 소녀상을 세우는 데는 열성적이면서도 오늘의 한국을 이룩하는 데 공로가 큰 영웅들을 발굴하고 기념물을 세우는 일은 생각조차 않는다. 과연 이것이 정상적인 나라인가?

세계는 한국을 국가발전에 성공한 나라로 높이 평가하고 있지만, 우리 스스로는 국가에 대한 부정적 인식이 지나칠 정도다. 미국 갤럽의 2014년도 세계 행복지수(Happiness Index) 조사에서 한국은 조사 대상 143개국 중 바닥권인 118위로서 빈곤과 혼란에 빠져 있는 후진국들과 비슷하다. 우리의 국가정체성은 참으로 실망스런 수준이다. 2010년 국방연구원 여론조사에 의하면, '나는 한국인이라는 사실이 자랑스럽다'는 문항에 대해 35%나 그렇지 않다고 답했다. 또한 '자유민주주의 체제를 지키기 위해 나를 희생할 수 있다'는 문항에 대해 동의하지 않는다는 응답이 절반(53.3%)이나 되었고, 젊은 세대일수록 그 비율이 더 높았다. 한국청소년미래연합이 2011년 전국 400개 중·고등학생 2,500명을 대상으로 실시한 설문조사에 의하면, '만약 전쟁이 난다면 어떻게 하겠는가'라는 질문에 '참전한다'는 응답은 12%에 불과했고, '해외로 도피하겠다'는 응답이 36%, '잘 모르겠다'는 응답이 19%였다.

한 대학신문이 국내 17개 대학에 재학 중인 학생들을 대상으로 실시한 설문조사 결과는 충격적이다. 국내에 거주하는 프랑스 유학생의 80%, 러시아와 캐나다 유학생의 78.6% 및 75.9%가 '다시 태어나도 자기 나라를 택하겠다'고 응답한 반면, 우리 대학생은 절반 이상(51.4%)이 '다시 태어난다면 우리나라를 택하지 않겠다'고 했다.

4.27 판문점 남북 정상회담 직후 실시한 여론조사에서 김정은에 대한 호의적인 인식이 77.5%나 되었다. 우리의 국가정체성이 희박하기 짝이 없다는 것을 나타낸 것이다. 진보세력은 세계 최악의 북한에 대해서는 호의적이면서, 친미 또는 친일이면 민족(북한 포함)을 배반하는 것으로 여긴다. 독립 투쟁할 당시라면 몰라도 세계 11위의 경제대국, 세계 6위의 무역대국인 대한민국에서 외세 배격을 전제로 한 민족우선주의에 빠진다면 이는 시대착오적이다. 프랑스의 마크롱 대통령은 제1차 세계대전 종전 100주년 기념식에서 "애국심은 민족주의의 정반대다. 민족주의는 애국심에 대한 배신"이라 했다.

무엇이 '애국'이고 누가 '애국자'인가? 애국심이란 나라를 사랑하는 마음이고, 애국자란 나라의 문제를 자신의 문제보다 우선할 수 있는 사람이다. 그러나 그것만 가지고 애국자라 할 수 없다. 자기는 애국한다고 하지만 그 '애국'이 나라에 해가 되고 나아가 나라를 망칠 수도 있기 때문이다. '애국'은 국가 이익에 부합될 수 있어야 한다. 나라에 해가 되는 '애국심'이나 '애국자'는 결코 자랑할 것이 못된다.

한국인의 애국심은 우려 대상이 된 지 오래다. 시장조사 전문기업인 엠브레인 트렌드모니터(trendmonitor.co.kr)가 2017년 말 2,000명을 대상으로 설문조사한 바에 따르면, 대한민국을 자랑스럽게 생각하고(48.1%), 대한민국 국민이라는 사실에 자긍심을 느낀다(46.0%)는 국민이 절반 이하에 그쳤다. 국가를 위해 '희생'할 의지도 높지 않았다. 전쟁이 일어나면 나라를 위해 싸울 의향이 있고(46.7%), 경제위기가 찾아오면 기꺼이 모금운동에 참여할 의향이 있다(48.6%)는 응답도 절반 이하였다. 특히 젊은 층일수록 나라를 위해 싸우려는 의지가 약했다.

대한민국은 우리들의 나라요 남의 나라가 아니다. 우리가 우리나라를 사랑하지 않는다면 다른 나라 사람들도 우리나라를 인정하지 않게 된다. 사람은 자기들을 더 잘 보존하기 위해 국가를 세운다. 그러므로 국가에 도움이 되는 것은 자신에게 이롭지만, 국가에 해로운 것은 자신에게도 해롭다. 국가를 사랑하는 것이 자신에게도 이로운 것이다. 우리 헌법에 모든 권력은 국민으로부터 나온다고 기록하고 있다. 여기에는 권력을 행사할 수 있는 성숙한 시민의식이 전제되어야 한다. 과연 우리는 국민으로서 자격이 있는가?

70대 이하의 세대들은 '보릿고개'가 무엇인지 모르고, 특히 6.25전쟁을 경험하지 않았을 뿐 아니라 6.25에 대해서 제대로 배우지도 못했다. 다시 말하면, 역사교육이나 국가관 교육이 부실했기 때문에 국가정체성과 안보의식이 불분명하다. 6.25전쟁은 현대사에서 가장 중요한 사태였음에도 학생들이 제대로 배우지 않았고, 앞으로는 역사교육에서 6.25전쟁 자체를 다루지 않을 것이라 한다. 국가관이 모호한 국민이 더 많아질 수밖에 없다.

요즈음 애국심이란 시대에 뒤떨어진 개념으로 치부하는 경향이 있다. 한국은 중국, 일본, 러시아 등 지정학적으로 세계 강국들과 접하고 있어서 역사적으로 주변국으로부터 수많은 외침을 당했고, 한때는 국권까지 침탈당했다는 아픈 역사가 있다. 현실적으로 북한 핵무기와 미사일의 위협이 지속되고 있고, 주변 강대국들 간에 치열한 각축이 벌어지고 있어 어느 나라보다 애국심이 더욱 요구되는데도 말이다.

한국인의 애국심이 희박한 데에는 몇 가지 이유가 있다.

첫째, 국가정체성과 민족정체성이 뒤섞여 있기 때문이다. 한국은 분단과 전쟁, 그 후 계속된 남북대결 등으로 국가정체성을 확립하기 어려운 여건이었다. 대한민국이 건국되면서 남한에 살고 있던 사람들은 선택의 여지없이 한국 국민이 되었지만, 그들 중에는 한국 국민이라는 의식보다는 남북한 구분없는 '우리민족'이라는 정체성을 지닌 사람들도 적지 않았다. 특히 민족사관(民族史觀)에 집착하는 사람들은 대한민국의 역사는 '민족분단사'에 불과하다며 사실상 대한민국의 정통성을 부정한다. 낭만적 민족주의에 빠지면 누가 적이고 누가 동지인지 식별하기 어려워져 남북협력을 증진할수록 국가관과 애국심은 더욱 희미해진다.

둘째, 역대 정권이 역사를 계승하고 발전시키기 위해 노력하기보다는 단절하고 청산하려 했기 때문이다. 모든 정부는 전임 정부와 차별화했고, 특히 민주화 이후 정부들은 권위주의 시대의 역사를 전면적으로 부정했다. 마지막으로, 좌파 세력은 역사를 민주투쟁의 수단으로 인식했다. 예를 들면, 강만길 교수는 국사학은 역사적 사실을 연구하는 순수학문이 아니라 분단체제를 극복하는 통일운동의 일환이라고 했다. 이러한 역사인식을 지지하는 전교조가 왜곡되고 부정적인 내용의 역사교육에 앞장서왔다.

이병형(李秉衡) 장군은 애국심이 어떻게 형성되는가를 다음과 같이 말해주고 있다. "선진국 사람들은 수많은 전쟁을 통해 국가관과 전쟁관을 길러왔다. 전투에서 부상한 전우를 살리기 위해 업고, 메고 사지(死地)를 탈출하면서 평상시에 느낄 수 없는 진한 우정과 우애가 생겨나는 것이다." 그는 우리나라가 무사(武士)통치의 역사발전 단계를 거쳐온 선진국들과 경쟁하려면 국민정신교육이 무엇보다 중요하다며 다음과 같이 말한다. "영국은 산업혁명을 계기로 국민을 산업 노동자와 군인으로 양성하기 위해 그들의 의식수준을 기사도(騎士道) 수준으로 끌어올리는 교육에 전념했다. 일본도 마찬가지다. 메이지유신 지도부는 사무라이 제도를 폐지하고 선진국의 근대국가 제도를 모방하여 국민정신교육을 강화했다. 그들은 가장 먼저 사범학교를 세워 사무라이를 교사로 양성해 평민을 사무라이 정신으로 끌어올리는 교육을 시켰다."

II. 민주시민교육의 핵심은 애국심 교육

애국심은 일종의 종교와 같다. 모든 사람이 이성적으로 신을 사랑할 수 없듯이 모든 사람이 이성적으로 국가를 사랑할 수 없는 것이다. 따라서 애국심은 제2의 본성이 되도록 교육되고 길러져야 한다. 미국 예일대의 도널드 케이건(Donald Kagan) 역사학 교수는 "모든 정치체제 중에서 민주주의체제야 말로 가장 애국심 교육이 필요하다"고 했다. 그는 "애국자란 자기 나라를 사랑하고, 지지하며, 지키는 사람"이라고 정의했다.

교육이 애국심을 함양하는 데 얼마나 중요한가는 영국의 전쟁영웅 웰링턴 장군과 프로이센 명장 몰트케가 말해주고 있다. 나폴레옹을 격파한 웰링턴은 "워털루 전투의 승리는 군 막사에서 이루어진 것이 아니라 이튼스쿨 캠퍼스에서 이루어졌다"라는 명언을 남겼다. 또한 보불전쟁에서 승리를 거둔 몰트케 장군도 개선 환영식에서 "이번 승리의 영예는 우리 군인이 아니라 학생들에게 애국심을 심어준 학교교사들에게 돌아가야 한다."고 말했다. 국민교육이 군대의 훈련보다 전쟁 승리에 더 중요하다는 것이다.

애국심은 국가정체성과 직결되어 있다. 개인은 인종, 종교와 문화, 지역 등에 따라 다양한 소속감을 갖지만 가장 중요한 것은 국가에 대한 자부심과 소속감을 느끼는 국가정체성(sense of national identity)이다. 선진국일수록 국민의 국가정체성이 확고한 반면 개발도상국일수록 국가정체성이 확고하지 못한 편이고, 이로 인해 분쟁과 혼란이 수시로 일어난다.

모든 나라는 국민통합과 국가발전을 위해 애국심 교육(patriotic education)을 중시하고 있으며, 특히 국가가 심각한 위기에 처했을 때 애국심 교육을 더욱 강화한다. 애국심이 사회적 정치적 단합을 강조하는 동시에 비판과 분열은 억제하는 기능을 하기 때문이다. 또한 애국심 교육은 국가목표 달성을 위해 필수적이다. 그러한 교육이 나라를 위해 헌신할 수 있는 정신을 함양하기 때문이다.

대표적인 민주국가인 미국의 애국심 교육을 살펴보자. 미국 공교육(公敎育·public education)의 기본 목표는 애국심의 중요성을 인식시키고, 나아가 미국의 민주적 가치와 국가적 전통을 내면화함으로써 성숙한 민주시민을 양성하는 데 있다. 다양한 인종으로 구성된 미국에서는 특히 애국심 교육을 중시한다. 1898년 미국·스페인전쟁 중 미국의 교육기관과 애국단체는 '충성심, 미국주의, 국가주의(Loyalty, Americanism, and Nationalism)'를 강조하는 활동을 시작하면서 애국심 교육이 본격화되었다.

오늘날에도 매일 아침 모든 미국 초등학교에서 일곱 살짜리 어린이들까지 "나는 성조기와 그것이 상징하는 국가에 대한 충성을 맹세합니다"로 시작하는 국기에 대한 맹세를 하고, '성조기여 영원하라(Star Spangled Banner)'라는 국가(國歌)와 '미국은 아름답다' 등 애국심을 고취하는 노래를 부른다. 한국에선 '전체주의의 상징'이라며 퇴물 취급받는 국기에 대한 맹세를 '자유의 나라' 미국에서 세뇌 교육 수준으로 시행하고 있다. 이 거대하고 다양한 이민자의 나라가 통합된 초(超)강대국으로 군림하고 있는 것은 이 같은 '애국주의' 교육의 결과이다. 그래서 미국은 과거 소련보다 더 철저한 정치교육을 하는 나라로 평가되기도 했다.

학교교육은 애국심 함양을 위해 가장 중요하다. 초등학교 4~6학년에서 어린이들은 미국역사, 미국헌법의 기본 원리들을 배운다. 고등학교에서는 1년 동안 미국역사를 공부하며, 또한 한 학기 동안 '미국정부' 과목을 배운다. 그리고 국민윤리, 법과 경제, 그리고 살고 있는 주(州)의 역사를 배운다. 대학에서 애국심과 관련된 과목으로는 미국역사, 시민윤리, 미국정치, 미국지리, 미국문화 등이 있다. 특히 미국역사는 초등학교부터 대학까지 필수과목으로서 애국심 함양의 핵심이다.

2001년의 9.11테러는 국제 테러집단에 의한 미국에 대한 정면 공격이었기 때문에 '3차 세계대전의 시작'이라 할 만큼 큰 충격이었다. 언론은 즉시 애국적 보도를 전면에 배치하였고, 주요 방송의 로

고에 성조기 디자인을 포함시켰다. 당시 엄청난 애국주의 열풍과 함께 거리마다 수많은 성조기가 휘날렸고 곳곳에서 사람들이 미국 국가를 쉴 새 없이 불렀다. 9.11테러에 대한 슬픔과 분노가 애국심으로 폭발했던 것이다.

이에 따라 애국심 교육도 강화되었다. 즉 역사교육, 시민윤리교육, 사회과교육에서 애국심이 강조되었고, 학교에서 성조기 존중과 국가 합창이 보편화되었으며, 미국의 기독교적 국가정체성과 미국적 가치인 민주주의와 시장경제를 강조하는 등, '미국 제일주의(America First) 의식'을 고취시켰다. 9.11테러가 일어난 지 몇 달 내에 20여 개 주에서 애국심 교육을 의무적으로 실시하도록 하는 조례를 제정하였고, 교육부는 「2002~07 교육전략」을 통해 애국심 교육을 적극 권장했다. 또한 국토안보부는 시민권 시험에 미국헌법, 미국역사, 미국정부, 미국지리, 시민의 권리와 의무 등을 포함하였다. 시카고대학 전국여론연구센터(National Opinion Research Center)가 2007년 세계 34개국 국민들의 애국심을 조사했는데, 미국은 단연 1위였지만 한국은 최하위 수준인 31위에 불과했다. 당시 미국인의 72%가 미국이 매우 자랑스럽다고 했다.

통일 이전의 서독에서는 민주주의는 아무리 제도가 잘 되어 있더라도 국민의 성숙한 시민정신이 뒷받침되지 않으면 정착될 수 없다는 판단에서 적극적인 정치교육을 실시했고, 그 결과로 통일에 성공했다. 1970년대 들어 서독을 비롯한 유럽에서 신좌파 학생운동이 활기를 띠면서 체제이념 교육을 둘러싸고 좌파와 우파 간에 격렬한 논쟁이 벌어졌다. 서독 정치권은 민주체제는 민주주의를 방어할 수 있는 성숙한 시민이 필수적이라 판단하고, 또한 체제이념 교육에 대한 논란을 방지하고 효과적인 정치교육을 위해 초당적 합의에 도달했으며, 이에 따라 설립된 연방정치교육원 주도하에 중립적인 정치교육을 실시해 왔다. 이로써 교육의 정치화를 방지하고 나아가 교육에서의 이념적 논란을 최소화했다.

독일 정치교육의 목표는 독일이라는 나라의 정치체제 유지에 필요한 기본 원칙을 이해시키는 데 있다. 정치교육의 주요 내용은 ①자유민주주의국가 정치체제의 기본요소 및 독일헌법의 규범과 가치, ②자유민주주의에 배치되는 극우(나치즘)와 극좌(공산주의) 비판, ③자유민주주의와 자본주의적 시장경제 간의 상관관계, ④시민의 권리와 의무 등이다.

여기서 특히 관심을 끄는 부분은 극우와 극좌 이념에 대한 비판이다. 방어(防禦)적 민주주의, 즉 민주적 방식에 의한 민주주의에 대한 공격을 방어하도록 하기 위해 국가정체성 교육과 체제이념 교육을 적극적으로 실시했다. 또한 정치교육에서 교사의 역할이 중요하기 때문에 교사양성 과정에서 담당 과목에 상관하지 않고 정치교육을 반드시 받도록 하고 있다. 수업시간에 직간접적으로 정치교육을 할 수 있도록 하기 위한 것이다.

절박한 안보 여건에 처해 있는 나라라는 점에서 이스라엘은 한국과 비슷한 점이 많다. 나라를 잃고 2000년 전 세계 각국에 흩어져 차별과 탄압 속에 살아왔던 유대인들이 1948년 이스라엘을 건국했지만 주변 국가들이 이를 용납하지 않았다. 주변국들의 위협으로부터 나라를 지켜야 하는 숙명을 가진 이스라엘 국민은 '하나 된 공동체의 힘'만이 나라를 지켜준다고 확신하고 국민정신 교육을 강화해왔다.

이스라엘 관광 스케줄에는 '마사다'라는 곳이 반드시 포함된다. 마사다는 절벽 위에 세워진 마을로 서기 73년 유대왕국이 로마군에 점령당했을 때 유대인들이 최후의 저항을 했던 곳이다. 유대인 군대는 로마군의 마사다 점령을 막기 위해 3년간이나 결사 항전했으며, 결국 그들은 로마의 노예가 되지 않기 위해 가족들과 함께 모두 자살했다. 마사다는 오늘날 이스라엘 학생들의 유대인 정신과 애국심 함양의 실습장이 되고 있다. 모든 중·고교 학생과 사관학교 생도들이 이곳에서 며칠씩 야영한다.

유대인들은 조상들이 겪은 역사를 모르고는 민족의식과 애국심이 생겨날 수 없다면서 역사교육을 매우 중시한다. 여성들도 기꺼이 병역의무를 자원할 정도로 애국심이 넘치는 것은 철저한 역사교육의 결과이다. 모든 국민은 "내가 군대에 나가 목숨을 걸고 싸우지 않으면 600만 유대인 학살과 같은 일이 다시 일어날 것이며, 내가 죽음으로써 나라를 지키면 유대민족이 살고 후손들이 평화와 안녕을 누리게 될 것'으로 확신하기 때문에 이스라엘 군대는 필승의 군대가 되었다.

남녀 모두 복무하는 이스라엘 군대는 애국심 교육훈련 기관이다. 이스라엘 국민은 군대를 '인간을 다듬는 용광로'로 여긴다. 모든 젊은이는 군대 복무를 통해 애국하는 성숙한 국민이 된다. 또한 군 입대 전의 청소년을 위한 가드나(Gadna) 군사학교도 애국심 훈련의 요람이다. 모든 고등학교 학생들은 매년 2주간 이곳에 들어가 군사훈련은 물론 역사 유적지나 전적지를 순회하며 국가에 헌신할 수 있는 충성심을 기른다.

III. 이념적 투쟁수단으로 전락한 현대사

신채호는 "역사를 떠나 애국심을 구하는 것은 눈을 감고 앞을 보려는 것이며, 다리를 자르고 달리고자 하는 것이다. 국민의 애국심을 환기시키려거든 완전한 역사를 먼저 가르쳐야 한다"고 했다. 키신저는 "역사는 국가의 기억"이라 했다. 기억상실증에 빠진 사람의 삶이 의미 있는 삶이 될 수 없듯이 올바른 역사의식을 갖지 못한 국민은 보람찬 미래를 개척할 수 없다. 그런데 우리나라에서 국사(國史)는 입시 위주 교육으로 암기 과목으로 전락한 지 오래이며, 이를 틈타 전교조 교사들은 왜곡된 역사관을 학생들에게 주입시켜왔다. 그 결과 역사는 존엄과 계승의 대상이 아니라 경멸과 청산의 대상이 되고 있다.

대한민국 출범 당시 우리나라가 어떤 처지에 있었으며, 그동안 어떤 도전들을 어떻게 극복해왔는지 알지 못한다면, 그동안의 나라 발전이 얼마나 값지고 자랑스러운 것인지 알지 못하게 되고, 우리가 누리는 자유와 번영이 얼마나 소중한 것인지 알지 못하게 되며, 그 결과로 나라에 대한 긍지를 가질 수 없게 된다.

오늘의 한국은 조상과 선배 세대들의 피와 땀과 눈물의 결정체다. 현대사는 식민지배, 건국, 전쟁, 산업화, 민주화 등 영욕이 함께 한 역사였다. 특히 지난 70년간 우리나라는 '안보의 기적' '산업화의 기적' '민주화의 기적'을 이룩해 개도국의 성공 모델이 되고 있다. 다음 세대가 앞선 세대들의 고귀한 희생과 노력을 이해하지 못한다면, 그리고 그들이 추구했던 가치를 알지 못한다면, 과연 나라의 미래는 어떻게 될 것인지 유려하지 않을 수 없다. 일본은 식민지배를 통해 한국 발전에 기여했다고 주장하고 있고, 중국은 6·25전쟁 당시 우리와 맞서 싸웠으며 지금도 정의로운 전쟁에 참전했다고 주장하고 있지만, 대조적으로 미국은 그동안 우리의 안보와 번영의 동반자가 되어왔다. 역사를 모르는 세대가 중국과 일본의 예상되는 도전에 과연 제대로 대응할 수 있을 것이며, 한·미동맹이 왜 소중하며 굳건히 유지해야 하는 것인지 알지 못하게 된다.

한국의 세대 간의 지나친 가치관 차이는 해외에서 주목하고 있을 정도이다. 한국의 세대 차이는 다른 나라의 일반적 세대 차이와 근본적으로 다르다. 여론 조사에 의하면, 세대 간 차이가 가장 두드러진 부분은 북한에 대한 인식(31%)과 미국에 대한 인식(24%)이다. 젊은이들이 부모 세대의 역사를 모르기 때문에 북한과 미국에 대해 부모 세대와 다른 생각을 하고 있는 것이다.

한국 현대사를 둘러싼 보수와 진보 간의 논쟁은 뿌리 깊으며, 이로 인해 국민의 역사관과 국가관이 흔들리고 역사교육이 혼란을 거듭해왔다. 현대사의 핵심 논쟁은 분단에 관한 것이다. 좌파 국사학자들은 분단의 원인을 남한 내부의 좌우 대립 때문이었다며 이승만 박사를 위시한 건국세력을 비판함으로써 대한민국 건국의 정당성에 의문을 제기하고 있다. 그러나 2차 대전 후 소련 중심의 공산진영과 미국 중심의 자유진영이 정면 대결하고 있었던 상황에서 남한에서 좌우합작이 성공했다 하더라도 한반도에서 통일된 민주국가 건설이 가능했을까? 당시 소련이 점령한 모든 나라에서는 소련식 공산정권이 수립되었다. 그래서 김구, 김규식 등이 통일을 위한 협상을 하겠다며 평양에 갔지만, 북한에서는 스탈린의 지령에 따라 그들의 헌법을 확정하는 등 독자적 건국이 이미 완료 단계였다.

이러한 상황에서 협상을 통해 통일정부를 수립했다면 결국 공산화되고 말았을 것이다. 왜냐하면, 남한에서는 좌우대립이 심각했기 때문에 남북 합작정부를 세웠다면 남쪽의 좌익세력과 북쪽의 공산세력이 합작하여 한반도 전체를 쉽게 장악할 수 있었을 것이기 때문이다. 실제로 소련군 점령하에 있던 동유럽 국가들은 그 같은 방식으로 공산화되었다.

그럼에도 좌파 역사학자들은 북한은 친일세력을 청산한 주체적이고 자주적이며 정통성을 지닌 국가인 반면, 남한은 친일세력이 반공논리를 내세워 분단을 지속시키고 민족 간 증오와 대결을 조장해왔을 뿐 아니라 대내적으로 민주화운동을 탄압해왔다고 주장하는 등, 대한민국의 정통성을 근본적으로 부정해왔다. 이들 역사관의 가장 큰 문제는 북한이 6.25남침 등을 통해 대한민국을 말살하려고 했을 뿐 아니라 끊임없는 대남 적대행위를 해온 심각한 '안보위협'이라는 인식이 전혀 없다는 것이다. 이 같은 사관에 집착하고 있는 사람들은 분단에만 초점을 맞춤으로써 역사상 첫 근대 국가인 대한민국 건국과 그 이후에 있었던 반공투쟁, 산업화, 민주화를 도외시한 채 통일로 가는 과도기로 여길 뿐이다. 그래서 그들은 '대한민국은 태어나지 말아야 할 나라,' 즉 분단으로 탄생한 나라를 인정할 수 없다는 입장이다.

그러나 우리 현대사를 되돌아보면, 분단과 전쟁, 계속된 남북 대치 등, 어느 신생국보다 안보여건이 불리했을 뿐 아니라 빈약한 부존자원에 기술도 자본도 없는, 아프리카의 가난한 나라들보다 더 가난했던 저개발 농업국이었다. 그러한 나라가 놀라운 변화와 발전을 거듭하여 몇십 년 만에 선진국 수준에 도달한 것이다. 이처럼 성공한 나라에서 실패한 역사라는 인식은 심각한 모순이 아닐 수 없다.

저자는 이 같은 모순을 해결하기 위해 '국가건설(nation building)

사관(史觀)'을 정립한 후『대통령과 국가경영』과『당신이 알아야 할 한국현대사』를 집필했다. 한국과 같이 현대국가를 건설해야 하는 나라의 역사는 국가건설이 완성된 선진국 기준으로 평가해서는 안 되며, 국가건설 과정에 있는 나라가 처했던 여건 속에서 국가건설을 위해 어떻게 노력했는가를 평가해야 한다는 것이다.

국가건설이란 국가발전 목표를 설정하고 이를 달성하기 위해 체계적이고 적극적으로 노력하는 것을 말한다. 국가건설은 현대 국민국가(nation state)에 필수적인 정치·경제·사회적인 인프라를 구축하는 과정으로 본다. 국가가 국가다운 역할을 할 수 있기 위해서는 첫째, 국내외 위협으로부터 나라를 지키는 안보(security), 둘째, 국가를 유지할 수 있는 경제적 기반(economy), 셋째, 근대적 정치질서(democracy) 등이 필수적이라 본다. 그런데 한국과 같이 최악의 여건에 있던 나라가 안보태세 확립, 경제발전, 민주발전이라는 국가건설의 3대 과업을 동시에 달성하는 것은 사실상 불가능했기 때문에 시급한 과제부터 우선적으로 해결함으로써 국가건설에 성공했다는 것이다.

국가건설사관에 따라 현대사를 요약하면, 이승만 정부는 건국과 더불어 나라를 지키고, 나아가 한미동맹 결성과 군사력 육성으로 안보의 기반을 구축했다. 다음으로 박정희와 전두환 정부는 이승만 정부가 물려준 안보태세를 더욱 강화하면서 자립경제의 기반을 구축하는 데 성공했다. 물론 이승만 정부 이래 40년 가까이 인권이 유린되고 민주화운동이 탄압당한 것을 사실이지만, 국가안보와 경제발전을 위해 불가피한 측면이 있었다고 본다. 마지막으로, 민주정부들은 튼튼한 안보와 건실한 경제사회적 바탕 위에서 본격적으로 민주발전에 매진할 수 있었다고 본다.

이처럼 한국현대사를 거시적 차원에서 보면, 역대 지도자들은 역사적 분업을 했던 것이다. 따라서 한 단계에서 역사발전을 주도한 세력은 다른 단계에서 역사발전을 주도했던 세력의 업적을 부정할 것이 아니라 인정함으로써 자신들의 업적도 상대세력으로부터 인정받을 수 있는 것이다. 그런 점에서 국가건설사관은 통합의 역사관이라 할 수 있다.

역사학은 객관적이어야 하지만 좌파 국사학계와 진보세력이 역사를 투쟁 수단으로 삼고 있다는 데 문제가 있다. 민중사학자들은 현대사를 연구함에 있어서 "스스로 사회변혁의 주체임을 확신하고 한국사회의 모순을 극복하기 위해 사회변혁과 민족통일 등 현실 변혁운동에 적극 참여하는 실천적 학문을 추구한다"고 했다. 이에 따라 그들은 대중을 민주·민중운동에 끌어들이기 위해 대중용 역사서적을 집필하여 출판하고 대중의 역사교육에 힘썼으며, 그 연장선상에서 역사교과서 집필에 적극 나섰던 것이다.

그리고 전교조 교사들은 '역사전쟁'의 투사가 되었다. 그들은 빨치산 투쟁과 같은 강한 신념을 가지고 역사전쟁에서 싸워왔다고 주장한다. 역사전쟁은 피해서도 안 되고, 피할 수도 없기 때문에 신념을 가지고 싸워야 한다는 것이다. 아이들이 역사를 통해 현실을 보는 눈을 기르고, 미래를 준비하는 태도를 배울 수 있도록 역사 교사들이 앞장서서 싸울 수밖에 없다고 한다. 순진한 학생들에게 좌파 역사관을 주입시킨 것이다. 참으로 무서운 일이 교육현장에서 일어나고 있었던 것이다.

링컨은 "한 세대의 교육철학은 다음 세대의 정치철학이 된다(The philosophy of the classroom in one generation will be the philosophy of government in the next)"고 했다. 우리나라에 과연 교육철

학이 있는가? 다음 세대는 어떤 미래를 개척할 것인가? 많은 사람들이 국가정체성이 불분명하고, 국가와 정부를 불신하고, 또한 정치·사회적으로 혼란을 면치 못하고 있는 것은 그동안 우리 교육이 본연의 역할을 하지 못했기 때문이다.

좌파 역사학자들이 현대사를 객관적 시각이 아니라 저항적 민족주의 또는 국수주의 관점에서 보고 있는 것이 문제다. 민족주의 관점에서 보면, 김구의 통일정부 수립 노력은 높이 평가하는 동시에 건국을 주도했던 이승만 박사의 노력은 폄훼할 수밖에 없는 것이다. 그럼에도 국수주의적 민족사학자들은 운동권과 결탁하게 되면서 다양한 사회·정치사 대신 민주화 운동사를 중심으로 역사교과서를 기술하면서 1950년대의 호국(護國)투쟁과 그 이후의 산업화는 도외시하고 있다.

그동안 좌파 역사학자들이 중고교 역사교과서 집필을 사실상 주도해왔다. 그들이 집필한 역사교과서는 대부분 반(反)대한민국적이고, 친북적이며, 반기업적이어서 대한민국의 건국과 호국, 그리고 경제발전에 대해 부정적으로 해석하고 있는 반면 북한에 대해서는 긍정적이다. 대다수 역사교과서는 대한민국 건국을 방해한 사람들을 영웅시하고 김일성과 북한정권에 대해 호의적인 해석이 적지 않은 반면, 대한민국 건국 영웅인 이승만 대통령은 오히려 '분단의 원흉'으로 매도한다. 6.25전쟁의 영웅(백선엽 등), 산업화 영웅(박정희, 이병철, 정주영 등), 과학기술 영웅, 해외 은인들(트루먼, 맥아더 등)은 철저히 무시하거나 적대시하고 있다. 이런 교과서가 어느 나라에 또 있을까?

국사교과서는 역사학자 개인의 학문적 입장에 기초하여 서술할 수 있는 것이 아니다. 국사교과서는 나라의 고난 극복을 설명하고 나라의 위대한 성취를 소개해야 한다. 그러한 내용을 통해 학생들로 하여금 체제의 유지와 수호를 위하는 마음을 갖게 해야 한다. 따라서 국사교과서는 과거 역사에 대한 일정한 체제수호적 서술이나 역사의 미화(美化)가 이루어지는 것이 일반적 현상이다. 그래서 선진국들은 과거의 제국주의적 침략과 같은 부정적인 역사적 사실을 축소하거나 아예 취급하지 않는다. 더구나 체제 부정적인 서술은 거의 모든 나라에서 적어도 중고교 역사교과서에서 인정되지 않는다.

IV. 정부가 '역사전쟁'에 앞장서는가?

유발 하라리는 『호모 데우스』라는 저서에서 "세상을 바꾸려는 운동들은 대개 역사 다시 쓰기에서 시작한다"고 했다. 과거라는 손아귀에서 벗어나기 위해 역사를 다른 각도에서 해석한다는 것이다. 문재인 정권이 한국을 근본적으로 뜯어고치기 위해 역사를 재해석하고 있는 것은 아닌가?

문재인 정부의 국정과제 1호는 적폐청산이다. 반대 진영을 경쟁 상대가 아니라 악(惡)의 세력이라며 제거하겠다는 것이다. 현대사를 이끌어온 보수 주류세력은 친일세력과 결탁했던 부패하고 비민주적인 세력이기 때문에 청산되어야 한다는 것이다. 그들은 대한민국 건국 직후 친일파를 제대로 청산하지 않았고 그 여파로 온갖 적폐가 쌓였다고 주장한다. 김일성 집단의 방해를 무릅쓰고 대한민국을 건국하고 공산침략을 막아낸 이승만 대통령과 수많은 역경을 극복하고

'한강의 기적'을 이룩한 박정희 대통령을 '적폐의 원흉'으로 몰아붙인다. 그들 주장에 따르면, 재벌은 정경유착의 원흉이며, 군대, 경찰, 국정원, 기무사 등은 인권을 유린하고 민주세력을 탄압해왔던 적폐세력의 수단에 불과했다는 것이다. 그래서 박근혜 전 대통령과 그 정부의 고위관리 등 100여 명이 단죄되었다. 새로운 정부가 출범했다면 미래 청사진을 펼치고 실천하는 데 집중해야 하지만 2년이 넘도록 검찰과 법원 관련 뉴스가 여론을 뒤덮어왔다.

적폐청산은 외교안보 부문도 예외가 아니었다. 문재인 정부는 적폐청산의 일환으로 일본군위안부 피해자 문제, 일제 강제징용 피해자 배상 문제에 관해 일본과 했던 기존 합의를 뒤집으면서 한일관계는 최악에 이르고 있다. 이 같은 분위기에 편승하여 민주노총 등 시민단체는 전국 곳곳에 위안부 소녀상을 설치하고 부산 일본 총영사관 앞에는 '강제징용 노동자상'을 설치했다가 철거당하기도 했으며, 일본 총영사관 앞의 도로를 '항일 거리'로 선포하겠다고 한다. 심지어 '일본 제품에 전범(戰犯) 스티커를 붙이자'는 발상도 나온다.

적폐청산으로 나타난 역사전쟁은 2012년 대통령선거 당시 민주통합당 문재인 후보를 지지하는 민족문제연구소가 제작한 '백년전쟁'이라는 동영상에서 시작되었다. 박정희 대통령의 딸인 박근혜 후보가 대통령이 되어서는 안 된다는 주장을 담고 있었는데 300만 가까운 사람들이 시청했다고 한다. 이 동영상을 제작한 사람들은 '백년전쟁'은 100년 전 한반도에서 시작되어 지금도 한국사회에서 진행되고 있는 전쟁이라 했다. 이것은 역사의 흐름을 둘러싼 상반된 두 세력 사이의 총칼 없는 전쟁이라 했다. 그들은 김구와 박정희를 두 세력의 대표적 인물로 내세웠다. 두 사람은 한국 근현대사를 관통해 끊임없이 대립한 두 세력, 즉 '저항세력' 또는 '독립운동세력'과 '협력세력

(일본에 협력한 세력)' 또는 '친일세력'을 대표한다고 주장한다. 저항·독립운동세력은 나라의 독립을 위해 싸웠고 지금도 자주적인 통일국가를 만들기 위해 싸우고 있지만, 친일·협력세력은 일제강점기에는 민족을 배반했고 해방 후에는 살아남기 위해 일본 대신 미국에 절대적인 충성을 바치면서 통일보다는 분단을 지향해왔다고 주장한다.

좌파 지식인들과 현재의 집권세력은 한국 현대사가 거꾸로 가고 말았다고 주장한다. 친일파가 청산되기는커녕 오히려 권력을 장악하고 독립운동가들을 탄압했다는 것이다. 가장 상징적인 예로 의열단의 지도자이자 광복군 부사령관을 지낸 김원봉(金元鳳)이 해방 후 왜경(倭警) 출신 경찰관 노덕술에게 체포되어 고문받았다는 사실을 든다. 미군정 – 이승만 정권 – 박정희 정권을 거치면서 친일파는 정치, 군·경찰, 경제, 사법 등 모든 부분에서 기득권 세력이 되었다는 것이다. 그들은 자신들의 역사적 잘못을 감추기 위해 반공 이데올로기를 앞세워 이승만 정권과 군사정권의 독재체제를 지탱하는 버팀목이 되었으며, 그리하여 친일세력과 독재권력은 한 몸이 되었다고 주장한다. 그래서 친일파는 애국자가 된 반면, 독립운동가들은 빨갱이 또는 종북주의자로 매도되어 왔다는 것이다.

유시민은 2014년에 저술한 『나의 한국현대사』에서 "유신정권의 '퍼스트레이디'였던 박근혜 후보의 당선은 비합리적인 '정치적 참사'"라 했다. 진보세력이 5.16군사혁명과 유신체제를 혹독히 비판하며, 박정희 시대를 자유와 인권과 민주주의를 말살한 어둠의 역사로 인식해왔기 때문이다. 유시민은 "2012년 대통령선거는 박정희 시대와 김대중·노무현의 시대가 부딪힌 역사의 전장(戰場)이었다"고 했다. 그는 박정희로 상징되는 산업화세력과 김대중·노무현으로 상징되는 민주화세력 간의 대립은 단순한 정치적 대립이 아니라 철학적·문화적 대립이며 또한 역사관의 대립이기 때문에 두 세력 간의 대결은 계속될 수밖에 없다고 했다. 이런 점에서 보면, 좌파세력은 박근혜 대통령의 등장을 결코 용납할 수 없었던 것이다.

민주화세력임을 자청하는 사람들은 우리 현대사를 '분단의 역사'로 규정하고 분단 극복, 즉 통일을 최고의 가치로 여긴다. 분단의 책임을 이승만과 미국에 돌리면서 6.25전쟁을 비롯한 한반도의 모든 문제는 분단이라는 원죄(原罪)에서 비롯되었으며, 이승만 정부 이래의 반공안보정책은 분단을 지속시키고 민족 간 증오와 대결을 조장해왔다고 주장한다. 노무현 대통령의 '역사 교사'로 알려진 강만길 고려대 명예교수는 "8.15 직후 분단을 극복하려던 통일민족국가 수립운동은 반공과 분단을 내세운 미국과 이승만 세력에 의해 좌절되고 말았다"고 썼다. 서중석 성균관대 명예교수는 친일파가 민족에게 지은 가장 큰 죄는 분단이라 주장한다. 리영희 전 한양대 교수는 "북한은 반민족적 친일파의 사상·인물을 청산한 반면, 남한은 청산은 커녕 그 자들이 지배를 계속했다. 그들은 자신들의 생존과 기득권 보호를 위해 반민족적 남북 적대관계, 냉전체제, 반공 이데올로기, 제도, 행동양식을 극단적으로 유지해왔다고 주장한다. 백낙청 서울대 명예교수는 '분단체제론'을 주장하면서 진보세력이 곧 민족세력이고 민주세력이며 또한 통일주도세력이라고 규정하는 동시에, 보수세력은 반민족세력이고 반민주세력이며 반통일세력이라고 매도한다. 6.25 남침을 비롯한 북한의 계속된 적대행위를 완전히 무시한 주장이다.

문재인 대통령도 이 같은 역사인식을 공유하고 있다. 그는 2018년 광복절 경축사에서 "분단은 우리의 사고까지 분단시켰습니다. 많은 금기들이 자유로운 사고를 막았습니다. 분단은 안보를 내세운 군부독재의 명분이 되었고, 국민을 편 가르는 이념갈등과 색깔론 정치,

지역주의 정치의 빌미가 되었으며, 특권과 부정부패의 온상이 되었습니다. 우리의 생존과 번영을 위해 반드시 분단을 극복해야 합니다."라고 말했다. 대한민국 건국 70주년을 경축해야 할 그 날에 나라의 역사를 비난한 것이다.

문재인 정부의 적폐청산은 일제강점기까지 연장해서 친일세력과 친일잔재 청산으로 확대되었다. 집권세력은 독립운동가, 민족주의자, 민주화운동의 맥을 계승한다고 자부한다. 3·1운동과 독립투쟁은 물론이고 4·19혁명, 5·18광주민주화운동, 6월항쟁, '촛불혁명'을 주도해온 세력이라는 것이다. 그들은 보수세력을 '친일 → 독재 편승 → 반북(북한 적대시) 냉전 → 산업화 기득권층'이라며 배척과 청산의 대상으로 인식한다. 문 대통령은 임시정부 수립 100돌을 맞아 "특권과 반칙의 시대를 끝내야 한다"고 했다. 이는 "친일과 독재, 사이비 보수 세력을 청산하는 것이야말로 혁명의 완성"이라는 그의 소신과 통한다.

문재인 정권은 첫 2년을 적폐청산에 몰두했다면, 3차 연도부터 '역사전쟁'에 본격 나섰다. 100년간의 친일 흔적을 뒤져 그들의 잣대에 의한 정의의 역사로 바로잡겠다는 것이다. 문 대통령은 2019년 3.1절 100주년 기념사에서 '빨갱이'라는 표현은 "대표적 친일잔재"라면서 친일잔재 청산을 강조했고, 그래서 그가 '역사정치'를 하고 있다는 비판을 받기도 했다. 6.25전쟁 전후 공산주의자들을 색출하는 과정에서 '빨갱이'라는 말이 생긴 것이기 때문에 '빨갱이'라는 말을 일제강점기와 연결시키기는 어려운 문제다. 문제는 독재정권에 도전했다면 간첩이었더라도 민주투사로 둔갑시키려 한다는 것이다. 국가정체성을 근본적으로 흔드는 일인 것이다.

3.1운동과 대한민국 임시정부 수립 100주년을 계기로 역사전쟁은

새로운 국면으로 전개되었다. 임시정부 수립 100주년 기념사업추진 위원회는 세종로 네거리 빌딩들에 10명의 독립운동 지도자 초상화를 내걸었지만, 임시정부 초대 대통령과 대한민국 초대 대통령이었던 이승만은 포함되지 않았다. 비슷한 시기에 KBS는 "이승만과 김일성은 미국과 소련이 한반도를 분할 통치하기 위해 데려온 괴뢰"라면서 "(이승만 대통령의 묘를) 국립묘지에서 파내야 한다"는 주장을 방송으로 내보냈다. 문 대통령도 3월 5일 해군사관학교 졸업식에서 '일본군 출신이 아닌 사람들이 만든 해군의 역사가 대한민국 국군의 역사'라 했다. 6·25전쟁 때 가장 많이 목숨을 바친 육군과 공군을 대한민국 울타리 밖으로 내친 것이다. 더불어민주당 이해찬 대표도 "지난 100년은 일제강점기와 6.25전쟁, 남북분단 상황의 100년이었다"고 현대사를 부정적으로 해석하고, "올해부터 새로 시작되는 100년은 한반도 평화와 민족 통일의 역사를 새로 써나가야 한다"고 했다.

그런 가운데 국가보훈처는 김원봉에게 독립유공자로서 대한민국 훈장을 수여하는 작업을 본격화하고 있다. 그는 중국에서 의열단을 조직하여 항일 무장투쟁을 했고, 그 후 대한민국 임시정부에서 임시의정원 의원, 광복군 부사령관으로 활동한 바 있다. 그러나 그는 1948년 월북하여 김일성 정권에서 정권 서열 7위인 국가검열상, 노동상, 조선로동당 중앙위원, 최고인민회의 상임위원회 부위원장(국회 부의장에 해당)을 지냈을 정도로 북한 정권에서 요직을 지냈던 인물이다. 이와 관련하여 MBC방송은 200억 원 예산으로 김원봉 드라마를 만들어 5월부터 방영하고, KBS도 2019년 광복절을 전후하여 그를 주역으로 하는 대하드라마를 내보낼 계획이다.

김원봉은 김일성 정권에 기여했지만 독립운동의 공적이 뚜렷하다며 훈장을 주는 첫 선례가 될지도 모른다. 이를 통해 항일의 역사를 부각하고 정치공학적 친일 몰이에 힘을 실어 '특권과 반칙의 시대'를 끝내겠다는 것이 역사공정에 임하는 문재인 정권의 의도인 것처럼 보인다. 그렇게 되면, 대한민국 건국을 '단독정부' 수립이라며 반대했던 제주 4.3사건을 위시한 남로당의 활동과 여순사건에 관련된 자들도 모두 친북 공산주의자가 아니라 통일국가 수립을 위한 투쟁에 참가했다고 강변할지도 모른다. 나아가 대한민국의 정통성을 강조하면 할수록, 그리고 반공안보를 중시하면 할수록 남북대결을 조장하는 냉전적 사고라고 비난받을지도 모른다. 한마디로 친일잔재 청산을 빌미로 주류세력 교체에 적극 나서겠다는 것이다. 이미 거대한 역사공정이 광범위하게 진행되고 있다. '친일 교가'를 폐지하고, '친일파 도로'의 이름을 바꾸고 있으며, 교육방송은 안익태를 친일인사라며 그가 작곡한 애국가까지 비판의 대상에 올려놓고 있다. 국가보훈처는 대통령에 대한 2019년 업무보고에서 독립유공자로 훈장을 받은 1만 5,180명을 전수 조사해 친일인사를 가려내 서훈을 취소하겠다고 했다.

심지어 친일인사들에 대한 현대판 '부관참시(剖棺斬屍)'까지 시도되고 있다. 국가보훈처는 친일인명사전에 등재된 인사 63명이 서울 현충원과 대전 현충원에 묻혀 있는 것으로 파악했으며, 좌파 시민단체들은 이들의 묘지를 다른 곳으로 옮겨야 한다고 주장한다. 이에 따라 더불어민주당 의원들은 친일파 묘지를 국립묘지 밖으로 이장하는 국립묘지법 개정안을 발의했고, 또 다른 의원은 국립묘지의 친일인사 묘지에 친일인사임을 표시하는 국립묘지법 개정안을 발의한 상태다. 친일행위를 한 자의 묘지 옆에 친일행적을 기록한 조형물을 설치하겠다는 것이다. 친일행위를 했던 인사들이라도 국립묘지에 안장될 자격이 있었기 때문에 현충원에 묻혔을 것이다. 김일성 정권에 공로가 있는 인사까지 훈장을 추서하자고 하면서 친일인사였더라도 대한민국에 공로가 있다면 그만한 예우를 해야 마땅하다고 본다.

▌더욱 왜곡되고 있는 역사교육

애국심을 함양하는 데는 역사교육만큼 중요한 것도 없다. 역사교육을 통해 학생들은 자신들은 물론, 지역공동체, 국가공동체, 나아가 세계 속의 나라의 위치를 인식하게 된다. 역사를 모른다면 역사의 장님, 즉 역맹(歷盲)이 된다. 눈먼 자가 갈 길을 제대로 갈 수 없고, 글을 모르는 문맹(文盲)이 세상을 제대로 이해할 수 없듯이 역맹은 현재의 모든 것이 과거와 어떻게 연관된 것인지 모른다. 이처럼 역사교육이 중요함에도 그동안 현대사에 대한 교육이 제대로 이뤄지지 못했다.

그런데 문재인 정부는 대한민국의 역사적 사실 자체를 뒤집는 내용의 역사교육을 추진하고 있다. 교육부는 2020년부터 중·고교 역사교과서의 집필 기준에서 '자유민주주의'에서 '자유'를 삭제하도록 했다. 자유는 개인에게 핵심적인 가치인데 '사람'을 중시하는 정부가 헌법 시안과 교과서에서 자유를 빼겠다고 하니 이건 단순한 문제가 아니다. 서구 민주주의 국가가 중국을 비롯한 '나름의' 민주주의 국가와 결정적으로 다른 점은 '자유민주적' 가치에 나라의 기반을 두고 있다는 것이다. 그만큼 민주주의에서 자유를 제외한다면 제대로 된 민주주의라 할 수 없다.

또한 새로운 역사교과서의 집필 기준은 '대한민국이 한반도의 유일한 합법 정부'라는 것을 삭제했다. 기존의 집필 기준에는 '대한민국 정부는 유엔으로부터 한반도의 유일한 합법 정부로 승인받은 사실에 유의한다'고 되어 있었지만, 새로운 집필 기준은 '남한과 북한에 각각 들어선 정부의 수립 과정과 체제적 특징을 비교한다.'로 바꾸었다. 동시에 기존 집필기준에 포함돼 있던 '북한의 도발' '북한 세습 체제' '북한 경제정책 실패' '북한주민 인권 탄압' 등 북한에 대한 부정적인 내용은 모두 제거됐다. 또한 새로운 집필 기준은 '대한민국 수립'이 아닌 '대한민국 정부 수립'으로 바꾸었다. 이 같은 역사교과서는 사실상 대한민국의 정통성을 부정하고 한국과 북한을 대등한 지위로 인정하려는 것이다.

논란이 되고 있는 교육과정과 집필 기준을 구체적으로 살펴보면, 새로 만들어지는 교과서가 어떤 표현을 넣고 빼는 차원이 아니라 현대사의 '기본 틀' 자체를 바꾸고 있다. 즉 그동안 우리 교과서의 골격이었던 '대한민국의 성립과 발전'이란 관점을 약화시키고 '분단 체제의 형성과 극복'이란 새로운 관점을 도입함으로써 강만길 교수의 '분단 극복 사관(史觀)'을 교과서에 본격적으로 반영하고 있다.

중·고교의 새로운 교육과정도 이 같은 사관에 따라 현대사를 '8·15광복과 통일정부 수립 노력'으로 시작하고 좌우 합작, 남북 협상, 제주 4·3사건 등 대한민국 건국에 반대한 좌익세력의 '통일정부 수립을 위한 투쟁'을 학습 요소로 제시한다. 따라서 좌익세력의 저항을 무릅쓰고 출범한 대한민국은 부정적으로 인식될 수밖에 없다. '6·25전쟁과 남북 분단의 고착화'란 단원에서 '남한의 반공주의와 독재' '북한의 사회주의 독재 체제'를 함께 다루도록 하고 있는데, 그 결과로 학생들은 남북한이 똑같다고 생각하게 될 것이다.

정부의 역사교과서 집필기준이 대한민국의 정통성과 정체성을 부정하고 있다는 비판이 거세다. 대한민국의 자랑스러운 역사를 학생들에게 가르쳐야 하는데 좌파 이념에 따라 부정적인 역사인식을 주입하려 하고 있다는 것이다. 대한민국은 정통성이 없는 나라인가? 분단의 책임이 누구에게 있는가? 대한민국은 자유와 번영이 넘치는 반면, 북한이 세계 최악의 실패한 국가가 된 이유는 무엇인가? 교육은 자라나는 학생들에게 이 같은 질문에 답할 수 있어야 한다. 다시 말하면, 역사교과서는 국가의 과거 업적에 대해 긍정적인 해석으로 다음 세대에 국가에 대한 자긍심과 일체감을 심어줄 수 있어야 한다.

정치세력 간의 역사인식이 근본적으로 다르고, 이에 따라 역사교육도 정권에 따라 달라진다면, 이것은 결코 '나라다운 나라'가 아니다. 교육은 정치적으로 중립이어야 한다고 하면서도 정치가 역사교육에 노골적으로 개입하고 있는 것이 엄연한 현실이다. 그동안 교육부는 "교육은 정치적 중립"이라며 국가정통성을 부정하는 교육까지도 사실상 방치해왔다. 이것은 교육의 정치적 중립 이전에 올바른 역사교육을 실시하도록 해야 할 정부의 책임을 망각한 것이다. 교육의 정치적 중립이란 집권세력에 따른 정치적 편향성을 배제하자는 것이지 체제 수호와 헌법적 가치를 부정하는 것도 방치해야 하는 것이 아니다.

오랫동안 적대관계였던 독일과 프랑스도 공동의 역사교과서를 만드는데 우리는 단일민족이라고 하면서 객관적 사실에 입각한 역사교과서도 만들지 못하고 있는 실정이다. 심지어 대한민국역사박물관의 전시내용조차 정권에 따라 대폭 수정하는 일이 벌어지고 있다. 현대사 해석과 역사교육을 둘러싸고 언제까지 좌우로 갈라져서 논란을 계속할 것인가? 좌파 정권이 들어서면 교과서부터 그들의 논리대로 바뀌고 우파 정권이 들어서면 그것을 다시 뒤집는 일이 계속될 수밖에 없다. 국가공동체 정신의 회복은 역사의 교훈을 공유함으로써 가능하다. 현대사와 역사교육에 대한 국민적 합의를 구축하는 것이 시급하다.

* * * * *

역사는 계승하고 발전시켜야 할 대상이며, 단절과 청산의 대상이 아니다. 역사해석이나 국가정체성 같은 국가적으로 중요한 문제는 초당적 국민적 합의를 통해 해결돼야 한다. 일방적으로 접근하면, 정권이 바뀌었을 때 반작용이 나타나면서 역사를 둘러싼 분열과 갈등은 걷잡을 수 없이 악화된다. 그런 나라는 결코 나라다운 나라, 그리고 선진국이라 할 수 없다. 국민정신은 곧 국력이다. 또한 국민정신의 핵심은 애국심이다. 그런데 우리는 국민의 애국심을 기르는 데 실패하고 있다. 이를 바로 잡기 위해서는 현대사를 있는 그대로 해석하고 학생들에게 나라에 대해 자부심을 갖도록 가르쳐야 한다.

한국, 동방의 등불이 될 것인가?

한국은 올바른 방향으로 가고 있는가? 그렇다고 생각하는 사람들이 많지 않은 것 같다. 내우외환이 겹쳐 국가위기와 체제위기를 동시에 맞고 있지만 이에 제대로 대응하고 있지 못하고 있다는 것이다. 문재인 정부 출범 이래 엄청난 변화가 일어나고 있지만, 나라가 어디로 향하고 있는지 다음에 무슨 일이 일어날지 알 수 없다고 한다. 일류국가로 올라서야 할 결정적 시기에 3류 국가로 추락할지도 모른다는 우려가 크다.

문재인 정부는 출범한 지 2년밖에 안 되었지만 모든 것이 뒤죽박죽이라는 인식이 높다. 우리의 성공 신화가 송두리째 무너져 내리고 있다는 불안감이 팽배하다. 그런데도 집권당 대표는 20년, 50년, 심지어 100년 집권을 들먹인다. 나라를 제대로 이끌어가기 위한 고민보다는 정권 재창출이라는 잿밥에 마음을 빼앗기고 있는 것 같다.

노무현 정부의 기세가 등등했던 2005년 봄, 저자가 하와이 동서문화센터(East-West Center)에서 연구활동을 하고 있을 당시 미국 국무부 초청으로 여행 중이던 서갑원 의원 등 3명의 386 핵심인사들과 대화한 적이 있는데, 지금도 당시 대화 내용이 생생히 기억된다. 저자는 노무현 정부가 국민의 기대에 크게 못 미치고 있다고 인식하고 있었는데, 그들은 386 운동권세력이 30대에 불과하여 30년은 계속 집권할 수 있다고 장담했기 때문이다. 그들은 나라를 이끌어갈 명분과 능력을 겸비한 세력은 자기들밖에 없다고 했던 것이다. 이제 386은 586이 되어 국정을 장악하고 있는 가운데 집권당 대표가 또다시 장기집권을 장담하고 있어, 노무현 정부 당시의 장기집권의 꿈이 여전함을 느낀다.

민주국가에서 정치를 잘해서 국민이 행복해지고 나라가 안정되고 발전된다면 계속 집권할 수 있는 문은 언제나 열려 있다. 그런데 노무현 대통령은 퇴임 후 자신의 정부는 성공하지 못했을 뿐 아니라 시행착오가 적지 않았다고 자인했다. '노무현 정부 2.0'이라 할 수 있는 문재인 정부는 지난 2년간 노무현 정부보다 더 진화했다고 보기 어렵다. 노무현 정부의 시행착오로부터 교훈을 얻지 못하고 있는 것이다. 그런데도 계속 집권만 노린다면 무리수가 따를지도 모른다.

일제 치하이던 1929년 봄, 아시아인 최초로 노벨문학상을 받았던 인도 시인 타고르(R. Tagore)는 우리 민족을 '동방의 등불'에 비유하는 시를 썼다. "일찍이 아세아의 황금시기에 빛나던 등촉의 하나였던 코리아, 그 등불 다시 켜지는 날에 너는 동방의 밝은 빛이 되리라." 그의 예상대로 우리는 '동방의 등불'이 되고자 노력했다. 비참한 전쟁의 폐허에서 일어나 밤낮 없이 피땀 흘려서 민족의 숙적인 일본을 여러 면에서 따라잡았다. 삼성전자는 오랫동안 세계 전자산업의 선두주자였던 일본의 전자산업을 앞지르면서 일본에서 '삼성전자 타도' 구호가 나오기도 했다. 자동차산업에서도 일본은 절대 강자였지만 한국 자동차회사들은 일본 회사들과 당당히 경쟁하고 있다. 포항제철은 조강 생산량 세계 1~2위, 조선업은 상당 기간 세계 1위를 차지했다. 인터넷통신망도 세계 1위이고, 과학기술에서도 세계 5위 이내이다. 교육수준도 세계 최고로 꼽힌다. 민주발전에서도 한국은 아시아의 선두주자라는 평가를 받는다.

그런데 그 동방의 등불이 내외의 거센 바람으로 깜빡거리고 있다. 이 책에서 국가 10대 리스크를 중심으로 대한민국의 총체적 위기를 진단했다. 즉 북한 핵무장, 미국과 중국의 갈등으로 상징되는 신냉전체제, 모든 것을 뒤집을 것으로 예상되는 4차 산업혁명 등 세기적 도전에 직면한 가운데 우리는 대통령 리더십 위기, 취약한 국가인프라, 경제위기, 포퓰리즘, 인구절벽, 급변하는 남북관계, 안보위기, 불안한 통일 가능성, 미·중 갈등, 정신적 리스크 같은 문제들에 직면하고 있다고 본 것이다. 어느 것 하나 쉽게 해결되기 어려운 문제지만 현재의 정치와 국가체제로는 이 같은 복합적인 리스크들을 극복하기 어려울 것이다. 다구나 세계는 급변하고 있기 때문에 머뭇거릴 시간적 여유가 없다.

중대한 전환기에 놓여 있는 대한민국, 자칫하면 돌이킬 수 없는 나락으로 떨어질지도 모른다. 우리나라는 한쪽 날개로 날아가는 새와 같다는 인식이 많다. 방향은 제대로 잡았는지 무리한 속도로 날아가다 추락하는 것은 아닌지 걱정이다. 미국 사상가 러셀 커크는 『보수의 정신』이라는 책에서 "사회가 건강해지려면 개선하려는 추진력과 보존하려는 엔진이 같이 작동해야 한다."고 했다. 다시 말하면, 진보와 보수 간 상호 보완과 선의의 경쟁이 필수적이라는 말이다. 그런데 우리사회는 보수와 진보가 서로 원수처럼 대결한다.

민주주의란 대화와 타협이 기본이라고 볼 때 우리나라는 민주주의가 제대로 작동하기 어려운 여건이다. 보수와 진보 간 갈등은 현대사, 국가정체성, 대북정책 같은 국가의 핵심 사안에 대한 인식 차이 때문이다. 그래서 국민의 국가정체성이 불분명하여 방향감각을 갖기 어려운 형편이다. 국가란 국가의 기본을 중심으로 하나로 결속되어야 한다. 그런데 주춧돌이 흔들리니 나라 전체가 요동치고 있는 것이다.

문재인 정부는 적폐청산을 국정의 제1과제로 삼아 강력히 추진해왔다. 역사청산이란, 하면 할수록 분열과 갈등이 심화될 뿐이다. 상대를 부정하면 극한적으로 대립할 수밖에 없다. 죽느냐 사느냐의 제로섬(zero-sum) 게임이 되기 때문이다. 그런데 복수는 복수를 낳고 극단은 극단을 낳는다. 과거사에 매몰돼 있다면 희망찬 미래는 기대하기 어렵다. 민주주의란 상대세력의 의견도 경청하여 합리적인 것은 수용할 수 있는, 다른 입장을 이해할 수 있는 관용(tolerance)이 필수적 가치다.

미국 교육자 벤자민 메이즈(Benjamin Mays)는 "인생의 비극은 목표 달성에 실패하는 것이 아니라 달성할 목표가 없다는 것(The tragedy in life doesn't lie in not reaching your goal. The tragedy lies in having no goal to reach.)"이라 했다. 지금 우리는 공통의 국가목표 설정에 실패하고 있다. 시대정신이 무엇인지 알지 못하고 방황하고 있다. 시대에 맞는 비전을 설정하고 그 목표 달성을 위해 함께 노력하는 나라는 발전하지만 그렇지 못한 나라는 쇠퇴하고 만다.

도산 안창호는 "낙망은 청년의 죽음이요, 청년이 죽으면 민족이 죽는다."며 나라의 미래를 위해 청년들이 꿈을 가질 것을 강조했다. 그런데 우리 젊은이들은 꿈을 잃고 있다. 2016년 초 어느 방송사에서 고등학생들의 희망하는 직업을 조사한 결과에 의하면, 1위가 공무원이고 2위는 건물주였다. 가치 있는 삶을 위해 무언가 도전하겠다는 것이 아니라 안전하고 돈만 벌면 된다는 한심한 발상이다. 전쟁의 잿더미 위에서 '한강의 기적'을 일으킬 수 있던 원동력은 현재보다는 미래가, 우리보다는 자식들이 더 잘살게 되리란 기대가 있었기 때문이다. 하지만 지금은 그런 희망이 보이지 않는다. 지금 대한민국이 불안한 이유는 오늘보다 내일이 더 나아질 것이라는 확신이 없기 때문이다.

▌유토피아는 없다

보수는 철학이 없고 진보는 정책이 없다는 말이 있다. 옳은 말이라 할 수 없다. 제대로 된 철학이 없는 정책이란 성공하기 어렵다. 진보는 철학이 있다고 하지만 현실성 없는 철학은 잘못된 철학이고 거기서 비롯된 정책은 실패할 가능성이 높다. 폐쇄적이고 독선적인 진보는 가짜 진보다. 반대세력을 낡은 이념에서 벗어나지 못하고 있다고 비난하면서도 자기들의 이념은 고집한다. 미래를 내다보지 못하고 과거만 들쑤시는 것도 진보의 길이 아니다. 또한 진보세력은 민족주의와 민주주의를 억지로 결합시키고자 한다. 민주세력이라고 자부하는 진보가 가장 반민주적인 북한을 무조건 포용하려 하기 때문이다. 남북이 적대체제로 첨예하게 대립하고 있는 현실을 무시하는 진보는 올바른 진보가 아니다.

보수와 진보의 갈등의 근원에는 현실주의와 이상주의가 자리 잡고 있다. 이상(理想) 없는 현실은 정체일 뿐이고, 현실을 무시한 이상은 공허할 뿐이다. 지난 70여 년간 우리는 해외의 온갖 이념과 제도를 무비판적으로 수용해왔고, 그 결과로 정치사회적 분열과 갈등이 심화되었다. 비현실적인 지식이 우리를 혼란에 빠뜨리고 있기 때문이다. 생각을 수입하는 사람들은 그러한 사상이 형성된 시대적 배경까지 가져오지 못하기 때문에 수입한 이념을 금과옥조로 여겨서는 안 된다. 생각의 초점이 우리의 현실에 있어야 현안에 대한 실용적인 처방이 가능해진다. 우리사회에 극한대결이 계속되고 있는 것은 해외의 급진 이념을 무비판적으로 수용했기 때문이기도 하다. 그럼에도 지식인들 중에는 우리 현실과 동떨어진 공허한 논리로 대중을 오도하는 일이 빈번하다. 한국의 현실적 어려움을 외면했을 뿐 아니라 우리의 자랑스러운 성취를 제쳐두고 모든 것을 비판적으로 보고 있다. 지식인들이 한국의 발전수준에 걸맞은 역할을 하고 있다고 보기 어렵다.

그래서 우리사회는 시시비비가 분명치 않고, 합리성이 자리 잡기어려우며, 정치도 그런 분위기를 벗어나지 못하고 있다. '대한민국의시계는 거꾸로 간다'는 책이 나왔지만 지금의 집권세력의 정치행보를 보면, 조선시대의 정치를 연상시킨다. 과거 지향적일 뿐 아니라반대세력에 대해 정치보복을 하고 있다는 인상을 지울 수 없다. 자신들은 정의의 편에 서 있다고 확신하면서 오만에 빠진다. 자신들의정책은 정당하기 때문에 비판에 구애될 필요가 없고, 또한 정책을수정하는 것을 패배로 인식하기 때문에 문제가 많은 정책도 수정하지 않는다. 이념과 명분에 집착하면 정책의 현실성은 떨어지기 마련이다. 운동권 출신들은 이념 성향이 강하기 때문에 국가의 당면한현안을 관리하는 안목과 능력이 부족하다. 그런 세력이 단기간에 이상사회를 건설하는 것은 불가능한 일이다.

이상주의는 언제나 그럴듯해 보인다. 문제는 이상사회를 건설할수 있느냐에 있다. 프랑스혁명도 공산혁명도 지상에 그들 나름의 유토피아를 단기간에 건설할 수 있을 것이라는 기대가 컸지만, 프랑스는 혁명 후유증으로 엄청난 피를 흘려야 했고 그 후 100년 가까이혼란과 시행착오를 겪어야 했다. 소련의 스탈린과 중국의 마오쩌둥은 혁명이란 명분으로 수천만을 희생시켰지만 참혹한 실패로 끝났다. 북한의 김일성도 "이밥에 고깃국을 먹고 기와집에서 비단옷 입고 살게 하겠다"고 약속했지만 결국 최악의 실패한 국가를 만들고말았다. 아르헨티나의 후안 페론이나 베네수엘라의 우고 차베스도 보통 사람들이 잘 사는 나라를 만들겠다고 했지만 결말은 비참했다. 이상사회를 추구했던 지도자들은 정의와 평등을 내세우고 인민을 위한다고 했지만, 오히려 독재 권력이 되어 인민을 탄압하고 도탄에 빠뜨렸던 것이다.

토마스 모어의 소설 『유토피아』는 이상사회를 그린 소설이다. 다수의 사회과학자들이 이 소설에 함축된 의미를 분석한 후 인간은 결코 유토피아를 건설할 수 없다는 결론을 내렸다. 김영삼 대통령은 '신한국 창조'를 부르짖었지만 오히려 갖가지 시행착오를 초래했다. 노무현 정부도 광범위한 개혁을 통해 그들 나름의 '새로운 나라'를 꿈꿨지만 성공하지 못했다. 그런데도 문재인 정부는 이번에는 실패하지 않겠다는 의지가 확고한 것 같다. 과연 성공할 수 있을까? 우리 사회의 담론은 물론 정치, 경제, 사회문화 등 모든 면에서 공리공담을 떠나 냉철한 현실로 되돌아와야 한다.

『민주주의는 실패한 신인가(Democracy: The God That Failed)』의 저자 한스헤르만 호페(Hans-Hermann Hoppe)는 민주주의는 조심스럽게 다뤄야 한다고 경고한다. 시민 각자가 그가 속한 집단의 이익보다 공동선, 즉 원칙을 우선시하는 사회분위기가 조성돼야 한다고 했다. 고대 그리스 철학자 플라톤은 "어떤 정부든 기본 원칙이 지나치게 적용되면 파멸되고 만다. 민주주의도 그 기본 원칙인 평등을 남용하면 스스로 무너지게 된다"고 경고한 바 있다. 평등은 바람직한 것처럼 생각되지만 사람들에게 최선의 지도자와 정책을 선택할 자질이 없다면 민주정치는 중우(衆愚)정치 또는 폭민(暴民·mob rule) 정치가 되고, 인민의 뜻을 빙자한 독재정치로 전락되고 만다는 것이다.

　로마제국의 패망은 외침보다는 내부 분열 때문이다. 중국이나 베트남이 공산화된 것도 적과 내통한 '내부의 적' 때문이다. 우리가 역사적으로 여러 차례 국난을 당했던 것은 외침 때문이기도 하지만 내부 분열로 외침의 틈을 보였기 때문이다. 구한말 외세 위협에 직면했을 때 국가전략도 없이 친중파, 친일파, 친러파 등으로 분열되어 경쟁적으로 외세를 끌어들였고, 결국은 외세에 짓밟히고 말았다. 지금은 한반도에 '평화의 봄'이 올 것인지 불확실함에도 대북정책을 둘러싼 남남갈등은 물론 친미파, 친중파 등으로 갈라져 대립하고 있다. 그래서 국민 다수가 공감하는 국가전략도 경제발전전략도 없는 실정이다.

　우리가 처한 대내외 상황을 보면 '뭉치면 살고 흩어지면 죽는다'는 말이 너무도 절실하게 와 닿는다. 우리사회에서 벌어지고 있는 이념적 대립은 해방 직후 좌우익 대결과 비슷하다는 주장이 많다. 매주 토요일 서울 도심에서 벌어지고 있는 보수와 진보의 집단시위는 한국의 분열상을 적나라하게 보여주고 있다. 건국된 지 70년이고 선진국 수준에 이른 나라에서 무정부 상태에 가까웠던 해방 직후 상황과 유사할 정도라면 여간 심각한 문제가 아니다.

　세계는 4차 산업혁명 시대로 치닫고 있고, 우리 주변에선 세계 제1 강대국과 제2 강대국이 정면충돌할 정도로 세계가 격량에 휩싸여 있음에도 우리는 구한말처럼 갈라져서 싸우는 데만 여념이 없다. 또다시 역사의 심판을 받으려는 것인가? 이런 정치가 계속된다면 나라의 미래는 아무도 장담할 수 없다. 망국의 분열정치를 시급히 끝내고 통합의 시대를 열어야 한다. 그것만이 대한민국이 선진 강국이 될 수 있는 유일한 길이다.

이를 위해 역사 앞에 겸허하고 역사에 대해 무한 책임을 느끼는 용기 있는 각계각층 지도자들이 나서야 한다. 시류에 영합하지 않는 양식 있는 지식인과 언론인들이 바른 소리, 쓴 소리가 절실하다. 국론통일과 남남통합 없이 남북관계 개선과 통일은 불가능하다. 지금은 한국이 선진국으로 올라서고 평화통일의 시대로 나가느냐 아니면 3류 국가로 전락하여 북한과 외세에 끌려 다니는 나라가 될 것이냐는 중대한 갈림길에 서 있다. 모두가 정신 차리고 단합하여 꿈과 희망을 되찾아야 한다. 그렇게 할 때 한국은 '동방의 등불'이 되고 '세계의 등불'이 될 수 있을 것이다.

색 인

지은이 소개

- **김충남(金忠男)**

육군사관학교(21기)와 서울대학교 대학원을 졸업했고 미국 미네소타 대학교에서 정치학 박사를 받았으며 육군사관학교와 외교안보연구원 교수를 지냈다. 청와대에서 사정비서관, 정무비서관, 공보비서관으로 전두환, 노태우, 김영삼 등 세 분의 대통령을 9년여에 걸쳐 보좌했다. 하와이 동서문화센터(East-West Center)에서 10여 년간 대통령 리더십을 연구하였고, 그 후 세종연구소 객원연구위원, 한국군사문제연구원 객원연구위원을 지낸 바 있다. 주요 저서로는 『성공한 대통령 실패한 대통령』(1998), 『대통령과 국가경영』(2011), *The Korean Presidents: Leadership for Nation Building* (2007), 『대통령과 국가경영 2』(2011), 『일등국민 일류국가』(2010), 『민주시대 한국 안보의 재조명』(2013), 『당신이 알아야 할 한국 현대사』(2016), 『미국의 21세기 전쟁』(2018) 등이 있다.